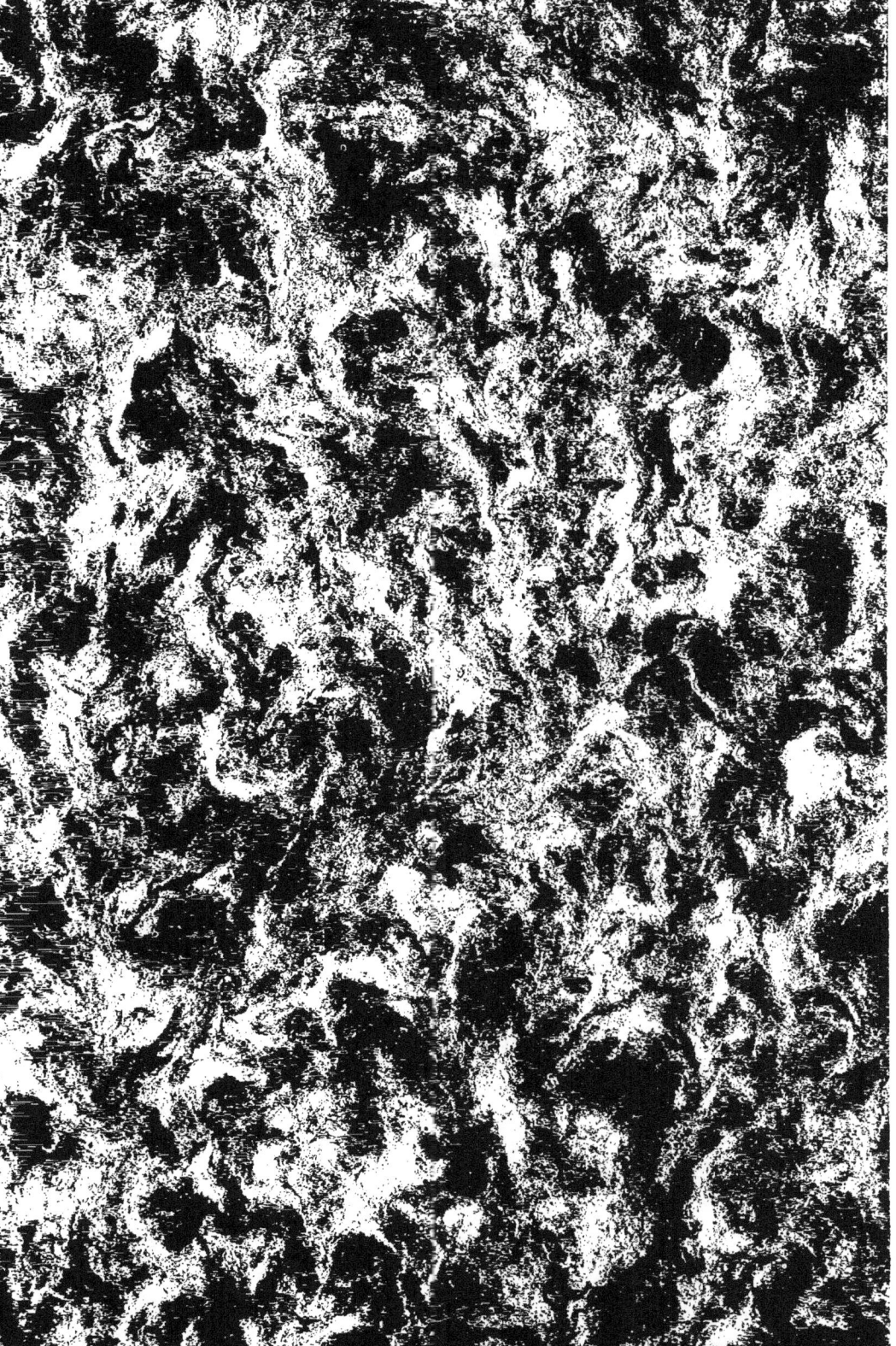

M. BODRI 1982

LES ÉGLISES DU REFUGE

EN ANGLETERRE

LIBRAIRIE FISCHBACHER
SOCIÉTÉ ANONYME

33, RUE DE SEINE, 33
PARIS

LES
ÉGLISES DU REFUGE
EN ANGLETERRE

PAR

LE BARON F. DE SCHICKLER

   TOME PREMIER

PARIS
LIBRAIRIE FISCHBACHER
(Société anonyme)
33, RUE DE SEINE, 33
1892

Tous droits réservés

INTRODUCTION.

*Le nom d'*Églises du Refuge *pourrait s'appliquer à toutes les communautés fondées en pays étranger par les victimes d'une persécution religieuse quelconque : il a été attribué plus spécialement à celles qui durent leur fondation ou leur développement aux chrétiens réformés, bannis ou expatriés volontairement de France aux XVI*^{e}*, XVII*^{e} *et XVIII*^{e} *siècles; d'où les appellations devenues historiques et usuelles de* Réfugiés *et de* Refuge.

Les premiers Réfugiés ont pris le chemin de l'exil dès l'aurore de la Réforme, avant qu'elle eût pénétré dans les masses et compté des adhérents assez nombreux pour se prêter un mutuel appui, et rompre ouvertement avec le catholicisme par des groupements en troupeaux distincts de lui, confiés à des conducteurs spirituels choisis en dehors de la hiérarchie romaine.

Pourtant c'est au sein même du clergé catholique, du clergé régulier surtout, que fermentait le levain évangélique. Le premier émigré volontaire pour cause de religion, — «propter Jesu Christi testimonium libenter factus exul» — *comme il le rappelle dans son épître à François I*^{er}*, le moine Lambert d'Avignon franchissait la frontière suisse en 1522; il gagnait bientôt Strasbourg et plus tard la Hesse dont il formulait la constitution ecclésiastique. En 1523 Farel était à Bâle, en 1524-1526 à Strasbourg et à Metz; il se consacrait ensuite à Neuchâtel et au pays de Vaud. Les premières Églises réformées françaises ont été dressées, non en France, mais sur la terre du Refuge; à leur tête Strasbourg, fondée et organisée en 1538 par Calvin, avant qu'il n'eût fait de Genève le boulevard, et comme le foyer même du Protestantisme réformé.*

C'est de Strasbourg que Brully repartait en 1544 pour aller évangéliser les Pays-Bas méridionaux, et jeter les semences de ces Églises wallonnes dont l'histoire et les épreuves se confondent si souvent avec celles des Églises de France. C'est de Strasbourg aussi que les Alsaciens Bucer et Fagius, que l'Italien Pierre Martyr, que Pierre Alexandre d'Arras, Valerand Poulain de Lille et l'augustin Richard Vauville apportaient à la Réforme anglaise un concours savant et dévoué, et obtenaient, pour leurs coreligionnaires «sortis de la grande tribulation», *le droit de se constituer en sociétés religieuses indépendantes de l'organisation ecclésiastique nationale.*

Venus isolément d'abord sous Henri VIII, chassés du Nord et de l'Ouest de la France par les rigueurs exercées contre les

« *Luthériens* », *ils avaient augmenté considérablement en nombre dès que le gouvernement d'Édouard VI eut franchement fait adhésion à la Réforme. Un peu moins d'un an après les Lettres Patentes qui fondaient à Londres les Églises étrangères, Henri II promulguait, le 27 juin 1551, l'édit de Châteaubriand ; trois des articles de cet édit prouvent que l'émigration commençait à préoccuper le roi et son conseil. Genève y est spécialement visée, la confiscation des biens étant prononcée contre ceux qui s'y seront établis ; mais les interdictions embrassent un rayon plus étendu : défense est faite à tous les sujets du monarque, quels qu'ils soient,* « *sous peine d'estre déclarés fauteurs des hérétiques et punis exemplairement, de n'escrire, envoyer argent, n'autrement favoriser ceux qui s'en sont allez du royaume pour résider à Genève* et autres pays notoirement séparez de l'union de l'Église et de l'obéissance du Saint Siège apostolique ». *Dans ces pays l'Angleterre est comprise par le fait même.*

Les fugitifs y arrivaient maintenant, non plus seulement de France, mais encore des Flandres ; de ces derniers les uns se groupaient en congrégation de langue flamande, tandis que les autres, les Wallons, se ralliaient à celles de langue française dont ils devaient, sous Élisabeth, former les éléments principaux.

Nous ne nous occuperons qu'incidemment des Églises flamandes, plus tard hollandaises, du Refuge en Angleterre. Elles ont eu déjà, elles auront encore leurs historiens. Sœurs vraiment jumelles des françaises-wallonnes, elles ont suivi long-

temps une même voie et rencontré les mêmes difficultés. A cinq reprises leurs députés, associés en Synode avec ceux de la langue française, ont étendu ainsi à l'ensemble des congrégations du Refuge le lien plus étroit qui existait constamment entre celles de Londres, habituées à s'unir, à se soutenir et, au besoin, à s'éclairer l'une l'autre dans les fréquentes réunions du Cœtus.

Si les suites de la Révocation de l'Édit de Nantes ont changé plus tard les positions respectives des Églises étrangères, et donné pendant un siècle aux communautés françaises, prodigieusement accrues, une prépondérance sur les flamandes qu'elles ne possédaient pas auparavant, ni les unes ni les autres n'ont oublié les traditions d'une commune origine, les devoirs d'une chrétienne et persistante solidarité.

L'histoire des Églises du Refuge de langue française en Angleterre peut se diviser en deux périodes, séparées par l'acte décisif de la Révocation de l'Édit de Nantes. De 1550 à 1685 il s'agit de l'existence intérieure, progrès, luttes ou même extinction de communautés nées à l'âge héroïque de la Réforme. Établies par Édouard VI, dispersées par Marie, elles se reconstituent définitivement et se multiplient sous Élisabeth, mais sans avoir gardé toute leur liberté première. Favorisées par le gouvernement, elles sont loin d'en augmenter les charges. Ces humbles artisans wallons, qui n'ont sauvé que leurs vies, apportent avec eux, comme leurs frères flamands, les industries que l'Angleterre, plus agricole que manufacturière, ne possède pas encore; opérant une véritable révolution commerciale, ils enrichissent leur pays d'adoption, car ils l'affranchissent de son onéreuse dépendance de l'étranger.

Sous Jacques Ier les Églises commencent à languir. Ce dépérissement a deux causes. Précieuses comme un héritage du passé, elles restent utiles, elles ne sont plus indispensables comme autrefois; la sève nouvelle leur fait défaut. Les Wallons peuvent se diriger vers les Églises fondées par leurs compatriotes dans la république protestante des Provinces-Unies. Les Français, que les dernières luttes civiles poussent vers les rivages de la Grande-Bretagne, ne cherchent qu'un asile temporaire. C'est une « gent passagère », comme les nomme leur poëte Adrien de Rocquigny, et redisant avec lui :

« Notre arche est en exil, mais l'arrousant de pleurs
Chacun de nous bientôt la verra dans son temple. »

En second lieu, autour d'eux les sentiments se modifient à leur égard. Le gouvernement d'Élisabeth, en remplissant très cordialement les devoirs de la confraternité et de la miséricorde évangéliques, avait recueilli assez d'avantages industriels et politiques pour imposer silence, au nom des vrais intérêts du pays, à toutes les récriminations nationales. Mais ces résultats sont acquis depuis longtemps quand Jacques Ier occupe le trône de la Grande-Bretagne. L'ère des persécutions sanguinaires semble à jamais close, et avec elle se sont éteintes les sympathies de l'étranger. Pourquoi encourager alors les progrès d'une *colonisation contre laquelle ne cessent de protester les artisans et les commerçants anglais? Une tente suffirait aux exilés de quelques mois, tandis qu'une demeure fixe a l'inconvénient d'admettre et de perpétuer une exception à l'Église et aux lois ecclésiastiques du royaume.*

Avec Jacques cette question d'uniformité revêt une importance primordiale : hiérarchie et monarchie sont inséparables dans l'esprit de ce monarque sorti d'un milieu et d'un pays presbytériens, et qui éprouve contre les tendances auxquelles il a appartenu toutes les ardeurs du néophyte qui en a embrassé d'opposées. Bien qu'il assure ne combattre le puritanisme que chez ses sujets, comment les réfugiés calvinistes conserveraient-ils des illusions? On répand à Londres des écrits où « Calvin, de Bèze, et tous leurs docteurs sont dénoncés comme auteurs de rébellions et d'assassinats »; et Bongars qui le raconte et s'en plaint, ajoute : « C'est un des fruits de l'animosité de ce roi[1]. » L'animosité n'est pas déclarée encore, mais on sent déjà la défaveur.

Cette défaveur, qui a commencé à s'accuser pendant son règne, prend corps sous celui de son fils Charles Ier, ou plutôt sous la primatie omnipotente de Laud. On ne regarde plus les Églises du Refuge comme des anomalies que justifient leur petitesse, leur langue, leur durée presque séculaire; elles deviennent, aux yeux de la couronne et de l'épiscopat, un danger pour l'État; elles doivent se conformer ou disparaître.

---

[1] *Lettre de Bongars à de Villarnoul, 24 janvier 1611. Bibl. du Prot.*

Les traiter ainsi, n'est-ce point leur rendre hommage? Dans leur humilité et leur impuissance elles ne sont quelque chose que par l'idée qu'elles représentent. Depuis longtemps on ne les aide plus. Mais on les a laissées se choisir elles-mêmes leurs pasteurs et non les recevoir d'office, prier Dieu et rompre le pain de la communion selon les traditions et les formes héritées de leurs pères proscrits. Pourquoi donc prétendre désormais les amener, qu'elles le veuillent ou non, à l'anglicanisme?

C'est que les idées ont changé depuis Édouard VI et Cranmer. Ceux-ci avaient compté sur l'influence et sur l'exemple des Églises étrangères pour accentuer et activer la Réforme anglaise. Maintenant au contraire on voit en elles l'affirmation du principe même qu'on veut combattre. Prouvant la possibilité d'une coexistence dans le même pays de formes ecclésiastiques différentes, elles sont une vivante protestation contre l'inexorable rigueur déployée à l'égard des Presbytériens d'Écosse et des Puritains d'Angleterre.

Elles ont eu l'honneur de souffrir pour la cause de la liberté protestante. Fortes du sentiment de leur responsabilité, conscientes des principes qu'elles défendaient, elles ont lutté malgré leur obscurité et leur isolement; mais il est permis de croire qu'elles auraient toutes succombé si les événements politiques ne leur étaient venus fortuitement en aide, la guerre civile leur permettant de se ressaisir, la Révolution, ou plutôt le Protectorat de se consolider de nouveau, et de renouer leurs liens entre elles et avec leurs sœurs au delà des mers.

D'autres épreuves, il est vrai, les attendaient, épreuves plus amères sans doute, car elles n'étaient pas, comme les précédentes, entièrement imméritées. Dans la vie de toute Église il est des pages que l'annaliste a le devoir, mais surtout le regret, d'enregistrer ; il est des jours, quelquefois les plus paisibles au dehors, et qui pourraient être les plus heureux et les plus féconds au dedans, où ce qui divise et affaiblit l'emporte sur ce qui pourrait unir et fortifier. C'est qu'elles aussi sans doute sont encore de ce monde et paient leur tribut aux imperfections humaines.

Ajouterons-nous que la nature même du Protestantisme, de la religion du libre examen, l'expose à des dangers de cet ordre? La Réforme avait fait puissamment appel au sentiment de l'individualité, à la conscience personnelle de chacun des fidèles ; les Variations relevées par son grand antagoniste ne sont qu'une conséquence naturelle, légitime, de l'affranchissement de la pensée dans le domaine de la foi. Les Protestants se refusant à reconnaître l'infaillibilité des Conciles ou des Souverains Pontifes, ou mieux, n'admettant pas en principe la possibilité d'une délégation permanente à quelques hommes d'ici-bas des lumières supérieures et divines, s'étonnera-t-on qu'ils aient parfois refusé aux décisions d'un consistoire, d'un colloque, d'un Synode, le caractère obligatoire et l'autorité indiscutable que ces corps étaient résolus à leur attribuer et enclins à faire accepter, au besoin, de force sinon de plein gré? Les articles d'une Discipline rédigée par des hommes, les votes d'une assemblée ecclésiastique dont les membres sont déclarés et se sentent égaux, sont sujets à discussion ou à interprétation divergente tout autrement que les décrets édictés du haut d'un trône au nom, et pour la créance catholique, sous la dictée même du St Esprit. De là au sein des Églises du Refuge, des oppositions, des rivalités, voire des révoltes et des scissions transitoires. L'histoire ne peut les ignorer, car les témoignages documentaires en demeurent alors qu'ont disparu ceux des actes de constance, d'abnégation, de charité chrétiennes dont les contemporains anglais, un évêque Jewel, un grand trésorier Cecil, un député Finch, nous ont conservé le vague souvenir, mais non les détails précis.

Les dissentiments intérieurs des Églises du Refuge eurent pour celle de Londres une conséquence inattendue. A la restauration monarchique Charles II y trouva l'occasion, à côté de la vieille congrégation réformée, d'en établir une seconde française, mais celle-ci conformiste qui, sans causer la suppression de l'aînée, tendait néanmoins par ses attaches officielles à prendre le pas sur elle, et semblait même en compromettre l'existence dans l'avenir. Dorénavant les communautés du Refuge en Angleterre ne constituèrent plus un groupe unique, plus ou moins resserré : il en naquit d'autres étroitement reliées à l'Église anglicane, dont les conducteurs durent forcément se soumettre à la réordination et recevoir l'investiture épiscopale, mais n'en furent que plus à portée de réveiller en faveur des proscrits les sympathies ecclésiastiques et nationales. Leur création parut aux françaises non-conformistes une entrave et une menace, d'où leurs persistantes froideurs : l'histoire y constate une nouvelle source de bénédictions préparée à l'avance pour *ces innombrables exilés que la Révocation de l'Édit de Nantes allait précipiter sur l'Angleterre.*

Les anciens abris eussent été trop étroits, les sympathies déjà acquises insuffisantes en présence de l'exode de toute une population. Pendant les dernières années de Charles II on sent venir la catastrophe dont l'étendue et la durée dépasseront celles des grandes persécutions du XVIe siècle. Si les préventions nationales eussent permis de suivre les conseils des représentants de la Grande-Bretagne auprès de la cour de France, une naturalisation générale eût attiré en Angleterre, cinq ou six ans avant la Révocation, une foule d'hommes distingués par leur naissance, leur position de fortune, leurs relations commerciales ou leurs industries, et qu'arrêtèrent plus tard les difficultés de l'émigration : elle eût conservé au Protestantisme de nombreuses familles qui, retenues arbitrairement et «réduites» au catholicisme, savent à peine aujourd'hui qu'elles ont un passé huguenot, et ont oublié les principes pour lesquels leurs ancêtres étaient prêts à sacrifier leurs vies.

L'ordre royal de Charles II, du 26 juillet 1681, bien que tardif, eut cependant encore des résultats surprenants quand on songe aux obstacles opposés à la sortie des fugitifs, aux peines terribles qui les frappaient, aux récompenses offertes aux délateurs. Quand la signature de Louis XIV eut anéanti officiellement les Églises Protestantes de France, il s'en dressa de nouvelles sur les rivages hospitaliers de l'Angleterre, où débarquaient chaque jour les échappés du grand naufrage. Ces malheureuses victimes d'une intolérance parvenue à son apogée étaient, pour la plupart, dénuées de tout; cette fois le peuple anglais lui-même les accueillait d'autant plus fraternellement qu'il craignait de voir, dans leur lamentable sort, un présage de ses propres destinées.

Mais le règne de Jacques II appartient surtout à la seconde période de cette histoire[1].

A l'étude sur les Églises du Refuge de langue française en Angleterre, où nous avons dû entrer dans quelques détails sur l'histoire générale tant de la Grande-Bretagne que de la France, nous en joignons une sur les Églises presbytériennes des Iles de la Manche. Ce ne sont pas à proprement parler des congrégations de Réfugiés. Paroisses régulières et officielles, d'où ressortissent les insulaires, elles ne font que recevoir de temps à autre des adjonctions du dehors, temporaires ou permanentes. Mais, sans appartenir par elles-mêmes au Refuge, elles y ont leur place de par leurs pasteurs, étant presque constamment dirigées par des Réfugiés venus y poursuivre ou y terminer un ministère interrompu en France.

Composées presque exclusivement de sujets-nés de la couronne d'Angleterre, elles ne se rattachent pas non plus aux communautés étrangères recueillies dans le royaume; elles

---

[1] *Dans le cas où il ne nous serait pas donné de nous occuper plus tard de cette seconde période, pour laquelle nous avons réuni de nombreux documents, nous renvoyons nos lecteurs à la notice sommaire sur* les Églises françaises de Londres après la Révocation, *que la* Huguenot Society *a bien voulu insérer dans ses* Proceedings, Vol. I, 1885-1886.

forment un groupe synodal indépendant du leur et possèdent une Discipline qui leur est particulière. Toutefois, continuant à se sentir normandes, et comme telles ayant obtenu d'Élisabeth de n'être point comprises dans l'uniformité anglicane, elles ont besoin de secours spirituels qu'elles ne sauraient trouver dans leur propre sein, et reçoivent avec empressement les ministres calvinistes français. De même c'est aux Académies de Saumur ou de Genève, dont elles parlent la langue et suivent les formes religieuses, que leurs futurs proposants iront s'instruire.

L'histoire de ces Églises, malgré leur petit nombre et leur peu de durée, n'est pas sans intérêt. Les deux Disciplines, les délibérations de Synodes ou de Colloques, les actes consistoriaux montrent à quel organisme ecclésiastique, à quelle alliance des deux pouvoirs aspiraient les membres du corps pastoral français. Dans cet archipel normand, où ils ont commencé par avoir le champ libre, l'excès de leur rigorisme n'a pas été sans hâter la chute du régime presbytéral jersiais; à Guernesey leur influence a résisté plus longtemps, et leur forte empreinte ne s'est jamais absolument effacée.

SOURCES.

Pour les pages qui vont suivre les sources sont de double nature : I. Les travaux modernes, dont plusieurs ont une valeur que nous aurons garde de méconnaître, et II. les documents originaux, encore peu explorés et qui sont loin d'avoir livré leur dernier mot.

I.

Nous ne citerons ici dans les ouvrages imprimés que les plus importants : on trouvera les titres des autres dans les notes au bas du texte.

Dans son Histoire des Réfugiés Protestants de France (Paris 1853, 2 vol. in-12) *à laquelle toute étude sur ce vaste sujet doit commencer par rendre hommage, Charles Weiss n'avait pas oublié l'Angleterre. Mais, quoiqu'il ait esquissé d'une main sûre les traits principaux de ce Refuge d'avant la Révocation, il n'est entré dans les détails et n'est vraiment utile qu'à partir de 1685 : ses dates de fondations d'Églises ne sont pas non plus toujours exactes.*

M. J. Southerden Burn l'avait devancé. The history of the French, Walloon, Dutch and other foreign Protestant Refugees settled in England from the reign of Henry VIII to the Revocation of the Edict of Nantes (Londres 1846, in-8°), *fut une révélation et ne cessera d'être consultée avec fruit. L'un de ses mérites, et non le moindre, est d'avoir été composée sur les documents mêmes. L'attention de l'auteur avait été éveillée par ses fonctions de secrétaire de la Commission Royale chargée de recueillir les registres non paroissiaux de baptêmes, mariages et enterrements. Dans le dépôt confié à sa garde il trouva les éléments de cette étude où il consacra à chacune des Églises du Refuge en Angleterre un chapitre enrichi d'extraits des registres et de listes pastorales. Comme tous les premiers pionniers, M. Burn n'a pu, il est vrai, faire une œuvre complète. Son résumé historique est insuffisant, et il a commis la grave erreur d'inscrire comme ministres en titre des diverses Églises tous ceux dont il a trouvé les signatures au bas des Actes, tandis que la grande majorité, surtout après la Révocation, n'appartenaient pas au corps pastoral de ces communautés, bien qu'admis par complaisance à y célébrer des baptêmes et des mariages pour les familles de leurs anciens troupeaux de France; ses listes pastorales ne sauraient donc faire autorité.*

M. William Durrant Cooper, dans ses Lists of Foreign Protestants and aliens resident in England 1618-1688 from returns in the State Paper office (Camden Society 1862, in-4°), *a reproduit, d'après l'enquête officielle de 1622, les noms des réfugiés chefs de maison habitant la paroisse privilégiée de St. Martin's le Grand à Londres, et de ceux résidant à Canterbury, Maidstone, Douvres, Rye, Norwich et Colchester, ainsi que des étrangers, couteliers, menuisiers, lambrisseurs, sculpteurs en bois et fabricants de chandelles, établis dans la Cité, et dans son Appendice tout le relevé de 1618 pour* « *la Cité de Londres et ses libertés* »*. Il y a joint les naturalisations accordées par Charles II et Jacques II de 1678 à 1688, mais comme il a négligé les sources parlementaires, ces dernières listes sont très incomplètes; l'orthographe des noms laisse à désirer.*

Par The Huguenots, their settlements, churches and industries in England and Ireland, *dont la première édition, Londres 1867, a été suivie d'une seconde à New-York 1868, de quatre autres en Angleterre et de traductions à l'étranger (Paris 1870,* Les Huguenots, *avec préface par* M. Ath. Coquerel fils)*, M. Samuel Smiles a fait, ce qu'on est convenu d'appeler, œuvre de vulgarisation. Œuvre bienfaisante et utile : le nom déjà si connu de l'auteur, son talent à mettre en relief les faits les plus saillants, la forme attrayante et l'excellente ordonnance de son livre ont largement répandu dans le grand public les notions les plus justes sur la nature et les résultats de l'émigration huguenote dans les Iles Britanniques. Pour le côté industriel, qui est celui qui l'a le plus préoccupé,* M. *Smiles a su découvrir des renseignements nouveaux, et nous devons signaler, comme une introduction aux plaintes des artisans nationaux que nous aurons souvent à constater, la très intéressante étude de l'Appendice sur les établissements d'ouvriers étrangers pendant le moyen âge, alors que la religion n'était pas encore en cause.*

L'important ouvrage du Rev. David Agnew, Protestant Exiles from France in the Reign of Louis XIV, or the Huguenot Refugees and their Descendants in Great Britain and Ireland, *a un caractère différent. Les trois éditions, successivement remaniées et étendues, ont toutes été réservées à un nombre restreint de lecteurs. A la première publiée à Édimbourg en 1866 et ne s'occupant que des Réfugiés venus depuis l'avènement de Louis XIV, la seconde (Londres et Édimbourg 1871, 2 vol. in 4°) ajoutait des Mémoires sur les Réfugiés d'avant Louis XIV qui forment un tome entier. Elle était suivie en 1874 d'un troisième dit* Index-Volume, *contenant l'analyse des deux premiers avec des notes et même trois chapitres additionnels. Enfin, la dernière édition, imprimée à cinquante exemplaires seulement,* Protestant Exiles from France chiefly in the Reign of Louis XIV (*s. l. 1886, 2 vol. in-fol.) est, ainsi que le dit le sous-titre « refondue et considérablement augmentée, comprenant les Réfugiés de langue française des règnes précédents... Vol. I : Réfugiés naturalisés avant 1681; Vol. II : Réfugiés naturalisés en et après 1681. » Cette désignation ne répond pas à l'ampleur du sujet embrassé par le Rev. Agnew. Bien qu'il n'ait d'abord eu en vue que les immigrés pourvus de la naturalisation, il en a cependant enregistré beaucoup qui ne l'ont point obtenue. Chercheur infatigable il n'a cessé d'accumuler des renseignements pris au Record-office, à Doctors Commons et dans les Bibliothèques publiques, et d'y joindre ce qu'ont pu lui fournir les sources privées. Il a fouillé dans les testaments et les papiers de famille à sa portée, ajoutant une liste après l'autre,* non sans amener une certaine confusion à laquelle il essayait de remédier par des groupements factices, et se laissant plus d'une fois entraîner à des conjectures qui manquent de fondements solides. Le Rev. Agnew avait la passion de l'histoire et de la découverte, mais son intuition n'était pas toujours de celles qui ne trompent point : dans son désir de trouver il s'abandonne à des déductions, surtout pour les ressemblances de noms, qu'il est impossible d'accepter sans réserves.

Ce livre n'en est pas moins remarquable. L'introduction historique est ample, nourrie de faits et de documents. Mais c'est au côté des noms et des familles, de leur origine, de leur filiation, de leur disparition ou de leur permanence en Angleterre qu'il s'est attaché de préférence. Aussi les listes de naturalisation l'emportent-elles de beaucoup, par leur abondance et même par leur scrupuleuse exactitude orthographique, sur celles de M. Durrant Cooper. En parcourant les longues colonnes de la Table, on reconnaît qu'aucun ouvrage sur le Refuge en Angleterre ne représente une pareille somme de travail : c'est une vraie mine qui restera, et où les descendants des Réfugiés ne cesseront de venir puiser.

II.

Les Documents à consulter indépendamment de ceux insérés dans les ouvrages ci-dessus, ne sont encore imprimés qu'en partie. Il en est, en Angleterre, d'historiques et d'ecclésiastiques.

Les historiques, conservés principalement dans les Archives de l'État (Record-Office, State Papers), deviennent chaque année plus accessibles, grâce à la belle publication des Calendars, *où les pièces sont analysées à leur ordre de date, et quelquefois fragmentairement reproduites. Bien qu'il ait déjà paru soixante volumes de la* Domestic Series *et treize de la* Foreign Series *pour la période depuis la Réformation jusqu'à l'avénement de Jacques II, ces séries ne seront guère terminées avant un quart de siècle. Il est indispensable de recourir encore aux Archives mêmes, ainsi qu'en France aux Nationales et à celles du Ministère des Affaires Étrangères à Paris.*

Les documents ecclésiastiques se composent, d'abord des Registres des baptêmes, mariages et parfois enterrements des fidèles, et de ceux des reconnaissances et abjurations; ensuite des livres où sont résumées les délibérations des Consistoires, les Actes des Colloques et Synodes, ou ceux du Cœtus de Londres. Ce sont là les véritables bases de cette histoire. Malheureusement maintes fois déplacées elles ne se retrouvent plus en leur entier, et pour toutes les communautés les manuscrits des premières années font défaut.

L'Office du Registrar General, *Somerset-House à Londres, a recueilli quatre-vingt-neuf registres wallons-français. Nous reproduisons, d'après le premier rapport lu par M.* Moens *à la* Huguenot Society (Proceedings I, 15) *le relevé de ceux qui appartiennent à l'époque avant la Révocation.*

Londres. — Église de Threadneedle street (*n° d'ordre de Somerset House* 17).
Registre I. Baptêmes (*environ 8800*) et Mariages (*environ 800*) de 1599 à 1636, *in-fol.*
» II. Baptêmes 1636-1691. Mariages 1636-1645, *in-fol.*
» VII. Mariages et bans 13 nov. 1631—25 mars 1674, *in-8.*
» VIII. Mariages et bans 25 mars 1674—2 déc. 1685, *in-8.*
— Église de la Savoye (*n° d'ordre* 14).
» 1. Mariages 1684—1753.
Canterbury (*n° d'ordre* 28)[1].
Registre I. Baptêmes du 2 juillet 1581—juin 1584.
Mariages 5 mai 1583—8 juin 1584.
Enterrements 27 juin—août 1583, *in-fol. étroit, relié avec*
» II. Enterrements juin 1590—déc. 1608 et août 1622—mai 1630.
» III. Enterrements 5 déc. 1630—27 oct. 1715, *in-fol. étroit.*
» IV. Baptêmes 24 juillet 1590—15 avril 1602.
Mariages 24 juillet 1590—12 avril 1602, *in-fol.*
» V. Baptêmes 15 avril 1602—30 déc. 1621 (*plus de 1300*), *in-fol.*
» VI. Baptêmes (*près de 2000*) 13 janvier $162^1/_2$—6 oct. 1644.
Mariages 17 fév. $162^2/_3$—29 sept. 1644, *in-fol.*
» VII. Baptêmes 15 nov. 1646—28 mai 1704. (*près de 4000*), *in-fol.*
Mariages 10 nov. 1644—5 nov. 1646 et sept. 1653—4 juillet 1678, *in-fol.*
(*Les lacunes dans les baptêmes de 1644 à 1646 et dans les mariages proviennent de la sécession de Poujade, puis de Crespin*).

---

[1] *Renseignements de M. Hovenden en tête de la reproduction des Listes de Baptêmes.*

Registre VIII. Bans et mariages 5 déc. 1645—16 déc. 1703 (*avec une lacune du 8 août 1669 au 14 sept. 1673 et plusieurs autres*), *in-12, en très mauvais état.*

Norwich (n° *d'ordre* 30).
Registre   I. Baptêmes (*environ 3000*) du 22 juin 1595 au 30 juin 1752. Mariages 21 oct. 1599—12 mai 1611, *in-fol. étroit.*

Southampton (n° *d'ordre* 32).
Registre   I. Admissions à l'Église 21 déc. 1567—24 déc. 1665.
Baptêmes 21 déc. 1567—20 mai 1779.
Mariages 23 déc. 1567—24 déc. 1753.
Enterrements 26 déc. 1567—26 mars 1722.
Jeûnes 3 sept 1568—8 déc. 1721.

Thorpe-le-Soken (n° *d'ordre* 34).
Registre   I. Baptêmes 1684 à 1726.
»   II. Mariages 1684 à 1706.
Baptêmes et mariages 1684 à 1726.
Enterrements jusqu'à 1718.

De plus l'Église paroissiale anglaise de Thorney Abbey *conserve encore le* Livre des Baptêmes *de l'ancienne congrégation française de ce lieu du 11 fév. 1654 au 3 oct. 1727, et M. F. A. Crisp a publié en 1888, d'après le manuscrit original qu'il possède, les Registres de l'Église de* Douvres. — Baptêmes de 1646 à 1660 et de 1686 à 1732, Mariages de 1647 à 1660 et 1686-1687, Enterrements de 1685 à 1721[1].

Plusieurs des Registres de Somerset House viennent d'être imprimés par les soins de la Huguenot Society of London, *fondée à l'occasion du troisième anniversaire de la Révocation, par des descendants de Réfugiés, sur la proposition de M. Giraud-Browning et sous la présidence de sir Henri Layard. Née d'hier elle a déjà fait ses preuves et déployé une remarquable*

---

[1] *Ce volume tiré à cinquante exemplaires n'a pas été mis dans le commerce.* Registers of the French Church at Dover, Kent.

activité. Ses bulletins trimestriels (Proceedings) *renferment de nombreux documents et études. En éditant les Registres et Actes des anciennes Églises, la Société rendra un immense service à leurs historiens et aux familles dont les ancêtres en firent partie.*

La première de ces publications, The Walloon church of Norwich : its Registers and History (Lymington 1887-1888), *1 vol. in-4° en deux parties, se compose non seulement de la transcription intégrale et fidèle de tous les noms des baptisés, avec parents et témoins, des mariés, des anciens, diacres et Hommes politiques de cette Église, ainsi que des documents officiels la concernant, y compris son exemplaire de la Discipline de 1588, mais encore de sa monographie par M. W. J. C. Moens, travail savant, complet, et dont nous aurons l'occasion plus d'une fois de signaler la haute valeur.*

Le Registre de l'Église de Southampton (Lymington 1890) *a été édité par M. Humphrey Marett Godfray. M. Robert Hovenden a commencé la reproduction des* Registers of the Wallon or Strangers Church in Canterbury (Lymington 1891) : *le premier fascicule de 300 pages contient les Baptêmes du 2 juillet 1581 au 2 mars 1684. La Société est même sortie des frontières de l'Angleterre, et a rendu service au protestantisme français en publiant par les soins de MM. W. Minet et W. Chapman Waller le* Registre des Baptesmes, mariages et mortuaires de l'Église prétendue réformée de Guisnes, 1668 à 1688 (Lymington 1891), *et par ceux de Sir Henri Layard les* Despatches of Michele Suriano and Marco Antonio Barbaro, *ambassadeurs de Venise à la cour de France de 1560 à 1563* (Lymington 1891).

Quant aux Actes des corps et compagnies ecclésiastiques, le dépôt le plus riche est celui de la vieille Église française-wallonne de Londres, dans laquelle se sont fusionnées et éteintes tant d'autres. Certes il est profondément regrettable qu'ils n'aient pas été conservés avec soin et soient restés, pendant de longues années, dans le plus déplorable état d'abandon et de confusion [1]. Mais depuis la récente démolition du temple de S*t* Martin le Grand, héritier de celui de Threadneedle street, ces Archives ont passé entre les mains des « Trustees », ou Fidéi-commissaires institués par la Couronne, qui s'occupent de les classer et d'en assurer la conservation.

---

[1] *Déjà en 1876 M. Henri Bordier écrivait:* « *Après avoir traversé la salle du culte on trouve au rez-de-chaussée la sacristie où règnent une grande armoire à trois corps et sept petites armoires dont deux en fer. De là on monte au premier étage dans la salle des Conseils de l'Église qui contient une bibliothèque de 2200 volumes, provenant pour la plupart de legs et dons des fidèles.. Là existe aussi une grande armoire d'angle. Tous les rayons, tous les tiroirs de ces différents meubles sont pleins de documents; tous les dessus d'armoires sont bourrés de registres et jusque dans l'étage souterrain de l'église, où l'on descend depuis la sacristie par un escalier de pierre, se trouvent dans une grande caisse et sur deux tablettes, des paquets de livres et des liasses de papiers... La grande armoire à trois corps de la sacristie renferme dans chacun de ses deux compartiments de gauche et de droite trois tablettes et deux tiroirs: sur les tablettes reposent une soixantaine de registres in-folio, une quarantaine d'in-4º et les tiroirs sont pleins de petits registres et de liasses de correspondances. Le corps du milieu contient un peu davantage.. Dans la salle du premier, comme dans la sacristie, l'espace vide au-dessus de l'armoire a été comblé au moyen de gros registres in-fol. et in-4º, serrés l'un contre l'autre au nombre d'une trentaine.. Je n'ai pu trouver aucun Inventaire.* » Bull. du Prot. franç. XXV, 418.

Alors qu'elles étaient encore entassées sans ordre, sous d'épaisses couches de poussière, nous avons relevé dans le nombre les manuscrits suivants, datant d'avant la Révocation :

Actes du Consistoire. Vol. I, juin 1560 à mai 1565, in-fol. de 338 feuillets dont les derniers sont rongés par l'humidité et presque illisibles. Il commence par ces mots : « C'est icy le premier Livre des Actes du Consistoire escrit en général. Avant cestuy-ci il y a le livre particulier d'Anthoine Poncel, ancien, qui commence l'an 1559 : 24 de septembre continuant jusqu'en l'an 1560 en juillet et plus. » *Ce livre est perdu depuis longtemps, ainsi que celui du même secrétaire, correspondant à une lacune des Actes du 2 sept. (1563) à Pâques 1564.*

Vol. II. Actes de 1571 à 1578, *avec la mention en tête :* « Il manque un livre d'Actes depuis may 1565 à juin 1571. »

Vol. III. Actes de 1578 à 1588.

Vol. IV. Actes de 1589 à 1614.

Vol. V. Actes de 1615 à 1680.

Vol. VI. Actes de 1680 à 1692.

De plus : a. *Un livre de* Copie de lettres *de 1652 à 1695.*

b. *Deux petits cahiers de* Notes *de 1649 à 1651, très détériorés.*

c. *Un* Livre de mémoire *de 1632 à 1748, reconnaissances signées par les Réfugiés pour avances faites par la bourse des diacres.*

d. Livre des diacres *à partir du 2 janvier 164$^8/_9$* : « S'ensuit les charges et offices des diacres ; ceux qui doivent tenir les plats aux portes, etc. »

e. Registre des « personnes examinées pour participer à la Sainte Cène avec les noms de leurs respondants » fév. 1655—30 déc. 1691.

f. Registre des noms des « personnes qui ont demandé leur tesmoignage. » 12 avril 1674—1er nov. 1685.

g. Registre des noms « des personnes à qui l'on donne des tesmoignages dans le Consistoire de l'Église françoise de Londre. » 27 décembre 1684— 2 avril 1749.

h. Journal des diacres 1626—1713.

i. Journal des Anciens 1669—1725.

j. Livres d'Amendes (*infligées en Consistoire*), *trois volumes* 1680—1685, 1684—1688, 1685—1700.

k. Livres des pauvres réfugiés 1659 à 1669, 1669 à 1676, 1676 à 1684, 1684 à 1693, *et huit autres jusqu'en 1785.*

l. Registre des membres de l'Église de 1669 à 1718.

Comme recueils d'un intérêt plus général :

Le livre des Colloques et Synodes 1581—1654 (*publié pour la Huguenot Society, Lymington 1890 in-4º, par M. Adrian Charles Chamier*)
Et Le livre du Cœtus de 1575 à 1595.

La liste ci-dessus est nécessairement très incomplète.

Pour l'histoire qui nous occupe les Archives de l'Église hollandaise de Londres ont aussi une importance majeure. A côté de documents d'un intérêt commun aux deux « langues », on est surpris d'en rencontrer un nombre considérable qui se rapportent uniquement aux congrégations françaises-wallonnes, correspondances de pasteurs de Threadneedle street égarées au milieu de pièces purement flamandes et qui y ont gagné de s'être heureusement conservées, lettres par exemple de Théodore de Bèze au ministre Cousin et minutes des réponses de ce dernier, et de Th. de Bèze, de Baron, de Duplessis Mornay au ministre Le Maçon de la Fontaine ; [1] *ou encore volumineux dossiers sur plusieurs des questions brûlantes qui ont préoccupé les communautés de Londres, de Norwich et de Canterbury : leur présence à Austin-Friars est due à des recours auprès du Cœtus, ou à l'intervention spontanée du Cœtus dans ces pénibles débats.*

---

[1] *Quelques-unes de ces lettres, mais c'est le très petit nombre, avaient été imprimées dans le* Scrinium Antiquarium *de Gerdes ou les* Epistolæ Theologicæ *de Th. de Bèze. — On trouve aussi d'utiles renseignements, et quelques documents d'un intérêt général, dans les mémoires du pasteur hollandais Siméon Ruytinck, continués par César Calandrin,* Gheschiedenissen ende Handelingen, *etc., publiés par la Marnix Vereeniging (Utrecht 1873), dans les* Actes des Colloques flamands, *et dans les* Registers of the Dutch Reformed Church Austin Friars, London, *édités par M. Moens (Lymington 1884, in-4º).*

Ces archives, après s'être accumulées pendant trois siècles dans les armoires du temple, furent placées en 1866, à titre de dépôt, dans la Bibliothèque publique municipale de Guildhall. On ne les y trouverait actuellement qu'en partie; les manuscrits, reliés en volumes in-folio sous ce titre : « Epistolæ et tractatus ad historiam Ecclesiæ Londino-Belgicæ spectantes » *ont été confiés à M. J. H. Hessels, érudit hollandais fixé à Cambridge, chargé par le Consistoire d'une publication qui fait autant d'honneur à ce vénérable corps qu'au savant qui en a si parfaitement réalisé les intentions.*

*L'*Ecclesiæ Londino-Batavæ Archivum *comprend jusqu'ici deux splendides volumes in-4°, où les pièces intégralement reproduites sont accompagnées de sommaires et d'annotations biographiques et bibliographiques très détaillées. Le tome premier qui se compose de la correspondance des Ortelius est étranger à notre sujet, mais le second lui apporte, de page en page, des lumières nouvelles ou des témoignages originaux :* Epistulæ et Tractatus cum Reformationis tum Ecclesiæ Londino-Batavæ historiam illustrantes, 1544-1622 *(1041 pages, Cambridge 1889).*

La découverte récente de tout un trésor documentaire de plus, ayant échappé aux premières recherches, promet encore un ou deux volumes qui ne le céderont en rien aux précédents. Déjà M. Hessels fait paraître, presque en même temps que ces lignes, l'impression avec tables analytiques des certificats apportés à l'Église hollandaise par des Réfugiés, comme preuves de leur foi protestante, depuis 1570 jusqu'aux temps modernes : Attestations of the London Dutch Church. *Les pièces qui formeront les volumes complémentaires proviennent en grande partie du Cœtus, dont elles comprennent même un des registres, celui de 1649 à 1820. Le sommaire porte : « C'est le troisième Livre du Cœtus, C. estant, in-4°. » Celui de Threadneedle street, mentionné ci-dessus, serait donc le premier, A; il reste à retrouver le second, B, celui de 1595 à 1649.*

De documents consistoriaux d'autres Églises il y a encore à signaler :

De l'ÉGLISE DE LA SAVOYE, maintenant St JOHN LA SAVOY, *Bloomsbury*, pour cette époque un seul registre, mais il a une sérieuse importance : « Livre des Conversions et Reconnoissances faites à l'Église françoise de la Savoye, commencé au nom de Dieu à Londres le 18 may 1684. » *Il s'étend jusqu'à 1702.*

La Bibliothèque installée par la Huguenot Society à l'Hôpital pour les Pauvres Protestants français, Victoria Park, possède cinq volumes manuscrits :

1° Registre des Actes du Consistoire de l'Église Françoise recueillie à Thorpe-le-Soken en Essex depuis l'an 1683, in-fol., *s'étendant jusqu'à 1726.*

2° Actes du Consistoire de Canterbury, *depuis le mois de juin 1581 jusqu'au mois de juin 1584, in-fol. étroit.*

3° Livre des comptes des pauvres de l'Église françoise de Sandwuyt, *de nov. 1568 à janvier 1572.*

4° La Police et Discipline ecclésiastique observée en l'Église de la langue françoise à Londres, 1578;

Et en garde,

5° Actes du Consistoire de l'Église wallonne de Norwich, commençant depuis le 25 mars 1628, pet. in-fol. *allant au 20 déc. 1803, avec une lacune de 1636 à 1643.*

Nous ne saurions oublier comme dépôts renfermant des manuscrits à consulter, la Bibliothèque de Lambeth à *Londres* (*Recueils et Papiers des Archevêques-Primats*)*, la* Bibliothèque

Bodléienne à *Oxford, mais qui sera surtout utile pour la période suivante*, le British Museum, *la* Bibliothèque de la ville de Genève *et les* Archives de la Vénérable Compagnie.

Pour les Iles Normandes il y a beaucoup à glaner dans Dupont, Histoire du Cotentin (Caen 1885, 4 vols in-8°). *Comme documents imprimés on consultera le* Livre des Actes des États de l'Ile de Guernesey, à partir du 11 sept. 1605, la Discipline ecclésiastique des Iles de la Manche *publiée avec les* Actes du Consistoire de St André 1615-1655, *par le Rev.* Lee, recteur de St Pierre-Port (Guernesey 1885, in-8) *et les* Listes des abjurations et Reconnaissances à Jersey *reproduites dans les* XIIe *et* XVIe Bulletins de la Société jersiaise. *Comme manuscrits, les deux recueils des* Actes des Colloques, *ceux de Jersey à la Bibliothèque de l'Université de Cambridge, ceux de Guernesey appartenant à Madame J. de Sausmarez, dont le Rev. Lee possède la copie, et un exemplaire de la* Discipline *de 1576, à la Bibliothèque de l'Arsenal à Paris*.

C'est à l'histoire des Églises elles-mêmes, à leurs difficultés vis-à-vis des nationaux, à leur organisation, à leurs disciplines successives, que nous nous attacherons plutôt qu'à la reconstitution des origines et de la filiation des familles. Quelque incomplète que soit encore cette étude, il nous eût été impossible de la pour-

suivre sans de bien précieux concours. Aussi est-il des hommages de reconnaissance que nous tenons à rendre.

Et d'abord à la mémoire du dernier pasteur de l'Église française de St Martin-le-Grand, le Rev. Daugars; il nous a permis de passer de longues journées au milieu des richesses documentaires de la vieille communauté, et peu de semaines avant sa mort, déjà en proie à de cruelles souffrances, il nous favorisait d'une communication inespérée. Feu le Rev. Agnew avait à plusieurs reprises répondu à nos interrogations et s'était vivement intéressé à ce travail.

Le « late Keeper of Records » M. John Shoveller nous accueillit à Somerset House avec une exceptionnelle obligeance, et nous avons été reçus avec la même courtoisie au Record-Office, où nos recherches ont été facilitées par M. l'archiviste G. H. Overend, « assistant secretary » de la Huguenot Society. Au British Museum nous étions sûrs de pouvoir compter sur le cordial empressement de M. le bibliothécaire Edward Stride, à Lambeth Palace sur M. Wayland Kershaw qui a fait preuve de ses sympathies pour les Huguenots en décrivant leur existence et leurs progrès sur la terre du Refuge, dans ses Protestants from France in their English Home (Londres 1885, in-12).

Le Dr Robertson Smith nous a obtenu le prêt d'un manuscrit de la Bibliothèque de l'Université de Cambridge. Le Rev. Lee, recteur de St Pierre-Port, a placé à notre disposition, avec une extrême libéralité, les fruits de ses savants labeurs guernaisiais. Non content d'avoir plus d'une fois secondé nos recherches,

M. Morris Beaufort, trésorier de St Jean-la-Savoy, a fait copier en entier, pour nous l'offrir, l'important registre des abjurations de cette Église.

M. le comte de Sarrau de Boynet nous a communiqué et permis de reproduire deux lettres inédites provenant de la collection de son ancêtre, le célèbre ministre Claude Sarrau. Autorisation d'imprimer quelques rares autographes des Archives de Bessinge nous a aussi été gracieusement accordée par *M. Henri Tronchin*, par l'intermédiaire de *M. Théophile Dufour* qui a bien voulu nous rendre tant de services dans cette Bibliothèque de Genève placée sous sa haute direction. Et nous adresserons également nos remercîments les meilleurs, pour de si nombreux et si utiles renseignements ou conseils, à *Messieurs Moens à Tweed, Wagner à Londres, Marett Godfray et Maulvault sur les Iles Normandes, Herminjard à Lausanne, Bernus à Bâle*, et très spécialement à *M. le pasteur Weiss*, bibliothécaire de la Société de l'Histoire du Protestantisme français.

Nous devons une reconnaissance toute particulière au Vénérable Consistoire de l'Église hollandaise de Londres, à *M. le pasteur Van Scheltema* et à *M. Hessels*: grâce à eux, presque à la onzième heure, nous avons pu consulter les richesses nouvellement retrouvées et en insérer à l'Appendice de nombreux extraits [1].

---

[1] Il en est résulté forcément un retard dans la publication de ces pages, et des remaniements et modifications considérables acceptés avec une extrême complaisance et une patience à toute épreuve par notre éditeur M. Fischbacher, et menés à bien par les bons soins de l'imprimerie Fischbach de Strasbourg.

Envers la Société huguenote de Londres, son infatigable promoteur, M. Arthur Giraud Browning, son secrétaire honoraire M. Reginald Faber, notre dette de gratitude est de celles que l'on ressent mieux qu'on ne les décrit. Aussi serait-ce à la **Huguenot Society of London** *que nous aimerions dédier ces pages. Les Layard, les Giraud, les Shoppee (Chapuis), les Roumieu, les Peck, les Du Cane... et tant d'autres, dont plusieurs dirigent également l'antique et splendide Hôpital de la Providence fondé pour les* « Pauvres François » *du Refuge, ne nous représentent-ils pas leurs ancêtres? Ceux qui, aux jours sombres et douloureux, avaient entendu et réalisé l'exhortation de Calvin :*

QUE VOUS AIMIEZ MIEULX ESTRE PRIVEZ UN PETIT DE TEMPS DU PAIS DE VOSTRE NAISSANCE, QUE D'ESTRE BANNIS A JAMAIS DE CEST HÉRITAGE IMMORTEL AUQUEL NOUS SOMMES APPELÉS.

LES ÉGLISES DE LANGUE FRANÇAISE

EN ANGLETERRE

AVANT LA RÉVOCATION DE L'ÉDIT DE NANTES

ET

LES ÉGLISES RÉFORMÉES

DES

ILES DE LA MANCHE

> « The towns in which they abide are happy, for God doth follow them with his blessings. »
> BISHOP JEWEL
> Réponse à la Bulle de Pie V, 1570.

> « Our nation is sure more blessed for their sakes. »
> DEPUTY FINCH
> Discours à la Chambre des Communes 1593.

CHAPITRES I ET II

ÉDOUARD VI

1547 — 1553.

CHAPITRE PREMIER

LES PREMIERS RÉFUGIÉS.

Henri VIII avait arraché l'Angleterre à la Papauté; il ne *Henri VIII* l'avait pas rendue protestante. Le véhément antagoniste de 1531—1547. Luther, le persécuteur des derniers Wiclefites, entendait conserver son titre de Défenseur de la foi. Il se substituait au pontife en se faisant décerner de force, par un clergé menacé, la primauté de l'Église d'Angleterre (1531), en obligeant le Parlement à interdire les appels à Rome et à en attribuer les revenus à la couronne, avec le droit de réforme ecclésiastique et la nomination des évêques (1534); mais, s'emparant des biens des couvents (1538), il refusait d'en doter des chaires de théologie comme le demandait Cranmer, et, malgré les efforts de l'archevêque, faisait édicter dans les *Déclarations des six articles* les peines les plus rigoureuses contre tout adversaire de la transsubstantiation, de la communion sous une seule espèce, du célibat ecclésiastique, des vœux monastiques, des messes privées ou de la confession. Néanmoins, autorisant jusqu'à un certain point la traduction de la Bible en langue vulgaire, il avait posé la première pierre de la Réforme accomplie sous son fils.

Tant que Henri VIII a vécu, les «hérétiques» poursuivis sur le continent s'exposaient à de nouvelles épreuves en se réfugiant dans cette île placée si merveilleusement en face, et presque en vue des côtes de la France et des Flandres, comme l'abri le plus facile à gagner. Il en vint cependant, aussitôt que l'éclatante rupture avec Rome parut un premier gage donné aux idées nouvelles. Dans cette même année 1531 Henri VIII refusait à François Ier l'extradition d'hérétiques[1]. Trois ans plus tard, dix jours après l'apposition des Placards, un rapporteur anonyme écrivait de Tours: «Il s'en est fouy quelque imprimeur en Engleterre[2]. Je vouldroys que les dits angloys le eussent prins et envoyé au Roy pour ce que les dicts angloys ont esté et sont souillés d'estre luthériens»; et lors de l'édit du 29 janvier contre les receleurs et en faveur des dénonciateurs des luthériens, en racontant les processions et les supplices, on cite, le 7 février 1535, parmi ceux qui «s'en sont fouys ung petit qui se nomme le petit Roger, lequel joue fort bien des regalles et espinette.... On dit qu'il est en Engleterre[3]».

---

[1] Henri VIII s'était plaint à l'envoyé de Charles-Quint de ce qu'on ne lui livrait pas les malfaiteurs anglais, luthériens et imprimeurs, réfugiés à Anvers : «il est surprenant qu'il s'en plaigne», écrit Jean de la Sauch, «puisqu'il n'a pas rendu les hérétiques français que le roi de France a réclamés.» Déc. 1531. «Le roi de France a fait demander au roi d'Angleterre de renvoyer en France les hérétiques fugitifs.» Chapuis à Charles-Quint, 9 fév. 1535. *State Papers. Henry VIII.* Vol. V, 564 et VIII.

[2] «Quelque imprimeur...» En 1536 commencent les impressions à Londres de Thomas Petit, supposé parent du Jean Petit de Paris. Dans une comparution après attaque à Londres contre des Français, figure le 18 déc. 1536 Jean Le Rousse, de Normandie, imprimeur. *State Papers.* En 1537, Jacob Nicolai imprime pour le libraire Gough un sermon de Latimer.

[3] «...On répand dans tout le royaume que le roy d'Engleterre est hérétique... ce que je ne crois pas... Il y a ici des hérétiques de toutes conditions, de l'église, de la noblesse, des religieux, etc. Le conseil est encombré de ces misérables.» — *State Papers, Henry VIII.* Vol. VII, n° 1303, et vol. VIII, n° 185. — André Baynton écrivait à Th. Cromwell le 1er fév. que Paris était plein d'hérétiques, on en avait brûlé vingt : une centaine de cordeliers, augustins, docteurs en

ÉDOUARD VI.

Là séjournaient aussi en réfugiés, de 1532 à 1535 le célèbre chirurgien Bauhin, et de 1534 à 1536 Nicolas Bourbon, le futur précepteur de Jeanne d'Albret, arraché par l'intercession de Henri VIII lui-même à la prison où l'avait conduit l'esprit d'indépendance, sinon l'hérésie déclarée de ses poésies [1].

Bauhin et Bourbon.

Du 15 février 1535 au 24 mars 1536, la naturalisation fut accordée par actes nominatifs à quarante-cinq Français; et à deux de plus jusqu'à la fin de l'année [2]. Si l'on ne retrouve,

Naturalisations.

théologie, maîtres d'écoles, et « sauf votre respect cuisiniers, charpentiers et autres ouvriers ont déjà fui. Le roi a juré qu'il brûlerait dorénavant tous ceux qu'il trouverait; s'il exécute sa menace, il vaudrait mieux, assure-t-on, qu'il ferme les portes de la ville et y mette le feu. » *Ibid.* VIII, 165.

[1] « Borbonius precibus regis Angliæ tandem liberatus est », écrit Guillaume du Bellay à Bucer le 20 juin 1634. *Archives du Séminaire protestant de Strasbourg. Epist. Var.* Vol. H. 4. — Rentré en France, il remerciait ses protecteurs de Londres, en première ligne Cranmer et Boston « præsul Westmonasterium », ... « non potest unquam mihi dulcissimam Britanniæ memoriam excutere ». 27 sept. 1536 L. à Th. Soliman, secrétaire du roi. Herminjard, *Corr. des Réformateurs*, VI. Sous Élisabeth on insérait parmi les poésies religieuses du recueil *Preces Privatæ in Studiosorum gratiam Collectæ et Regia Authorithate approbatæ*, Londres 1564, la *Pia Admonitio ad Pueros*, imprimée d'abord dans ses *Lingonenses Nugarum libri octo*. Lyon 1538. — Sur Jean Bauhin voir *Fr. prot.* 2ᵉ éd.

[2] 15 fev. 1535, Guill. Barres, Rob. Desanye, tailleur de Hareflete (Harfleur); 24 fev., Jac. Robardys, marin, de Bretagne; 26 fev., Simon Over de Normandie; 5 mars, Jean Kynge de Picardie; 9 mars, G. Harbert; 12 mars, Marin Le Villayne, Norm.; 15 avril, Roger de Prat, de Gascogne; 1ᵉʳ mai, Matth. Isard, alias Brown; 4 mai, Simon Goddin de Picardie, Thomas Daigremont, Norm.; 10 mai, Jean Gachet, alias John Frenchman, de York, relieur; 30 mai, Julien Mares; 25 juin, Alain Bowdisson de Dieppe; 30 juin, Jacques Bacquer, Norm.; 2 juillet, Jean Sawhere, serrurier, Norm.; Jacques de Vynes, d'Artois; Nic. Ghardewys, cordier; 2 juillet, Jean White de Bordeaux, marin; 28 juillet, Gérard Astelyn, bonnetier; 7 août, Jean Blosshome, Norm.; 30 sept., Jean Mason, Pierre Menell, Michel Vase, Nic. Moket, Pierre-Ant. Arderon, tous Normands; 1ᵉʳ oct., Jean Growte et Richard Jordayn, id.; 28 oct., Richard Brere, Geof. Michel, Jean Robard, id.; 19 nov., Michel Lovet, tailleur, de Rouen; 10 dec., Jean Constans, Guill. Pelletier; 3 janvier 1536, Jean Faver, tailleur; 13 janv., Guill. Nahoe, Norm.; 20 janv., Guernot Julien batteur d'or, de Paris; 26 janv., Giles Horwell; 1ᵉʳ fev., Rob. Stone; 20 fev., Franç. Hibberd, 16 mars, Goodnaybor de Sᵗ-Omer, Jean Carowne, de Picardie; 24 mars, Mar-

I..

sur les listes de l'église française sous Élisabeth que quatre de leurs noms, Guill. Barre, Simon Overt, Al. Baudisson et la veuve de Michel Lovet (1563), la venue, pour cause de religion, est présumable néanmoins pour le plus grand nombre. Il en doit être de même pour ces Français et Wallons figurant encore sur les relevés de 1571 comme s'étant établis sous Henri VIII : si la désignation « venu pour religion » n'est attribuée qu'aux deux réfugiés de 1541, Raulin Bellemare, de Normandie, et Jacques Mort, si plusieurs sont mentionnés comme « venus pour travailler », presque tous ces anciens immigrés font cependant partie plus tard de la congrégation française ; plusieurs y ont occupé des charges [1]. N'est-il point permis de voir en eux des fugitifs? Cherchant moins la satisfaction ouverte de leurs besoins religieux que l'obscurité et l'oubli, ils se seront dissimulés parmi les ouvriers et commerçants étrangers encouragés par le décret royal de 1540, et de préférence à Canterbury, où les couvrait la tolérance tacite de l'archevêque, surtout dans les dernières années du règne, alors que les bûchers de la place Maubert et du parvis Notre-Dame se reflétaient dans ceux de Tower-Hill [2].

---

tin Dacy, de Paris ; 1ᵉʳ mai, Rob. Harvye, Norm.; 2 nov., Étienne Mabyll. — *Cal. State Papers*, *Henri VIII*. Vol. VIII. IX. X. *Grants*. Nous n'enregistrerons que sous réserve Pierre Valensis, 11 janv. 1535, et Ralph de Lyonne, de Normandie, 4 mars, parce que les actes portent « Clerc avec licence de tenir des bénéfices en Angleterre ». L'orthographe incorrecte est basée, comme dans toutes ces listes, sur la prononciation anglaise : Blosshome pour Blosseaume, Faver pour Favre ou Lefèvre, Nahoe pour Nahaut ou Noé : déjà des traductions pour Blanc, Lapierre et Bonvoisin.

[1] Voir à l'*Appendice* la liste de 1563 et les immigrés sous Henri VIII, membres de l'Église française en 1571. A ces deux dates on retrouve de plus un coutelier normand, Gervais Sohier, qui avait porté témoignage à Londres en décembre 1536 avec son compatriote Le Rousse.

[2] L'assertion de Neal que la Réformation recule de beaucoup pendant les derniers temps de la vie du roi et que l'Édit 35, Henri VIII, ch. 1, ramène le peuple « aux plus sombres côtés du papisme », est rigoureusement exacte. La lecture de la Bible en langue vulgaire qui avait été partiellement autorisée,

Mais en Angleterre, comme partout, les martyrs, par leur mort, en enfantaient d'autres. Un de ceux dont le protestantisme français a le plus de raisons d'être fier, l'humble et intrépide orfèvre rouennais Richard Le Fèvre, interrogé à Grenoble avant d'être envoyé au bûcher « où il avait esté le premier instruit en ceste doctrine ? », répondit : « En Angleterre, en la ville de Londres[1] ». Or il était passé à Genève en 1544 ou 1545 ; sa conversion remonte donc aux jours les plus sombres du règne de Henri VIII.

Tout change à l'avènement d'Édouard VI — 28 janvier 1547 — sous le protectorat de son oncle Somerset et l'influence grandissante de Cranmer. Les *six articles* sont révoqués, et l'on entrevoit bientôt qu'il s'agit, non plus de conserver le catholicisme dans une Église devenue indépendante du Pape, mais d'établir cette Église sur une base protestante, retenant, il est vrai, le plus possible des formes extérieures auxquelles de longs siècles avaient accoutumé les fidèles. Pour ce travail Cranmer sentit le besoin d'auxiliaires éclairés et pénétrés du souffle de la Réforme. Lui-même en avait étudié de près les principes et les premiers résultats : envoyé à la cour de Charles-Quint comme avocat du divorce de Henri VIII, il avait appris à connaître plusieurs des théologiens allemands et leur avait donné à l'avance des gages en épousant la nièce d'Osiander de Nuremberg. Il est naturel que, devenu le principal conseiller et le véri-

Édouard VI.

---

puis défendue, est presque généralement interdite ; la suprématie spirituelle du monarque, l'absolue dépendance de la conscience de ses sujets sont plus accentuées que jamais. En 1540, à une exécution simultanée, à la Tour de Londres, de protestants et de papistes, les derniers, comme rebelles, furent pendus et les premiers, comme hérétiques, brûlés vifs.

[1] Crespin, *Histoire des Martyrs*, liv. V.

table inspirateur ecclésiastique du nouveau règne, le primat ait appelé de l'étranger des hommes aptes à l'aider dans la double œuvre de lutte contre les partisans de la papauté et d'organisation du futur anglicanisme.

Le groupe de Lambeth. Le premier d'entre eux paraît avoir été Pierre Alexandre, d'Arras, ancien carme et « concionateur »[1] (prédicateur) ordinaire de la reine Marie de Hongrie, sœur de Charles-Quint, puis professeur de théologie à Heidelberg, où la hardiesse de son enseignement avait étonné même Calvin. Admis dès 1547 dans la résidence et dans l'intimité domestique de l'archevêque, il recueillait pour lui les sentences des Pères de l'Église indispensables aux controverses théologiques de ce temps[2]. En décembre 1547, arrivaient de Strasbourg au palais de Lambeth, sur l'invitation expresse de Cranmer, deux réformateurs italiens, Bernardino Ochino et Pierre Martyr Vermigli[3] que suivit, dans l'été de 1548, Jean Utenhove. Ce gentilhomme de Gand avait dû, de l'université de Louvain, fuir en 1544 à Cologne, et en

---

[1] C'est le titre qu'il prend encore sur sa première publication protestante, les *Psalmes de David translatez de plusieurs autheurs*. Anvers 1541, in-12.

[2] Les mss. de l'arch. Parker, Christchurch college Oxford, contiennent plusieurs de ses œuvres inédites : *Annotationes in quinque priora capita evangelia sec. Marcum. — Prælectiones de æterna Dei præscientia, prædestinatione, providentia et libero arbitrio, et Præl. de matrimonio et laudibus matrimonii — habitæ in ecclesia cathedrali. Cantuar. A. D. 1552 et 1553.*

[3] Ochino, né à Sienne 1487, cordelier 1524, vicaire général des Capucins 1538, prédicateur de moins en moins catholique, et de plus en plus suivi, à Sienne, Modène, Naples, Venise, cité à Rome devant l'Inquisition 1542, réfugié et premier pasteur italien à Genève, puis à Augsbourg 1545-1547, chassé d'Augsbourg par l'armée de Charles-Quint, séjourne à Bâle et se rend en Angleterre. Martyr Vermigli, né à Florence 1500, augustin 1516, abbé de Spolète 1526, prieur de Saint-Pierre à Naples 1529, de Saint-Frediano à Lucques devenu un vrai centre évangélique 1540, cité par l'Inquisition à Gênes 1542, réfugié et professeur de théologie à Strasbourg jusqu'à la publication de l'Intérim. Il y avait épousé Catherine Dampmartin de Metz, et Ochino, à Augsbourg, une Française aussi réfugiée à Genève.

1545 à Strasbourg, où il passait deux ans et demi, membre de l'église française et en relations quotidiennes avec le groupe des savants réfugiés. L'action de ce laïque, aussi intelligent que pieux, se fit immédiatement sentir à Canterbury. Il sut donner aux exilés pour la foi la cohésion qui leur manquait. Le 11 septembre 1548 Pierre Martyr le charge de ses vœux « pour tous les saints qu'il a avec lui », et il le félicite le 15 janvier 1549 de ce qu'ils ont « *conciones intra parietes et conventus piorum* ». Il ajoute : « Je ne doute pas que le diable n'envie ces commencements. Mais tu es déjà vétéran dans cette milice. Je reconnais que rien au monde n'est plus difficile que de fonder une église[1]. »

Fonder une église : dans ce culte de la Chambre haute de Canterbury il y a en effet le germe de celles du Refuge en Angleterre. Cette toute première congrégation, Utenhove l'avait appelée, dans sa lettre à Fagius du 20 novembre 1548, « *Nostra Ecclesia Gallica* » : elle est française.

Le ministre en est « *Franciscus noster* », le cordelier Perrussel que nous retrouverons à Londres sous le nom de la Rivière : on y entend aussi quelquefois « Claudius Colinæus », que deux laconiques citations ne désignent qu'incomplètement[2].

Jusqu'ici cependant Cranmer songeait moins encore à protéger les docteurs étrangers qu'à utiliser leur concours pour l'exécu-

Premier séjour d'a Lasco.

---

[1] « Nil difficilius in mundo quam ecclesiam fundare. Lapides frequenter sunt rudes et admodum impoliti, unde nisi spiritu verbo et sanctæ vitæ exemplis reddantur plani et leves non possunt facile simul coalescere. Det dominus ut inter nos recte plantetur vinea quæ fructum demum producat et hominibus et Deo suavem. » Oxford, P. Martyr à Utenhove. *Ecclesiæ Londino-Batavæ Archivum*, edidit Hessels. Cambridge 1889, in-4°. Vol. II, Lettres 5 et 6.

[2] « Salutant te Dominus Franciscus ac D. Claudius cui dedi ancillam meam nuptui. Is aliquando est concionatus in nostra gallica ecclesia. Nescio an alioqui de facie tibi sit notus ; hoc tamen scio quod religione ac fide tibi sit conjunctissime. » Fred. Pijper, *Jan Utenhove*, Leide 1883 ; Appendice VIII.

tion de ses grands desseins[1]. Un exilé volontaire du règne précédent, le médecin du roi, William Turner, lui avait signalé, ainsi qu'à Somerset, les rares capacités de Jean a Lasco, gentilhomme polonais, qu'il avait vu organiser les Églises de la Frise orientale sur une base doctrinale plutôt zwinglienne. Répondant à des appels réitérés, a Lasco sollicitait un congé temporaire et passait six mois à Lambeth, de septembre 1548 à mars 1549; il prévoyait déjà les orages qui le menaçaient lui-même. Cette intimité fut précieuse à Cranmer [2]: de l'aveu de ses contemporains, elle le stimula et l'affermit dans ses projets de réforme. Elle coïncide avec son attitude nouvelle et très accentuée contre la présence réelle dans la dispute sur l'Eucharistie, le 14 décembre: car, bien que le service de Communion sous les deux espèces eût été introduit pour tout le peuple le jour de Pâques précédent, on n'avait pas cessé de

---

[1] « Nous sommes désireux d'exposer dans nos Églises la vraie doctrine de Dieu et n'avons nul souci de l'adapter à tous les goûts ou d'agir avec ambiguïté; mais laissant de côté toute considération charnelle, nous voulons transmettre à la postérité une forme de doctrine vraie, explicite et conforme à la règle des Saintes-Écritures. Pour effectuer cet important dessein, nous avons cru nécessaire d'avoir l'assistance d'hommes instruits qui, ayant comparé leurs opinions ensemble avec nous, puissent mettre fin aux controverses doctrinales et édifier un système complet de vraie doctrine. Nous avons donc invité et vous et quelques autres. » Cranmer à J. a Lasco, 4 juillet 1548. *Original Letters*.

[2] Jean a Lasco, de Lasco ou de Laski, baron polonais, neveu de l'archevêque primat de Gnesen, né à Varsovie 1499, étudiant en 1523 à Louvain, où il se lia avec Hardenberg, et à Bâle, où il séjourna chez Érasme, de passage à Paris 1526, prévôt (chef du chapitre) de Gnesen et réformateur de la Pologne 1526-1537; réfugié et pasteur à Emden 1542-1549. Cranmer signait son appel du 4 juin 1548 « *tuæ præsentiæ cupidissimus.* » *Cran. Letters* CCLXXXV. « Joh. a Lasco, vir optimus, mecum hosce aliquot menses conjunctissime et amantissime vixit. » Cranmer à Mélanchthon, *Original Letters*. De son côté, a Lasco rendait hommage, après la mort de Cranmer, à « la profonde érudition, la grande piété, l'extrême finesse de jugement, la prudence consommée, la rare austérité, l'urbanité parfaite et la louable modestie » du prélat. Préface du traité: *De ordinatione Eccl. peregrinarum in Angleia*.

redouter les hésitations du primat ; il ne renonçait que lentement à plusieurs des doctrines romaines et dans son catéchisme, rédigé par Juste Jonas, avait admis celle de la transsubstantiation. Maintenant il répudiait à la fois le Pape et Luther[1]. « Puis les « messes s'escoulant petit à petit », selon les paroles de Crespin, la liturgie avec l'abolition absolue de la messe, sauf chez la princesse Marie, sœur du roi, fut établie pour la Pentecôte de 1549.

A ces toutes premières pages de l'histoire du Refuge s'inscrit déjà le nom de celui qui en devint, jusqu'à la fin du siècle, l'un des plus sérieux protecteurs. William Cecil, âgé de vingt-sept ans, préludait comme secrétaire de Somerset à la haute fortune du ministre d'Élisabeth, lord Burleigh. Dans les conseils qu'il donna plus tard à sa souveraine, dans la marche qu'il imprima à sa politique protestante, dans l'appui qu'il prêta

Wm. Cecil.

---

[1] Le 31 déc. 1548 Trahéron (un des réfugiés anglais à Zurich sous Henri VIII), en rend compte à Bullinger : « Je m'aperçois que maintenant c'en est fait du luthéranisme » ; il avait souvent exprimé la crainte contraire, de même que Jean ab Ulmis, étudiant suisse à Oxford, qui, après s'être plaint à plusieurs reprises des tendances luthériennes ou des indécisions et lenteurs de Cranmer, avait écrit le 27 oct. : « Thomas lui-même, par la bonté de Dieu et l'action de ce très intègre et juste personnage Jean a Lasco, est en grande mesure revenu de sa dangereuse léthargie », et sur la conférence : « L'archevêque, contrairement à l'attente générale, a exprimé son opinion d'une manière savante, correcte... et, par la force de son caractère et la dignité de son langage et de ses sentiments, a aisément amené ses auditeurs à notre manière de voir. » — Le Dr Jenkyns, dans sa vie de Cranmer, reconnaît l'exactitude des dates du changement de Cranmer, mais l'attribue à la seule influence de Ridley. A signaler l'apparition, à la date de 1548, des premières traductions en anglais d'œuvres de la réforme française : *The mynde of M. John Calvin what a faithfull man which is instructe in the word of God ought to do, a dwelling amongst the Papistes*, Ipswich (*De Christiani hominis officio*). — P. Viret *A notable collection of divers and sondry places of the Sacred Scriptures which make to the declaration of the Lords prayer* (*Exp. familiaris orat. dominicæ.*) — *The mind and judgement of Maister Frances Lambert of Avenna, of the wyll of man* (Traité du libre arbitre). London 17 déc. 1548 : le traducteur Nic. Lesse l'a dédié à la duchesse de Somerset.

constamment aux réfugiés, on retrouvera l'ancien ami et confident d'a Lasco. Entré en relations étroites avec lui à ce premier voyage du réformateur polonais, il était au nombre de ceux dont l'accueil lui faisait pousser ce soupir de soulagement et d'espérance : «C'est déjà une grande chose, aux temps où nous sommes, que de connaître un lieu de refuge où nous pouvons, nous et ceux qu'unit à nous dans le Seigneur le lien d'un même esprit, vivre dans la confession de notre foi[1]. »

Bucer. Les événements avaient secondé Cranmer, en amenant, par la publication de l'*Interim,* une dispersion partielle du groupe des réformateurs strasbourgeois. Bucer avait prouvé depuis longtemps à quel point la Réforme de l'Angleterre lui tenait à cœur. Déjà en 1536 il dédiait au primat ses *Métaphrases ou Commentaires sur l'épître aux Romains,* et c'est à lui que Luther écrivait « *De rege Angliæ vereor ne tua spes sit nihil* » alors qu'il s'était efforcé d'obtenir en faveur des évangéliques anglais l'intervention du landgrave de Hesse, et de Mélanchthon une démarche pour l'abolition des six articles. En 1548, heureux de voir ses espérances en voie de réalisation, il félicitait l'Église anglicane de «la restauration de la religion du Christ» et réfutait l'évêque Gardiner sur la question du célibat. Aussi Cranmer apprenant combien son opposition à l'Interim rendait sa situation à Strasbourg précaire, s'empressait-il de lui écrire le 2 octobre 1548 : «La tempête de l'Intérim étant déchaînée, ceux qui ne peuvent faire voile pour la pleine mer doivent se réfugier dans un port ; or pour toi, mon cher Bucer, le port de beaucoup le plus sûr sera notre royaume où, par un bienfait de Dieu, les semences de la vraie doctrine ont commencé à se répandre avec fruit. Viens donc à nous et offre-nous ton labeur dans la récolte du

---

[1] A Lasco à Dryander, 21 sept. 1548.

Seigneur. Tu ne seras pas moins utile parmi nous à l'Église universelle de Dieu que si tu gardais ton ancien poste. Ainsi sans aucune hésitation, viens au plus tôt. »

Bucer hésita. Calvin l'invitait à Genève, Mélanchthon à Wittenberg : une seconde lettre écrite le 24 mars par Pierre Alexandre triompha de ses dernières irrésolutions[1] : forcé de s'arracher de Strasbourg, il se rendit là où il espérait pouvoir accomplir le plus de bien, et débarqua le 25 avril 1549 à Londres, avec Fagius déposé et expulsé comme lui. « Hier nous avons visité le seigneur de Canterbury, le très bienveillant et très indulgent père des Églises et des hommes pieux, qui nous a reçus et qui nous traite, non comme des clients, mais comme des frères. Chez lui nous avons trouvé, surprise des plus agréables, le seigneur Pierre Martyr, Tremellius, Dryander et certains autres pieux français que nous avions envoyés ici par avance[2]. Le seigneur de Canterbury les choie tous[3]. » Dans cette

---

[1] « Viens donc le plus promptement possible, ô le plus désiré des hommes, abandonne l'ingrate Germanie, qui repousse à la fois ta personne, le Christ et sa parole; secoue la poussière de tes pieds et cherche désormais une autre patrie, où tes œuvres et ton zèle serviront autant que sur le sol natal l'Église du Christ qui renaît pour la première fois dans notre illustre royaume. » Bucer étant marié, Alexandre ajoute en post-scriptum : « Dans le Parlement on a réglé la question du mariage des prêtres », et il termine par un jeu de mots « Omnes missæ papisticæ missæ sunt ad novos monachos germaniæ. »

[2] Castalion dédiait à Édouard VI sa version latine de la Bible : « *primum quod dicerent nulli convenientius sacras litteras offeri posse quam ei, cujus regnum asylum esset eis, qui propter sacrarum litterarum studium atque defensionem vexarentur.* »

[3] Parmi eux on peut placer l'hébraïsant Antoine-Rodolphe (ou Raoul) Le Chevalier, dit maître Antoine, natif de Montchamps, près Vire. Il avait fui Paris pour cause de religion, était resté plus d'une année dans la maison du primat et épousa en 1550 la fille d'adoption de Tremellius, qu'il suppléa dans une chaire de Cambridge. Biogr. par son fils, Mss. Du Puy et *Fr. pr.*, V, 152.

Peut-être aussi Jean Véron, de Sens, très calviniste de doctrine; son premier ouvrage contre la messe est de Londres, 1548 : *The five abominable Blasphemies contayned in the Masse*. Mais sa science de la langue anglaise semble assigner à sa venue une date encore plus reculée. Voir *Appendice* VIII.

lettre à leurs collègues de Strasbourg, Bucer et Fagius ne dissimulent cependant pas que s'il y a quelques commencements évangéliques, l'œuvre restant à accomplir est colossale, les opposants sont nombreux, les réformes partielles encore. « J'entends que l'on concède certaines choses au respect des ancêtres et à l'infirmité des contemporains. » En présence du champ qu'il s'agit de défricher, ils ne sont pas sans appréhensions : « Ah! tout est ici dans un chaos complet », écrira Fagius le 29 juillet : « il y a énormément à faire dans les premières choses les plus indispensables ; nous ne répugnerions pas au labeur et à la peine, si nous pouvions opérer quelque bien. »

Chaleureusement accueillis par l'archevêque, le protecteur et le jeune roi, nommés à des chaires d'Oxford et de Cambridge, les illustres champions de la Réforme répondaient tous aux espérances de Cranmer : combattant les doctrines romaines par leurs paroles et par leurs écrits, introduisant les méthodes nouvelles dans les universités restées foncièrement catholiques, acceptant des « disputations » publiques sur les points controversés, ils aidaient par là même les prélats partisans de la Réforme à se former peu à peu leur conception et leur conviction protestantes, tandis qu'ils répondaient aux attaques passionnées des évêques résistants. Mais le rôle de Bucer, « le grand architecte des subtilités », selon Bossuet, fut prépondérant. Nommé par acclamation docteur de l'université de Cambridge [1], à côté de ses leçons sur le Nouveau Testament et de sa coopération à la traduction de la Bible, il se consacrait à la grande mission de la Réforme anglaise dans la mesure où l'on faisait appel à son concours, non sans trouver, il est vrai, dans les ménagements réclamés de lui, une source de difficultés constantes et de cruelles préoccupations. Et non seulement il

---

[1] « Me senem, morbidum, inutilem, *peregrinum*. » (Discours de réception.)

souffrait de voir la route si souvent entravée par des obstacles qu'on ne lui demandait pas de lever, il devait de plus essuyer les reproches à peine déguisés sous les exhortations envoyées de Suisse et de Genève par ses coréformateurs dont les regards, leurs correspondances en font foi, le suivaient avec sympathie, mais avec inquiétude. Farel surtout n'admettait pas ces lenteurs et l'accusait de compromettre par une modération, trop souvent éprouvée, la cause du pur Évangile[1]. Bucer se croyait obligé de lui répondre:

« Mais sache bien, mon cher Farel, que je suis pleinement d'accord avec toi sur la réforme religieuse; il la faut pure et complète selon la parole de Dieu, de telle sorte que, si possible, on efface même tout souvenir et jusqu'aux noms de toutes les superstitions de l'Antechrist... J'ai déclaré amplement que tel était mon sentiment, *partout où l'on a fait appel à mon conseil.* Mais là où on ne l'a point requis, et où l'on ne pouvait obtenir ce que je voulais, là, je le confesse, j'ai toujours cependant préféré obtenir une doctrine pure et le véritable usage des sacrements, quelques concessions qu'il fallût faire au résidu des superstitions de l'Antechrist, tant qu'on ne pouvait pas complètement les supprimer. Mais ici l'on ne nous consulte en rien, nous autres étrangers, si ce n'est en particulier, et tout avait été réglé avant mon arrivée. » Il insiste sur les progrès accomplis, le culte en langue vulgaire et l'administration de la cène, tout en regrettant la conservation de certaines formes et des vêtements de l'Église romaine: « J'aurais préféré que tout cela fût exprimé plus purement, et tous les nôtres l'eussent préféré de même; mais à ce moment on ne pouvait arriver à plus... j'aurais souhaité pouvoir obtenir la simplicité apostolique. » Il se

---

[1] Lettres de Farel à Calvin, de Calvin à Farel, de Viret à Calvin, octobre 1549, et en juillet 1550 : « De Bucero nihil accepi nisi quod nimium mollis quibusdam videtur. » Calvin à Farel.

résume en retraçant tout ce qu'il sait bien faire encore défaut:
« Évidemment, ce sont des innovations qui exigent de grands courages, et surtout chez les citoyens. Quant à nous, étrangers, quant à moi, si affaibli par l'âge et aussi par les labeurs et les calamités de ces trois dernières années, que faire? » Dans son impuissance, qu'il sent mieux que personne, il s'adresse à l'homme dont l'influence est incontestée au sein du protestantisme réformé, et demande à Calvin, avec ses conseils pour les questions sacramentaires, une intervention directe auprès de Somerset.

Prenant sa part des graves soucis de Bucer, Calvin se rend à son désir [1]. Il avait déjà dédié au protecteur ses Commentaires sur l'Épître à Timothée et envoyé une magistrale *Adresse exhortatoire sur la Réformation de l'Église* [2]. Il saisit l'occasion de sa réhabilitation après la première disgrâce pour l'engager à prouver sa reconnaissance envers Dieu par des actes [3], et quand Somerset, le remerciant cordialement de ses avis et du don de ses derniers ouvrages, promet de se montrer « *tutor et adjutor ecclesiæ* », il revient à la charge: « Cependant, Mgr. je ne cesseray de vous recommander ce qui vous est de soy assez cher et précieux: c'est que vous procuriez tousjours et mectiez peine que Dieu soit droictement honoré et seruy; surtout qu'il se dresse meilleur ordre en l'Église

---

[1] « Utinam animi tui mœrorem et eas curas, quibus te cruciari video, possem aliqua ex parte sublevare. » Calvin à Bucer 1549. — Bucer à Calvin, 25 mai 1550.

[2] « Puisque vous ne refusez point d'estre enseigne du maistre auquel je sers, mais que plustost préférez à tout le reste la grâce qu'il vous a faicte d'estre de ses disciples, il me semble que je n'ay besoing de vous faire longue excuse ne preface, pour ce que je vous tiens assez disposé à recepvoir tout ce qui procédera de luy. » 22 oct. 1548.

[3] *Corr. Calvin.* 1357. Bèze avait aussi écrit à Somerset à cette occasion.

qu'il n'y est pas encores[1]. » La mort violente et imméritée du protecteur devait l'empêcher de tenir ses promesses. Calvin alors, dans un langage d'une étonnante autorité, finit par sommer l'archevêque-primat lui-même, au nom de la vieillesse qui s'approche à grands pas, de ne point différer l'achèvement de cette épuration de l'Église[2].

Derniers conseils de Bucer.

A cette œuvre Bucer avait donné ses forces suprêmes. Consulté sur la révision de la liturgie, il répondait le 5 janvier 1551, louant sa conformité avec l'Écriture, mais suggérant des changements de forme plus décisifs[3], et réunissait dans son beau *Traité du royaume de Christ*, don et comme testament offert à Édouard VI, ses conseils sur les réformes à opérer dans le culte, l'instruction du peuple et la discipline ecclésiastique. Fidèle à sa modération constante, et dans un esprit que n'eût point approuvé Calvin, il y admet expressément l'existence de l'ordre des évêques (p. 126), mais c'est cet ordre qui doit être réformé avant tous les autres. Réagissant une dernière fois contre des compromissions destinées à triompher des scrupules de l'épiscopat, il ne craint pas d'écrire :

---

[1] 25 juillet 1551. — Voir à l'Appendice la belle lettre de Somerset, 7 avril 1551, qu'on croyait perdue et qui, inédite jusqu'ici, fait partie de la collection de M. le comte de Sarrau de Boynet, à Bordeaux, à l'obligeance duquel nous en devons la reproduction.

[2] « Jam ætas quo magis ingravescit, acrius te stimulare debet : ne si rebus confusis mundo sit migrandum, magna te ex conscientia tarditatis anxietas constringat. Res confusas appello : quia sic correctæ sunt externæ superstitiones, ut residui maneant innumeri surculi qui assidue pullulent. Imo corruptelis papatus audio relictam esse congeriem, quæ non obscuret modo, sed propemodum obruat purum et geminum Dei cultum. » Cette lettre, dont la date est perdue, a dû suivre la mort de Bucer, car il n'y est plus question que des conseils de Pierre-Martyr.

[3] Par exemple la renonciation aux anciens vêtements ecclésiastiques, cause de la condamnation de Hooper, sur laquelle il ne nous appartient pas de nous étendre ici.

« Il ne faut pas s'attendre aucunement aux évêques pour avoir la réfor-
« mation et restitution du royaume de Christ, laquelle nous demandons...
« Ce royaume doit être restitué et réformé non seulement par édicts,
« mais par pures et saintes exhortations... Il faut appeler au Conseil,
« pour ces choses, non point ceux qui se vantent d'estre théologiens et
« prestres par titres braves et magnifiques et qui ont envahy le loyer de
« ceux qui exercent duement ceste charge, mais ceux que vous cognois-
« trez par leurs fruicts estre excellents sur tous autres en cognoissance,
« zèle et affection du royaume de Christ : comme David, lequel a prins
« conseil touchant la Réformation de la religion, avec ses capitaines,
« millenniers et centeniers et avec tous ses gouverneurs. Car il n'est pos-
« sible qu'aucun puisse aider ne de conseil ne de son travail à réformer
« ce royaume de Christ, sinon qu'il ait porté son joug et qu'il se soit
« submis du tout à luy. Or le Seigneur Jésus nostre Roy en forme et
« engendre tous les jours de tels en *tous les estats du peuple, selon son*
« *bon plaisir et n'attache point ceste grâce à un certain ordre et sorte*
« *de personnes et encore moins à des masques et titres vuides.* »

Ce sont là les instructeurs du peuple et les conseillers du monarque qu'il demande au Seigneur de fournir à son jeune et royal ami, afin qu'il puisse « heureusement entreprendre, par-« faire, avancer et toujours continuer cette réformation de son « Royaume [1] ».

Édouard VI enregistrait dans son Diaire, quelques semaines plus tard, à la date du 28 février 1551, les honneurs funèbres rendus à Bucer : il lui avait témoigné un attachement réel, et le commencement de projet de Réformation générale retrouvé dans ses papiers prouve que son intelligence chrétiennement et prématurément développée avait su en apprécier les conseils [2].

---

[1] *Du Royaume de Jésus-Christ nostre Sauveur.* Genève 1558. L. II, 192.

[2] A la mort de Bucer, Farel écrit à Calvin : « Nous pleurons notre sort et celui de l'Église d'être privés d'un homme non seulement très utile mais nécessaire au delà de toute expression à l'œuvre du Seigneur, » et Calvin répond : « il eût été très utile à l'Angleterre. J'espérais encore plus de ses écrits que de ce qu'il avait accompli jusqu'ici. »

Il était bien préparé à écouter l'exhortation pressante dont Calvin, sur les instances répétées d'Utenhove[1], accompagnait son envoi des Commentaires sur Ésaïe et sur les Épîtres catholiques, exhortation de « prendre courage à poursuivre ce qu'il a « si bien et heureusement commencé.... Car quant à la réfor- « mation commune elle n'est pas encor si bien establie qu'il ne « soit bon mestier de passer oultre.... Je ne doubte pas, Sire, que « Sathan ne vous mecte beaucoup d'empeschemens au devant « pour vous retarder et refroidir. Vos subjects pour une grande « partie ne cognoissent pas le bien que vous leur procurez. Les « grans qui sont eslevez en honneur, sont quelquefois trop saiges « pour spéculer au monde sans regarder à Dieu.... » Reproduire en entier cette épître éloquente serait sortir de notre cadre et nous attacher plus à l'histoire de la Réforme en Angleterre qu'à celle de l'origine des Églises du Refuge, quelque nécessaire que soit une idée générale de ces débuts de l'anglicanisme pour faire envisager la portée de la fondation de ces dernières. Cranmer assurait à Calvin qu'il ne pouvait rien faire de plus utile que d'écrire souvent au roi : n'aura-t-il pas néanmoins redouté les impatiences du réformateur[2] ? Cranmer estimait que les corruptions du culte étaient plus urgentes à détruire que les erreurs de la doctrine sur laquelle lui-même n'était pas entièrement fixé ;

Cranmer.

---

[1] Lettres d'Utenhove des 26 et 28 novembre 1549, 23 août et 11 novembre 1550. « Inter cætera poteris laudare ejus institutum meritisque laudibus efferre, animare quoque eum ad prosequendum factum, provomendumque magis ac magis, quo deposita omni moda superstitione, quæ adhuc est reliqua in sacramentorum administratione, cantibus ecclesiasticis, usu vestium, et aliis plerisque rebus, revocet puritatem apostolicam . . . *Si quoque commendaris ei causam peregrinorum non videreris ab re esse facturus* » L. du 23 août.

[2] Le 4 juillet 1552 Calvin, dédiant à Édouard VI ses *Quatre sermons fort utiles pour le temps présent*, insiste sur le privilège inestimable que Dieu lui a fait d'être Roi chrétien, voire de lui servir « de lieutenant pour ordonner et maintenir le Royaulme de Jésus-Christ en Angleterre ».

qu'on pouvait « laisser aux gens la liberté de leurs sentiments avec moins de risques que la liberté des usages superstitieux, et qu'avant de décider les questions controversées il était à propos d'y habituer le peuple en les proposant et les agitant dans des livres et des discussions publiques »[1]. Il n'avait nulle hâte de publier une confession de foi ; les instances de Bucer étaient restées sans effet ; il ne la voulait dresser que « par degrés », espérant toujours le consentement de la plupart des évêques dont il maintenait les privilèges dans l'Église et même dans l'État. Quand elle parut enfin en 1552, c'est le protestantisme réformé, mais d'un calvinisme très mitigé, qui prédomine dans les quarante-deux articles rédigés sous sa direction. Il en fut de même pour les Constitutions ecclésiastiques, en cinquante et un articles, préparés par lui, qui n'eurent force de loi que sous Élisabeth, et où l'esprit d'égalité presbytérienne fait absolument défaut.

Il serait pourtant injuste d'oublier que, avant l'impression des quarante-deux articles, Cranmer proposait à Calvin, à Mélanchthon et à Bullinger de tenir, en regard du Concile de Trente, « où nos adversaires établissent leurs erreurs, un Synode pieux où les erreurs seraient réfutées, les dogmes repurgés et propagés, les doctrines et les formes mêmes étudiées en commun pour la postérité ». La pensée était grande : exposée dans l'exécution à se heurter contre la diversité de tendances qui est au fond même du protestantisme, elle impliquait, par son seul énoncé, une certaine déférence du primat à des vues et à des résolutions qui pouvaient n'être pas les siennes. Calvin l'accueillit sans défaveur ; « vingt mers à traverser ne l'arrêteraient pas s'il pouvait être de quelque utilité » ; les circonstances politiques, la non-acceptation de

---

[1] Strype, *Life of Cranmer*.

Mélanchthon, l'hésitation de Bullinger n'en permirent pas la réalisation [1].

Sur un point cependant quelques esprits d'élite avaient cherché à faire ressortir l'unanimité de sentiments des représentants les plus autorisés de la Réforme. C'est à Londres que parut en 1550 la première édition française du *Temporiseur* [2]. L'année précédente, le Lorrain Wolfgang Musculus avait publié, sous le pseudonyme d'Eutichius Myonius et le titre de Προσκαιρος, quatre dialogues latins destinés à combattre les ménagements de ces tièdes, qui s'efforçaient de concilier la participation extérieure aux cérémonies romaines avec l'adhésion intime à des doctrines plus pures. Invité par Cranmer, quand l'Intérim l'eut chassé d'Augsbourg, Musculus avait préféré Berne, tout en continuant ses relations avec le groupe strasbourgeois de Lambeth. Son livre y frappa d'abord Valerand Poullain qui le traduisit à l'intention de plusieurs de ses amis encore retenus, dit-il, dans la captivité de laquelle le Seigneur par sa grâce l'avait délivré. Quand Utenhove en eut connaissance, il y vit l'occasion d'une véritable manifestation évangélique : joindre à cette version du Temporiseur de Musculus des fragments dans le même esprit empruntés

Le Temporiseur.

---

[1] Lettres de Cranmer à Calvin 20 mars et 4 octobre 1552. — *Original Letters* 14 et *Corr.* de Calvin n° 1657, — à Bullinger 20 mars et à Mélanchthon 27 mars, *Original Lett.*; réponse de Calvin *Corr.* n° 1619. « Si Mélanchthon avait répondu aux appels de Cranmer, la réformation d'Angleterre eût revêtu un caractère plus luthérien », remarque judicieuse de Dalton. *Joh. a Lasco.* Après l'avènement d'Élisabeth, Calvin reprenait, assure Strype, cette pensée d'une assemblée générale des représentants des Églises protestantes en vue d'un accord dans le culte et dans la discipline, et demandait à l'arch. Parker d'amener la reine à le convoquer. *Life of Parker.* L. II, c. 2.

[2] *Le Temporiseur par Eutichius Myonius, avec plusieurs bons conseils et advis sur la mesme matière; savoir est comment chascun fidèle se doibt maintenir entre les Papistes. Translaté en françois par V. Poullain.* — Est. Mierdman, Londres 1550. 8°.

aux « principaux autres pasteurs des Églises », en demander d'inédits aux doctes et pieux réfugiés réunis en Angleterre et « par un tel consentement de tous les serviteurs de Dieu, assurer les infirmes, convaincre les rebelles en leurs consciences et, si possible, les contraindre, sans plus chercher excuse quelconque, de venir aux nopces du filz de Dieu [1]. »

« Persuadé d'un tant bon amy en une chose trés honeste », Valerand Poullain traduisit pour sa part un fragment d'OEcolampade, des Avis de Mélanchthon, Bucer, P. Martyr, Sulzer, des ministres de Zurich, de Mycone, de Borrahus, avec extraits des écrits de Viret et de Calvin; Utenhove en traduisit de Curione, de Zwingle et le traité inédit qu'il avait obtenu d'a Lasco [2], auquel Ochino ajoutait « de sa propre main » cette sentence : « Les Chrestiens ne se doyvent pas trouver où ils ne peuvent estre sans contumelie à Dieu. » Le recueil, ouvert par une éloquente préface de Poullain, datée du 4 octobre 1550, se terminait par l'importante épître que lui avait personnellement adressée Calvin en 1546. Le publiant à Londres, on avait lieu d'espérer des facilités de diffusion en France où les Temporiseurs étaient légion. Les protégés d'un prélat qui acceptait la Réforme sans renoncer aux dignités ecclésiastiques, assistant et presque coopérateurs à un réveil trop peu accentué à leur gré, auront aussi volontiers mis en

---

[1] « Le Προσκαιρος de Musculus est publié en français : l'on y a ajouté les opinions de plusieurs dignes personnages sur le même sujet, soigneusement mis en ordre ici », 13 oct. 1550. Micronius à Bullinger. *Orig. Letters* CCLXIV.

[2] « Scripsit imo jam aliquid ad meam postulationem de vitandis superstitionibus in quo perstringit Bucerum in suo consilio. Illud ego jam verto in linguam Gallicem, ut excudatur cum plerisque aliis aliorum doctiorum hominum consiliis in eandem sententiam. 23 août 1550 Utenhove à Calvin. *Corr. Calv.* C'est le *De Ing. Pap. Illicit. Sacris*, dont Kuyper, *J. a Lasco opera* I, LXIX-LXX, n'indique ni la date ni l'origine.

lumière la résistance générale des réfcrmateurs d'outremer à toute concession faite aux traditions et aux formes de la papauté [1].

[1] A l'*Appendice* n° III la Préface de V. Poullain, le sommaire et des indications bibliographiques sur l'édition de Genève de 1558 qui diffère essentiellement de la première, sur l'anglaise « The Temporysour », 1555, et la française de Lyon 1565.

CHAPITRE II

L'ÉGLISE D'A LASCO.

Le protestantisme avait reçu droit de cité en Angleterre. Ce réveil à la mort de Henri VIII coïncidait avec l'avènement en France de l'implacable Henri II (31 mars 1547), et avec le déploiement des persécutions dans les Flandres et les Pays-Bas, où Brully venait de périr sur le bûcher. Les proscrits ne tardèrent pas à se diriger en foule vers l'asile nouvellement ouvert à la foi évangélique, et Théodore de Bèze, après avoir écrit dans sa dédicace du Psautier :

« Je voy les feux bruslants en lieux divers, »

a raison d'ajouter

« Je voy passer de la mer au travers,
Une grand'troupe, et un Roy sur le port
Qui tend la main pour les tirer à bord.
Que Dieu te doint, ô Roi, qui en enfance
As surmonté des plus grands l'espérance,
Croissans tes ans, si bien croistre en ses grâces
Qu'après tous Rois toy mesme tu surpasses. »[1]

[1] *Théodore de Bèze à l'Église de Nostre Seigneur.*

Plusieurs des fugitifs s'associèrent sans doute au petit troupeau que François Pérussel édifiait «*inter parietes*» à Canterbury, mais qui n'a peut-être pas survécu au départ d'Utenhove retourné, au printemps de 1549, faire une cure à Strasbourg et de là entrer en rapports personnels avec les réformateurs de Zurich, de Genève et de Bâle[1]. D'Alsace il regagnait, en septembre, par la France, l'Angleterre, mais quittait bientôt définitivement Canterbury; en novembre il est précepteur du fils d'un gentilhomme, établi à Londres et accompagné de Claude Colinæus, dont il n'est fait aucune mention postérieure[2].

Le plus grand nombre des réfugiés s'étaient concentrés dans la capitale où ils trouvaient à exercer leurs industries : Guy de Bray ou de Brès, le futur apôtre et martyr, s'y livra à la peinture sur verre. Les savants protégés de Cranmer n'avaient pas tardé à s'occuper d'eux. Le 13 août 1549 Bucer, Martyr, Alexandre et Fagius adressaient, de Lambeth, à Cecil une supplique en faveur de quelques pauvres protestants français, certifiant que «forcés par nulle cause autre que celle de la religion d'abandonner leur patrie, ils étaient venus à ce royaume, comme à l'asile du Christ[3]». La pétition a dû être

Premier culte du Refuge à Londres.

---

[1] Burcher l'avait chaudement recommandé à Bullinger : « c'est un homme de science et de pieux jugement », et il recevait en réponse : « ce gentilhomme a de beaucoup dépassé l'éloge que vous m'en avez fait : il n'a pas son pareil et je vous remercie de ce que je sois entré, grâce à vous et à Hooper, en intimité avec quelqu'un d'aussi distingué sous tous les rapports. » *Zurich Letters.* A Genève il se liait avec Calvin, à Bâle avec Curione. Sa correspondance, conservée en partie aux Archives de l'Église hollandaise de Londres, prouve à quel point toutes ces amitiés, comme celles contractées déjà à Strasbourg, lui demeurèrent fidèles. — *Ecc. L. B. Archivum.* Lettres 8, 9, etc. *Original Letters*, 584.

[2] Allusion énigmatique aux causes de son départ de Canterbury, L. d'Utenhove à Calvin 26 nov. 1549, *Corr. Calv.* 1313. — «Claudius Colinæus, quem una cum uxore ad conditionem aliquam alo, jussit te primum salvere.» *Ibid.*

[3] Strype. *Life of Cranmer*, Appendix, n° 105.

entendue, car cette même année voyait s'ouvrir à Londres un culte français, officiellement reconnu, avec le flamand, par les Lettres patentes de l'année suivante.

La question de priorité entre l'Église française et l'Église flamande de Londres a été maintes fois débattue. Cappel l'a résolue en faveur de sa langue par une citation de la préface de Valerand Poullain, imprimée en 1552, où il rapporte que, trois ans auparavant, il y avait à Londres une église en laquelle on parlait français, sous la conduite de M. Richard Vauville[1]. L'enquête faite par le Consistoire en 1573 établit une quasi-simultanéité de fondation et la priorité d'un temple pour le troupeau français : il y est dit notamment :

« Ils avaient prêché l'espace de trois mois avant que les Flamands, qui « avaient prêché quelque temps dans une paroisse (anglaise), vinssent « prêcher au temple des Français. Après que les Flamands et Français

---

[1] « . . . En ce restablissement de l'Église, Dieu a tellement touché les cœurs de S. M. et des gouverneurs qu'ils ont esté par dessus toutes autres nations enclins à favoriser les estrangers confessans vrayment J. C. pour les recevoir et tenir en réputation comme s'ils fussent du pays mesme. Et ce que je dis est notoire, non seulement par plusieurs personnages qui ont esté honnestement receuz et traictez icy ; mais singulièrement par les Églises Estrangères qu'ils ont consenty estre dressées au milieu de leur peuple, sans avoir esgard à la langue diverse ny autre chose quelconque qui eust peu aisément destourner autres qui ne seroient point de la part de J. C. *En premier lieu* ils ont permis, passé trois ans à Londres une Église de ceulx qui parloient françoys soubs la conduite de M. Richard Vauville, homme vrayment entier et parfaict en la piété chrestienne. Et *depuis* ils ont consenty par lettres patentes semblable liberté à toutes autres langues estrangères, à raison de quoy se sont incontinent dressées audit Londres une autre Église de ceulx qui parlent Flamang et une autre des Italiens. Pour auxquelles donner bonne police et stabilité plus durable, ils ont constitué et establi sur lesdites Églises estrangères M. Jean a Lasco, homme d'ancienne noblesse de la Baronie de Polone, mais beaucoup plus louable pour sa doctrine singulière et piété parfaicte. » V. Poullain : *Ordre des prières en l'église de Glastonbury.* Londres 1552. Cappel s'y réfère dans une note marginale sur les Registres du Consistoire. D'ailleurs a Lasco, le 12 déc. 1550, constatait que les Français avaient déjà « des ministres » et qu'eux en attendaient encore. — Lettre à Hardenberg.

« résolurent ensemble de faire requête au Conseil pour avoir un temple, « et que les Flamands le firent pour tous les deux, craignant que les « Français ne fussent refusés à cause de la guerre qu'il y avait entre « l'Angleterre et la France, M. Pierre Alexandre, trouvant la requête en « la main de l'archevêque, vit qu'il n'y était fait mention que des Fla- « mands et ajouta : « et pour les François aussi. » [1]

Les Lettres Patentes furent octroyées, il est vrai, aux « Allemands et autres pèlerins » (*Germani*, pour Belgico-Germani comme ils s'intitulèrent); toutefois, avant leur octroi, Micronius écrivait le 20 mai 1550, une semaine après le retour d'a Lasco, que ce dernier était décidé à *établir* une église allemande, — elle n'existait donc pas encore, — et qu'il devenait indispensable que la parole de Dieu fût prêchée dans cette langue, afin de prévenir l'importation d'hérésies [2] : d'où il semble incontestable que, si les constitutions ecclésiastiques régulières datent conjointement des Lettres Patentes, le culte en langue française a précédé à Londres celui en langue germanique ou flamande.

Dans une prédication devant le roi, le 22 mars 1549, le vénérable Latimer, dont les tendances ecclésiastiques étaient franchement réformatrices, prononçait ces paroles : « Jean a Lasco a été ici, grand savant et, à ce qu'on dit, gentilhomme en son pays, et il s'en est allé de nouveau ; si par faute d'accueil c'est d'autant plus grande pitié. Je voudrais que des hommes comme lui fussent recueillis dans le royaume, car il prospérerait en les recevant. *Qui vos recipit me recipit*, dit le Christ : il serait de l'honneur du roi de les recevoir et de les garder [3]. »

---

[1] *Actes du Consistoire.* Vol. II, p. 175.
[2] Micronius à Bullinger. *Orig. Letters.*
[3] Dans le même sermon : « J'ai ouï dire que maître Mélanchthon, ce grand clerc, devait venir ici. Je voudrais que lui et d'autres semblables à lui reçussent deux cents livres par an; le roi n'en ressentirait jamais le manque

Retour d'a Lasco.

Latimer, dans sa sollicitude pour les réfugiés se trompait en ce qui regardait a Lasco, retourné de son plein gré en Frise pour s'opposer à l'Intérim; mais le conseil donné était de ceux que, malgré son extrême jeunesse, Édouard VI savait accepter. Il le prouva quand a Lasco, qui avait adressé à Cecil un premier cri de détresse aussitôt son retour à Emden en avril 1549, dut en repartir au mois d'octobre expulsé par l'Intérim et vint se fixer à Londres le 13 mai 1550. Le roi lui conférait, le 27 juin, le droit d'indigénat pour lui, son épouse Barbara et ses enfants Jean, Jérôme, Barbara et Susanne[1]. Mais le réformateur tenait, sur toutes choses, à établir une église régulière et franchement presbytérienne; triomphant de plus d'un obstacle, il fut le véritable inspirateur des Lettres Patentes du 24 juillet 1550[2].

Lettres Patentes d'Édouard VI.

Cet acte de munificence royale et de chrétienne largeur accordait aux proscrits pour la foi plus même qu'ils n'avaient osé espérer; Utenhove le dit expressément à Calvin dans son long compte rendu des faveurs « obtenues par l'illustre a Lasco pour les Allemands et les Français».

« Les concessions ont dépassé notre attente; que dis-je ? on nous a accordé plus que nous n'avions demandé. Et d'abord nous avons l'usage en commun du temple des Augustins, que le roi a déjà dénommé le Temple de Jésus. Il a été donné à l'une et à l'autre nation et restauré dans ses coffres à la fin de l'année. Il y a encore au milieu de nous deux grands hommes de science, Pierre Martyr et Bernard Ochin, qui ont chacun cent marcs; je voudrais que le roi accordât un millier de livres à de telles gens. »

[1] « Dilecto nobis Joh. A Lasco, baroni Poloniæ ac sacræ theologiæ professori. » *Rhymer Fædera.* « Il est difficile de dire à quel point a Lasco est utile et même agréable à ce royaume. Le roi lui a alloué sur sa cassette particulière une pension de cent livres, soit trois cents ducats ». *Utenhove à Calvin.*

[2] « Je resterai à Londres pour entreprendre le ministère de la parole dans l'Église flamande, qui a été établie ici par maître a Lasco; je ne suis pas tout à fait certain qu'une telle église sera accordée, cependant nous en avons grand espoir. » *Micronius à Bullinger,* 4 juin 1550.

aux frais du roi. Là nous pouvons exposer la parole de Dieu dans toute sa pureté et administrer les sacrements selon l'institution du Christ notre Seigneur sans aucune superstition. La discipline ecclésiastique selon la parole de Dieu nous est aussi permise. En outre, chose que nous n'avions pas demandée, nous n'avons rien à faire avec aucun des évêques, pas même avec celui de Londres : il est vrai que lui-même supporte ceci fort mal. Bien plus, on a recommandé et strictement prescrit, à lui et aux autres évêques et archevêques du royaume, comme aussi au lord-maire, aux vicomtes (gouverneurs des comtés) et aux aldermen ou juges de Londres, de ne se mêler en aucune façon de nos églises, mais de nous laisser agir et administrer à notre guise, bien que dans les cérémonies et les rites ecclésiastiques nous différions avec les Anglicans. Quatre ministres de la parole sont institués par le roi, deux dans l'église française, à savoir Richard Vauville et François Rivière, deux dans l'église allemande, Martin Micronius (qui était avec le seigneur Hooper) et Gaultier Delænus. Nous avons un superintendant, comme on l'appelle, ou contrôleur établi par le roi, le seigneur a Lasco, qui est à la tête (præfectus) de l'une et de l'autre Église. L'élection des ministres, anciens et diacres est à la pleine liberté des Églises, mais les ministres élus comme aussi le superintendant devront se présenter devant le roi afin qu'il les confirme lui-même. Tel est l'ensemble des lettres royales, et des plus authentiques, que nous possédons. Ce n'est pas peu de chose sans doute que nous soyons affranchis du joug des évêques : le Seigneur Dieu en soit béni au siècle des siècles. Amen ! »

Cet exposé des grâces octroyées est loin d'en exagérer l'importance. Il eût été difficile d'insister davantage et avec plus de précision que ne le fait cet acte mémorable, sur la complète indépendance ecclésiastique et spirituelle laissée aux Réfugiés, et de l'entourer de garanties plus sérieuses. Après un préambule qui semble la paraphrase de l'exhortation de Latimer, Édouard VI accorde à « ces exilés et pèlerins, froissés pour la cause de la religion et de l'Église, rejetés de leur patrie pour l'Évangile de Christ », non pas seulement un temple « en pure et libre aumône » et des pasteurs choisis la première fois par lui avec liberté entière pour l'élection de leurs successeurs ; mais il leur donne une personnalité civile, les constituant en un corps politique :

« Et quod idem Superintendem et Ministri in re et nomine sint et erunt unum corpus corporatum et politicum, de se per nomen Superintendentis et ministrorum Ecclesiæ Germanorum et aliorum peregrinorum ex fundatione regis Edwardi Sexti in Civitate Londinensi per præsentes incorporamus: ac corpus corporatum et politicum per idem nomen realiter et ad plenum creamus, erigimus, ordinamus, faciamus et constituimus per præsentes et quod successionem habeant. »[1]

Et la charte se termine en ordonnant expressément aux autorités ecclésiastiques et civiles de les laisser, — il faut redire les termes mêmes dans leur énergie latine :

« Libere et quiete frui, gaudere, uti et exercere ritus et cæremonias suas proprias et Disciplinam ecclesiasticam propriam et particularem, non obstante quod non conveniant cum ritibus et cæremoniis in regno nostro usitatis », prévoyant et interdisant par avance les restrictions apportées à ces priviléges, « impetitione perturbatione, aut inquietatione eorum, vel eorum alicujus, aliquo statuto, actu, proclamatione, injunctione, restrictione, seu usu, in contrarium inde antehac habitis, factis, editis, seu promulgatis, in contrarium non obstantibus. »

On conçoit l'impression profonde produite par un tel acte. A cette époque il est unique en son genre. Le principe de stricte et intolérante uniformité religieuse emprunté aux traditions des gouvernements catholiques par les monarques et princes protestants cédait devant les devoirs de l'hospitalité évangélique. Le presbytérianisme, bien que sous les voiles de langues étrangères, recevait plus qu'un asile ; on lui conférait des droits civiques

---

[1] Voir le texte complet à l'Appendice, d'après la version publiée par a Lasco à la suite de sa traduction de la Discipline, et l'original latin dans Burnet, *History of the Reformation*, vol. II, 202, dans l'appendice de Burn, *The history of the French, Walloon, Dutch and other foreign Protestant Refugees*. Londres 1846, in-8°, et dans Bonet-Maury, *Des origines du christianisme unitaire chez les Anglais*. Paris 1881, in-8°.

en face de l'anglicanisme encore en voie de constitution. Ces réformes et ces simplifications dans le culte, cette part prépondérante donnée à la prédication, cette abolition de tout ce qui rappelait le rite romain, que les docteurs étrangers s'efforçaient en vain d'obtenir pour l'Église nationale, ils pourraient en montrer le fonctionnement régulier et en faire apprécier les bienfaits. Pour la première fois l'on entrait en Angleterre en pleine communion avec la Réforme telle qu'elle était entendue sur le continent.

Les évêques, et Ridley tout le premier, eurent peine à se résigner à un établissement religieux soustrait à leur juridiction et d'autant plus en opposition avec leurs tendances traditionnelles que les ministres en seraient choisis non par des supérieurs, ou même des égaux, mais jusqu'à un certain point par les fidèles. Ils y virent une tentative grosse de menaces pour l'avenir[1]. *Opposition.*

S'il faut en croire a Lasco, leurs appréhensions étaient fondées. Dans le coup d'œil rétrospectif qu'il a jeté plus tard sur son œuvre à Londres, il attribue le caractère indépendant admis pour les Églises étrangères à la résolution très arrêtée du roi et de ses conseillers d'établir un jour l'Église anglaise officielle sur les bases de la primitive pureté évangélique, mais de n'y arriver que par degrés. La constitution et le fonctionnement des communautés étrangères devaient servir d'essai et d'exemple.

«Comme plusieurs lois du royaume nous empêchaient de réformer immédiatement certains rites du culte divin public, restes du papisme (et que pour cela même le roi eût voulu réformer le plus tôt possible) et

---

[1] «Nous sommes absolument affranchis, par les Lettres patentes du roi et du Conseil, de la juridiction des évêques. Quelques-uns, surtout celui de Londres, sont opposés à notre dessein. L'archevêque de Canterbury, patron spécial des étrangers, a été le principal soutien et promoteur de notre église, au grand étonnement de plusieurs». *Micronius à Bullinger*, 28 août 1550.

que d'autre part j'insistais surtout pour établir les règlements des Églises des Étrangers, nous décidâmes enfin que les rites publics dans les Églises anglicanes seraient réformés graduellement et seulement dans la mesure permise par les lois. Nous décidâmes en outre qu'aux Étrangers, moins astreints d'ailleurs sous le point de vue du culte aux lois du royaume, on accorderait des Églises dans lesquelles en pleine liberté, et sans tenir compte des anciens rites, tout serait réorganisé en conformité parfaite avec la doctrine et l'observance apostoliques. Nous pensions, en effet, *qu'encouragées par cet exemple, les Églises anglaises elles-mêmes seraient unanimes dans tout le royaume à revenir au culte apostolique dans toute sa pureté.* Le roi, dans sa piété si connue, n'eut pas seulement la première idée de cette réforme, il s'en fit encore le champion le plus ardent. Car bien que dans le Conseil royal elle plût à presque tout le monde, bien que l'archevêque de Cantorbéry lui-même eût employé tout son zèle à la faire réussir, il ne manquait pas de gens qui voyaient l'entreprise avec peine, s'opposant à la volonté du roi au point de faire échouer l'œuvre, s'il ne leur eût résisté de toute son autorité personnelle ». [1]

Ils essayèrent d'abord de gagner du temps. Le Temple de Jésus était donné, mais non encore livré aux réfugiés : « L'Église que le roi nous a assignée est réparée avec soin à ses frais par l'intermédiaire du lord-trésorier auquel appartenait le chœur de ladite église, » écrit Micronius le 31 août ; « mais comme les réparations avançaient lentement, M. a Lasco pria que la clef nous fût remise, afin que nous puissions y avoir un sermon au moins chaque dimanche. Ceci fut refusé par le lord-trésorier, sous le prétexte que l'église était un don du roi et ne pouvait nous être livrée avant d'avoir été élégamment décorée. Parlant aussi de notre liberté à l'égard des cérémonies, il demanda pourquoi nous préférions en avoir de différentes des anglaises, puisque les anglaises ne sont pas contraires à la parole de Dieu. Finalement, quand ils eurent

---

[1] A Lasco. Dédicace au roi Sigismond de Pologne de son livre : *De ordinatione ecclesiarum peregrinarum in Anglia.* Francfort 1555.

beaucoup parlé sur les cérémonies, le trésorier conclut en déclarant que nous étrangers devions ou adopter les cérémonies anglaises ou les désapprouver de par la parole de Dieu. Tout ce méchef nous est suscité par les évêques; le lord-trésorier est leur porte-parole. »

Adopter les cérémonies anglicanes n'était-ce point, même dans la pensée du roi, renoncer à la raison d'être de leur fondation?

Les réparations se prolongeant intentionnellement, les Flamands obtinrent, « par la faveur de quelques citoyens de Londres, » l'usage d'une autre église jusqu'à l'achèvement du Jésus-Temple.

Micronius commença ses prédications le 21 septembre, et l'accroissement rapide du double troupeau en rendit la constitution régulière indispensable. On inscrivit d'abord sur deux listes les noms de tous les membres. Le 5 octobre on choisit quatre anciens, dont Jean Utenhove, institués avec prières publiques et imposition des mains, et le 12, quatre diacres[1]. Mais une semaine ne s'était pas écoulée que tout le terrain, si laborieusement conquis, sembla de nouveau perdu.

« Nos privilèges courent le plus grand danger », écrit Micronius le 20 octobre; « les évêques sont parvenus, à force de brigues et de raisonnements, à obtenir du Conseil royal que nous ne jouirons pas du libre usage des sacrements, mais que nous devrons être enchaînés par les cérémonies anglaises. . . . notre superintendant est dans la désolation. »

En vain Calvin profitait-il de l'envoi de ses Commentaires pour adresser à Édouard VI, avec l'expression de sa reconnais-

---

[1] Micronius à Bullinger : *Original Letters*. Jean Utenhove, « personne de rang et qualité honorable » (*Strype*), a été quelquefois traité de ministre, erreur qui a sa source dans l'égalité établie entre les anciens, qu'ils fussent pasteurs ou laïques.

sance, celle de ses nouvelles inquiétudes : « Cependant, Sire, tous bons cœurs louent Dieu et se sentent grandement obligez à vous de ce qu'il vous a pleu de vostre grace octroier esglises à vos subjects[1] qui sont de langue françoise et allemande. Quant à l'usaige des sacrements et ce qui concerne l'ordre spirituel, j'espère que la permission qu'il vous a pleu leur en faire aura son effect. Toutefois, Sire, je ne me puis tenir de vous en prier encore. » Le Conseil du roi l'emportait sur la volonté expresse du monarque lui-même, et près d'un an plus tard, le 14 août 1551, il manquait à l'Église « l'administration du baptême et de la communion[2] : la patente royale nous a octroyé la liberté ; la malveillance de quelques-uns nous empêche de jouir d'un si grand bienfait.... En vain M. a Lasco s'emploie diligemment auprès des évêques, toutes ses exhortations demeurent sans effet ; nous devrons, j'en ai peur, attendre la réunion du Parlement. Si a Lasco avait succombé à la suette, les églises des étrangers, il y a raison de le craindre, eussent péri avec lui. Le Seigneur a eu compassion de nous[3]. »

A Lasco ne se décourageait pas. En avertissant les réfugiés de ne pas se considérer comme séparés par une diversité de rites des frères anglais auxquels les unissait une communauté de devoirs mutuels, il dressait ses formulaires. Mais avant de les rendre définitifs, il expliquait toutes les parties de son projet à l'Église entière, l'appuyant par les témoignages des Écritures. « On mettait ainsi », disait-il, « chacun à même de nous prévenir amicalement si quelque partie ne lui semblait pas satisfaisante. » Il poussait le scrupule jusqu'à ne point exiger l'uniformité

---

[1] Le terme de *sujets* est justifié par les naturalisations ; on les évalue à cette époque, sans données certaines, à 380.

[2] Voir sur cette interdiction des sacrements les plaintes d'Utenhove à Calvin 9 avril 1551, et sur l'opposition des évêques, Burnet, III, 605.

[3] Micronius à Bullinger : *Orig. Letters*.

rigoureuse et absolue des rites entre communautés composées d'éléments de provenances diverses [1].

Enfin, dans l'épître du 7 novembre, il n'est plus question d'entraves: « Grâces à Dieu les affaires de l'Église des étrangers sont dans une condition florissante »[2]. Lorsque, appuyés sur le décret de 1552 qui obligeait tous les Anglais à assister régulièrement au service de l'église et ordonnait de poursuivre à partir de la Toussaint ceux qui s'en absenteraient, les autorités ecclésiastiques tentèrent un dernier effort, molestèrent et emprisonnèrent ceux des étrangers domiciliés aux quartiers du grand et petit Southwark et de Sainte-Catherine et ne fréquentant pas les églises paroissiales, a Lasco adressa directement ses plaintes à Cecil et sollicita l'intervention du Conseil [3]. La réponse ne se fit pas attendre. Un ordre du Conseil du 4 novembre décida que l'évêque de Londres conférerait à ce sujet avec a Lasco « pour deviser quelques bons moyens d'apaiser ces troubles, et qu'en attendant les étrangers seraient autorisés à se rendre à leur église accoutumée ». Le moyen légal choisi fut l'obligation, pour les sujets de provenance étrangère, de ressortir des églises de leur langue, par suite de « l'inéligibilité aux droits de citoyens anglais de tout étranger qui n'aurait au préalable fait sa profession de foi aux ministres des églises étrangères [4] ».

Le Temple de Jésus, ainsi que le roi avait baptisé l'ancienne église des moines Augustins, s'était trouvé bientôt insuffisant. L'affluence croissante des Flamands et Hollandais, des Français

Threadneedle-street.

---

[1] *Dédicace au roi de Pologne.*

[2] « A Lasco, homme, pour le dire en un mot, presque divin, est de la plus grande utilité, non seulement aux églises des étrangers, mais aussi aux anglaises, en enseignant, exhortant, conseillant et écrivant. » Micronius à Bullinger.

[3] « Faciunt autem id non pastores ipsi, sed ædiles qui Præfecti Ecclesiarum vocantur ». J. a Lasco à Cecil, nov. 1552.

[4] Micronius à Bullinger, 13 février 1553. *Orig. Letters.*

et Wallons, et une certaine rivalité de préséance, parurent nécessiter pour chacune des langues un lieu de culte distinct. Le roi autorisa la location par le doyen et le Chapitre de Windsor aux surintendant, ministres, anciens et diacres de l'Église française et flamande (belge) de Londres, « à l'usage de l'Église française et flamande pour sermons et administration de sacrements, » des chapelle et sacristie de l'ancien hospice de Saint-Antoine dans Threadneedle-street, cité de Londres [1]. Dans une conférence chez a Lasco de douze membres de chaque congrégation, on convint de laisser le Temple de Jésus aux Flamands à la condition du payement par eux des réparations et de la moitié du loyer de Saint-Antoine destiné aux Français : ces derniers, comme acte de propriété, conservant le droit de prêcher de loin en loin dans l'autre église [2].

Organisation de l'Église.

Cette séparation du ministère de la parole ne détruisit point l'union ecclésiastique sous la surintendance d'a Lasco, étendue sur la petite congrégation italienne groupée par Michel-Ange Florio avec des éléments glanés déjà en partie par B. Ochino, et qui se réunissait aussi au Jésus-Temple. Si le grand Catéchisme composé par lui en latin et traduit par Utenhove en flamand, ainsi que le petit Catéchisme de Micronius, furent

---

[1] L'hospice, annexé à Windsor depuis 1485 après avoir été une filiale de Saint-Antoine de Vienne, avait été dissous antérieurement et son église fermée. Le bail consenti le 16 octobre 1550 pour une période de 21 ans a été constamment renouvelé jusqu'à la fin du dix-huitième siècle, sauf pendant la République et le Protectorat, où la communauté en jouit gratuitement : à la Restauration le chapitre de Windsor fit de nouveau valoir ses droits de propriété première.

[2] L'enquête de 1573, qui contient l'énoncé de ces clauses et attribue la séparation au murmure qui s'était élevé lorsque après obtention officielle du temple les Flamands s'y placèrent les premiers, indique le 1er dimanche après la Saint-Jean pour la prédication annuelle française, « lequel accord on a continué pendant trois ans du temps du roi Édouard VI et au commencement du temps de la reine Élisabeth ont continué le paiement. » Actes du consistoire.

surtout destinés à la partie «belge» de la communauté[1], les Français se servant peut-être du Catéchisme de Calvin, dont une traduction anglaise paraissait cette année même, c'est a Lasco qui rédigea, pour l'ensemble du Refuge de Londres, « *Toute la forme et manière du ministère ecclésiastique en l'esglise des estrangers dressée à Londres en Angleterre l'an après l'incarnation de Christ 1550*[2] ». Il n'était encore question, ce titre le prouve, que d'*une* seule communauté ecclésiastique et d'une confession de foi[3], «profession de foi publiée du consentement de tous les membres de l'une et de l'autre Église et de leurs pasteurs, lue et expliquée en des assemblées publiques, afin qu'elle pût être comprise par tous[4] ».

Ainsi qu'il le formule très expressément dans une lettre à Bullinger du 7 janvier 1551 : «Par la grâce de Dieu et du roi nous avons institué une Église allemande et française, et nous avons le ministère public de la Parole en deux endroits, en langue allemande et en langue française[5]. Mais nous relions

---

[1] Les Églises flamandes sous la Croix s'en servirent jusqu'en 1563, où elles adoptèrent la confession de foi de Guy de Brès. Les formules de la liturgie ont passé en grande partie dans celles des Églises réformées de Hollande et du Palatinat; le catéchisme d'Heidelberg n'est pas sans filiation avec celui de Londres. Le catéchisme de Calvin avait été rédigé par lui à la demande du cœtus d'Emden pendant la superintendance d'a Lasco. Voir Bartels, *Vie d'a Lasco*. Elberfeld 1860.

[2] Traduit du latin en français et imprimé par Giles Clematius, 1556.

[3] *Summa doctrinæ christianæ in ecclesia Christi*. 1551.

[4] *Dédicace au roi de Pologne*, citée plus haut.

[5] De même dans la lettre à Hardenberg, «Aliud templum habent Galli in eodem ministerio» ; au duc de Prusse (15 janvier 1551) et à Ortzenius il dit expressément : « c'est la confession de foi unanime des Églises germanique, gauloise et italienne». La dénomination d'allemande ne doit point induire en erreur : «instituimus germanicam et gallicam Ecclesiam, germanica et gallica lingua »; il s'agit du flamand considéré comme la langue des Pays-Bas, de la Germanie inférieure.

On remarquera que la congrégation de Threadneedle street est toujours

l'Église de telle sorte que celui qui veut en être compté signe la confession de foi édictée par nous, afin que nous ayions dans un catalogue les noms de notre église entière».

Cette organisation et cette discipline ecclésiastiques, qui précédaient de neuf années celle du premier synode des Églises réformées de France, présente avec le travail de celui-ci, ainsi qu'avec la liturgie calvinienne de Genève de 1538-1543, des différences notables [1]. A Lasco a dressé son Église type en véritable réformateur, agissant de sa propre impulsion, profondément pénétré du sentiment de sa responsabilité, désireux de ne s'appuyer que sur la Bible, et aussi soucieux d'empêcher les

---

désignée comme la *française;* ce n'est que sous Élisabeth que la grande immigration et adjonction de Wallons lui fit attribuer, surtout par les Anglais, le nom de wallonne, que ses propres pasteurs n'ont jamais adopté.

[1] A Lasco dit avoir pris exemple de l'Église des Étrangers de Genève et de Strasbourg; malgré quelques réminiscences et paraphrases de passages calviniens, il n'en est pas moins resté très personnel. Il insiste dans la conclusion de la « *Forme et Manière* » sur ce qu'on s'est efforcé de s'approcher le plus possible de l'ancienne pureté de l'Église primitive et apostolique, « permettant cependant en cet endroict aux autres Églises leur liberté et sans aucun préjudice. D'avantage la loyauté du ministère qui nous estoit commis le requéroit, vu qu'à cette raison principalement le soing de nostre Église nous estoit commis, afin qu'au ministère d'ycelui nous suivissions non point tant les façons des autres Églises que la reigle de la parole de Dieu, et l'observation apostolique. Finalement que souvent le Roy mesme et les principaux de son conseil nous admonestoyent que nous ayans permis une si grande liberté en nostre ministère, nous en usissions bien et loyaument, non point en faveur aucune des hommes, mais à la gloire de Dieu seul, par la repurgation de son service. Et que fussions bien sur noz gardes, que nul de nos adversaires qui estoient en grand nombre ne trouvassent justement que reprendre en nous ». En effet, comme il le rappelle ailleurs, « on avait accordé des Églises aux étrangers précisément à la condition qu'elles seraient constituées conformément à la doctrine et observance apostoliques », condition spécifiée dans le diplôme d'investiture, avec l'avertissement que le moindre désaccord des institutions nouvelles avec cette doctrine et observance les dépouillerait *ipso facto* des concessions faites, « puisque sciemment, volontairement, par esprit de désobéissance nous aurions violé la condition formellement imposée de prime abord ». *Dédicace.*

écarts de l'avenir que de supprimer les altérations et les erreurs du passé. Le troupeau qu'il recueille et dirige, il en voudrait faire le vrai petit troupeau auquel le royaume est promis. Il ne lui suffit pas de l'abriter contre les loups du dehors; il craint deux autres dangers, les ennemis du dedans et la tiédeur : il réagira contre eux par une discipline sévère, constante, générale, mais en même temps par des appels, par des exhortations instantes et répétées. S'il resserre et vérifie sans cesse les liens qui retiennent les fidèles en un étroit faisceau, il ne négligera non plus aucune occasion de parler à leur conscience, de les rendre attentifs à la nécessité et aux grâces de leur salut. Son œuvre, prise en son entier, ne saurait convenir sans doute qu'à une église de réveil, nouvellement séparée de « la génération perverse », qu'il faut avant tout empêcher de reprendre les sentiers d'autrefois, peu nombreuse encore, et dont il faut essayer de former un levain pur et sans mélange; église qui, dans son ardeur de néophyte, ne se rassasie pas de prières, de lectures pieuses, d'expositions, d'entendre, en un mot, proclamer les choses merveilleuses de Dieu. Mais au-dessus de cette Discipline, peut-être appropriée aux périls de ces heures de crise religieuse [1], inapplicable dans sa rigueur à nos conditions actuelles, et à travers toute cette liturgie d'une richesse si exubérante qu'il eût bientôt fallu en réduire les formules sous peine de lasser l'attention, circule un souffle évangélique d'une pénétrante beauté. Dans son souci pour les âmes a Lasco insiste en temps et presque hors de temps; néanmoins, quelle touchante sollicitude, quelle élévation chrétienne dans ses trop longues exhortations ! Il y a plus; la sévérité de la discipline n'exclut pas le caractère de

---

[1] Notamment celui de voir dénaturer le caractère du troupeau et le compromettre même vis-à-vis de l'État, par l'entrée dans son sein de quelques partisans des hérésies officiellement condamnées, en première ligne celle des anabaptistes.

largeur qu'on chercherait vainement chez les autres initiateurs de la réforme. Loin d'exiger une obéissance doctrinale aveugle ou d'interdire la discussion, a Lasco la provoque : il veut répandre la lumière, il multiplie les catéchismes, n'admet pas de service sans explication de la parole sainte et institue les prophéties. Quant à la largeur ecclésiastique, c'est dans les congrégations placées sous sa direction qu'est affirmée la parité des pasteurs et des anciens, sauf pour la dispensation des sacrements réservée aux pasteurs, et qu'est introduit, à défaut du suffrage universel, le vote à deux degrés qui assure jusques à un certain point la participation du troupeau au gouvernement de son Église.

Le Ministère. Préparée à Emden, où il occupait la « superintendance » adoptée par les églises réformées du nord de l'Allemagne à l'instar des luthériennes, sa constitution ecclésiastique a conservé cette charge, en ayant soin d'expliquer que le superintendant « choisi en tout cet ordre d'*anciens* est plus grand que tous les autres seulement en ce qu'il a plus de peine et de soing que tous les autres pour le gouvernement de toute l'église, sa défense contre les adversaires et le maintien de l'harmonie, et qu'il n'a point plus d'autorité que les autres *anciens* au ministère de la parolle et des sacremens et en l'usage de la discipline de l'église, à laquelle il est subject comme tous les autres[1] ». La Discipline d'a Lasco a en effet pour base une égalité résultant de ce que la parole de Dieu doit seule servir de règle : « Nous avons deux manières de ministres singuliers en nostre Église : les uns sont surveillans et Anciens, et les autres Diacres qui ont la charge de subvenir aux poures. Outre plus y en a aucuns qui enseignent et instruysent s'employans au ministère publique de la doctrine

---

[1] Il eût pu ajouter que dans un pays où l'épiscopat n'était point supprimé, un superintendant élu marquait et garantissait l'indépendance des Églises étrangères.

et des sacremens et tels sont dicts aux Écritures Évêques, pasteurs et Docteurs. Mais les autres assistent aux ministres de la parolle de tout leur pouvoir, effort, ayde et conseil [1] ». A tous les anciens est confié le soin de faire observer la Discipline dont les obligations et les peines sont égales pour tous.

Cette mise sur la même ligne des anciens, qu'ils soient pasteurs ou laïques, un des traits caractéristiques de l'organisation d'a Lasco, devançait les opinions de l'époque et heurtait de front les principes de l'Église anglicane. Calvin n'allait pas si loin : il n'avait pas non plus institué le vote à deux degrés observé dans l'église de Londres pour toutes les élections. A Lasco reconnaissait que le suffrage universel existait aux temps apostoliques, mais il en redoutait les luttes autant qu'il craignait l'arbitraire d'une nomination laissée au magistrat, lequel pourrait à son tour abdiquer un jour ses droits entre les mains d'un pontife. Aussi, en se gardant de blâmer ces deux modes d'élection et en insistant même sur la liberté des autres Églises chrétiennes, selon leurs conditions particulières d'existence, avait-il arrêté le suivant pour celles confiées à sa direction.

Les élections.

Après la célébration d'un jeûne et de deux services d'exhortation, tous les membres de la congrégation étaient appelés à désigner par écrit, dans la huitaine, celui ou ceux qu'ils jugeaient dignes d'être élus : les pasteurs, anciens et diacres choisissaient ensuite, à la majorité des voix, entre ceux ayant obtenu le plus grand nombre de suffrages, et les soumettaient de nouveau

---

[1] « N'y a point autre différence entre les pasteurs et docteurs et les autres anciens quant à l'office de gouverner et conserver l'Église, sinon que sous ces autres ceux icy travaillent au ministère de la parolle et de la doctrine. Mais ces Anciens » (les pasteurs), « outre le ministère publique de la parolle et de la doctrine, sont ordonnez comme compagnons, co-adjuteurs au mesme soing de gouverner et entretenir l'Église. Ainsi nous voyons que le nom d'Anciens est attribué aux pasteurs et docteurs, voire aux apostres mesme ».

pendant une semaine aux objections de la communauté; s'il ne se produisait aucune récusation valable, après une dernière annonce publique au troupeau, avec possibilité d'opposition, les élus étaient solennellement installés par un échange de demandes et de réponses liturgiques suivi de l'imposition des mains, conférée à tous les anciens, pasteurs ou non, de même qu'aux diacres. Tous les anciens, mais non les diacres, imposaient les mains aux pasteurs : la sanction royale n'était exigée que pour ces derniers, nommés à vie comme les autres anciens ; les fonctions des diacres étaient annuelles, mais renouvelables. Le vote par congrégation séparée, quand il s'agissait des anciens ou des diacres, devait être étendu, avec ses deux degrés, à l'ensemble des congrégations pour l'élection du superintendant[1]. En cas de partage des voix, conflit que pouvait amener la diversité des langues, la décision finale appartenait au souverain.

Les membres de l'Église. Tous les étrangers de langues française ou allemande n'étaient pas, *ipso facto,* membres de l'Église d'a Lasco, surtout avant la déclaration de 1553[2]. Pour en faire partie il fallait, soit y être entré par le baptême dès l'enfance et y avoir reçu la pleine instruction spirituelle, soit en avoir souscrit la confession de foi et s'être soumis à un examen particulier, car l'éducation religieuse, commencée de très bonne heure, devait être entretenue pendant la vie entière. Les enfants étaient inscrits à leur baptême comme faisant partie de l'Église : un étranger ne pouvait y faire baptiser le sien s'il ne s'y était rattaché lui-même ; un Anglais, au contraire, y était autorisé, afin de prouver que « les

---

[1] «Le superintendant sera confirmé par tours en toutes les églises des estraugers».

[2] «Par la bonté de Dieu nos Églises sont tellement instituées par la Majesté du Roy, que nous sommes comme une paroisse de tous les estrangers espars par toute la ville, ou comme un corps incorporé, et nonobstant, tous les estrangers ne se joignent à nos églises » (Chap. du Baptême).

Églises angloises et les nostres sont une, jaçoit qu'il y ait diversité en la langue et les cérémonies ». Administré au service dominical et en présence du troupeau, le baptême était précédé d'une exhortation ; mais bien qu'elle soit infiniment plus développée que dans la liturgie calvinienne, on n'y trouve aucune trace de l'idée de nécessité absolue de ce sacrement pour le salut [1].

Deux fois par an, les derniers dimanches de février et d'avril, on réinscrit tous les enfants au-dessus de cinq ans, âge à partir duquel ils sont tenus d'apprendre le petit Catéchisme et de savoir au moins l'Oraison dominicale, le Symbole et le Décalogue. Vu la dissémination de l'Église par toute la ville, elle est divisée en trois sections : la première sur l'autre rive de la Tamise, au delà du pont de Londres, dans le faubourg de Southwark ; la seconde en deçà du pont de Londres, mais hors des murs de la Cité, qui forme, elle, la troisième ; les enfants de chacune sont interrogés successivement, de dimanche en dimanche, pendant un mois, de février à mai et d'août en octobre. A onze ans ils commencent l'étude du grand Catéchisme ; à quatorze, un dimanche avant celui de la communion, après examen subi en présence des fidèles et de leurs parents se tenant à leurs côtés, ils prêtent le serment de fidélité à la foi chrétienne et à la Discipline, sont admis dans l'Église et peuvent dorénavant participer à la Cène du Seigneur. Les jeunes gens dissolus ou ignorants, restés sourds aux exhortations et réprimandes des pasteurs, tombent, quand ils atteignent la dix-huitième ou la vingtième année, sous le coup de l'excommunication, avec deuil public du troupeau et recommandation aux parents de les livrer aux magistrats.

---

[1] « Il est nécessaire », dit la Discipline, « de baptiser tous les enfans de l'Église, afin de couper court aux tromperies de ceux des estrangers qui, ne voulant se rattacher à aucune église, prétendent dans l'une qu'ils font partie de l'autre ». Et ailleurs : « Nous baptisons donc en nostre église tous les enfans pour tesmoigner que nous et eux sommes agréables à Dieu pour l'amour de Christ. »

44   LES ÉGLISES DU REFUGE EN ANGLETERRE.

L'examen auquel est astreint le chrétien d'âge mûr, étranger à la congrégation et désireux d'en faire partie, porte sur le résumé du Catéchisme (45 articles), sur le Décalogue, le Symbole, la Confession de foi, les Sacrements, la Discipline, la Prière : on l'engage à exposer ses doutes, et après ses promesses de renonciation au monde, de vie chrétienne, d'obéissance à la Discipline de l'église, il en est reçu membre et inscrit sur le « Catalogue[1]. » L'éducation religieuse continue toute la vie, disions-nous; en effet, c'est à l'explication suivie des deux cent cinquante questions et longues réponses du grand Catéchisme qu'est consacrée la moitié du second service du dimanche.

Le Culte.[2]   Le premier commence à neuf heures par une courte prière suivie de l'Oraison dominicale, du chant d'un psaume sans accompagnement d'orgue, du sermon, en observant rigoureusement l'ordre régulier des Écritures[3], d'une prière pour demander à Dieu de

[1] « Voilà comment nous recevons tous les estrangers qui se veulent joindre à noz Églises, desquels en cest estat receu nous prenons la charge. Et non point de tous les autres estrangers que nous laissons aux ministres et pasteurs des paroisses de la ville. Car nous prenons la charge des nostres seulement comme il a esté dit. »

[2] Vergerio, charmé de cette liturgie du Dimanche, la traduisit en italien et la publia à l'intention des églises grisonnes où il exerçait le ministère. « Quelques malins esprits », dit-il à la fin, « répandent le bruit qu'au royaume d'Angleterre, depuis qu'on en a chassé l'obéissance papistique, il n'y a plus ni religion, ni charité : on peut voir ici qu'au contraire tout bien s'y trouve, et précisément le vrai et propre culte qui doit se rendre à Dieu selon l'ordre du Christ ». *La Forma delle publiche orationi e della confessione e assolutione la qual si usa nella chiesa di forestieri che e nuovamente stata instituta in Londra (per gratia di Dio) con l'autoritate e consentimento del Re. Nam claritas Dei illuminavit eum et lucerna ejus est agnus.* Bâle 1550.

[3] « On n'expose point par lopins les escritures comme on fait au papisme où on propose au peuple des histoires coupées en quelques lieux d'escritures sans teste et sans queue; mais nous prenons quelque livre de la Bible, du vieil ou du nouveau Testament, pour l'interpréter d'un bout jusques à l'autre, duquel livre on lit seulement ce qu'on pourra bonnement exposer pendant l'espace d'une heure, tellement qu'on pourra aisément tout entendre et retenir aussi. »

faire fructifier la parole entendue, de la récitation du Décalogue[1] et d'une confession des péchés, de l'absolution prononcée par le ministre, du Symbole et de l'intercession pour le roi, sa famille, les magistrats, l'Angleterre, les congrégations étrangères, toutes les églises, tous les rois, princes et magistrats qui sont éclairés sur les idolâtries romaines, les « persécutés de l'Antechrist » et les malades, en terminant par la prière du Seigneur. Ici se placent soit les cérémonies privées, baptêmes et mariages, soit la célébration de la Cène; le culte s'achève par la prière, la bénédiction[2] et la collecte à la porte pour les indigents. Le second culte du dimanche et ceux de semaine ne comportent pas la partie après le sermon. Les fidèles s'agenouillent pour les prières.

L'organisation entière d'a Lasco gravite autour de la Sainte-Cène, célébrée le premier dimanche du mois, alternativement dans l'église flamande et dans la française, liberté étant laissée à chacune de la célébrer plus souvent, « car toutes choses sont à nous, et le sabbat mesme est institué pour l'homme et non point l'homme pour le sabbat[3] ». Quinze jours à l'avance il y a service de préparation; nul ne doit s'en absenter : dans cette quinzaine ont lieu, avec l'examen des postulants, les réunions successives des trois sections devant le ministre et les anciens,

La Cène.

---

[1] « Après que le ministre a leu les dix commandemens il prend de là occasion d'admonester l'église de ses péchez et à cette cause l'exhorte diligemment à la cognoissance et accusation d'iceux et à demander pardon à Dieu en ceste manière . . . . »

[2] « Ayez souvenance de vos poures et priez les uns pour les autres; or Dieu vous face miséricorde et vous bénysse, qu'il vous esclaire par la lumière de sa face divine, à la gloire de son sainct nom et vous maintienne en sa paix, saincte et salutaire. Ainsi soit-il. »

[3] « Nous avons même sur certains points conservé quelques variétés entre les Églises : ces différences sont de peu d'importance, il est vrai, et on les aperçoit difficilement; elles restent cependant comme un indice, comme une preuve que chaque église, à ce sujet, conserve sa liberté. » *Dédicace.*

pour entendre l'exhortation de l'un d'entre eux à l'examen de soi-même, à la réconciliation, à l'observance de la discipline, et pour se faire inscrire un à un sur la liste des membres. A chaque communion cette liste est dressée à nouveau, ce qui permet de constater et de rechercher les absents, et d'adresser à chaque fidèle qui en aurait besoin admonition, consolation ou réprimande ; si une admonition plus détaillée semble nécessaire, elle a lieu, selon sa gravité, soit dans un entretien particulier avec un pasteur ou un ancien, soit dans une comparution devant le consistoire : aucun nom n'est inscrit sans l'assentiment des anciens. La veille de la communion dans l'après-midi, sermon sur la Cène et annonce, avant le chant du dernier psaume, des exclusions prononcées par le consistoire.

Les jours de Cène le culte commence à huit heures ; les ministres, anciens et diacres sont assis devant la table faisant face à la congrégation. Après le sermon l'un des pasteurs lit, du haut de la chaire, un traité sur le signe, le mystère et la fin de la communion, plus de *quarante pages* que, selon les circonstances, on a la liberté d'abréger. Il avertit ensuite ceux qui ne peuvent être admis à la table sainte, les interdits de la veille, ceux qui n'ont pas confessé leur foi, ne se sont pas soumis à la discipline ou ne se sont pas présentés dans la quinzaine.

Après une prière il donne lecture du passage de saint Paul sur l'institution de la Cène et l'accompagne de quelques paroles semblables à celles usitées encore de nos jours dans les églises réformées. Il s'assied alors à la table, entouré des pasteurs, anciens et diacres ; la place en face de lui reste vide, des fidèles, d'abord les hommes, occupent les autres, le pain est rompu, la coupe passe de main en main, tandis qu'un des anciens fait la lecture des chapitres 6, 13, 14 et 15 de saint Jean. La Cène terminée, le ministre qui l'a administrée se lève et

« se mettant au milieu des ministres et anciens devant la table, parle à toute l'église en ceste manière : Croyez tous sans doubter qui avez participé à ceste cène du Seigneur, en mémoire de la mort de Christ, avec la considération de son mystère, que vous avez communion certaine et salutaire avecques luy, en son corps et sang à la vie éternelle. Ainsy soit-il. Puis il invite à rendre grâces par ceste petite préface : Je pense qu'il n'y a personne de vous qui en soy-mesme ne sente par le tesmoignage de ceste cène, la force et le fruict de nostre communion avec le Seigneur Christ » ;

et il prononce la prière d'actions de grâces, suivie d'un psaume et d'une dernière admonition [1].

Les congrégations avaient deux cultes sur semaine de neuf à onze heures du matin ; la française, le mardi et jeudi ; la moitié du service du mardi était consacrée à la *Prophétie*. A Lasco avait emprunté ce service à Zwingle (qui remplaçait ainsi les *Heures* des chanoines de Zurich), et il y attachait une grande importance pour perfectionner la culture spirituelle des laïques et stimuler les pasteurs. « On s'accoutume dans l'église à expliquer la Bible, tellement qu'il n'y ait jamais faute de ministres... L'église est confirmée pour retenir et défendre la doctrine saine quand elle la voit si bien espluchée et approuvée. » L'exercice n'était pas identique dans les deux congrégations, et on l'avait mis à des jours différents, pour que ceux qui entendaient les deux langues en eussent double profit. Dans l'église flamande la Prophétie était destinée à combattre les doutes, réfuter les objections soulevées par l'enseignement des prédicateurs, et mettre ceux-ci à même de rendre compte de leur doctrine. Les anciens, s'adjoignant quelques « gens de bien, graves, modestes et bien versés dans les Écritures », recevaient ces doutes ou ces objections sur la prédication entendue, que tout membre

La Prophétie.

---

[1] La beauté de cette liturgie nous en a fait insérer des passages à l'Appendice.

du troupeau était en droit de leur exposer de vive voix ou par écrit; ils en conféraient ensemble, en prévenaient les ministres, se partageaient les réponses et, après cette préparation, les discutaient en public. «Ceci», dit a Lasco, «resveille la paresse et l'oisiveté des ministres; cette voix apostolique les tient en office, et exerce les anciens dans l'estude scripturaire.» Dans l'église française la Prophétie était une explication méthodique et suivie d'un des livres de la Bible, en corrélation avec le sermon du dimanche; le pasteur n'était plus seul à expliquer le texte; liberté était laissée après lui à ceux des anciens, des diacres ou des fidèles choisis à cet effet, qui éprouvaient le désir d'ajouter un commentaire ou un enseignement [1].

La Liturgie d'a Lasco mentionne pour l'église allemande la visite des malades [2]; et, sans désignation d'église, les actes pour

---

[1] L'assistance aux prophéties latines du mercredi, à l'église flamande, n'était pas obligatoire. C'est en avril 1551 que fut inauguré le service dit de *Prophétie* — que les Anglais adoptèrent aussitôt et commencèrent en même temps. — Lettre d'Utenhovius à Bullinger. *Orig. Letters*. Pour lui attribuer ce nom on se basait sur I Cor. XIV, 3, 4, 29 et Rom. XII, 6, où Saint-Paul «ne parlait pas de prédiction des choses à venir, puisqu'il lui attribue édification et consolation, mais d'interprétation et exposition des escritures». Pierre Martyr et Calvin comprenaient de même l'expression de Saint-Paul: «Prophétie n'est quasi autre chose qu'une droite intelligence de l'Ecriture et une dextérité singulière de la bien expliquer». Calvin, *Commentaire sur les Romains*. — Grindal alla jusqu'à faire remonter la fondation de cet exercice à Samuel «prophétisant» à Nacoth et Bethel et Élisée à Jéricho.

[2] La version latine dit dans l'église des Germains, la française dans l'église des Étrangers. — «A cause que tous les estrangers sont espars par toute la ville de Londres, en sorte que les ministres ne peuvent pas toujours savoir facilement ceux qui sont malades, on admoneste souvent l'église aux prédications publiques que si d'avanture quelcun tombe en quelque maladie, qu'incontinent le malade par aucuns des siens, ou de ses voisins, si aucuns en y a de nostre Église, le signifient aux Ministres ou aux Anciens. Et lors on en ordonne incontinent aucuns qui visitent, admonestent et consolent par la parolle de Dieu, le frère malade, selon que le requerront les mœurs et façons d'un chacun, voire la maladie mesme. Car, comme les esprits des hommes sont divers, aussy sont diverses les affections aux maladies; pareillement une

l'enterrement des morts ; il est probable qu'ils étaient les mêmes pour les deux congrégations. La liturgie de la sépulture est d'autant plus intéressante qu'a Lasco sur ce point est en désaccord avec les autres réformateurs, surtout avec les calvinistes qui, par opposition aux messes et prières catholiques pour les défunts, n'admettaient pas, aux enterrements, de véritables services religieux. A Lasco avait tenu au contraire à en instituer un [1]. Le corps était apporté au temple, en silence, « avec toute modestie et gravité », par des anciens et des frères, les femmes accompagnant la veuve, et après qu'il était déposé dans la fosse, l'Église écoutait la prédication : elle roulait, sur « ce que la sépulture des morts est instituée en l'église non pas tant pour les morts que pour ceux qui assistent à l'enterrement, — sur ce que la mort pour le péché a assailli le genre humain qui autrement aurait été voué à l'immortalité, — sur ce que Dieu a voulu nous revoquer derechef de mort à vie éternelle par le don de son fils, — sur la foi que Dieu requiert de nous à cet effect, — sur l'incertitude du temps de la mort. » Le défunt n'était pas oublié : « Si le frère mort, en son vivant a faict quelque chose mémorable, en la confession de la foy, ou à advancer la religion, ou à secourir l'Église de Christ, s'il a souffert quelque chose pour le nom de Christ, on le ramentoit tout; afin que les dons de Dieu soyent célébrez en luy. Et qu'on invite l'église à son imitation. Mais principalement s'il a monstré quelque argument singulier de repentance ou de sa foi avant sa mort : afin que par ceste occasion l'église soit aussi excitée à amendement et à mépriser

Les funérailles.

mesme manière d'admonitions ou consolations par la parolle de Dieu ne pourroit servir également à tous malades.... » et a Lasco développe longuement cette pensée.

[1] « En la sépulture des morts nous n'usons point des pompes théatriques ou d'aucun appareil papistique ou comme les gentils : mais nous retenons la plus grande simplicité que nous pouvons, toutesfois avec l'honesteté publique du trespassé à l'édification de l'Église ».

cette vie si briève.» Alors seulement on couvre la fosse de terre pendant le chant du psaume 103, puis le « ministre invite l'église à faire prière publique, laquelle contient en soy une action de grâce pour le frère mort de ce qu'il est délivré de la misère de la vie [1] », il bénit l'assemblée et le culte se termine, comme toujours, par une collecte pour les pauvres.

Quant à l'administration intérieure de l'Église, les pasteurs et anciens se réunissaient une fois par semaine, dans leur congrégation particulière, s'adjoignant une fois par mois les diacres pour la reddition des comptes à laquelle pouvait assister tout fidèle qui en manifestait le désir. Le premier lundi de chaque mois, on tenait le *Cœtus*, institution importée par a Lasco de la Frise orientale, où elle avait rendu de grands services. Assemblée générale de tous les ministres, anciens et diacres relevant du superintendant, le Cœtus servit de lien entre les congrégations française, flamande et italienne. Bien qu'ayant perdu ses attributions, il subsiste de nom à la fin du dix-neuvième siècle, comme un suprême témoignage d'union, ainsi que d'origine et de privilèges communs, entre l'Église française et l'Église flamande-hollandaise de Londres.

Le Cœtus.

Les Censures. Une fois par trimestre, le second jeudi de mars, juin, septembre et décembre avaient lieu, au sein de chacune des congrégations, les *Censures* : l'Église en était prévenue, car tout fidèle avait le droit de porter plainte contre la doctrine ou la conduite des pasteurs, anciens ou diacres, à la condition d'être appuyé par deux ou trois témoins. Dans cette réunion de ce qu'on pourrait appeler le Conseil presbytéral des Églises, chacun

---

[1] « Nous ne doubtons point que tu n'ayes transféré son âme au royaume de ta gloire immortelle, et que tu ressusciteras aussy en son temps son corps, en resurrection de ta gloire et vie éternelle . . . à cause de quoy nous gratulons de bon cœur à cestuy nostre frère (ou sœur) en la fiance de ta miséricorde ». Il semblerait qu'en ces premiers jours les temples tenaient lieu de cimetières.

des membres s'éloigne à son tour pendant l'examen de ce qui le concerne, et à sa rentrée dans la salle, s'il y a lieu à réprimande, il doit la recevoir fraternellement, sous peine de révocation. L'égalité de traitement est absolue entre les pasteurs, les anciens et les diacres; seul le superintendant ne pourrait être destitué que sur le consentement unanime de tous les conseils réunis.

A Lasco ne conçoit pas le fonctionnement de son église, sans la Discipline[1]. Elle commence par l'action intime d'un ou de deux fidèles en exhortant un troisième sur sa conduite, sans le dénoncer ; s'il n'en tient compte, ou si le délit est public au point de ne pouvoir être caché, ou grave au point que le taire serait compromettre l'Église elle-même, l'accusation est portée devant le conseil de l'Église, qui tantôt se contente d'une comparution et réconciliation à huis clos, tantôt exige la reconnaissance publique. Celle-ci a lieu au culte du dimanche après la prédication ; le membre repentant se présente au Conseil devant toute l'Église, écoute avec elle l'exhortation du ministre, prie avec elle pour que sa faute lui soit pardonnée. Cette faute il doit alors la confesser à haute voix, solliciter le pardon de la congrégation qui l'entoure et la réadmission en son sein ; mais si l'émotion l'en empêche, le ministre devient son interprète, et il n'a qu'à donner son acquiescement. Si le Conseil, interrogé par le pasteur, ne trouve point la reconnaissance insuffisante, on le déclare réadmis dans la communion fraternelle, le troupeau s'agenouille pour en rendre grâces à Dieu, il promet obéissance

La Discipline ecclésiastique.

---

[1] « Discipline ecclésiastique, c'est une certaine manière prinse des escritures, d'observer par degrés les admonitions chrestiennes par la parolle de Dieu, entre tous les frères qui sont en l'église de Christ : afin que tout le corps et chacun de ses membres soyent maintenus tant qu'il sera possible en leur office. Et si on trouve aucuns contempteurs obstinez de telles admonitions, qu'à la fin ils soyent livrez à Sathan, par excommunication : s'il est aucunement possible que par telle vergongne la chair périsse en iceux, quant à ses affections, et l'esprit aussy soit ramené à repentance et finalement sauvé ».

à la Discipline et reçoit l'absolution ; pasteurs et anciens lui serrent la main droite, lui donnent le baiser de paix et l'on chante « un psaume de joie. »

Contre le pécheur obstiné, sourd à toutes les exhortations, il est procédé par l'excommunication, après en avoir prévenu le troupeau par deux fois : chacun des membres peut exposer ses scrupules ou demander un délai ; à la seconde réunion, l'avant-veille du jour fixé, le silence de la congrégation est tenu pour consentement ; la décision finale n'est cependant prise que la veille dans une assemblée générale des ministres et anciens des deux églises. L'excommunication se prononce au service du dimanche matin, les membres du Conseil réunis comme pour la Cène ; le pasteur officiant retrace devant le troupeau l'origine, le but, la nature de cette peine, il expose les motifs de son application actuelle, provoque une fois de plus les objections possibles, et invite tous ses frères à s'unir à sa prière, véritable élan de douleur et d'appel à Dieu pour la conversion du pécheur. S'il est présent dans le temple, et qu'à ce moment même il vienne à résipiscence, si, à son défaut un ami vient témoigner de son repentir, la terrible procédure est suspendue. Elle peut l'être encore après la suprême exhortation du pasteur dénonçant les justices du Tout-Puissant, et suppliant le coupable de reconnaître sa faute[1]..., sinon, elle doit avoir son cours ; après une vaine attente « toute l'église s'étant prosternée à genoux », le ministre, sous la forme d'une invocation à Dieu, prononce la mise hors de la communauté du membre qui la méprise et la déshonore.

Les effets de l'excommunication, a Lasco a soin de l'ajouter, doivent rester purement spirituels ; ils n'entraînent pas l'interdiction d'assister au culte : on considérera l'excommunié comme

---

[1] « Après cette prière le ministre observe si le frère impénitent viendra point en avant, pour donner quelque signe de sa repentance ».

un païen, on le fréquentera le moins possible, mais on ne l'entravera point dans ses affaires commerciales ou civiles[1]. « Que personne de l'Église n'endommage, ne se moque, ne desprise ou diffame les excommuniez; ains que plutost on ayt compassion de leur mal », qu'on les ramène, s'il est possible, dans la voie du salut. Si ce retour s'effectue et que le Consistoire en reçoive l'avis, il enverra consoler le frère repentant, le fera comparaître devant lui, et après enquête admettra de nouveau l'enfant prodigue dans la communion de l'Église, à un service du dimanche après-midi, avec autant de solennité qu'il en avait apporté à l'exclure. L'excommunication prononcée dans une des églises relevant de la surintendance d'a Lasco est valable pour toutes; la sentence publiée le matin au service français ou flamand l'est le même soir dans la congrégation sœur.

En offrant à Édouard VI son *Compendium doctrinæ*[2], a Lasco lui avait donné comme épigraphe les paroles évangéliques invoquées par Latimer en sa faveur : *Qui vos recipit me recipit*. Il n'était pas inutile de les rappeler. Ces commencements, bien qu'encouragés, et même favorisés par le roi, continuaient à provoquer des mécontentements peu dissimulés, sinon des résistances ouvertes, d'autant plus que le noble Polonais ne se contentait pas d'établir sa propre Église selon la simplicité apostolique, mais s'aventurait sur le terrain d'autrui. Il insistait pour la réception, par tous les protestants, de la communion, non à ge-

Difficultés extérieures et intérieures.

---

[1] « L'excommunication est instituée, non point pour la ruyne et perdition de ceux qui sont excommuniez, mais plutost au salut et remède de leur obstination au péché, ... afin que finalement ils se réveillent comme du profond sommeil du péché et s'amendent ». — Voir à l'Appendice les principales formules et prières.

[2] *Compendium Doctrinæ de Vera Unicaque Dei et Christi Ecclesia, ejus fide et confessione pura, in qua Peregrinorum Ecclesia Londini instituta est, autoritate atque assensu Sacræ Majestatis Regiæ cum usus publicis precibus ejusdem Ecclesiæ.* — Londres 1551.

noux, mais assis, telle qu'elle avait été instituée par le Sauveur[1] ; hostile aux compromissions de Bucer, il prenait franchement parti, dans la grosse querelle des vêtements sacerdotaux, pour Hooper contre Cranmer et déclarait qu'il ne les trouvait pas dans la Bible. L'expression énergique de sa pensée sur ces deux questions, qui peuvent sembler plutôt de forme extérieure, mais dont la seconde avait une sérieuse importance, car elle contient en germe la scission entre l'Anglicanisme et le Presbytérianisme de l'avenir, lui attirèrent les vifs reproches du clergé, déjà froissé des faveurs exceptionnelles conférées aux étrangers [2].

[1] Il y a d'abord l'exemple du Seigneur — mais il y a aussi un sens voulu par lui : « Gardons-nous bien d'imaginer que la session observée par Nostre Seigneur et par ses apotres dans la Cène de la nouvelle alliance soit vaine et dépourvue de tout mystère. Observons plutôt attentivement que la session nous représente le mystère si excellent et si plein de consolation de nostre repos en Christ. . N'ayans plus à chercher une Canaan promise, mais estant desjà bien establis dans la vraie terre de promesse, nous nous y devons complètement reposer. De plus le Seigneur veut que nous entendions que sa Cène est une figure de nostre gloire céleste à venir, qui nous est représentée sous l'image d'un banquet, auquel il déclare qu'il nous servira, lorsque nous y serons assis avec Abraham, Isaac et Jacob . . . Cependant nous ne sommes tellement assis, en l'usage de la Cène, que quand on fait prières au Seigneur, nous ne nous mettions à genouil ».

[2] La trace de ce mécontentement s'est conservée jusque dans Burnet, *Hist. of the Reformation of the church of England*, 2ᵉ part., liv. I. La question des vêtements n'est qu'un des côtés du schisme futur, mais c'en est certainement un des plus évidents : on y tenait pour l'idée symbolique qu'on y rattachait et qui implique la succession dite apostolique. Bucer eût préféré qu'on y renonçât et ne s'en cachait point, mais il s'y résignait par esprit de conciliation. A Lasco, entrevoyant les conséquences, soutenait les résistances de Hooper et n'acceptait aucun compromis (*Debent vestes istæ omnino tolli. Sunt pulcra et ornamenta tyrannidis Antichristi*). Voir dans la coll. de Sir Alex. Malet à Londres : *Summa controversiæ de re vestiaria inter Bucerum et a Lascum*, 7 pages latines ; on y trouve les points d'accord et de désaccord, l'argument de Bucer et celui d'a Lasco, la discussion et cette conclusion : « Principi non parendum formam vestium ministri præcipue ». *Reports on historical manuscripts*, VII, 429 ; ce parait être avec quelques additions le double d'un résumé fait sous le même titre par l'arch. Parker, retrouvé dans les Cecil mss. par Strype et reproduit par lui avec détails sur la controverse, *Life of Parker*. Liv. II, ch. 25.

Des coups plus sensibles lui étaient portés du sein même de son troupeau ; quelques membres, froissés par la sévérité de sa discipline, excités par le pasteur italien Florio, récemment déposé, ne pouvant s'attaquer à sa conduite, cherchaient à mettre en doute l'orthodoxie de ses opinions. Comme il en rend compte à Bullinger, avec tristesse, a Lasco et l'un de ses collègues se voyaient accusés devant le Cœtus d'enseigner autrement que Calvin et, par là, de le condamner, lui et sa doctrine. En protestant de sa vénération et de son attachement, a Lasco n'hésite pas à déclarer que Calvin lui semble avoir écrit « trop durement » sur la prédestination, et il se refuse à trouver faute dans son collègue pour avoir avoué ses dissentiments sur ce point avec le grand réformateur de Genève.

Le Catéchisme et la Liturgie d'a Lasco sont pénétrés en effet d'un souffle plus universaliste : pour lui il n'y a pas de salut hors de Christ, mais à ce salut tous sont appelés : les hommes, tous pécheurs, peuvent être tous sauvés par l'expiation suprême ; n'est damné que celui qui, ayant connu la bonne nouvelle du salut, en a volontairement repoussé l'efficace. Cet esprit de largeur a dû pénétrer l'enseignement de la double congrégation de Londres. Comme prédicateurs français le roi avait nommé François Pérussel dit La Rivière et Richard Vauville, « *bene doctum utrumque et eloquentem* [1] ». Le premier d'entre eux est probablement le ministre poursuivi devant le Cœtus et soutenu par le superintendant [2] : ancien cordelier, bachelier en théologie et maître des novices à Paris, frappé d'interdiction et expulsé par

---

[1] A Lasco à Hardenberg.

[2] Toutefois c'est Vauville qui écrira plus tard à Calvin : « Non sum inscius quin posthac futuri sint nebulones qui nomen nostrum apud vos traducere tentabunt *quemadmodum quum in Anglia essemus sumus experti* .... » Avril 1555.

la Sorbonne le 12 mai 1545, La Rivière avait passé d'abord à Bâle et s'y était lié intimement avec Castalion; en 1547, il résidait à Canterbury[1], et s'il faut ajouter foi aux traditions qui font de la communauté de cette ville la plus ancienne de celles du Refuge en Angleterre, il a dû en réunir les premiers éléments, peut-être en garder la direction de Londres et inaugurer le culte dans la crypte de la cathédrale que, sans preuves positives cependant, on croit pouvoir faire remonter à Édouard VI et à Cranmer[2]. Dans les lettres adressées de Londres à Calvin il n'est jamais question de La Rivière, silence trop absolu pour ne pas sembler intentionnel, tandis qu'on cite souvent D. Richard, ou Richard Vauville, appelé aussi quelquefois Richard Gallus, le François. Ancien moine augustin, Vauville avait contribué à introduire la réforme à Bourges et à Strasbourg, et il était resté en relations épistolaires avec Calvin[3].

Celui-ci envoyait en février 1551 au roi d'Angleterre les Commentaires sur Ésaïe et les Épîtres; le porteur Nicolas des Gallars, alors ministre à Genève, visita l'église française; il devait sous Élisabeth en devenir le premier pasteur. A la même époque en fit transitoirement partie François de Bourgogne, dit de Bréda, ou plus justement François de Falais, qui séjourna à

[1] « Here was also one Franciscus. » Strype. *Life of Cranmer.*

[2] Quelques historiens récents, s'appuyant sur la note inexacte de la *Corr. Calv.* XIII, 628, rectifiée cependant par les savants éditeurs, XIV. 12, 362 et XX. 562, continuent à voir dans le Franciscus Rivius de la Patente royale un autre moine, François Martoret du Rivier, alias a Rivo. Le doute n'est plus permis: Martoret a été pasteur de Saint-Blaise, Moudon 1536, Vevey 1540-1552, et de nouveau à Saint-Blaise, où il mourut 1554. Il s'agit ici de Perucelli dit de la Rivière, Rivus et Riverius, auquel, après la dispersion des congrégations étrangères sous Marie, on offrait le poste d'Emden, « pour ce que outre ceux de *vostre Église d'Angleterre* il y en a un bon nombre d'autres auxquels vous estes en bonne odeur. » *Corr. Calv.* Let. 2357.

[3] Il épousa le 2 juin 1550 Joana, suivante de Mrs. Hooper, femme de l'évêque.

deux reprises à Londres, d'où il correspondit avec Calvin [1]; est-ce de lui ou serait-ce de des Gallars qu'il est question dans la lettre du réformateur adressée à l'Église française le 27 septembre 1552 au sujet des dissensions qui la troublaient :

« J'ay esté marry du trouble que vous ont donné quelques gens inconsidérez et fasché au double de ce qu'ils se couvroient de moy et de ceste Esglise pour vous molester... L'ung de ceux cesquels j'avais ouy faire plainte me sera bon tesmoing que je ne l'ay pas nourry en sa faulte depuis qu'il est retourné, mais plustost que j'ay tasché de luy faire sentir son mal. Je dy cecy pour ce que j'ay entendu qu'on leur a reproché qu'ils vouloient faire une idole de moy et de Genève une Jérusalem. Je n'ay pas mérité de vostre esglise qu'on me traite ainsi, et quand il y auroit dix fois plus d'ingratitude, je ne laisseray point de pourchasser vostre bien. Mais je suis contraint de vous en advertir, pource que telles fassons de faire ne sont que pour ruiner plustost que pour édifier... Si ceux qui vous ont causé ces combats ont prins occasion sur la diversité des cérémonies comme Monsieur Alasco m'a mandé, ils ont mal entendu en quoi consiste la vraie unité des Chrétiens, et comme chaque membre se doit conformer au corps de l'Ésglise en laquelle il vit. »

Il traite ensuite des points secondaires, mais ne touche pas à la controverse sur la prédestination, qui ne paraît avoir atteint son apogée que quelques mois plus tard.

Un autre correspondant de Calvin, Jean Bellemain, maître de français d'Édouard VI, mérite d'autant plus une mention, qu'il n'a certainement pas été sans influence sur les idées du jeune roi : il en reste des preuves dans les compositions françaises de son élève sur l'Idolâtrie, sur la Foi, et à l'Encontre de la Primauté du Pape. Bellemain avait envoyé la dernière à Calvin « comme fleurs dont les fruits seront vus en leur saison », et il traduisait, « pour en

Jean Bellemain.

---

[1] Il lui rendit compte après sa première audience, des « courtoises questions du roi » sur la santé et le ministère du réformateur, et de l'intérêt témoigné, par son attitude et par ses paroles, à tout ce qui le concernait. — Lettres de Londres, Déc. 1550. *Corr. Calv.* Des Gallars avait aussi raconté combien il avait été accueilli en Angleterre « amanter ac benigne ». *Ibid.*

avoir son avis», la Liturgie de l'Église anglicane. Nommé gentilhomme de la chambre, il reçut des lettres de naturalisation en 1551[1].

Le Chevalier. Ant. Le Chevalier obtint les siennes le 7 août 1552 avec la promesse bientôt effectuée d'une prébende, la septième de la cathédrale de Canterbury : il était devenu professeur d'hébreu de la princesse Élisabeth et Cranmer l'avait recommandé au roi, insistant sur ses mérites, sur le souvenir de Bucer et surtout sur ce qu'il appartenait à ces étrangers «que Dieu aime» et que le Christ considère comme ses représentants[2]. Aussi quelques réfugiés français sont-ils inscrits en septembre 1551 (pour être payés depuis janvier) sur la liste des dons royaux, avec pensions variant entre 37 l. 10 s. et 27 l. 5 s. Ce sont : François de Bignon, Abraham Paradis, Jean de Lin, Nicolas du Menis, Galliot Tassat et Collin Le Cout[3]. Ils ont dû s'associer à la congrégation de Threadneedle street ainsi que deux hommes distingués, venus également pour cause de religion, Pierre du Val et Valerand Poullain.

Pierre du Val. Le poète normand Pierre du Val, après avoir été lauréat aux concours des Palinods, et s'être rattaché, — son *Dialogue*, sa *Moralité* et sa devise *Rien sans l'esprit*, le prouvent, — aux Libertins Spirituels dont Rouen fut un des principaux centres, avait, par un dernier progrès, embrassé la Réforme. En 1552 il est réfugié et, publiant le *Triomphe de vérité*, il le dédie, non à l'un des puissants du monde, mais à la jeune, humble et

---

[1] Son traitement était de 6 l., 12 s., 4 d. par quartier; en 1550 il reçut un bail de vingt-et-un ans des bénéfices de Minehead et Cotcombe, et ne quitta l'Angleterre qu'à la mort du roi, après avoir assisté à ses obsèques. Notice par M. Gustave Masson et lettres de Bellemain à Calvin, *Bulletin du Prot. fr.* XV.

[2] La lettre de Cranmer a sa place de droit dans une histoire du Refuge. — Voir à l'Appendice.

[3] Strype, *Memorials*, Liv. II, ch. 30.

petite « Église francoyse servant à Dieu à Londres en Angleterre[1] ».

Valerand Poullain[2], prêtre converti, pasteur à Strasbourg 1547-1548, n'ayant pu, malgré la recommandation d'Utenhove à P. Martyr, trouver une position à Oxford, était placé auprès du fils du comte de Derby, et datait de Westminster 19 février 1551 la traduction de la Liturgie de l'Église française de Strasbourg, dédiée à Édouard VI[3].

Valerand Poullain.

Cette publication a fait croire que des réfugiés de cette église d'Alsace avaient fondé, sous sa direction, celle de Glastonbury. L'origine en est toute différente. Vers 1550 le duc de Somerset, auquel avait été attribuée l'abbaye dissoute de Glastonbury, conçut l'heureuse pensée d'y établir une colonie de réfugiés français et wallons, tisserands en laine. Il leur promettait des demeures, des pâturages pour leurs bestiaux et l'argent nécessaire pour s'approvisionner de matières premières, sous la surveillance de l'inspecteur anglais Cornish. Au moment où Valerand Poullain publiait sa préface, il n'était pas encore leur pasteur : non seulement il n'en fait aucune mention, mais il expose comme

Église de Glastonbury.

---

[1] *Le Triomphe de vérité : ou sont monstrez infinis maux, commis soubz la tyrannie de l'Antechrist, filz de perdition, tiré d'un Autheur nommé Mapheus Vegeus et mis en vers : Par Pierre du Val, humble membre de l'Eglise de Jesus-Christ.* . 1552, s. l. pet. in-8º Voir à l'Appendice, l'Épitre d'après la reproduction faite par M. Émile Picot : *Théâtre mystique de Pierre Du Val et des Libertins Spirituels de Rouen au XVIe siècle.* Paris 1882 — et un douzain : *Vérité à l'Église de Londres,* signé H. L.

[2] Fils de Jacques Poullain, bourgeois de Lille, gradué ès arts à Louvain, prêtre 1540, recommandé pour un bénéfice à l'évêque de Namur par Charles-Quint, Ypres 12 nov. 1540. — Doc. des *Archives gén. de Belgique,* communiqué par M. Charles Rahlenbeck.

[3] Epistola dedicatoria. *Liturgia sacra seu ritus Ministerii in Ecclesia peregrinorum profugorum propter Evangelium Christi Argentinæ, Adjecta est ad finem brevis Apologia pro hac Liturgia, per V. P. Flandrum.* Imprimée à Londres, par Step. Mierdmann, 23 fév. 1551. — La confession de foi de l'église de Strasbourg avait été traduite en latin pour Cranmer par Jean ab Ulmis.

raisons de son travail le désir de faire rendre justice à l'Église calomniée de Strasbourg dont il a été ministre, et de recommander de plus en plus à la bienveillance du roi celle « fondée depuis plus de deux ans dans votre ville de Londres par les Français, et qui a été confirmée par V. M. et par l'autorité de votre illustre Sénat. Que l'exemple du Sénat de Strasbourg excite de plus en plus V. M. à prendre la défense de cette église. Ils sont fugitifs, exilés, mais ils sont aussi fidèles à V. M. que s'ils étaient nés et élevés dans ce royaume. »

La colonie de Glastonbury a été fondée avant toute recherche d'un pasteur : il n'a été choisi par l'Église et agréé par les autorités supérieures qu'après.

« Depuis » (l'établissement des communautés réfugiées de Londres) « ils ont encore souffert une Église d'estrangers aussi au pais de Sommerset à Glastonbury. Auquel lieu ils ont octroyé seure retraicte aux déchassez pour l'Évangile, avec pareille liberté que ceulx de Londres ont. Et ont semblablement accordé à ceste Église un Superintendant pour conduire la dicte Église selon la parolle de Dieu. Et ensuyvant l'Élection de la dicte Église ils m'ont accepté à ce ministère[1]... »

Dans sa lettre à Calvin du 7 mars 1552, où il parle en *post scriptum* de son intention de retourner prochainement à Glastonbury (Glascoviam) « où Dieu par le Duc et dernièrement aussi par le Roi, m'a établi superintendant de l'église du Re-

---

[1] ... « Lesquelles choses donnent assez à cognoistre si le cœur de Sa Majesté et des gouverneurs de ce royaume est vrayment amoureux de Jésus-Christ et de sa vraye religion. Car nul n'ignore que cela seroit partout entre les papistes trouvé bien estrange si quelque peuple estranger, ramassé en quelque lieu, prétendoit d'avoir ainsi une Église à part en langue différente. Mais ceste est la note de ceulx qui sont vray peuple de Dieu qu'ils ayment tous ceulx qui invoquent un mesme Dieu en une mesme foy par Jésus-Christ ». Avant-propos du formulaire français de 1550.

fuge[1] ,» Valerand Poullain lui fait part du coup porté par la mort de Somerset à cette petite église « qu'il avait rassemblée depuis un an dans son duché.»

L'injuste supplice du protecteur fut un deuil pour le Refuge tout entier : Utenhove et Vauville furent du nombre des amis de l'heure suprême qui se pressèrent autour de l'échafaud pour recueillir ses dernières paroles [2]. La communauté de Glastonbury eut succombé sans l'énergie de son pasteur qui, dès l'arrestation de Somerset, s'adressait au Conseil royal : un ordre « à Valerand Poullain chef et superintendant des étrangers ouvriers en laine » lui annonçait le 11 novembre 1551 la mise à exécution des conventions. L'aide promise ne parvenant pas à la colonie en détresse, il députait à nouveau un des diacres, Étienne Le Prévost, auprès de Cecil, devenu secrétaire d'État et obtenait le 22 mars la nomination de l'évêque de Bath, de sir Hugh Pawlet et autres, pour s'enquérir des places vides autour du monastère de Glastonbury propres à l'installation des étrangers non encore pourvus ; le 29 novembre une lettre du Conseil charge les susnommés de pourvoir à l'établissement de trente-six chefs de famille étrangers, avec pâturages pour deux vaches à chacun d'eux. Enfin, en décembre, la pleine naturalisation est conférée à Valerand Poullain, sujet né de l'Empereur, avec une clause dans le même acte pour la préparation de lettres patentes semblables en faveur de soixante-neuf autres personnes y mentionnées.

[1] Le titre de superintendant conféré à V. Poullain l'a fait considérer à tort par Haag comme ayant eu sur les Églises du Refuge en Angleterre la même autorité qu'a Lasco. Il n'a été superintendant que de Glastonbury (*superintendam peregrinorum Ecclesiæ Glascon;* ainsi qu'il signe); si ce titre lui a été attribué malgré le peu d'importance de la communauté, il faut y voir la désignation de conducteur du troupeau nécessitée par l'égalité entre les anciens, et de plus, selon Strype, une marque d'indépendance vis-à-vis du pouvoir épiscopal anglican.

[2] Lettre de François de Bréda à Calvin, 11 cal. fév. 1552.

Le superintendant ou pasteur, car il unit constamment les deux termes, dressa sa petite église, non sur le modèle des congrégations de Londres, mais sur celui de Strasbourg dont il avait soumis la Liturgie, l'année précédente, au roi et à ses conseillers, dans une version latine. Il la réimprimait à son usage, cette fois en français en son entier, plus complète même que dans l'édition strasbourgeoise originale, et y ajoutait quelques développements personnels et emprunts à la Discipline d'a Lasco[1].

Liturgie de Glastonbury. Les deux versions, la latine de 1551 et la française de 1552, renferment le Service du dimanche[2], les Liturgies de la Sainte-

---

[1] *Ordre des prières et ministère ecclésiastique avec la forme de pénitence publique et certaines prières de l'Eglise de Londres et la Confession de Foy en l'église de Glastonbury en Somerset.* — A Londres 1552. Luc XXI. Veillez et priez en tout temps afin que vous puissiez éviter toutes les choses qui sont à advenir et assister devant le Filz de l'homme. — 100 pages, dont 14 de préface : « A l'Église de Jésus-Christ catholique, V. Poullain, salut. » Nous n'en connaissons qu'un exemplaire, appartenant à M. le pasteur Ch. Frossard, à Paris.

Dans le service du dimanche se trouve la paraphrase de l'oraison dominicale qui suit la prière après le sermon et que l'édition de Strasbourg reproduite par M. Douen (*Clément Marot et le Psautier huguenot*) ne fait que mentionner. V. Poullain indique des modifications par ces mots de sa préface : « S'il y a quelqu'un qui s'offense de voir icy peut estre quelque chose autrement décrite qu'il n'est observé en d'autres Églises réformées; cestuy-la scache que la Foy de l'Église n'est point violée par diversité de cérémonies, supposé qu'elles ne soient telles qu'elles engendrent superstitions ».

[2] *Lève le cœur*, entonne d'abord le choriste, puis le peuple chante la première table du Décalogue; le pasteur debout devant la table de communion prononce l'invocation, la Confession des Péchés (celle encore en usage aujourd'hui dans les églises réformées), l'absolution « à tous croyants et pénitents au nom du Père, du Fils et du Saint-Esprit », le peuple restant à genoux. Après le chant de la seconde table du Décalogue et une courte prière, le pasteur monte en chaire, prend son texte dans le Nouveau Testament à la suite du dernier expliqué, et prêche pendant une heure. Les publications sont suivies d'une quête dans les rangs. Vient alors la longue prière d'intercession pour tous les pouvoirs, les églises, les besoins des fidèles, terminée par une paraphrase de l'Oraison dominicale (paraphrase dont la lecture reste facultative), le Symbole, un dernier psaume et la bénédiction.

Cène, du Baptême et du Mariage, copiées littéralement du formulaire strasbourgeois : elles contiennent de plus, toutes deux, l'indication des services de l'après-midi et du soir, de celui des jours de semaine, de la visite aux malades, de leur participation à la Communion et la Liturgie de la Pénitence, qui proviennent également de Strasbourg, sans toutefois figurer dans son formulaire imprimé ; mais l'édition française pour Glastonbury entre dans des développements sur ces services secondaires et met à même d'en constater le nombre et la variété.

« Après le disner, à une heure, tous les Dimanches l'Église s'assemble pour le Catéchisme, assavoir ou que les petitz et rudes sont instruictz en la Foy. Premièrement l'on chante un des octonnaires du Psalme 119 et puis l'on interroge les petitz selon leur degré qui sont ainsi assiz en leurs rangs. Les ungs récitent l'Oraison, les autres le Symbole, les autres le Décalogue et les derniers récitent ce qu'ils ont apprins par toute la sepmaine hors la confession de la Foy, que tous sont tenuz de scavoir par cœur, aussi bien les grans que les petitz. Le ministre en expose par chascun Dimanche quelque partie autant que les petitz en pourront apprendre au long de la sepmaine. Et puis invoque la grâce du Saint-Esprit sur ces enfans et faict fin.

« Le Catéchisme achevé, tantost vient le Prédicateur, et le Choriste commence le Psalme. Lequel estant tout chanté, le Prédicateur invoque Dieu, pour avoir son Saint-Esprit, et puis récite son texte du Nouveau Testament, suyvant au livre qu'il a commencé à exposer. Et puis il faict sur ce quelque exposition, admonition et exhortation, et à la fin conclud par quelque prière à sa discrétion, ou il use de ceste ici : « Seigneur Dieu, qui est grand et redoutable, gardant aliance et bénignité à ceulx qui t'aiment [1]... »

De même qu'à Strasbourg, « au long de la sepmaine par chascun jour y a sermon du matin à heure ordinaire, auquel est chanté le Psalme suyvant en ordre. Et puis le ministre récite

---

[1] Cette prière, empruntée en partie au ch. XI de Daniel, manque dans la Liturgia vespertina de l'édition latine, ce qui porte à l'attribuer à V. Poullain pour l'usage spécial de son église de Glastonbury.

quelque texte du Vieux-Testament, et puis après les prières faictes à sa discrétion, le bénit et laisse aller le peuple. »

Le service de Pénitence avait lieu toutes les semaines, à Strasbourg le mardi, à Glastonbury le jeudi [1]. Comme à Strasbourg, au malade demandant à faire la Cène on accordait cette consolation : « le jour mesme que toute l'Église la faict doibt estre envoyé le diacre avec aucuns fidèles de l'assemblée pour communiquer à la Cène avec le malade. »

Pour les sépultures, Strasbourg n'avait point encore répudié l'élément religieux, si regrettablement proscrit plus tard par le rigorisme calviniste; le pasteur accompagnait le corps, parlait du défunt et exhortait les assistants : Poullain, à l'exemple d'a Lasco, développe l'argument de la prière finale [2].

Il est pourvu aux charges de l'Église, comme à Strasbourg, au moyen du suffrage universel dirigé par les anciens : s'il s'agit du « superintendant ou pasteur » les anciens proposent deux ou plusieurs noms ; tous les hommes viennent donner au secrétaire (scribe) le nom choisi par eux ; la majorité l'emporte ; la ratification a lieu le dimanche suivant. La Liturgie française entre ici dans des détails qui ne se trouvent point dans la latine et sont peut-être particuliers à Glastonbury.

---

[1] « Il est bon d'avoir un jour ordonné toutes les sepmaines auquel spécialement ces choses soient remonstrées ». — Confession générale des dimanches, au lieu du Décalogue psaume, sermon et prière.

[2] « Il fait prière à Dieu rendant grâces qu'il a délivré le frère défunt de ceste misérable vie humaine, lui donnant de mourir en vraie foy. Et prie pour toute l'assemblée qu'il leur face aussi à tous ceste grace que la mémoire de la mort soit tellement imprimée en leurs cœurs qu'ils vivent doresnavant comme s'ils étoient tousjours en l'article de la mort. Et quand l'heure sera venue, qu'il les fortifie par sa grâce et par son Saint-Esprit, afin qu'ayant surmonté les tentations du monde, du diable et de la chair, ils puissent départir en vraie Foy, pour estre avec leur Sauveur et Rédempteur. Finalement que le Seigneur face à tous ceste grace qu'au dernier jour, ressuscitans en leur propre chair, ils soient faicts participans de la bienheureuse Immortalité au règne de Jésus-Christ ».

Le candidat s'agenouille pendant une première prière ; un des anciens demande à l'Église au nom de ses collègues « si elle approuve et consent l'élection. L'Église se taisant, lors est interrogé l'esleu s'il n'a usé de nulles pratiques pour parvenir à ce ministère ? s'il croid ceste élection estre un témoignage qu'il est à ce appelé de Dieu ? s'il est prest de servir l'Église en ce ministère selon les admonitions qu'il en a ouies et entend assez par la parole de Dieu ? Chaque fois il répond selon sa conscience : ouy. Lors tous les anciens mettans leurs mains sur la teste de l'esleu, font prière à Dieu qu'il lui envoie son Saint-Esprit afin qu'il peust fidèlement servir en ce ministère, à la gloire de son nom et édification de son Église. Lors on chante un Psalme d'actions de grâces. »

« Les anciens, » disent les deux versions, « sont adjoutés au superintendant ou pasteur pour lui assister au gouvernement de l'Église entièrement, » et V. Poullain exprime de plus, dans la française, le vœu qu'ils soient « si possible idoines aussi à prescher, afin que le dict superintendant ou pasteur défaillant, l'un des anciens peut entrer en son lieu. Et doibvent estre en nombre douze ». Le mode d'élection pour eux et les diacres est le même, les questions posées sont presque similaires à celles aux pasteurs. L'imposition des mains est conférée par tous les anciens, le superintendant prononçant la formule. « Les anciens sont perpétuels pour toute leur vie ; les diacres élus pour un an. Il y a un autre diacre que le superintendant ou pasteur peut choisir par soy-mesme, moyennant qu'il soit sans reproche et cetuy-ci sert en l'administration des Sacremens, et aussi de prescher les dimanches après le disner et les autres jours en l'absence du superintendant ou pasteur. » Ce dernier se réunit tous les dimanches en conseil avec tous les anciens : il n'est pas fait mention de Censures.

La Liturgie française renferme encore une belle prière sans

désignation spéciale[1] et s'approprie le formulaire de la Pénitence publique, excommunication et réconciliation « par M. Jean a Lasco, superintendant des Églises Estrangères à Londres. »

L'église de Glastonbury, n'était point destinée, dans la pensée de son conducteur, à en devenir une de multitude. Avant d'y être admis, il était indispensable d'en savoir par cœur la Confession de foi : les postulants, hommes et femmes, se présentent au culte du dimanche, après le sermon, devant le superintendant et les anciens, et chacun récite à son tour, dans son entier, cette longue confession ; le superintendant leur pose alors quelques questions, demande aux anciens s'ils se contentent des réponses données,

« et après à toute l'Église, afin que si quelqu'un avoit plus grande cognoissance des dictz confessans il les interroge selon qu'il seroit besoing, tant pour la pureté de la Religion et saincte doctrine ou opinion : comme aussi pour l'intégrité de la vie; afin que (si) par trop légèrement recevait-on chacun sans examination, l'Église ne se trouve puis après en quelques scandales. Après que tous en l'Église sont contentez, lors les confessans se jettent à genoux et le Superintendant ou Pasteur fait prière à Dieu. Alors les noms des confessans sont escripts au libvre de l'Église. Car nul n'est aucunement renommé de l'Église, ni admis à nuls sacremens (non point pour obtenir le baptesme pour son enfant ou se présenter pour autre comme parrain ou marraine) s'il n'a faict ceste Confession de Foy. Aussi ne bénéit-on nul mariage, sinon de ceulx qui sont ainsi receuz en l'Église, pour ce que l'Église ne se doibt en rien empescher de ceux qui sont de dehors. »

La Confession de Foy en l'Église des estrangers à Glastonbury laquelle tous sont tenus d'apprendre et réciter publiquement devant toute l'Église, tant hommes que femmes, avant qu'ils puissent estre admis à nuls sacremens ny comptez membres de l'Église (23 pages), commence par le Symbole et se divise en quatre parties : de

---

[1] « Nostre Dieu et père très miséricordieux, tu nous as dès le commencement élus et adoptés tes enfans et héritiers, etc. ».

Dieu le Père, de Dieu le Fils, du Saint-Esprit, de l'Église[1]. Elle se termine par la renonciation expresse « à toutes hérésies contraires à la Parole de Dieu, nommément celle des Anabaptistes », et par le Décalogue.

Le 23 mai 1553 le pasteur sollicitait de Calvin la faveur d'une lettre adressée à son petit troupeau ; cette preuve d'intérêt réjouirait tous ces gens de bien[2]. La communauté naissante ne vécut pas assez longtemps pour la recevoir.

Le 6 juillet Édouard VI, « ce nouveau Josias » comme les Réfugiés se plaisaient à l'appeler,

Mort d'Édouard VI.

« Petite fleur d'espérance admirable[3], »

succombait à un mal mystérieux où plusieurs d'entre eux crurent reconnaître le poison de leurs adversaires.

Tout était remis en question. Bientôt, par l'avènement de Marie, tout sembla à jamais perdu. Calvin qui avait attendu comme a Lasco de la prochaine majorité du roi l'achèvement de la Réforme de l'Église anglicane, unissait sa douleur à son inquié-

---

[1] « I. De Dieu le père ; Quand au premier il faut savoir que nous ne cognoissons et ne pouvons connoistre Dieu ; Dieu qu'est-ce ? La Trinité ; Père ; Prédestination ; Vocation ; Régénération ; Tout-puissant ; Créateur du ciel, etc.; Providence ; Idolâtrie ; Création de l'homme ; Image de Dieu ; Péché, concupiscence ; Mort ; Péché originel ; Franc arbitre ; Image du Diable en l'homme ; Un chascun naît enfant d'Ire et est damné pour son propre péché, non pas par imputation ou imitation du péché d'Adam seulement : Rédemption.

II. Dieu le Fils ; le Fils est aussi vray Dieu ; le Fils est homme ; Jésus-Christ vrai Dieu et vrai homme ; Jésus-Christ la nouvelle créature, quant à son humanité sans péché ; pourquoi Jésus-Christ est subject à la mort.

III. Du Saint-Esprit ; l'effet du Saint-Esprit ès esleus.

IV. De l'Église ; Sacrement ; Baptême ; la Cène et l'Excommunication ; Trois marques de l'Église ; Ministres ecclésiastiques ; Ministres civils. »

[2] « Etenim ecclesiola ista in magna patientia retinet hactenus fidem et timorem Christi constantissime : quo magis grata erit aliqua abs te epistola quem omnes uti apostolum Christi merito venerantur » *Corr. Calv.*

[3] Dédicace au roi Édouard VI du *Livre de Job, traduit en poésie françoise selon la vérité Hébraïque,* par *A. Du Plessis, Parisien.* Genève 1552.

tude [1], et Bullinger, tout à ses craintes pour les confesseurs menacés, s'écriait avec angoisses et prières : « *Ubi vero est Martyr noster? ubi Cranmerus Cantuariensis? ubi innumeri alii viri boni? Domine miserere illorum! Non facile dixero quant opere haec cor meum torqueant.* » Il évalue le nombre des membres de l'Église des Réfugiés à environ quinze mille.

Marie.
1553—1558.

Comme l'écrivait de sa prison à Calvin quatre jours plus tard le fidèle Hooper, en demandant les prières des Églises pour soutenir les confesseurs jusqu'à la mort qu'il prévoyait, au décès d'Édouard VI succédait « une effroyable accumulation de calamités, et devant le rétablissement des autels et des messes, les conducteurs des troupeaux et tous ceux qui prêchaient Christ purement, s'attendaient aux dernières extrémités. » On ne tarda pas à s'y porter contre les nationaux ; les étrangers eurent l'autorisation de partir.

Dissolution
et exode
des Églises
du Refuge.

La Corporation politique des Réfugiés de Londres fut dissoute, avec retour à l'État du Temple d'Austin Friars. A cette heure de crise a Lasco convoqua chez lui dans Bow Lane les anciens et les diacres, et cette réunion plénière décida l'exode immédiat d'une partie du troupeau à la recherche d'un nouvel asile.

Le 17 septembre, le surlendemain de l'emprisonnement de leur protecteur Cranmer qu'avait précédé la veille celui de leur avocat le vénérable Latimer, cent soixante-quinze émigrants, en majorité flamands, quelques-uns anglais et écossais, s'embarquaient sur deux navires danois, avec les pasteurs Micronius

---

[1] « Itaque jam lugemus non secus ac mortuum : vel potius lugemus ecclesiæ vicem, quæ in uno capite inæstimabilem jacturam fecit. Nunc quorsum res turbatæ inclinent anxie exspectatione suspensi sumus ». A Bullinger 4 août 1553. — La réponse de Bullinger est du 30 août.

et Vauville, sous la conduite d'a Lasco et d'Utenhove. Les membres restants, hommes et femmes, les escortèrent jusqu'à Gravesend[1]; montant sur la falaise ils suivirent des yeux les deux voiles, les accompagnant encore à travers les flots par le chant du psaume favori d'a Lasco, le deuxième, et terminant par la prière et la collecte pour les pauvres ce culte du désert qui déjà annonçait la persécution imminente.

Gaultier Delæne, son fils Pierre, et Pérussel étaient demeurés, pendant quelques mois, ainsi que V. Poullain, qui assista en octobre 1553 aux Disputes sur la Cène de l'assemblée du Clergé à Westminster qu'il a racontées[2], ils cherchèrent à maintenir et à édifier leurs troupeaux, à subvenir même, pour leur humble part, aux besoins spirituels de leurs frères anglais en détresse. Mais chaque jour aggravait la situation. Il s'est conservé un double et très émouvant témoignage de leur courage chrétien comme de leurs difficultés croissantes. En février 1554 le ministre flamand Pierre Delæne rend compte à J. a Lasco des périls qui les environnent, et lui demande avec ses conseils, l'autorisation, au lieu d'aller rejoindre les brebis errantes dont il fut un des pasteurs, de rester encore parmi ces quelques débris et de servir à consoler et à édifier quand même les malheureux Anglais: « la moisson est si grande, les ouvriers si peu nombreux et si rares, l'avidité d'entendre la parole si merveilleuse parmi le peuple auquel il est doux de donner sa vie. »[3]

---

[1] *Simplex et fidelis narratio de instituta ac demum dissipata Belgarum aliorumque peregrinorum in Anglia ecclesia . . . per Johannem Utenhovium Gandavum.* Bâle 1560, in 8°. En allemand: *Kurtzer, einfeltiger und wahrhafter Bericht.* . Herborn 1603.

[2] *Vera expositio disputationis Londinensis.* Franfort s. M. 1554, réimprimée dans Gerdesius, *Scrinium antiquarium.*

[3] «...Quippe quem ægre satis vitam hactenus tratamus in summis istis fluctibus navem apostolicam jactantibus. Manemus dum in Capernaum ad cœlum usque quondam elevato, nunc autem ad inferos usque depresso, sed

Sur le dos d'une lettre de Foxe, le futur historien des Martyrs, exhortant Delæne à persévérer sans crainte, puisqu'il ne s'agit en somme que de triompher de la chair et du sang, le pasteur a consigné et pesé les raisons qui militent pour et contre cette résolution. Il cherche avec angoisse où est le devoir, et, porté visiblement à le placer dans l'héroïque persistance, il ne se dissimule pas que bientôt peut-être il deviendra matériellement impossible de lui obéir [1].

manemus non sine singulari Dei erga nos cura, benevolentia et custodia longe miraculosissima; ecce pilum unum non amisimus, et tamen tot ferme hostes quod capilli, tot ubique Judæ Iscariotes, falsi fratres pseudo-evangelici, tot Diaboli ad nos capiendos astutiæ, tantus Antichristorum numerus, et tamen tuti hactenus. O miraculosam Dei erga nos tutelam... Vere Dominus Jesus Davidis clavem habet, claudit et nemo aperit, Rursum aperit et nemo claudit. Gaudemus in extremis vitæ nostræ periculis per Dom. nost. J. C. Summa nobis in verbo Domini libertas citra ullum personarum respectum. Loquimur ex Sucoth Mahanaijm, quoniam angelorum tentoria fixit circa nos Dominus Deus noster. Pacifica magis mens nostra, quam abhinc anno, clauso ministerii ostio, nobis, qui invito animo cum summis cordis doloribus, suspiriis et gemitibus acquiescebamus. Væ ministro non Evangelizanti... Hinc sciremus quid nobis deinceps faciendem esset. Manendum ne an trajiciendum, ex cognito Ecclesiæ nostræ statu, vestroque consilio. Utrum magis utile et necessarium gloriam Dei et piorum utilitatem. Quanquam manere adhuc magis videtur utile et necessarium, apud fratres Anglos, cum iis tam copiosa populi messe, tanta sit operariorum paucitas, et raritas, et mire audiendi verbi aviditas in populo, cui animam impendere dulce est. Vestra igitur pace humanissimi fratres, permittar adesse mæstis fratribus Anglis aliquamdiu, cum vitæ meæ periculo, ut etiam hic hærere per vos permissus sum... etc. » Datée « Ex ingrata Hierusalem, aut, si placet, Capernaum quondam ». *Eccl. Lond. Bat. Arch.* II, 15.

[1] « Circa trajectionem meam, mansionem (ve in deli) berationem cadunt, circa duos fines gloriam Dei et Ecclesia ædificationem, officii que dispensationem, et conscientiæ meæ liberationem, coram Domino meo et Ecclesia.

« 1. Utile ne sit manere, annon, necessarium in gloriam Dei et proximorum utilitatem, an inutile non necessarium, inutilem... 7. Si Dei voluntas ut maneam, totum negocium quantumvis periculosum suscipiendum, nostraque vita divinæ providentiæ committenda, non consideranda aut spectanda aut imitanda amicorum, parentum, fratrum, aut propria carnis voluntas, quæ privatam nostri curam potius quam Dei gloriam et fratrum salutem spectat. Sin alterum placeat Deo. Ejus oportet fiat sacrosancta voluntas.» *Ibid.*

Il ne se trompait pas. Après les fiançailles de la reine avec Philippe II, en mars 1554, le départ dans les vingt-quatre jours fut obligatoire pour tous les Réfugiés non pourvus de lettres de petite naturalisation [1].

C'est à Wesel et à Francfort qu'ils transportèrent une partie

---

[1] « La Reine notre souveraine Dame, ayant appris qu'une multitude de personnes mal disposées, nées hors des états de Son Altesse, en d'autres diverses nations, se dérobant à l'obéissance des princes et gouverneurs sous lesquels elles sont nées (quelques-unes pour hérésie, quelques-unes pour meurtre, trahison, vol, et quelques-unes pour d'autres horribles crimes), se sont rendues dans ce royaume de Sa Majesté et ont fait ici leur demeure et y habitent et y traînent encore, en partie pour éviter la juste punition que méritent leurs susdits horribles crimes, en partie pour étendre, planter et semer les graines de leur doctrine malicieuse et commerce dépravé parmi les bons sujets de son susdit royaume, exprès pour en infecter ses bons sujets ; d'autant plus qu'outre d'innombrables hérésies que divers d'entre elles, étant hérétiques, ont prêché et enseigné dans ce susdit royaume de Son Altesse, il est assurément connu de Sa Majesté que, non seulement leurs secrètes menées n'ont pas manqué d'exciter, encourager et aider plusieurs des sujets de Sa Majesté à cette rébellion des plus dénaturées envers Dieu et sa Grâce, mais aussi que quelques autres d'entre elles n'ont pas cessé encore d'agir auprès de son peuple pour l'amener à une révolte immédiate : Sa Majesté en conséquence, en ayant (comme il est dit ci-devant) connaissance et intelligence, a, pour y remédier, résolu, charge et commande on ne peut plus strictement, que chacune et toutes telles personnes nées hors des domaines de Son Altesse, présentement domiciliées ou résidentes en ce royaume, de quelque nation ou contrée qu'elles soient, étant prédicateur, imprimeur, libraire ou autre artisan, ou de quelque autre profession que ce soit, n'étant pas « *denizen* » ou marchand connu exerçant le commerce de marchandises, ou serviteurs à tels ambassadeurs qui sont ici vassaux des princes et états alliés de sa Grâce, aient dans les vingt-quatre jours de cette proclamation, à vider le royaume, sous peine de la plus grièye punition par l'emprisonnement, la forfaiture et la confiscation de tous leurs biens et effets mobiliers, et aussi d'être livrées à leurs naturels princes ou gouverneurs contre les personnes ou les lois desquels elles ont transgressé ». *History of the acts and monuments of the church*, par Foxe, qui se trompe cependant en attribuant à cette proclamation le départ d'a Lasco antérieur de six mois. Pierre Delænne arrivait à Hambourg le 23 mars ; il devait retourner à Londres sous Élisabeth et y terminer sa carrière pastorale, mourant de la peste en sept. 1563. *Actes du Consistoire.*

de leurs congrégations; celle de Glastonbury paraît avoir en entier accompagné son pasteur [1].

Les plus exposés des protestants étrangers furent les savants appelés par Cranmer à l'avènement d'Édouard VI, et que Marie eût voulu punir d'avoir coopéré à la réformation de l'Angleterre, en les faisant monter sur le bûcher de Cambridge, où l'on jetait leurs écrits et réduisait en cendres les cadavres de Bucer et de Fagius [2]. Respectant néanmoins les sauf-conduits de son frère, la reine laissait repartir Alexandre, Ochino, Trémellius, Martyr Vermigli, qui resta avec Cranmer jusqu'à son incarcération et comparait sa délivrance à celle de son homonyme, l'apôtre Pierre [3]. Accueillis dans les villes protestantes du continent avec un joyeux empressement, ils y éveillaient de fraternelles sympathies en faveur des réfugiés anglais. Tandis que Marie s'efforçait d'effacer toute trace de la Réforme dans son royaume, ses propres sujets fugitifs fondaient à Emden, Duisbourg, Wesel, Francfort, Strasbourg, Bâle, Argovie et Genève de petites communautés transitoires; ils s'affermissaient et s'éclairaient dans la foi évangélique par un commerce personnel et journalier avec les Réformateurs, et contractaient envers les persécutés pour le Christ des dettes de reconnaissance que les Grindal, les Jewel,

---

[1] Poullain fonde en 1554 l'église française de Francfort, il obtient l'autorisation du Conseil le 18 mars, inaugure le culte le 19 avril 1554, et y meurt en 1558. Dr. Th. Schott, *Frankfurt als Herberge. Ver. f. Ref. Geschichte.* Pérussel ministre à Wesel 1554, à Francfort 1556, à Meaux 1561, devient après le Coll. de Poissy, auquel il participe, aumônier de Condé. Pierre du Val, premier ministre de l'église française d'Emden 1554, y meurt 1558. — En 1554, arrivée à Genève de Guillaume Bordier, de Chanteau et sa femme Perrette Arrault, venant de Londres où ils s'étaient réfugiés en 1551 et où il avait reçu droit de bourgeoisie. *France prot.* 2e éd.

[2] (Hubertus, Cur.). *Historia vera de vita, obitu, sepultura, accusatione hæreseos, condemnatione, exhumatione, combustione, restitutione Martini Buceri et Pauli Fagii quæ intra annos XII in Angliæ regno accidit. Idem historia Catharinæ Vermigliæ exhumatæ.* Argent. 1561, in-12.

[3] Lettres de P. Martyr Vermigli à Calvin, 3 nov. 1553.

les Horne, les Sandys eurent garde d'oublier dans des temps plus heureux[1].

A Londres, un assez grand nombre de commerçants et artisans naturalisés, plutôt que de s'expatrier à nouveau, renoncèrent au culte public, ou même (voir leurs actes postérieurs de repentance) se résignèrent à suivre dans leurs paroisses respectives les offices catholiques désormais universellement rétablis. Et pourtant, c'est dans ces jours de deuil qu'une admirable parole de relèvement et d'espérance vint leur prouver que leurs frères expulsés ne les oubliaient point. En sa retraite d'Emden, où, à son tour, il acceptait l'honneur et la responsabilité du ministère sacré, Pierre du Val avait entendu l'ordre de l'apôtre : « Consolez ceux qui sont de petit courage. Soulagez les faibles et soyez patients envers tous », et il leur envoyait, soit déjà imprimé, soit plus probablement en manuscrit pour être mis sous presse à Londres même, le *Petit Dialogue d'un consolateur consolant l'Église en ses afflictions*[2].

Le Consolateur.

---

[1] Ainsi que le dit Strype : « Their pastors advised them to fly that hereafter when the times grew better in England there might be a seminary of pious ministers, scholars and other good men and women to furnish the nation again after the destruction of so many. Some took this occasion to travel about from place to place and see towns and cities, especially those that were reformed, for their better inquiry into the doctrines of their learned men ». C'est ainsi que Lever, un des futurs organisateurs de la résistance puritaine, se loue de ses rapports avec Bullinger et Calvin. Strype donne les noms et les lieux de résidence de la plupart des réfugiés anglais de distinction (*Memorials ecclesiastical*, Mary. ch. 18 et 31, et *Cranmer's Memorials*). Burnet évalue leur nombre à plus de mille « qui passèrent la mer en la compagnie et comme domestiques des François protestans que l'on renvoya ». Parmi eux Knox et Walsingham. Voir aussi les lettres de Calvin et de Pierre Martyr aux Anglais réfugiés à Zurich 1554, l'étude de M. Heyer sur la colonie anglaise établie à Genève : *Mémoires de la Société d'histoire et d'archéologie de Genève*, IX, 337, et le compte rendu de Grindal à Ridley captif : « Plusieurs d'entre nous restent à Argovie et y reçoivent les leçons de maître Martyr ». *Zurich Letters*.

[2] *Tiré du Psaume CXXIX*, par Pierre du Val, avec deux épigraphes : 1 Thess. V; 2 Thess. II, 1555, in-12, s. l., 36 feuilles; reproduit par le comte Delaborde, d'après un des seuls exemplaires connus, dans le *Bull. du Prot.* XIX, XX. Voir à l'Appendice l'exorde.

Considéré à bon droit, comme « un des fruits les plus exquis de la littérature réformée », cette réponse s'adresse à l'Église tout entière [1], mais c'est aux misérables restes de la congrégation française de Threadneedle street que Pierre du Val a songé tout d'abord [2]. Aussi leur émotion fut-elle profonde. Ils retrouvaient dans les gémissements et les interrogations de « l'Église » leurs doutes, leurs désespérances, leurs douloureuses surprises du succès des méchants : mais la parole du « Consolateur », unissant à une grâce toute mystique les fortifiantes assurances des prophètes, des apôtres et du Rédempteur, leur persuadait qu'il fallait « déplorer moins leurs afflictions propres que l'impiété de leurs adversaires », que « la délivrance était proche et que le Seigneur ne retardait pas sa promesse ». Ce bienfait de l'espoir reconquis, ils ne surent point le garder pour eux seuls. Alors

[1] « Voy-tu point que journellement je suis envyronnée de bestes cruelles, qui ne cerchent sinon à me dévorer. On donne les corps morts des miens pour viande aux oyseaux du ciel, et la chair de mes débonnaires aux bestes de la terre ; on respand le sang d'iceux comme eau ; ils sont faits opprobres à leurs voisins et en mocquerie et dérision à ceux qui sont entour d'eux.. Regarde la France, l'Italie, l'Espagne, la Flandre et maintenant l'Angleterre, et tous tels pays, si tu ne verras pas les prisons pleines des miens, les cendres des autres voller par l'air, le sang des uns estre foulé aux pieds ; l'un en sa maison tremblant attend une justice injuste ; l'autre tout triste s'enfuyant, laisse femme et enfans ; les uns dessaisis de leurs biens, sont comme esclaves en terres estranges ; les autres en pleurs et douleurs meurent par les voyes, privées de sépulture honneste ; et encore demandes-tu que j'ay ? N'est-ce point là cause suffisante de me plaindre ? »

[2] « Je te proposeroye des exemples assez du temps passé, si nous n'en avions des présentes toutes prestes devant nos yeux. Qui est maintenant le fidèle qui ne souspire quand on luy met audevant ce misérable royaume d'Angleterre ? Qui est le cerveau si dur, qui n'en respande quelque larme, considérant un pays tant florissant, un roy tant bien instruict, des églises tant bien réduictes, avoir eu si soubdaine cheute, une ruyne tant précipitée et un renversement si hastif ? Fut-il oncques tragédie tant terrique, horreur plus horrible et jugement plus admirable ? Veoir le sainct service de Dieu, sa divine parolle foulée, mesprisée et totalement corrompue, le service des ydolles dressé et eslevé. Que peuvent dire à cette heure, ou s'ilz ne le dient, ilz le pensent, aucuns malheureux desvoyez.... »

que la persécution redoublait ses fureurs, que la reine interdisait l'entrée de ses États à tous ouvrages hérétiques d'outre mer, au sein même de sa capitale on traduisait en anglais, on publiait, on répandait le Dialogue du Consolateur [1] : on répétait, à quelques pas des bûchers, « qu'il faut prier pour le tyran, non pour sa tyrannie, ains plustost pour sa conversion », qu'il « ne reste rien à ceux qui respandent le sang innocent fors malédiction, que les entreprises des meschants sont vaines et prochaines de confusion ».

Pourtant à Londres la position des Français devenait critique.

Le 7 juin 1557, malgré les réserves formelles de son contrat de mariage, Marie Tudor avait uni les forces de l'Angleterre à celles de l'Espagne et déclaré la guerre à Henri II. Quand elle eut perdu Calais, l'excès de ses ressentiments la porta à se venger sur tous les Français, même sur ceux qui avaient depuis longtemps renoncé à leur patrie et se regardaient comme sujets de la reine, protégés par les lois de l'Angleterre.

Le 10 février 1558 on soumettait à la Chambre des Communes un Bill pour « rendre nulles des lettres-patentes de Dénization données à des Français » [2] ; le 14, un second Bill, amendement du premier, pour expulser du royaume les « Français naturalisés et autres Français » [3] ; le 15, un troisième, pour imposer aux Français admis à résidence une contribution annuelle pour les fortifications de Melcombe Regis et autres lieux.

Mesures parlementaires contre les Français.

---

[1] *A litell Dialogue of the Consolator, confortynge the churche in hyr Afflictions, taken out of the 129 Psalme. Composed in French by M. Peter du Val, and translated in Englysche by Robert Pownall. Mens Julii 14, 1556, in-16.*

[2] « *To make void Letters Patent made to Frenchmen to be denizens* ».

[3] « *To expulse French denizens and other french Persons out of the Realme* ».

I

Le second Bill fut rejeté le 18 février par 111 voix contre 106.

Le premier, au contraire, discuté dans les séances des 15, 17, 19, 21, 24 et 25 février, fut adopté avec attribution « à la discrétion de la Majesté de la Reine » des annulations de toutes les lettres-patentes de dénization accordées à des étrangers, nés sujets du roi de France, depuis la 32e année de Henri VIII (1542). Le 26 février il était envoyé, avec le troisième, à la sanction des Lords. Lu une première fois sur l'heure [1], renvoyé à la seconde lecture du 28 au procureur général, il était adopté avec amendements le 1er mars et retourné aux Communes, d'où il revenait approuvé le 3 [2]. Le bill pour les contributions, adressé également aux Communes après les trois lectures, fut cette fois repoussé par elles [3]. Ce même jour, la session était renvoyée à huit mois.

La maladie de la reine émoussa bientôt, et sa mort ne tarda pas à briser l'arme que lui avait accordée son Parlement.

---

[1] Sous le titre : *Bill to repeal divers Letters Patent of Denizens made to divers Persons born under the obeisance of the French king.*

[2] Enregistré au nombre des actes passés dans la session comme *Act to enquire of the behaviour of the French being denizens*, Enquête sur la conduite des Français ; l'enquête introduite sans doute par les Lords dans le but de réduire l'extension de l'acte.

[3] *Lords and Commons Journals.* Strype mentionne le fait sans détails, *Memorials.*

Maitland, *The history of London* (1754 in-fol.), assure que vers 1555-1556 le Maire et le Conseil de la Cité, vu la misère infligée aux ouvriers nationaux par l'emploi des ouvriers étrangers, interdirent à tout citoyen d'occuper aucun de ces derniers, sous peine d'une amende de 5 L. S. par chaque infraction ou de la prison à défaut de paiement; sauf pour les « feutriers, garnisseurs de bonnets, cardeurs, filateurs, tricoteurs et brasseurs ». Cette énumération indiquerait les métiers dans lesquels les Anglais avaient encore besoin de se perfectionner. Ni Strype ni Stow ne mentionnent cet ordre que les exclusions plus absolues des années suivantes devaient en tout cas rendre superflu.

CHAPITRES III à VII

ÉLISABETH

1558—1603.

CHAPITRE III

L'ÉGLISE DE NICOLAS DES GALLARS.

La mort de Marie, 17 novembre 1558, et l'avènement d'Élisabeth donnèrent aux Anglais expatriés le signal du retour[1]. Il trouvèrent, selon les paroles de Grindal à ses hôtes de Strasbourg, « une église misérablement déchirée et à laquelle il restait à peine le souffle[2]. » *Retards dans le retour au Protestantisme.*

A leurs demandes du rétablissement du protestantisme on répondit par la nécessité de ne rien changer jusqu'à la conclusion de la paix avec l'Espagne et la France[3]. Les correspondances reproduites dans les *Zurich Letters*, en témoignant de l'affectueuse gratitude des réfugiés anglais pour leurs amis de Strasbourg, de Genève et de Suisse, font entrevoir les difficultés de cette restauration de l'Église anglicane. Tandis que les exilés rapportaient de

---

[1] Ceux d'Argovie s'ébranlèrent en janv. 1559, ceux de Genève mai 1560.
[2] Lettre de Grindal à Conrad Hubert, 23 mai 1559.
[3] La proclamation du 27 déc. 1558 défend tout sermon, n'autorisant jusqu'à nouvel ordre que la lecture en anglais des Évangiles, des Épîtres et des dix Commandements. « La Reine a interdit à toute personne, papiste ou évangélique, de prêcher au peuple », 26 janv. Jewel à P. Martyr. — En 1559 le Français Jean Véron prêche dans les premiers à St Pauls Cross. Sur lui et sur ses œuvres voir *Appendice* VIII.

I

leur contact avec les protestants de l'étranger des tendances réformatrices plus accentuées, qu'une partie d'entre eux s'étaient même habitués à la liturgie de Genève traduite en anglais, la reine, au contraire, semblait désireuse de revenir sur quelques-unes des suppressions d'Édouard VI : poursuivant le rêve d'une réunion volontaire de tous ses sujets dans un même culte, elle cherchait plus à concilier les catholiques en retenant autant que possible des formes du passé, qu'à se rendre aux désirs des réformés à qui ces formes paraissaient incompatibles avec la pureté de l'Évangile et les traditions apostoliques. La question des « vêtements » renaissait avec un redoublement d'acuité ; leur maintien allait priver l'Église de plusieurs de ses ministres les plus distingués dont la conscience repoussait des emblêmes auxquels la Papauté attribuait une valeur sacerdotale. Loin de céder à leurs scrupules portés jusqu'au sein du Parlement et partagés par plusieurs des évêques les plus éclairés, la reine eût gardé volontiers non seulement les surplis, les bonnets carrés et les chapes — (Édouard VI avait supprimé celles-ci) — les abstinences et les veilles de fêtes, mais les images et les crucifix : elle n'avait pas renoncé à celui de sa chapelle privée et y conserva les cierges jusqu'en 1570[1]. Un instant il fut question d'adopter la Confession d'Augsbourg: le luthéranisme qui eût servi de lien avec les protestants d'Allemagne, retenait quelques-unes de ces formes extérieures qu'Élisabeth affectionnait. Bullinger poussait déjà un cri d'alarme: « Prenez garde, empêchez qu'on la reçoive, elle infectera de son levain toutes les églises. La Réformation d'Édouard VI satisfait les gens pieux [2]. »

Il avait envoyé ses félicitations à la reine, aussitôt son avène-

---

[1] Burnet, *Histoire de la Réformation*, livre II, an. 1559 — et avec plus de détails Neal, *History of the Puritans*, l. 1.

[2] Lettre à Utenhove. Lettre de plainte de Calvin à Cecil. — L. 3036 *Corr. Calv.*

ment, ainsi que la plupart des Réformateurs, trop empressés à lui adresser des conseils non demandés. Touchée jusqu'aux larmes par la missive de Bullinger ainsi que par celle de Pierre Martyr, dont elle eût accepté le retour et que Grindal, à l'exemple de Cranmer, sollicita vainement de revenir, la souveraine reçut plus que froidement la dédicace de Calvin de sa seconde édition des Commentaires sur Isaïe[1]. Calvin, disait-elle, avait pendant le séjour de Knox condamné le gouvernement des femmes, et Cecil ne parvint jamais à détruire cette impression première contre Genève, où elle sentait du reste une désapprobation de sa conception ecclésiastique et un appui pour des résistances qu'elle entendait briser. Jusqu'où devaient-elles aller, ces résistances? Les Réformateurs n'étaient pas d'accord eux-mêmes sur ce point. Unanimes à blâmer l'usage des « livrées de la papauté, » quelques-uns craignaient qu'un refus trop péremptoire ne fît descendre des sièges épiscopaux anglicans, ou empêchât d'y monter, les hommes dont l'expérience et les lumières étaient le plus indispensables à la cause de l'Évangile.

Après la signature de la paix de Câteau-Cambrésis le gouvernement s'était déclaré positivement contre Rome, supprimant derechef la messe, et rétablissant l'anglicanisme à partir de la Saint-Jean 1559, à peu près sur les bases de Cranmer. Il est vrai que dans la Liturgie présentée au Parlement et qui reçut force de loi par l'acte d'Uniformité du 28 avril [2], on avait effacé le passage « de la tyrannie de l'évêque de Rome et de toutes ses détestables énormités, délivrez-nous Seigneur! » et retranché

Actes d'Uniformité et de Suprématie.

---

[1] Peu d'années avant la mort d'Élisabeth, l'envoyé Hurault de Maisse rapporte ses paroles « que l'on disoit qu'elle n'avoit jamais leu que les livres de Calvin : elle me jura n'en avoir vu aucun, mais qu'elle avait vu les pères anciens ». *Mémoires mss.*

[2] *Act for the Uniformity of common Prayer and Service in the Church, and administration of the Sacraments.*

de même la déclaration explicite contre la transsubstantiation[1], rendant ainsi au bas clergé catholique la transition plus facile.

Le 29 avril le vote de *l'acte de Suprématie*[2] remettait à la Couronne la juridiction et le pouvoir ecclésiastiques, y compris celui de décréter des rites et des cérémonies et d'établir une Cour de hauts-commissaires avec puissance discrétionnaire pour assigner, interroger et juger en toutes causes spirituelles ou ecclésiastiques. Les cinquante-trois articles, ou *Injonctions*, publiés comme direction pour la Visitation générale du royaume, résument et précisent les prescriptions, réformes et observances de la constitution nouvelle.

Cette barrière opposée à la poursuite de la réformation intérieure de l'Église anglicane anéantissait les espérances persistantes des docteurs étrangers et de ces protestants anglais qui, voulant épurer leurs formes religieuses, commençaient à être désignés sous le nom de *Puritains*. Dans leur Visitation, les hauts-commissaires constataient que les membres du clergé, sauf deux cent quarante-trois (dont quatorze évêques et trois évêques élus) consentaient à conserver leurs places. Il s'en fallait cependant de beaucoup que la soumission fût entière. Lorsqu'on en vint graduellement à la stricte observation des règlements, les résistances, passives d'abord, s'accentuèrent, et quand le gou-

---

[1] « Qu'en s'agenouillant devant le sacrement on n'entendait pas adorer la présence corporelle du Christ ».

[2] *Act for restoring to the Crown the antient jurisdiction over the State Ecclesiastical and Spiritual; and for abolishing foreign power* ». C'est celui de Henri VIII avec des additions. La reine répondait par avance dans les Injonctions à cette objection « comment une personne laïque serait-elle chef d'un corps spirituel? » qu'elle ne prétendait pas au pouvoir d'administrer le service divin dans l'Église. Il n'en est pas moins vrai que toute la puissance ecclésiastique et civile résidait dans le monarque; les évêques nommés par lui n'exerçaient que par délégation. Il y a plus: la suprématie du souverain remettant entre ses mains les consciences de ses sujets, l'avènement au trône d'un prince catholique (Marie Stuart ou Jacques II) ne pouvait-elle pas entraîner légalement le retour à l'église de Rome ?

vernement et les évêques eurent recours, pour obtenir l'uniformité, aux mesures de rigueur, elles affermirent les convictions et préparèrent, par leurs exigences même, l'organisation non conformiste [1].

Le retour officiel de l'Angleterre au protestantisme l'ouvrait une seconde fois aux immigrants étrangers. L'asile devenait plus précieux que jamais. Dans les Flandres les persécutions avaient pris une grande intensité. En France l'édit de Compiègne, confirmé par celui de Blois, portait sentence de mort contre tous les hérétiques, avec défense aux juges d'atténuer la peine.

Reprise du Refuge.

C'est des Pays-Bas qu'arrivèrent les premiers fugitifs, dans l'automne de 1559. A l'indignation de l'évêque La Quadra, ambassadeur de Philippe II, ils furent accueillis et hautement avoués par la reine [2]. Hambstedius, qui avait exercé le ministère sous la Croix en Zélande et publié une histoire des martyrs belges, réunit ses compatriotes du Refuge dans les églises du Christ et de Sainte-Marie, libéralement prêtées par des Anglais.

---

[1] Les non-conformistes restèrent d'abord dans l'Église anglicane : privés de leurs postes ils devinrent évangélistes itinérants là où ils trouvaient des chaires ouvertes; quand le réseau se resserra de toutes parts, ils n'hésitèrent pas à tenir des assemblées privées. Ces conventicules ne tardèrent point à être découverts et interdits, de par l'acte d'Uniformité, sous peine pour les habitants de Londres qui les fréquentaient de perdre leur droit de bourgeoisie. La lutte, dont le cadre ira s'élargissant avec le redoublement des sévérités royales, ne s'apaisera qu'à la fin du siècle suivant, à la chute de Jacques II et à l'avènement de l'ère moderne.

[2] ... « Hier cet Irlandais m'a conté qu'étant un de ces jours avec la reine, quelques-uns de sa religion lui parlèrent de la grande affluence ici de Flamands, de Hollandais et autres de tous ces états, venus à cause de la religion avec leurs femmes, leurs enfants et leurs biens. Elle dit : Qu'ils soient tous les bienvenus; qu'elle ne pouvait pas ne point les assister. 18 nov. 1559». L. de La Quadra au comte de Féria.

Retour et pétition d'Utenhove.

Jean a Lasco terminait dans son pays natal de Pologne une existence noblement remplie et ne pouvait songer à revendiquer lui-même les droits conférés par la charte d'Édouard VI. Il la confia à Utenhove, qui, muni d'une recommandation pour l'aumônier de la reine, que Bullinger lui avait fait parvenir à son passage par Francfort, se rendit en Angleterre en septembre avec Pierre de Læne [1]. D'accord avec Hambstedius, il reconstitua les cadres de la congrégation étrangère et adressa le 10 décembre 1559 au conseil privé, et le 11 décembre à la reine, des demandes de confirmation de la patente d'Édouard VI. Il y parle au nom des dispersés d'il y a six ans et des réfugiés de date récente, et propose à Élisabeth l'exemple de Cyrus protégeant le retour des Juifs et la réédification de leur sanctuaire [2].

Mais ici Utenhove se heurta contre une opposition motivée. Loin de se considérer comme lié par les termes explicites de la

---

[1] En la lui envoyant Bullinger s'excuse de ne pas écrire directement à Élisabeth, comme il le lui avait demandé, ainsi qu'à Pierre Martyr, par lettre du 13 juin : « Literas ad Reginam vero nullas mitto, ita ut postulabas. Causam dicam paucis. Erubui scribere ad Reginam, quippe qui semel (forte satis imprudenter) scripsi, ac dubitem, quam gratum hoc ejus regiæ Majestati fuerit. Ne tamen fraudarem spem tuam, qui modis omnibus, quantus quantus sum, tibi fratri meo singulari inservire paratus sum : en, inclusi his tuis, literas ad Concionatorem Reginæ scriptas, quibus ei tuam causam commendo ut ipsam agat coram Regina. — 24 août 1559». Gerdesius. *Scrinium antiquarium*.

[2] « Utenhovius, patritius Gadavensis, Maiestati Reginali : Ministri, Seniores, Diaconi aliique fratres Ecclesiæ peregrinorum ante sex annos aut eo amplius hic dissipatæ, ac Ministri, Seniores, Diaconi reliqui fratres hic recens collecti : commemorantes quod fratres illi peregrini a Babylona Romana passim liberati, ante novennium in sua quisque lingua pro puriora Dei cultu, juxta Dei verbum apud Divum Eduardum M. S. fratrem per Joannem a Lasco, liberum Baronem Poloniæ instituerunt, eumque ipsius regia authoritate atque ideo inclyti Senatus ipsius assensu magna libertate obtinuerunt : quemadmodum et Judaei e captivitate Babylonica reversi Jerosolimam, templi instauratione cultumque divinum juxta legis præscriptum auspiciis Cyri Regis Persarum, attesta Esdra, sunt auspicati, etc. ». Rec. office : *State Papers Elizabeth. Dom. Series*. VII, 63.

Charte « perpétuelle » de 1550, le Conseil déclara ne pouvoir consentir à l'indépendance absolue de la double communauté des étrangers, et lui refusa aussi bien la reconstitution en « corpus corporatum politicum », que la direction autonome sous un superintendant choisi dans son propre sein. L'épiscopat anglican réussissait maintenant à établir ses droits souverains, dont Utenhove avait été jadis si heureux de se sentir affranchi. Ce fut en vain qu'il adressa à la reine une requête instante en faveur de l'ancienne liberté des églises, du rappel de leur superintendant ou au moins de son remplacement par un délégué. Là où Édouard avait vu et préparé un modèle à suivre, Élisabeth, au contraire, redoutait la contagion de l'exemple.

La passion d'uniformité qui la possédait eût rendu la résistance superflue, sinon périlleuse, alors que l'existence d'une congrégation presbytérienne, même étrangère, était déjà en opposition avec la pensée dominante. Utenhove dut céder pour ne pas tout perdre et se ranger avec le troupeau sous la juridiction de l'évêque de Londres, auquel la superintendance fut définitivement attribuée [1]. A cette condition la reine fit restituer l'église des Augustins, convertie en entrepôt sous Marie [2] : celle de Threadneedle street était restée inoccupée. Il ne fut plus question de l'entretien des ministres par l'État.

Superintendance de l'évêque de Londres Grindal.

Le choix de l'évêque de Londres était cette fois singulièrement heureux pour adoucir les premières susceptibilités. Grindal, qui rentrait de l'exil, appartenait aux membres les plus éclairés du clergé anglican : il n'eût pas tenu à lui de rétablir la simpli-

---

[1] Lettres de Des Gallars à Calvin, n° 3233 de la Correspondance générale. *Opera*; Ruytinck, *Gheschiedenissen*, etc.

[2] Autorisation de la reine au marquis de Winchester de remettre l'Église des Augustins *à l'évêque de Londres* pour l'usage des étrangers à Londres, 24 février 1560. *State Papers, Domestic Elizabeth* XI, 24. L'autorisation contient les mots si dangereusement interprétés plus tard par Laud : « *So as no Rite nor Use be therein observed contrary to our Law.* »

cité apostolique réclamée par ses amis de l'étranger. Comme superintendant, il cherchait à exercer plutôt la protection que la surveillance et le contrôle, et laissait à Utenhove, comme représentant des idées créatrices d'a Lasco, une prépondérance effective dans la double communauté [1]. Aussi Calvin lui rendait-il hautement justice. Informé quelques mois plus tard des efforts de certains membres du Cœtus pour obtenir un changement de superintendant, il s'élevait aussitôt contre leurs menées : « Il ne vous est pas utile de vous aliéner celui qui vous est attaché avec une profonde affection, qui désire assurer le tranquille état de votre église, dont vous avez éprouvé le zèle et l'énergie pour protéger votre repos, dont enfin l'autorité vous est plus que nécessaire [2] ».

---

[1] Le principal et presque seul acte de rigueur de Grindal dans sa superintendance, la double excommunication d'Hambstede, eut pour instigateur Utenhove.

Dans un cas de divorce le Consistoire français décide d'en référer « à l'évêque de Londres, notre superintendant ». Il répond « que nous ayions à procéder suivant la liberté de l'Évangile qui nous a été donnée en toute équité ». *Actes du Consistoire.* 1560.

[2] Très préoccupé de la question, Calvin en écrit à Des Gallars peu après son arrivée : « Nous avons appris que certains hommes de votre groupe se démènent beaucoup pour que la charge de Superintendant confiée par la Reine et sur sa proposition à notre vénérable frère l'évêque de Londres soit déférée à un autre. Si le fait est exact il faudra veiller à contenir des passions désordonnées qui ne peuvent avoir d'autre source que l'intérêt privé. Ils prétextent qu'on ignore qui succédera à cet évêque : la chose n'a aucune importance à nos yeux, puisque ce n'est pas quelque évêque de Londres que ce soit qui a la surveillance de vos églises; mais j'approuve le choix qui a été fait, parce que vous avez en lui un fidèle et sincère protecteur de votre liberté. Lors même que nous aurions sous la main un homme également capable, notre avis est qu'il n'y aurait lieu de rien changer... Comme vraisemblablement la question a été agitée par beaucoup de gens, si quelque rumeur en est parvenue à ses oreilles, si tu supposes qu'il s'en trouve blessé, prends le rôle d'intercesseur afin qu'il pardonne à la sottise de ceux qui ont été entraînés par un zèle inconsidéré. Si tu apprends que d'aucuns s'obstinent, hâte-toi de les prévenir que tu n'as pas été envoyé pour te mêler à leurs intrigues, ni pour te laisser entraîner à négliger ce qui est du salut commun de tout le peuple ». Il rece-

Réviser l'organisation ecclésiastique des communautés du Refuge fut l'objet de trois réunions tenues dans les premiers mois de 1560. Des « Règles pour l'ordre et le gouvernement de l'Église », retrouvées dans les papiers de l'archevêque de Canterbury Parker, semblent en résumer les principales bases [1]; quoique la date fasse défaut, la mention de la ratification épiscopale et le mode d'élection des pasteurs les assignent au règne d'Élisabeth. On avait décidé de conserver l'institution du Cœtus [2]. Dès que l'état des congrégations française et italienne permit de le reconstituer, on y étudia trois questions de gouvernement intérieur, le mode d'élection des ministres, anciens et diacres, l'inamovibilité des anciens et diacres, et subsidiairement la durée de leur mandat. Sur le premier point, admettant le suffrage universel lors de la fondation d'une communauté, le Cœtus déclara que dans une église existante et déjà pourvue, l'élection devrait être remise au Conseil, le silence du peuple étant considéré comme un consentement, — d'après l'ordre de saint Paul et de Timothée, de « former des ministres », par la crainte de divisions dans le troupeau et parce que les ministres connaissent mieux les capacités de leurs brebis. Sur le second, il estima la perma-

Réorganisation des Églises.

vait comme réponse « quant à la charge de superintendant que l'un de nous briguerait, je crois que le bruit qui circule est vain et faux ». La requête adressée par Utenhove à la Reine l'avait fait soupçonner de rechercher cette charge et de se désigner lui-même. « Toutefois je l'ai entendu déclarer sous la foi du serment que jamais il n'avait eu pareille pensée. Vous connaissez le caractère de certaines gens; il est difficile de les détromper quand une fois ils se sont persuadé quelque chose, même à la légère. Peut-être y a-t-il eu quelque prétexte au soupçon, mais la malignité a amplifié les choses, puisque dans la suite jamais aucune demande, ni aucune plainte ne s'est élevée ».

[1] Strype, *Life of Parker*. Appendix VIII.

[2] « Les ministres et anciens de chaque église se réuniront tous les mois dans les premiers jours de la lune, et là ils traiteront de l'état de leurs églises. S'il s'est élevé une discussion de doctrine ou de discipline qui n'a pu être vidée par une des Églises, elle est décidée par la réunion des deux ». *Ibidem*.

nence « de grande utilité pour les communautés et convenable pour la dignité de ces charges », et se basa sur les exemples du Nouveau Testament [1], sur ceux des patrons ne prenant des apprentis, ni « dans les affaires politiques ni dans les métiers », que s'ils s'engagent à long terme [2], sur l'utilité de l'expérience, les inconvénients de l'interruption des œuvres, du peu de zèle dans une charge transitoire et des rivalités ou rancunes entre les postulants. Pour le troisième, il jugea qu'on ne devait jamais laisser partir personne de capable et de fidèle tant qu'il n'aurait pas justifié par des raisons majeures la nécessité de sa décharge [3].

L'Église française.

Ces avis du Coetus n'eurent aucun caractère péremptoire ou décisif. Du reste, les églises en se reconstituant, pouvaient se considérer comme nouvelles. C'est au suffrage universel que la française demanda ses anciens et ses diacres; elle manquait de conducteurs en titre et n'était pas encore rentrée en possession de son temple. A l'exemple de la flamande, elle se reformait par des immigrés de date récente et par des faillis repentants groupés,

[1] « Il résulte de plusieurs passages du Nouveau Testament que dans l'Église primitive l'emploi du ministre et celui des anciens étaient presque identiques; de sorte qu'on appelait les ministres anciens, et les anciens évêques ou pasteurs. Ceux qui avaient servi fidèlement comme anciens ou diacres n'étaient pas déchargés mais montaient au service de la Parole, comme Étienne et Philippe... On ne trouve pas non plus qu'aucun eût ces charges pour un temps limité. Paul recommande à ceux d'Éphèse, surtout aux anciens, de bien prendre garde à eux-mêmes et au troupeau etc., sans fixer de durée... »

[2] « Comme il ne suffit pas qu'un navire ait un bon pilote s'il n'a pas de bons marins qui sachent en exécuter les ordres et au besoin prendre le gouvernail, sans quoi il sombrerait aisément dans une tempête, de même une communauté qui est exposée à beaucoup de tempêtes, ne saurait, sans de grands dangers, être gouvernée par d'autres que ceux qui restent toujours dans le même emploi, devenant plus capables chaque jour et ne cessant jamais d'étudier ».

[3] *Gheschiedenissen ende Handelingen die voornemelick aengaen de Nederduytsche Natie ende Gemeynten wonende in Engeland...* (par Siméon Ruytinck). Publication de la *Marnix Vereeniging*. Utrecht 1873.

ces derniers surtout, autour d'Ebrard, ancien pasteur d'Anvers, qui, abandonnant son Église, avait passé en Angleterre aussitôt l'avènement d'Élisabeth, et avait réuni un petit troupeau mentionné par Hotman, à la fin de 1559 [1]. Il avait été secondé ou plus probablement devancé par un certain Janvier, Français sur qui l'on possède peu de détails, mais qui, dix ans auparavant, comme étudiant à Lausanne, était parvenu à lasser la bienveillance de ses protecteurs bernois [2]. Pour les tristes restes d'une église presque éteinte, l'essentiel paraissait d'en raviver encore à temps les derniers tisons : ils ne se sentaient pas en droit d'être difficiles et acceptèrent, sans contrôle aucun, celui qui permettait de rallumer leur flambeau évangélique, et que son manque de témoignages officiels devait incliner d'autant plus volontiers vers l'indulgence.

Ebrard et Janvier.

Mais ni Janvier, ni même Ebrard ne pouvaient ressusciter et relever l'église française de Londres. Ebrard s'aperçut bientôt que Janvier allait la perdre et il sollicita l'aide d'un de ses collègues d'Anvers. Le correspondant — probablement Arnaud

---

[1] Ebrardus « qui ut se monachissimum mercenarium comprobaret, provolabit in Angliam, simul atque audivit evangelio illic locum fore. Nec misero curæ fuit quod præter tot furiosos papistas grex ille multiplici sectarum genere circoncisteretur. » Morel à Calvin. 3 cal. jul. 1559. « Londini est ecclesia gallica cujus minister est Ebrardus quidam a vobis, ut audio, aliquando in Germaniam inferiorem missus ». Hotman à Calvin, 24 déc. 1559. *Corr. Calv.* C'est de Genève en effet qu'il avait été envoyé à Anvers en mai 1557. *Reg. de la Compagnie.* A son départ la Compagnie le remplaçait par Banc. L. de Morel à Calvin, 29 juin 1559.

[2] Jean Janvier, étudiant français, pensionné à Lausanne par MM. de Berne 1547-48; « homo curiosissimus et loquacissimus et rimarum plenus », Viret 1549; privé de sa pension de LL. Exc. en août 1550, sur la demande de la classe des pasteurs de Lausanne; part pour évangéliser à Lyon après avoir fait de belles promesses à Viret « qui ne le croira que sur ses œuvres » 28 août 1550, Viret à Farel. Ces indications, dues à l'obligeance de M. Herminjard, semblent correspondre au Januarius échoué à Londres sans « *testimonia* » en 1559.

Banc[1] — qui déjà avait vivement reproché à l'ancien du Ponchel la légèreté de cette vocation, conseilla d'écrire à Genève ; lui-même s'y rendait, il y plaiderait leur cause et en enverrait une preuve écrite de l'indignité de leur premier choix[2]. Le 18 mars 1560 les membres les plus sérieux du troupeau, après avoir fait part à Calvin des périls qui les menaçaient et que pourrait seul conjurer l'envoi d'une personnalité de premier ordre[3], adressèrent au Réformateur et à ses collègues de Genève une pétition officielle : ils y exposaient leurs besoins, le manque d'hommes capables de réorganiser l'Église et l'urgence de cette réorganisa-

---

[1] Il avait été condisciple d'Ebrard à Lausanne et dût passer à Genève l'hiver de 1560. Renseignements très-probants de M. Herminjard.

[2] «...Ceterum quoniam fortasse mea Genevæ commemortio longe erit, vos rogo (si quidem meum consilium vobis profuturum judicabitis) ut quam citissime ad me aut ad ministros genevensis de vestris rebus scribatis. Nam quamdiu illic ero, in vestris rebus procurandis omnem polliceor operam. Quum has literas ad te scriberem, ecce literæ ab Antonio Ponchelio vestræ ecclesiæ seniore fratre et domino mihi charissimo redduntur, quibus mecum expostulat de Januario quod dixerim ipsum leviter et imprudenter ad docendi munus in ecclesia quanvis extraordinario fuisse admissum. Porro tantum abest ut me poeniteat hujus dicti aut facti, ut valde gaudeam hoc vos commovisse, ac pupugisse quod e re vestræ ecclesiæ fore sperem. Quis enim dubitat longiorem vitæ presentis probationem adhibendam ad eum qui functionem etiam extraordinariam est suscepturus : aut certe vitæ anteactæ testimonium ab ijs expectandum quibuscum erat versatus, quod cum factum non fuerit, ordinem legitimum prætermissum merito existimo. *Verum illud non adeo me commovisset nisi intellixissem hominem pravi testimonii se in vestram ecclesiam insinuasse, ea spe fortasse illectum, ut subito, nulla vitæ probatione facta, ad ministerium eveheretur.* Sed ne conqueri possit, cum Genevam venero, curabo statim Januarij testimonium vobis perferendum, ut inde cognoscatis, sero fortasse, merito me dolere ecclesiæ vicem. Scribam de hac re ad Ponchelium, cui cum si placet has literas communicabis. Cap.(ernaum) IIII Cal. Jan. 1560. Tuus ex animo frater et collega. A Mons. Eberard. » Minute non signée, *Bibl. de Genève*, ms. lat. 121, f. 89. — Capernaum était le nom emblématique d'Anvers.

[3] «Nous vous avons écrit précédemment au sujet de trois prédicateurs distingués ; nous pensions que l'un d'eux pourrait venir vers nous parce qu'il y avait nécessité pressante et qu'on nous avait donné cet espoir».

tion qui ne pouvait être différée sans un suprême danger[1]. Ebrard s'était abstenu, mais elle était signée par les anciens Pierre Chastelain, Jacques Fichet, Jacques Marabaut, Anthoine du Ponchel, Jacques de la Forest de Chalon, Anthoine Cappel, Jean Hette, Jean Dumas, et les diacres Nicolas Buhot et Nicolas le Roi, apostillée par les ministres et anciens de l'église « belge », et terminée par quelques lignes de l'évêque de Londres, recommandant avec instance à la piété de Calvin la pétition « Ecclesiæ Gallicanæ ». Deux des signataires, dont Cappel, furent chargés par les suffrages du troupeau de la porter et d'insister de vive voix sur les bienfaits que les Réfugiés, « et les pieux Anglais eux-mêmes retireraient de la présence et des conseils d'un Viret, d'un de Bèze, d'un Macar ou d'un Pierre de Collonges » ; un tel sacrifice leur semblait justifié par la position exceptionnelle de l'Église et les périls qui la menaçaient.

Le Consistoire de Genève le comprit et consentit à se priver du ministère de Nicolas des Gallars, sieur de Saules, un des pasteurs les plus distingués de son temps[2], très estimé de Calvin

N. des Gallars.

---

[1] « Pour rétablir, conserver, consolider l'église il faut avant tout pour ministres des hommes sérieux, fidèles, instruits, irréprochables, et s'il est possible depuis longtemps mêlés aux choses religieuses . . et qui grâce à l'autorité, à la sagesse, à la vigilance, à la patience que Dieu leur a données se concertent *avec les autres anciens* pour maintenir chacun dans le devoir. C'est ce qui n'a pu être fait jusqu'ici dans cette église française, et cela pour certaines raisons, notamment parce que l'on manque d'hommes instruits et aptes à une charge si importante ». Voir à l'Appendice.

[2] Né à Paris vers 1520, étudiant, puis ministre a Genève 1544, à Jussy 1553, à Paris 1557, revenu à Genève 1558.

« 19 avril 1560. Les min. Calvin et Viret ont proposé comme ils sont requis de la part des églises d'Angleterre de leur envoyer ung des prescheurs de ceste cité pour reformer et adresser les églises de par de là et soustenir contre occurrences qui y pourraient advenir. — 20 av. les spectables Calvin et Viret et Nic. des Gallars ont proposé comme suyvant ce que dernièrement leur fut permis ils ont esleu led. sp. des G. pour aller en Angleterre secourir aux églises qui y sont dressées, et qu'ils n'ont pas heu moien d'en eslire aultre

qui, en plus d'une lettre officielle de la Compagnie à l'église flamande de Londres[1], le munit de dépêches particulières pour l'évêque et pour Utenhove[2]. Il ne s'en séparait point sans « une amère douleur », et ne cessa d'être tenu par lui au courant de ses pénibles luttes et du résultat de ses efforts.

Oppositions.   Des Gallars n'avait accepté cette vocation, « qu'à contre-cœur et vaincu par les objurgations de ses collègues »; loin de trouver « un séjour agréable qui soulage et console la tristesse du départ », il tombait en arrivant à Londres dans un véritable et dur mécompte. Un message de Calvin avait fait fuir Janvier, mais pendant l'absence des députés, Pierre Alexandre, l'ancien

---

pour le présent plus propre. Sur quoy a esté arresté qu'on se tient à lad. élection et qu'on prie Dieu de le conduire et bénir en sa vocation. — 3 mai, spect. des Gallars est venu remercier ces messieurs et prendre congé. » — *Registres du Conseil de Genève.*

[1] « Ac ne nobis quidem pepercimus, Frat. nost. Nic. Gallasium mittendo, qui Pastoris munus obeundum suscipiat : quod ægerrimè, aut nullo modo eramus facturi nisi id nobis teneræ adhuc et destitutæ Ecclesiæ Dilectio extorsisset. Speramus vero non popularibus modo nostris utilem fore ejus operam, sed parteus etiam aliquam fructus ad vos perventuram : quia sicuti libenter morem gerat faustis votis, et vestris consiliis placide obtemperabit, pro sua modestia : ita vicissim quoties ita res vestræ postulabunt, per eum non stabit, quominus fidelis sit vobis adjutor. » *Eccl. L. Bat. Archivum.* II, 42.

[2] Correspondance générale *Opera*, nos 3199, 3200 et 3201 ; à l'Appendice celle à Grindal. Calvin profitait de l'occasion pour constater que les églises (anglaises) du royaume n'étaient pas encore « en aussi bon état que le désiraient et que l'avaient espéré tous les gens de bien ». Avec Utenhove, après avoir affirmé l'excellence du choix (« J'espère que l'on pourvoit convenablement à l'église française . . certes il a été dur pour nous d'être privés de des Gallars »), il rappelle que si la liberté leur est rendue, et il s'en réjouit vivement, la protection de l'évêque dont il vante la douceur ne leur sera pas moins d'un secours précieux en tout ce qui touche à leurs intérêts. Il s'est efforcé d'accroître sa bienveillance à leur endroit, et il ajoute : « Comme le comte de Bedford avait déclaré nourrir à votre égard les meilleures dispositions, je l'ai engagé à protéger l'une et l'autre église et à rendre aux étrangers tous les services possibles ». Bedford avait été réfugié en Suisse pendant le règne de Marie : en 1565 il cherchait à pacifier l'église flamande. *Eccl. L. Bat. Archivum* II. 80.

commensal de Cranmer, forcé d'abandonner à Holbrac la chaire occupée à Strasbourg depuis quatre ans, était venu reprendre possession de son canonicat de Canterbury[1]; invité à donner quelques prédications à la congrégation française, il obtint pour elle, par ses démarches répétées[2], la rentrée dans le temple de Threadneedle Street; bientôt il s'en attribua la direction, et quoique non encore élu officiellement, ne paraissait point disposé à y renoncer. Des Gallars, au lieu de la gratitude attendue, sentit que « le plus grand nombre eussent préféré ne plus le voir venir parce qu'ils avaient jeté les yeux sur un autre auquel ils s'étaient tout à fait attachés[3] ». L'Évêque, qui l'avait reçu « avec beaucoup d'obligeance et s'approchant des anciens qui l'accompagnaient, et dont quelques-uns », dit le pasteur, « m'avaient vu arriver avec déplaisir, les engageait à être reconnaissants à Dieu et à vous d'avoir plus obtenus qu'ils n'osaient l'espérer, à obéir à mes directions, à agir en tout suivant mes conseils, à me traiter obligeamment, à instruire toute l'Église de ses devoirs envers moi », qui de plus déclarait vouloir déposer entre ses mains toute son autorité et l'assister tant qu'il pourrait lui être utile, l'évêque, cependant, ajoutait « quelques mots sur la nécessité de s'adjoindre comme collègue Alexandre qui plaisait au peuple, d'autant plus que, pourvu déjà à Canterbury, il ne demandait aucun traitement, et ne serait pas à

---

[1] « In ecclesia gallica Dom Pet. Alexander Garnerio successit, puram doctrinam et sacramentis quam nos profitemur audacter docet ». P. Martyr à Utenhove, Strasbourg, 7 juin 1556. — *Eccl. L. Bat. Archivum* II. 17.

[2] Alexandre rappelle plus tard les lettres royales qu'il s'est procurées à grands frais. *Actes du Consistoire.*

[3] « J'aurais trouvé la chose (l'élection) entamée si j'étais arrivé un peu plus tard. Je reconnus facilement au langage et à la physionomie de ceux que je jugeais les plus sensés que mon arrivée ne leur était pas extrêmement agréable. Je l'avoue franchement j'en fus quelque peu froissé. Mais je me maîtrisai et me contins ». L. à Calvin, n° 3224.

charge à une Église maintenant peu nombreuse et pauvre. » Mais bientôt on alla plus loin, et l'on entendit contester la validité de l'appel de des Gallars, et réclamer une élection générale par le peuple.

Grindal s'y opposa [1]. Toutefois au lieu de la présentation solennelle et immédiate au troupeau, l'assemblée consistoriale tenue le dimanche 16, à sept heures du matin, prononça remise à huitaine, ne consentant qu'à faire lire la lettre de Calvin, à prescrire un jeûne et des prières. Des Gallars prêcha l'après-midi [2] et les jours suivants. Avant la huitaine la nouvelle objection était trouvée, cette fois par Ébrard qui ne désespérait pas de remonter dans la chaire que des Gallars venait d'occuper à sa place : Ne fallait-il pas, avant toute présentation au peuple, aller auprès de la reine demander d'elle nomination et confirmation ? Les termes des lettres patentes d'Édouard VI autorisaient ce prétexte de la dernière heure, et le ministre discuté ne se dissimulait point que sa vocation genevoise militerait plutôt contre lui [3].

[1] « L'évêque dit qu'on ne pouvait m'élire une seconde fois, moi qui avais été élu et confirmé par un témoignage plus grand que celui qu'on pouvait réclamer de lui-même, que ce serait une véritable injure pour vous et pour moi; il avait les noms de tous ceux qui vous avaient écrit, et à son avis ils composaient la plus grande et la plus importante portion de l'Église. Il ne restait donc plus à l'Église qu'à me recevoir et à me confirmer dans ma charge ». L. à Calvin.

[2] Cette mention ouvre le livre des Actes de Threadneedle street : « Le 15 du dit mois M. de Solles nostre ministre de nostre église française en la cité de Londres en Angleterre étant arrivé nouvellement venant de Genève à la requeste de nostre Église fit le dit jour son premier sermon, prenant son texte aux Colossiens 1 chap., 21, 22e et 23e versets.

L'on a ajouté en marge : « C'estoit à St. Anthoine près de la bourse qui est où nous sommes encore cest année 1608 y estans entrés le 7 d'avril 1560 ».

[3] « Il avait osé dire ouvertement au Conseil des Anciens que ceux qui viennent de Genève ne sont pas tellement agréables à la reine qu'on puisse les recevoir sans la consulter. Et si on la consultait il était douteux qu'elle voulût nommer un pasteur envoyé par ceux qui l'avaient gravement offensée ». L. à Calvin, 3224.

Après avoir relu l'Édit, « les choses sont changées, » dit-il, « pour nos Églises qui ont un évêque, non plus étranger, mais du pays, et auquel, d'après la décision de la reine et du Conseil, tout doit être soumis. » C'est à cet évêque qu'il s'en référa. Grindal ne trompa point son attente : « Vous avez bien répondu, qu'ils se rassurent, je me charge du danger, s'il y en a, et je l'affronterai seul. » Il annonçait qu'au jour fixé il présiderait à sa confirmation.

Alexandre alors, qui attaqué également par Ébrard, se rapprochait de des Gallars[1], émit la prétention de lui imposer les mains. Ici le pasteur résista énergiquement.

« Je répondis que je n'avais pas besoin de tant de cérémonies ; on m'a déjà imposé les mains, leur ai-je dit, et quand, appelé par cette Église, j'ai été élu par vous, j'ai été en même temps recommandé à Dieu par vos prières : il ne reste plus, si cela vous parait bon, qu'à approuver unaniment mon appel et mon élection. Je dis ouvertement que je n'étais pas venu ici pour être confirmé de sa main. »

Le 24 juin Grindal se rendit avec lui au temple[2]. Des Gallars, à la fin de son discours, se plaignit des murmures qu'on ne portait ni devant l'évêque ni devant les anciens, encouragea les mécontents à faire connaître leurs sentiments, et les prévint que si, s'étant tus maintenant, ils troublaient plus tard son ministère, l'Église les tiendrait pour séditieux et les punirait comme tels[3].

« L'évêque, traduit par Alexandre, exhorta le peuple à obéir à mon enseignement, à se soumettre au joug de Christ, à accepter la discipline

---

[1] « Ils se combattent l'un l'autre et chacun séparément auprès de moi ». Id.

[2] « Le jour de la fête de St Jehan Baptiste Monsr l'évêque de Londres s'y trouvant à son sermon en nostre Église constitua ledit M. de Solle ministre de nostre église ». *Actes du Consistoire.*

[3] « Je montrai à quel but tendait une pareille conduite : s'ils continuaient de la sorte, les divisions et les querelles ne leur manqueraient pas, et moi qui n'aime pas les dissensions et les troubles, je ne serais pas longtemps leur pasteur ».

ecclésiastique, ainsi que je l'avais demandé, à écouter mes avertissements et mes conseils. De nouveau, de peur que quelqu'un pût dire plus tard que la chose avait été précipitée et qu'on ne lui avait pas laissé sa liberté, je demandai à l'évêque de permettre qu'on dît ce qu'on pouvait avoir à objecter contre moi. La parole fut offerte, mais personne ne la prit. C'est pourquoi, par le silence général et l'assentiment de tous, l'affaire fut terminée. »

Le rôle pacificateur de Grindal lui fait honneur : il dut l'exercer vis-à-vis de des Gallars lui-même. Tandis qu'il cherchait au nom de la paix à le rendre ami d'Alexandre et à l'empêcher de ternir à Londres la réputation de ce dernier, compromise par ses agissements à Strasbourg, le sieur de Saules menaçait au contraire, « afin que l'Église de Dieu soit conservée autant que possible sans tache, » de les faire connaître au public; il demandait copie des lettres écrites à Calvin sur ce sujet par les Strasbourgeois et se déclarait résolu à quitter plutôt la place que de consentir à se le voir imposer pour collègue[1]. Tout au plus le laissait-il monter en chaire de crainte d'orages plus violents encore que les premiers, et en attendant qu'il eût trouvé à lui opposer un ministre capable par sa parole de gagner les suffrages du troupeau et de partager régulièrement avec lui la

---

[1] Grindal offrait de confier quelque mission à Alexandre pour l'éloigner temporairement, « comme j'aurais à supporter la charge presque seul il m'aiderait jusqu'à ce qu'on m'eût adjoint un collègue... Je dis à l'évêque que si on me le nommait comme collègue je ne pourrais pas cacher ce que j'ai appris sur lui... Les meilleurs de cette Église, comme les médecins Dumas et Mirar sont tellement favorables à Alexandre qu'aucun argument ne peut les faire changer d'opinion. Il a accès et il est en faveur et en estime auprès d'un grand nombre de riches et de puissants ». Un mois plus tard des Gallars écrivait : « La grande faveur que Dumas et Mirar croyaient devoir lui accorder venait de leur ignorance; ils ne connaissaient pas l'homme; ils n'avaient d'autre intention, ainsi que je le reconnais maintenant, que de faire établir et garder cette Église par de bons ministres pourvus de quelque autorité. Mirar est retourné à Dieppe. Dumas, élu parmi les anciens, s'acquitte admirablement de ses fonctions : c'est un de ceux à qui je puis le mieux m'ouvrir ».

prédication. Il eût souhaité surtout le concours de Chandieu : « De Launay et La Roche avaient désiré auparavant chercher ici un asile pour les restes de l'Église de Paris, si les troubles suscités par Janvier et Ébrard n'y eussent mis obstacle. Comme ils ont cessé maintenant, ils viendraient sans aucun doute pour le même objet et dans une occasion meilleure [1]. »

A ce moment même c'est Alexandre qui, avec l'ancien Dumas, représentaient la communauté française, comme Utenhove et Asch la flamande, dans l'appel fait à la reine contre les vexations des Halles anglaises. Élisabeth avait accordé aux étrangers des temples et le droit d'habitation à Londres. Les commerçants et artisans nationaux leur contestaient la possibilité de ce droit et leur opposaient les lois anciennes qui interdisaient à des patrons étrangers l'exercice de tout métier, même dans leur domicile privé, et la location de demeures tant qu'ils n'étaient point pourvus de la bourgeoisie. La pétition du 29 juin 1560 présuppose la ferme volonté de la reine de ne pas exclure de son empire ceux qui s'y sont réfugiés pour cause de la vraie religion, « afin que le Seigneur lui-même ne paraisse pas être exclu dans ses membres ; » la restitution du temple donné jadis par Édouard VI en est un témoignage, « ils l'en remercient de grand cœur, en priant Dieu de récompenser sa bonté par toutes sortes de bénédictions » ; cependant cette permission serait de peu d'utilité si les fidèles n'avaient ni la liberté d'habiter ni celle d'exercer leur commerce. Afin de ne pas être forcés de retourner dans leur pays, « offrir leurs têtes aux glaives de leurs ennemis et exposer leur vie aux mille dangers dont la grâce de Dieu les a délivrés, ils

Pétition contre les interdictions des Halles anglaises.

---

[1] « Quand je les ai rencontrés à Strasbourg je les y ai trouvés très disposés (paratissimi), ainsi que vous avez pu le comprendre par la lettre que je vous ai écrite de là-bas », témoignage du séjour à Strasbourg de Le Maçon et La Roche Chandieu en 1560. Dans sa lettre d'août, des Gallars renonce à cet espoir et songe au wallon Scaphius, repoussé d'Aix-la-Chapelle.

demandent donc que Sa Majesté, tant qu'ils n'auront pas reçu les droits civils, accorde l'autorisation de résidence et de commerce, même sans boutique ouverte, à ceux munis d'une attestation des signataires et de l'évêque de Londres, qu'ils ont été admis dans leur communauté, après avoir confessé leur foi et s'être soumis à la Discipline[1]. » Ruytinck rapporte que la permission sollicitée fut obtenue ; néanmoins trois ans plus tard des Gallars dut adresser à la reine une requête à peu près semblable.

Les dangers extérieurs étaient momentanément écartés ; les intérieurs persistaient, même du côté d'Ébrard dont les menées continuaient, plus dangereuses que les prétentions d'Alexandre, puisque le mal caché avait ses racines au sein du Consistoire. Lors de la réorganisation Ébrard n'avait pas laissé que de diriger les suffrages du peuple, surtout pour le diaconat, sur plusieurs de ceux qui, restés à Londres et changeant de religion sous Marie, « avaient été traîtres envers le Christ et l'Église. » Alexandre au moins, des Gallars lui rend cette justice, les avait condamnés dans un traité rendu public, d'où leur antagonisme persistant.

Nouveau recours au suffrage universel.

Avant le rétablissement de la Discipline d'une part, avant le choix d'un second pasteur de l'autre, « il était nécessaire », selon les paroles de des Gallars, « d'éteindre l'incendie, qui avait pris de telles proportions, et plutôt de couper tout que de chercher à délier [2]. » Il était parvenu à convaincre Grindal et, par lui, les membres de la Compagnie, de l'urgence d'une démission volon-

---

[1] « En faisant ainsi, V. M.. ayant reçu et logé comme son hôte N. S. J. C. représenté par les membres de son église, entendra à la fin de ses jours la sainte et douce voix du Christ lui dire : Venez les bénis de mon Père etc. » La pétition figure dans les Archives de l'Église hollandaise en flamand avec la date du 29 janvier 1560, en latin avec celle du 29 juin, qui est la correcte, Alexandre n'ayant quitté Strasbourg qu'en mars. Elle est au nom des Pasteurs, Anciens et Diacres « *Ecclesiæ Peregrinorum quæ est Londini* ». — *Eccl. L. Bat. Archiv.* II. 40, 43.

[2] L. de des Gallars à Calvin.

taire et générale des anciens et des diacres qui serait suivie d'un nouvel appel à l'opinion du peuple chrétien. Ce point avait été acquis aussitôt son installation. Le jour même, « l'évêque se trouvant en notre Consistoire après le sermon, fut ordonné que l'on ferait nouvelle élection tant des anciens que des diacres et que ceux qui avaient servi jusques alors par le passé seraient déchargés; néanmoins s'ils venaient à être élus derechef on les prendrait, car ce n'est point pour aucune faute qu'ils sont démis pour le présent, mais seulement à cette fin de renouveler toute chose et faire bon fondement pour le premier, à cette fin que l'Église puisse être en paix et augmenter journellement à la gloire de Dieu[1] ».

« Le Dimanche 7 de Juillet fut faite élection de huit anciens pour gouvernement de ladite Église dont s'ensuivent les noms : Simon Pasy, Jacques Marabaut, Jehan Dumas, Anthoine Capel, Jacques de la Forest dit de Chalon, Pierre Chastelain, Jehan Hotte, Antoine du Ponchel, à laquelle élection M. Utenhove et M. Eloy, marchand anglais qui était venu nouvellement de Strasbourg, et deux autres frères anglais qui étaient nouvellement venus de Genève, furent appelés pour être présents pour être assis à une table à part et pour faire les billets de ceux qui voulaient donner voix, à cette fin que tout se fît en bon ordre, et ayant leurs billets écrits, les portaient au ministre et à M. Pierre Alexandre, qui étaient à une autre table à part, lesquels les enrôlaient en un rôle, et nom et surnom et lieu de la nativité[2]. »

Le suffrage universel du peuple, auquel des Gallars avait été forcé de s'en remettre, lui donna gain de cause et sauva l'Église dont l'avenir dépendait de cette élection.

« En ce qui concerne l'élection des anciens et des diacres, la difficulté a été énorme et j'ai éprouvé là les désagréments et le danger de tout laisser à la volonté du peuple. Impossible de le guider et de lui présenter quelques hommes choisis. Ceux qui remplissaient auparavant les fonctions de diacres étaient tellement suspects qu'il m'a fallu user du

[1] L. de des Gallars à Calvin.
[2] *Actes du Consistoire.*

concours des Anglais pour recevoir les suffrages. Et cependant ceux qui vous ont écrit et qui remplissaient auparavant les fonctions d'anciens ont été élus par le peuple avant tous les autres, à l'exception d'un seul, auquel Dumas a été substitué à cause de sa compétence et de son autorité[1]. »

Tenant tête à l'indignation des uns, aux récusations des autres, des Gallars poursuivit sa tâche. « J'eus encore plus à faire pour la confirmation des diacres, car il en fallut rayer deux, et sans faire connaître complètement la cause de leur radiation, la laisser sous-entendre. Alors surgit une sorte de tumulte »[2] ; il sut l'apaiser par sa fermeté. Obligé, « lui qui [avait toujours été d'un tempérament si doux, de changer de caractère, » il avait réussi pourtant à obtenir un Consistoire épuré ; il avait réconcilié entre eux les anciens d'abord et ensuite les diacres et fondait sur cette union de sérieuses espérances de paix. Les détracteurs se taisaient ou rendaient même grâces à Dieu. Ébrard le centre des malcontents, voyait échouer ses projets qui ne tendaient à rien moins qu'à rendre prépondérants dans l'Église ceux qui l'avaient reniée aux jours de la persécution. Accablé par les révélations « des honteuses complaisances qu'il avait eues pour ceux qui s'étaient souillés au culte des idoles, » il ne tarda pas à quitter l'Angleterre[3].

[1] L. de des Gallars à Calvin.
[2] L. de des Gallars à Calvin.
[3] Voir cependant la lettre d'Ebrard « Heracleus » à Calvin, Londres 12 février 1561 : lui annonçant son intention, depuis que l'église a été pourvue d'un ministre fidèle, de quitter Londres où il nourrit péniblement sa famille en dirigeant « une espèce d'Académie, interprétant les épîtres pauliniennes et lettres hébraïques » et de chercher une condition meilleure en France, église ou préceptorat, il se plaint des imputations du sieur de Saules et en appelle des hommes à Dieu. « Talis que erit nostra merces ab hominibus, sed multo aliam a Deo exspectamus. Ignoscat maledicis nostri Deus opt. max. qui recte inter me et illos judicabit. » *Corr. Calv.* 3339. Le 16 avril 1562 il prêtait serment comme ministre protestant à Amiens, était fait prisonnier en octobre suivant au combat de Pavilly près Rouen et noyé.

Alexandre rentre alors en scène, « se plaignant d'être laissé de côté et tenu pour rien » depuis l'arrivée de des Gallars. *Réclamations de P. Alexandre.*

« Le 14ᵉ jour de Juillet nous étans assemblés devant le sermon pour les affaires communes de l'Église, M. Pierre Alexandre proposa comme il avait été prié à son arrivée de prêcher, ce qu'il avait fait et continué volontiers jusques à la venue de celui qui était envoyé de Genève; qu'il est encore en bonne volonté de faire service à l'église en ce qu'il pourrait, seulement qu'on y avisât et ordonnât et qu'il serait tout prêt; davantage qu'aucuns s'ébahissaient qu'il ne prêchait plus et qu'on en avait quelque murmure. Toutefois qu'il n'entendait par cela prendre charge ordinaire du ministère, tant à cause de son âge que de ses affaires, mais seulement faire service à l'église en ce qu'il pourrait, même en la prédication.

« Il fut remercié de la Compagnie et parce que l'heure (du culte) était prochaine lui fut dit que mardi après la congrégation il y serait avisé. Le même jour après dîner ont été élus les diacres[1]. »

Déjà le bruit se répandait dans le troupeau que des Gallars, voulant tout diriger à sa volonté, ne pouvait supporter de collègue : sept chefs de famille, sévèrement repris par lui, se groupaient autour d'Alexandre; on n'était pas loin d'un schisme. Pour l'éviter, le pasteur transigea et se contenta de stipuler expressément que l'Église resterait libre de lui adjoindre un autre collègue : Alexandre avait l'autorisation de prêcher, mais n'était pas élu ministre en titre[2]. Le 19 juillet on lui répondit :

« qu'on acceptait l'offre de son service par provision jusques à ce qu'il y fût pourvu d'un ministre ordinaire, lui assignant le sermon d'une heure après midi tous les Dimanches et du Jeudi en son tour de semaine. Pourquoi il demande le temps d'y penser pour en communiquer à l'évêque et à M. de Cantorbéry. — 8 août : il est avisé sur les plaintes de M. Pierre

---

[1] Furent élus : Nicolas Buhot, Nicolas Le Roy, Lardenois, Jehan de la Vigne, Jehan Roy, Nic. Wilpin, récusé pour ivrognerie et Guillaume Maubert, récusé « parce qu'il a failli ». *Actes du Consistoire.*

[2] « Tantum curavi ut ecclesiæ libertati tuendæ studens caverem ne schisma quoddam inter nostrates oriretur ». L. à Calvin, nº 3241.

Alexandre que remontrance lui serait faite amicalement au nom du Consistoire de cesser de se plaindre, vu que le Consistoire lui a accordé suivant sa demande de servir à l'Église de Notre Seigneur des grâces que Dieu lui a faites et même l'on a prié et affectueusement remercié de si bonne offre gratuite de son service, seulement il s'était arrêté à l'ordre et au nombre des sermons, dont il n'était pas du tout content. »

On le priait de ne pas laisser l'Église plus longtemps en suspens[1]. Une visite conciliatrice de des Gallars à son adversaire malade de la goutte, suivie d'une semblable des membres du Consistoire, triompha de ses résistances[2]. A son tour, Alexandre céda et « la petite église jouit enfin de la tranquillité », des Gallars se consolant par la pensée qu'au moins « Alexandre était de doctrine pure, très hostile aux sectaires et s'attaquant violemment au vice[3] ».

De Genève on avait suivi, non sans intérêt, les péripéties de cette longue lutte, le sieur de Saules se réservant toujours d'y reprendre son ministère s'il ne parvenait pas à établir nettement sa situation à Londres : il avait laissé sa famille sur les bords du Léman, d'où elle ne le rejoignit qu'au printemps suivant. Mais si Calvin, au commencement d'octobre 1560, admet encore la possibilité de ce retour, un mois plus tard il répond à son ancien collègue que la question n'est plus entière : il a été élu pasteur de Londres, les frères estiment que ni lui ni eux ne sont libres d'annuler une élection à laquelle il a été consentant. A l'arrivée de cette lettre, des Gallars avait déjà accepté avec un redoublement d'ardeur les devoirs de sa charge et profitait de

---

[1] La délibération est signée dans les *Actes*, exceptionnellement, par des Gallars.

[2] Voir l'exposé de cet entretien dans la L. à Calvin, n° 3233 : le pasteur ajoute : « Je vous laisse à penser combien tout cela m'est pénible, quelles angoisses sont les miennes en songeant que mon œuvre peut être interrompue, annulée ou dépouillée de ses fruits ».

[3] Lettre à Calvin, 3244.

l'apaisement momentané pour mettre en vigueur la Discipline ecclésiastique qu'il avait préparée et qu'il livra à l'impression l'année suivante[1]. Il est vraisemblable qu'il fit en même temps adopter par la congrégation la Confession de foi des Églises de France.

Cette seconde constitution, qui remplaçait et simplifiait celle d'a Lasco, en adopta quelques éléments, — le Cœtus, la Prophétie, les Censures, — mais c'est sur le modèle de Genève que des Gallars entendait établir désormais l'Église. Les principaux passages de la Discipline sont empruntés textuellement à Calvin ; les modifications sont nécessitées par les conditions particulières de lieu et de subordination ecclésiastique dans lesquelles on est placé. La plus significative est le mode d'élection des anciens et des diacres, que des Gallars laissa, ainsi qu'il l'avait trouvé, entre les mains du troupeau, mais avec l'arrière-pensée de le restreindre dans des temps moins difficiles. La comparaison de sa *Forme de police* [2] avec les Ordonnances ecclésiastiques de Genève, rédigées par Calvin en 1541 et imprimées après une dernière révision en 1561, donne les résultats suivants :

Les quatre ordres d'offices sont les mêmes, pasteurs, docteurs, anciens et diacres. L'énoncé des devoirs des pasteurs est identique, le mode d'élection quelque peu différent : des Gallars n'accepte point le vote à deux degrés d'a Lasco, et il a l'équivalent du choix successif par le ministre, le petit Conseil et l'assentiment du peuple genevois, dans celui par les pasteurs et anciens réunis.

Discipline ecclésiastique de des Gallars.

---

[1] *Forma politiae ecclesiasticae super institutae Londiniis cœtus gallorum.* — *Forme de police ecclésiastique instituée à Londres en l'église des François.* Les deux éditions sont de 1561 et in-4°.

[2] La rareté bibliographique de cette *Forme* nous fait donner à l'Appendice l'épître dédicatoire adressée par des Gallars à son Église.

« Et d'autant que ceste Église en l'estat où elle est n'a pas beaucoup de ministres, il faudra que celuy qui y restera appelle ceux de l'Église flamande pour avoir leur advis, conseil et voix, afin que le tout se conduise par meure délibération. Et puis le proposer au peuple et nommer afin que ceux qui ont à redire puissent advertir les ministres et anciens. Semblablement advertir l'evesque de ceste ville, ou superintendant, afin de ne rien faire sans son sceu et adveu. Si celuy qui est appelé et choisi pour estre ministre a desia exercé cest office en d'autres Églises, il suffira qu'il ait son tesmoignage de celle dont il est party pour estre asseuré tant de sa doctrine que de sa conversation... S'il n'a point exercé, il faut que l'élection se face pour estre ouy et examiné. »

Cet examen, et l'interrogatoire sur les principaux points de la doctrine approuvée par l'Église, sont confiés, « au ministre d'icelle, avec luy les ministres Flamentz et les plus idoynes des anciens et mesme des plus scavantz d'entre le peuple s'il est besoing »; après quoi « il traite devant eux en privé la parole du Seigneur », et enfin « qu'il face un sermon devant le peuple un Dimanche, l'autre Ministre excitant le peuple à prières et à jeûne, l'advertissant que s'il y a quelqu'un qui s'i veuille opposer ou alléguer quelque chose contre celuy qui est esleu, qu'il vienne devant le Dimanche prochain par devers le Consistoire pour dire ce que bon luy semblera. » La présentation au peuple était contenue dans l'article calvinien « pour le produire finalement au peuple en la prédication », mais sans aucune mention d'objections possibles comme à Londres.

Le serment prêté à Genève par le ministre devant la Seigneurie est naturellement remplacé à Londres par la présentation à l'évêque et la confirmation par lui « au dit jour assigné »; c'est à l'évêque qu'on rapportera les objections, pour obtenir sa ratification de la décision finale des ministres et anciens des deux Églises.

Le Cœtus d'a Lasco, réunion une fois par mois avec les ministres et anciens de l'Église flamande, « ainsi que de bonne coustume a été par cy devant observé », tient lieu de la conférence hebdomadaire des ministres genevois. La pratique des Censures, indiquée en quelques lignes seulement par Calvin, est aussi accentuée que sous a Lasco :

« Que quatre fois l'année les dicts ministres de ceste église soient assemblez avecques les anciens, pour adviser à la vie et conversation d'un chacun, et faire remonstrances fraternelles et amiables, comme il sera nécessaire et convenable, ès temps qui seront trouvez plus propres, tellement que de trois en trois mois telles corrections se facent pour éviter tous scandales et que tous ceux de la dite compagnie s'y submettent, mesme les ministres, pour donner meilleur exemple aux autres. Qui sera un moyen de les conserver en révérence, et faire que la parole de Dieu ne soit par le mauvais bruict des ministres et anciens en deshonneur ou mespris. Car comme on corrige celuy qui l'aura mérité, aussi sera il mestier de reprimer les calomnies et faux rapportz qu'on pourroit injustement faire contre les innocens [1]. »

Des Gallars reproduit d'après Calvin la liste des crimes qui sont « de tout intolérables en un ministre », et ceux qui pourront être supportés « pourveu qu'on leur en face admonestation fraternelle et qu'ils s'en chastient ». Il a omis dans les premiers « délaisser son église sans congé licite et juste vocation », ainsi que le « blasphème manifeste et digne de *peine civile* » : dans un même esprit, comme recours suprême pour les crimes punissables par les lois, l'évêque est substitué au magistrat.

Quant aux docteurs, il ne supprime pas ce second ordre, mais « pour ce que ceste église est petite et consiste la plus part de gens non lettrez qui se peuvent contenter d'estre instruicts par les Sermons et Catéchismes, il n'est pour le présent besoin d'en traicter. Que si l'église croissoit, et y eust gens preparez à

[1] Calvin s'était borné à écrire : « Que de trois mois en trois mois les ministres aient spécialement regard s'il n'y a rien à redire entre eux pour y remédier comme de raison ». L'Église de Londres a continué d'observer, même depuis la Révocation, et souvent avec un très grand scrupule, jusqu'à la forme extérieure donnée par a Lasco à la pratique des Censures.

ouyr telle lecture que puissent profiter aux autres au temps advenir, on y pourra pourvoir selon le moyen qui sera donné ».

Il adjoint au même ordre « ceux qui instruisent les enfants tant ès langues qu'ès sciences sans lesquelles on ne peut parvenir à grand sçavoir. Et d'autant que leur office est d'instruire, catéchiser et sonder la jeunesse, nul n'y devra estre receu qui n'ait bon tesmoignage tant de vie que de doctrine et soit approuvé par les ministres » (comme dans Calvin) et de plus « et présenté à l'evesque ». De plus aussi on exige qu'ils communiquent aux pasteurs les livres qu'ils liront aux enfants, l'ordre et façon qu'ils tiendront à les enseigner (« et useront de leur conseil afin de pouvoir advancer sans rien entreprendre à leur fantaisie ») — et qu'ils les conduisent le dimanche au catéchisme et les en ramènent.

Élection et office des anciens. L'analyse de l'office des anciens est presque mot à mot celle de Calvin, « prendre garde sur un chacun, admonester amiablement ceux qu'ils verront faillir, faire rapport à la Compagnie, faire les corrections fraternelles en commun avec les autres... » Le mode d'élection est entièrement différent :

« On y procédera pour le présent ainsi qu'on a accoustumé. C'est que chacun de ceux qui sont soubs la discipline, viendra par ordre et à son tour nommer ceux qu'il recognoist en sa conscience estre les plus idoynes, puis les ayans mis ou faict mettre par escrit passera outre portant son billet à celuy qui met en compte les voix selon qu'elles sont données à un chacun. Pour l'advenir après que les choses auront esté mises en quelque ordre et bien encommencées, on advisera si ceste façon devra être continuée ou changée : afin de suyvre ce qui sera le plus expedict à l'église. Mais afin de ne priver l'église de ceux qui pourroyent venir cy après plus idoynes, et aussi pour donner lieu à d'autres qui se pourroient exercer au gouvernement de l'église pour estre utiles à l'advenir, il vaudra mieux que les dicts anciens soyent temporels en leur office et non perpétuels. Toutefois le plus expédient sera de ne les changer sans cause, quand ils s'aquiteront fidèlement de leur devoir, auquel cas ils devront estre confermez. Ce qui sera néantmoins laissé à la liberté de l'Église qui suyvra en cela le conseil et advis des ministres. »

C'est encore le suffrage universel d'où était sortie la seconde reconstitution de l'Église, avec le tempérament de la non-inamovibilité des charges d'anciens et de leur dépendance sur ce point des ministres [1]. Mais aux premiers mots « pour le présent » on sent la pensée, mise à exécution plus tard, d'appliquer pour l'élection des anciens les mêmes règles que pour celles des pasteurs, de la remettre entre les mains du Consistoire et de réduire la participation du troupeau à une présentation des choix faits, le silence de l'Église étant tenu pour consentement. Le suffrage universel, accepté par des Gallars, ne l'a été que transitoirement, et déjà sous son successeur c'est le second mode qui est établi à Londres, comme dans les autres communautés du Refuge en Angleterre et à l'instar des Églises de France.

Les ordonnances concernant l'office des anciens, qui leur sont lues en présence de l'église, sont neuves et spéciales à Londres et aux besoins d'un troupeau dont les événements extérieurs modifient constamment les éléments. Elles sont dictées par le désir de ne laisser en dehors de l'action, ou mieux, de l'autorité du Consistoire, aucun étranger de langue française faisant profession, ou devant faire profession, de la foi réformée. L'indifférence en matière d'église est un principe qu'on n'admet pas plus que l'indépendance vis-à-vis du corps qui la dirige.

« 4. — Que les anciens départissent leurs charges entre eux, par quartiers ou par compagnies, selon que plus commodément il se pourra faire : et que chascun d'iceux ait par escrit les noms de tous ceux dont il aura charge : afin qu'il y puisse tant mieux prendre garde, et s'acquiter de son devoir.

« 5. — Quand il y aura quelqu'un de la langue françoise arrivé, chascun ancien au quartier auquel il sera député, s'enquerra de luy et des siens.

[1] A Genève élection par le Conseil étroit avec approbation du Conseil des Deux-Cents.

Et après avoir entendu qui il est, et pourquoy il est venu en ce royaume, il en advertira le ministre, afin qu'il y entende selon son devoir.

« 6. — Et s'il est venu pour la religion, que le ministre avec les anciens voyent son tesmoignage, ou s'il n'en a peu apporter à cause de quelques persécutions, ou autre empeschement, qu'il soit interrogé de sa foy, et qu'on puisse avoir l'œil sur luy.

« 7. — Et s'il n'est point venu pour la religion, ou que soubs ombre de la religion il nourrisse quelque erreur ou fausse opinion, de laquelle il ne vueille désister, que l'Évesque en soit adverty.

« 8. — Quant à ceux qui ont desia esté en ce royaume auparavant la réformation, et ne se rengent à ceste Église Françoise, que lesdits anciens prennent garde s'ils fréquentent les églises Angloises, et s'ils ont intelligence du language, afin que s'ils ne sont rengez n'a l'une ny à l'autre église, ou s'ils font semblant de fréquenter l'une ou l'autre et cependant n'ayent point d'intelligence de la foy, l'Évesque en soit adverty pour les faire interroguer, et scavoir quelle religion ils ont, pour obvier que ce royaume ne se remplisse de sectes ou de gens sans religion, ou à tout le moins que nostre nation ne soit icy repurgée. »

A Lasco n'allait pas jusque-là : loin d'exiger l'entrée de tous les Réformés étrangers dans son organisme ecclésiastique et de ne pas admettre une non-participation, il voulait, au contraire, un acte spontané du fidèle demandant à faire partie de l'Église et ne l'obtenant qu'après un sérieux examen. Ici l'intention est différente. Au moment où le sieur de Saules rédigeait sa Discipline, un grand nombre de ces étrangers de langue française, même de ceux venus à la suite des persécutions, ne s'étaient pas encore rattachés à son troupeau ; d'anciens membres de la congrégation d'a Lasco hésitaient à s'y ranger. Il s'agissait de les y amener, soit de gré, soit de force, ou de s'affranchir nettement de toute responsabilité doctrinale à leur endroit, en les obligeant à ressortir de l'église anglicane de leur paroisse.

A ces enrégimentés, qu'ils le voulussent ou non, sous la houlette de des Gallars, les sévérités de la discipline devaient être plus sensibles qu'aux adhérents d'a Lasco, venus se placer sous une direction au moins aussi stricte, mais librement acceptée. La Discipline de Genève, au dernier paragraphe des Ordonnances, pose les bases de la manière dont « les ministres et anciens devront procéder selon Dieu, envers ceux qui sont de l'Église ». Des Gallars s'est borné à retrancher quelques passages et à laisser circuler un peu plus d'air entre les mailles étroites du réseau calvinien.

« On procédera selon l'ordre que Notre Seigneur a commandé au 18ᵉ chapitre de saint Matthieu » : les vices secrets repris d'abord secrètement par l'ancien ; ceux qui se seront moqués des admonestations particulières de leur prochain, admonestés derechef par l'Église avec privation de la Cène. Pour les vices notoires et publics que l'Église ne peut dissimuler, s'ils ne méritent qu'admonestation, appel des anciens avec remontrances amiables, « et si on y voit amendement ne plus les molester » ; si à la longue ils n'y profitent rien, on leur dénonce comme à contempteurs de Dieu qu'ils aient à s'abstenir de la Cène jusqu'à ce qu'on voie en eux changement de vie, abstention infligée aussi à titre de correction et d'humiliation à ceux dont les crimes méritent non seulement remontrances de paroles mais châtiment : si l'exclu se présente à la Cène malgré la défense, le ministre doit le renvoyer, ou s'il ne s'en aperçoit pas, c'est à l'ancien de l'en prévenir.

Comme dans a Lasco, il y a excommunication publique pour les endurcis opiniâtres, jusqu'à reconnaissance et réconciliation devant l'église, aveu et pardon indispensables aussi à ceux « qui auront renoncé à la vraie foy, ou qui, après avoir reçu la Cène, se seront souillez en la papauté ». Il recommande néanmoins la modération : les corrections ne doivent être que « médecines pour réduire les pécheurs à Notre Seigneur », et il conserve dans l'article « que ni les ministres ni les anciens n'aient aucune juridiction civile » de Calvin, les mots « et n'usent sinon du glaive de la parole de Dieu comme saint Paul leur ordonne » de l'édition de 1541 rayés dans la seconde.

Les ministres et anciens s'assembleront, comme à Genève, une fois par semaine ; chacun des anciens est chargé en son quartier de faire venir au Consistoire ceux qui y seront remis, mais non de leur propre autorité sans en avoir été avisés par la Compagnie : en cas de désobéissance des fidèles, on recourt à l'évêque ; s'il y a désaccord entre les anciens, on demandera l'avis des diacres ; s'il persiste, celui des « ministres et anciens de l'église flamande pour vider l'affaire tous ensemble ».

Diacres. Les diacres étaient divisés à Genève en procureurs et hospitaliers, selon l'église ancienne, dit des Gallars, c'est-à-dire ceux qui recueillaient et géraient les aumônes et biens des pauvres et ceux qui, « tant de la main que de la bouche », soignaient et consolaient les malades. La « petitesse » du troupeau empêchait à Londres cette distinction et, tout en réservant l'avenir, obligeait chacun à exercer les deux charges en son quartier, car à chacun des huit anciens était adjoint un diacre élu « pour le présent » suivant le même mode du suffrage universel, « et pour l'avenir tout ainsi qu'on fera à l'élection des anciens ».

Douze articles sont consacrés à l'office des diacres, bourse commune pour les aumônes confiée, comme la quête à la fin du service, à deux d'entre eux à tour de rôle, avec enregistrement sur le Livre de recepte, réunion hebdomadaire où chaque diacre rend compte des besoins de son quartier[1], en cas de doute, appel à l'ancien du quartier, voire de plusieurs, et appel au Consistoire auquel les innovations doivent toujours être soumises, secret des délibérations, compte rendu mensuel des recettes et dépenses, tronc pour les pauvres dans le temple avec clef pour le ministre et pour les diacres.

[1] « Afin que tous en délibèrent et qu'il y soit pourveu par résolution commune, sans que rien puisse estre faict à l'appétit d'un seul ».

« Quant aux deniers qui sont recueilliz pour l'entretenement des ministres, d'autant que l'office des diacres est non seulement de recevoir les aumosnes, mais aussi de faire toute autre recepte et cueillette, mise et distribution de deniers en l'église, chacun d'iceux aura par escrit ceux de son quartier qui pourront et devront contribuer, et ayant recueilly les dicts deniers par les termes qui seront ordonnez, les apportera à celuy auquel la bourse d'iceux sera commise, pour les bailler où il appartiendra. »

On se rappelle que l'entretien des ministres, accepté par l'État sous Édouard VI, retombait maintenant à la charge des fidèles.

Culte.

Le culte et les cérémonies sont réglés sur le modèle de Genève et des Églises de France : les prières d'a Lasco avec ses longues exhortations ont disparu. Le service, désigné sous le nom de Sermon, ce qui en atténue la portée liturgique et rentre dans la conception calviniste, a lieu deux fois par dimanche; le matin à neuf heures; à une heure le Catéchisme « sur toute autre chose nécessaire en l'église non seulement pour les enfants, mais aussi pour les rudes et ignorants »; il est suivi du second sermon.

« Pour ce que le peuple habitant en divers quartiers de la ville fort esloignez, ne peut estre si tost assemblé, afin que ceux qui seront venuz de bonne heure ne perdent leur temps ou ne s'amusent à jaser des choses vaines, il sera expédient qu'un des anciens ou des diacres face lecture de quelque livre des sainctes escritures devant le sermon jusques à ce qu'il soit commencé... en poursuivant en leur tour le mesme livre. »

Le service du jeudi matin à huit heures est spécialement de prières « tant pour les nécessités publiques, que particulières... y dénonçant aussi et adjoustant le jeusne toutes et quantes fois que mestier sera. »

Ici se place dans la Discipline de des Gallars le troisième emprunt à celle d'a Lasco, la Prophétie.

La Prophétie.

« 1. Il est bon aussi qu'il y ait un certain jour arresté pour proposer quelque passage de la saincte escriture, et que les ministres, anciens et autres qui seront trouvés idoynes, proposent chascun en leur tour de tel livre que sera ordonné pour s'exercer au vray sens de l'escriture et en monstrer l'usage. — 2. Que nul ne soit admis à tel exercice que ceux qui seront réputés idoynes par les ministres et anciens, et mis par escrit en un catalogue. — 3. Que suyvant l'ordre du catalogue chascun propose en son tour du texte dont il aura esté convenu par les dicts ministres. — 4. Item que le proposant tache à suyvre son texte, à dire choses propres à l'explication d'iceluy en observation de la doctrine sans extravaguer ne faire digressions. — 5. Item qu'il ne tienne point plus de demy-heure afin de donner lieu aux autres quy voudroyent parler et adjouster, et aussi afin que le peuple ne soit trop longuement detenu. — 6. Cependant qu'il soit en liberté à tous autres selon que Dieu leur donnera d'adjouster à ce qui aura esté dict ou proposer quelque question qui face à propos, pourveu qu'il ne soit permis à aucun d'user de dicts superfluz, ou extravaguer. — 7. Après la conclusion faicte par le ministre, que nul n'adjouste ny enquière de peur qu'il n'en survienne quelque espèce de disputation. — 8. Cela parachevé après que le peuple est départy, il sera utile que le proposant, ensemble ceux qui auront adjousté après luy, s'arrestent afin que s'il y a quelque chose à redire ils soyent amiablement advertiz. »

Les baptêmes et mariages peuvent se faire les dimanches ou jours ouvriers, « moyennant que ce soit au Sermon. » Comme à Genève, les ministres seuls ont le droit de baptiser; on enregistre leurs noms avec ceux des parrains et marraines, ces derniers devant tenir une même confession de foi. Pour qu'un mariage soit légitime on requiert le consentement des parents, et la triple publication des bans après présentation au ministre ou au Consistoire; en plus qu'à Genève, on exige avant la promesse de mariage, la consultation de l'ancien ou du diacre du quartier « qui en communiquera au ministre, s'il est besoin [1] ».

---

[1] Des Gallars n'a pas inséré dans sa Forme et Police les 56 articles de Calvin sur les cas de mariages sans congé et de divorce.

Les articles sur la Cène sont les calvinistes : annonce préalable, exhortations aux étrangers et nouveaux venus de se présenter afin d'être instruits, défense de communier sans bon témoignage ou compte rendu de sa foi ; en plus « que chacun des anciens ait charge de sa trouppe ou compagnie en son quartier plus prochain et ailleurs ainsi qu'il sera tenu plus commode, pour y avoir l'œil et advertir le ministre de ce qu'il cognoistra à redire, et mesme de ceux qui sont nouveaux venuz. » Au lieu de la célébration quatre fois par an de Genève et de la France, des Gallars suivait l'institution d'a Lasco, « tous les premiers dimanches du moys ou pour le moins de deux moys en deux moys ».

« L'ordre qu'on doit tenir envers les petits enfants avant que les recevoir à la Cène » comprend les dispositions des Ordonnances, interrogatoire sur le formulaire reçu, instruction avec interrogations nouvelles, récitation en présence de l'Église de la somme du Catéchisme, « profession » indispensable pour chaque enfant avant l'admission à la Cène. Les parents négligents, malgré remontrances consécutives, seront signalés à l'évêque.

La visitation des malades, — ces derniers devant chercher consolation « dès le commencement de leur maladie sans attendre d'être plus fort abattus et faire savoir leur disposition au diacre du quartier », lequel après visite de consolation « selon qu'il cognoistra la nécessité en avertira le pasteur pour qu'il le visite à son tour » — laisse un peu plus de latitude qu'à Genève où l'appel était ordonné dès qu'on avait été trois jours « gisant ». La sépulture ne comporte pas plus qu'à Genève de service spécial ; des Gallars s'écarte de la tradition d'a Lasco pour revenir à l'austère simplicité calviniste : « Que les morts soient honnestement enseveliz et portez en terre », de douze à vingt-quatre heures après le décès, « chacun au cimetière de sa paroisse. La suite et la compagnie sera à la discrétion des parents et amis du défunct »; et il accentue « sans toutefois y permettre aucune superstition ni vaine pompe ». Il est tenu un registre des décédés [1].

La Forme de Police ecclésiastique donne les promesses que sont tenus de faire, à l'issue du sermon, les pasteurs, anciens et diacres nouvellement élus et présentés au peuple. Dans celles des ministres des Gallars en ajoute aux genevoises une spéciale pour l'Église réfugiée en Angleterre; celles des anciens et des diacres sont inspirées des mêmes nécessités; la rédaction pour les premières diffère de celles des Ordonnances qui n'en ont pas de particulières aux diacres. La parité entre les ministres et les anciens n'ayant pas survécu à la Discipline d'a Lasco, il n'est plus question ni de l'imposition des mains aux anciens, ni de leur participation à celle conférée aux pasteurs [2].

Des Gallars termine par ces mots : « Et à tant de ces choses que nous estimons à présent suffire pour l'établissement de ceste église, s'il survient quelque difficulté le mesme esprit qui nous a fait ouverture, nous addressera et nous en fera pleine démonstrance ». Son travail subit à deux reprises, en 1589 et en 1641, des modifications de détail; le fond subsista tel qu'il l'avait modelé sur le moule primitif de Calvin. Il y aurait lieu sans doute de regretter l'absence du souffle apostolique dont a Lasco avait cherché à pénétrer son église; on reconnaîtra néanmoins ce que celle de des Gallars trouva dans l'organisation qu'il lui avait donnée : d'une part la force de cohésion et de

---

[1] « Pour scavoir ceux que Dieu aura recueillis dans nostre Église et en avoir mémoire, il sera bon d'en faire Registre qui pourra estre par devers l'un des Diacres, auquel les autres Diacres, chacun de son quartier, le rapporteront ».

[2] Voir à l'*Appendice*.

résistance intime, de l'autre le lien spirituel avec les églises de la Réforme française que son isolement devait lui rendre précieux.

L'article premier du chapitre sur la Cène renferme ce passage : «On commencera à la célébrer quand le Consistoire l'ordonnera, selon que l'Église sera disposée et qu'il y aura certain nombre trouvé suffisant pour y communiquer». La table de communion n'avait donc pas été dressée encore dans l'Église reconstituée. Sa Discipline rédigée et acceptée, des Gallars estima que le moment était venu d'y mettre le sceau par cette première célébration, mais il fallait d'abord que le troupeau s'en fût rendu digne en reconnaissant les fautes du passé.

Repentance des faillis et première Cène.

De simples réconciliations devant le Consistoire comme il s'en était opéré au début (Actes de juillet 1560), n'étaient aux yeux du pasteur qu'une insuffisante réparation du péché commis; il exigea plus et l'obtint. On commença par faire comparaître par ordre tous les membres de la communauté «ceux du quartier de Westminster et Temple Bar, puis du quartier de Blanc-Chapel et enfin de celui de Saint-Martin»; les faillis durent promettre de faire repentance[1].

---

[1] Le 17 de Septembre 1560 : Perots, natif de Bretagne, demeurant au St Martin des Champs, demande à être reçu en l'église et promet faire repentance; Pierre de Dessus la Mare, natif de Rouen, orlogier, demande à être reçu et faire repentance; Jehan de Dessus la Mare, jeune homme, natif de Rouen, peintre, désire être reçu : lui est enjoint de se faire instruire en la doctrine et que lors il serait reçu, ce qu'il a promis de faire; Gaultier Dare, natif de Rouen, peintre, désire être admis à la Discipline de l'Église et a été interrogé de sa foi, à quoi a répondu bien simplement; Fernand Lion; Guillaume Dubois, natif de la Ferté au diocèse de Chartres, brodeur, désire être reçu; Joachim le Loup, natif de Rouen, brodeur dans le Temple Bar, est venu se faire enregistrer le 15e jour d'août pour être reçu, promettant de faire confession de sa foi quand il sera requis, il en fera confession le jour de son

« Le lundi 28 octobre 1560 firent *repentance publique devant toute la face de l'Église* un grand nombre de ceux qui avaient ici demeuré à l'idolâtrie durant le temps de la reine Marie jusques au nombre de vingt-trois, comme il apparaît plus amplement par le catalogue avec leurs noms écrits en un billet de M. de Solles [1]. »

Le 3 novembre on en enregistre vingt-quatre de plus ; parmi les repentants du 5 décembre, un des huit maîtres d'école, de la Fontaine [2]. Ce même 5 décembre

« on fait la censure entre les ministres et les anciens de l'Église, là où que chacun fut admonesté et censuré de ses imperfections, ce que tous prirent de bonne part, selon leur devoir et le droit de la parole de Dieu... Le jeudi suivant, le Consistoire se rassembla après le sermon pour aviser ceux qui devraient être reçus à la Sainte-Cène et ceux qui devraient encore s'abstenir, ce qui fut fait, et donné charge aux anciens et diacres d'avertir ceux de leur quartier qui n'étaient encore capables d'être admis, et ceux qui n'avaient encore fait repentance, et aussi fut conclu de l'ordre qu'on devait tenir et du lieu où que l'on mettrait la table. Puis le dimanche suivant, 10 dudit mois, fut célébré la Sainte Cène à la grande consolation de toute l'Église [3] ».

L'attention du Consistoire fut appelée, vers cette époque, sur deux questions relatives aux communautés sœurs, questions parallèles, mais, jusqu'à un certain point connexes : celles de

---

mariage pour l'édification de l'Église ; pour cela on lui enjoint d'apprendre les principaux articles de notre foi pour en faire confession publique. » — « Bastien Morel, imprimeur de Paris veut y retourner ». Nov. 1560. (Notes inscrites sur les pages à l'entrée du premier registre des Actes de Threadneedle street. Elles sont signées par un des diacres).

[1] Le billet révélateur est affixé en marge, écrit comme les suivants, de la main de des Gallars : le souvenir de la faute s'est perpétué à travers les siècles.

[2] « Le 1er janvier il y eut grand nombre de femmes et d'hommes qui firent pénitence pour l'idolâtrie » ; de même en juin 1561.

[3] On avait décidé de célébrer la Cène, non debout mais assis, « parce qu'on le faisoit ainsi avant en cette église ».
Dans les Registres les Cènes sont numérotées, à partir de celle-ci considérée comme la première.

Hambstede dans l'Église flamande et de Cassiodore di Reyna dans l'espagnole.

Adrien Hambstede, premier réorganisateur de l'Église flamande de Londres et collègue de Pierre de Læne dans cette église, avait présenté à l'évêque la pétition de quelques réfugiés des Pays-Bas, en qui l'on reconnut aisément des anabaptistes. Accusé d'abord de partager leurs doctrines, le pasteur repoussa l'imputation, mais affirma en même temps ne pouvoir leur refuser la qualité de chrétiens uniquement parce qu'ils rejetaient le baptême des enfants et la conception surnaturelle du Christ; dogmes non fondamentaux, disait-il, car ils ne peuvent être démontrés par l'Écriture. Du moment qu'ils admettaient la mort et la résurrection de Jésus pour la rémission de leurs péchés, ils croyaient, selon lui, au vrai Rédempteur : du reste il l'avouait franchement, « parmi les anabaptistes, les papistes et autres sectes pestiférées, se trouvaient des membres infirmes de Christ [1]. »

Hambstede.

De cette conception plus large, inclinant vers les idées d'un Castalion, admettant même l'existence de celles d'un Servet, Hambstede n'était pas, à Londres, l'unique représentant. Bernardino Ochino en avait déposé les germes dès le règne d'Édouard VI au sein de la congrégation italienne, et les poursuites contre le ministre flamand furent retardées par les démarches conciliatrices d'Aconce, ancien pasteur du Trentin, jurisconsulte, philosophe, théologien et pensionné par la reine comme ingénieur des fortifications. Mais les instances d'Utenhove l'emportèrent et décidèrent Grindal à user des rigueurs ecclésiastiques, non-seulement envers les anabaptistes, mais envers celui qui trouvait leurs erreurs secondaires et leur accor-

---

[1] Réponse au 7e article de l'interrogatoire des Anciens, citée dans sa lettre à Aconce. *Eccl. L. Bat. Arch.* II. 54.

dait quand même le bénéfice du salut[1]. L'ayant vainement sommé de se rétracter publiquement, et Hambstede ayant quitté l'Angleterre, l'évêque, après consultation du Cœtus, le déclara contumace[2] et ordonna à tous les ministres des églises du diocèse, et spécialement à Pierre Delæne de l'excommunier solennellement en présence de leurs troupeaux, 16 novembre 1560. La sentence fut prononcée à Austin-Friars devant les deux Consistoires réunis, en flamand d'abord, puis en anglais par Grindal lui-même, l'accompagnant d'une exhortation « à tout le peuple à vivre charitablement selon la vérité, et à considérer les bienfaits que Dieu leur accordait en ce pays, à cette fin de ne causer de scandale à aucun de ses habitants[3]. »

La sentence provoqua une si vive émotion dans le troupeau et au dehors, que le 19 avril 1561 Grindal rédigeait, avec les deux pasteurs des deux Églises étrangères et avec son collègue de Durham, les termes d'une confession publique à exiger des adhérents d'Hambstede[4]. Mais ce que murmuraient encore ses

---

[1] L. d'Utenhove à Bullinger, se plaignant des troubles causés par « quemdam Hamstedium qui ministerium nostræ hic ecclesiæ ante nostrum huc accessum occupaverat », qui avait eu Aconce pour patron auprès de l'évêque et l'avait maintenant pour apologiste auprès des Églises. 3 mars 1561. — *Corr. Calv.* 3353. Sur Aconce — Giacomo Concio — ses tendances « iréniques et extratrinitaires », son livre des Stratagèmes de Satan, condamné par l'Ass. de Westminster en 1642, et en haute estime chez les Arminiens, voir Bonet-Maury, *Des Origines du Christianisme Unitaire chez les Anglais*. Paris 1881.

[2] .. « procedens contra Ad. Hamstedium, eidem Ad. H. male sentire de fide orthodoxa convicto... » Circulaire de Grindal. — *Ecc. L. Bat. Archiv.* II, 46.

[3] Baup, *Discours historique sur l'église de Threadneedle Street*. Au Cœtus suivant les Flamands demandèrent ratification et confirmation à nouveau de la sentence, avec lettres aux Églises des Pays-Bas. Les Français trouvèrent inutile de ratifier l'acte du superintendant, mais licite d'en écrire aux Églises. — *Actes du Cœtus*.

[4] « Actum coram Edmundo Episcopo Londinensi cum consensu ministrorum utriusque Ecclesiæ peregrinorum, Flandricæ scilicet et Gallicæ, presente etiam Domino Episcopo dunelmensi et consentiente. » — *Ecc. L. B. Archiv.* II. 49.

anciennes ouailles, Jacques Aconce, son ami, le répétait hautement; il correspondait avec l'hérétique proscrit, il publiait et répandait jusqu'à l'étranger un traité en sa défense, et lui persuadait, l'année suivante, de revenir à Londres. Qu'espéraient-ils? Le 31 juillet 1562, Grindal proposait à l'excommunié une reconnaissance formelle, en sept articles, de ses erreurs et de la légitimité de la peine infligée[1]. Sur son refus de la signer, la sentence première fut confirmée à nouveau, avec l'aggravation de la déposition du ministère et du bannissement perpétuel.

On ne pouvait en rester là. Du moment où Hambstede était frappé pour n'avoir pas condamné l'hétérodoxie d'autrui, Aconce,

Aconce.

Ils consentirent à témoigner de leur foi en J. C., vrai Dieu et vrai homme et en la conception surnaturelle, mais non à reconnaître qu'on avait agi envers Hambstede « selon les Écritures », seulement ils n'en parleraient plus. L'évêque conseilla aux Anciens de ne pas insister davantage. — *Ibid.* 44 *a. b.* — Le demi-frère d'Utenhove, le 16 mai 1561, lui reproche amèrement d'Anvers cette expulsion « pour des raisons légères, pour ne pas dire frivoles » d'un homme dont « les jugements semblent plus droits et plus sains que ceux de la phalange de ses adversaires. Vous repoussez l'homme qui en a instruit deux mille à Anvers et y a exercé le ministère pendant des années avec tant de succès: comme les ennemis se réjouiront! croyez en votre ami et parent, vous avez mal fait de l'accuser si témérairement et de l'expulser avec tant de sévérité. » *Ibid.* 53. — « Illi me tanquam hereticum sua excommunicatione e cœlo excluserant: sed Christus me sub victorioso crucis suæ vexillo suscepit, ut per multas tribulationes ad regiam suam deduceret. Illi me in exilium ejicerunt, alii me omnibus meis bonis privarent, alii fratrum communioni interdixerunt: nonne hæc eadem passus est antesignanus et dux noster Christus... Vale mi Aconte et me, ut soles, ama. — 14 juin 1561. Hams. à Acon. » *Ibid.* 54.

[1] *Brævis quædam Formula Revocationis Hadriano Hamstedio per Rev. Episc. Londinensem oblata ultima Julii MDLXII. — Ecc. L. Bat. Archiv.* II. 66. Ici encore les principales fautes dont il devait s'accuser étaient, non d'avoir nié certains dogmes, mais de leur avoir assigné une importance secondaire dans l'œuvre du salut: il a dit que l'erreur de ceux qui ne croient pas à l'incarnation est la structure de bois, de chaume, de paille, qui ne les empêchera pas d'être préservés, toutefois, comme à travers le feu, etc. Le 8e article portait: « Postremo, Quod horum præscriptorum errorum monitores utrius Ecclesiæ ministros contempserim: atque Ipsum adeo Rev. Epis. Lond. utriusque Peregrinorum Ecclesiæ Superintendentem... »

par la logique ecclésiastique de l'époque, se trouvait moralement impliqué dans la même coulpe. Quant, à défaut de l'église italienne non reconstituée encore, il voulut, comme plusieurs de ses compatriotes, participer à la Cène dans la française, on lui demanda de rendre préalablement compte de sa foi et de se justifier, à son tour, sur tous les points condamnés dans Hambstede.

Sa justification revient d'abord très explicitement sur les raisons de sa défense d'Hambstede, condamné pour des doctrines qu'il n'avait jamais professées, et dont on a incorrectement interprété les expressions sur la conception surnaturelle. Passant alors à ses croyances personnelles, après avoir rappelé que son discours sur la Somme de la religion chrétienne, familier dans les églises de Zurich, de Genève et de Rhétie à ceux qui savent l'italien, ne renferme pas un mot en désaccord avec les dogmes reçus dans ces églises, Aconce accepte la responsabilité d'une parole qu'on lui a reprochée: « de même qu'un homme de qui la main amputée a été remplacée par un membre de bois ou de fer est, non un autre, mais le même homme qui était auparavant, bien que mutilé d'un membre, de même aussi l'Évangile dont un article est corrompu demeure le même Évangile, mais incorrect en une certaine partie; de la corruption d'un article il ne s'ensuit pas nécessairement que tous soient corrompus.« Il reconnaît néanmoins que, si un homme est atteint au cœur ou au cerveau, il sera non plus le même, mais un cadavre, et il n'a pas nié qu'il en pût être ainsi pour l'Évangile de l'article de l'Incarnation; mais il ne l'a pas affirmé : il a dit qu'il lui est jusqu'ici incompréhensible; en ceci il est élève plutôt que professeur, et ne saurait douter, du reste, que la doctrine reçue ne soit vraie et conforme aux Saintes Écritures: « si quelqu'un pouvait m'enseigner sur ce point quelque chose de positif, je ne me refuserais pas à l'écouter, à y réfléchir, et si je trouvais que l'article fût nécessaire, à le reconnaître pour tel [1]. »

Cette profession de foi fut soumise par le ministre de l'église française à l'évêque et déclarée insuffisante. Aconce ne se bornait pas, en effet, comme Hambstede, à excuser les erreurs d'autrui ; il laissait entrevoir et ses propres doutes, et cette distinction entre les vérités nécessaires à connaître et celles non indispensables au salut, qu'il devait bientôt développer dans son livre des *Stratagèmes de Satan*. Il resta sous le poids de l'exclusion de la Cène, dans toutes les congrégations du Refuge en Angleterre [2].

Au sein de l'espagnole surgissait une question plus grave encore, celle de la Trinité : ce n'était pas sans fondements que l'on contestait la parfaite orthodoxie de son conducteur. Né à Séville, et d'abord moine au couvent de San-Isidoro, Cassiodore di Reyna, réfugié à Genève, y avait dirigé une petite congréga-

Cassiodore de Reina.

---

[1] J. Aconce à Ed. Grindal, *Eccl. L. Bat. Archivum* II. 73.

[2] A l'une des séances du Cœtus on posa la question : peut-on user de rigueur envers ceux qui assistent au culte sans avoir communié ? Des Gallars défendit la négative, s'appuyant sur l'exemple de Genève. Le refus de l'évêque lui fut annoncé par Cousin, l'enquête, les interrogatoires et les réponses se prolongeant jusqu'après le départ de des Gallars. A la réouverture de l'église italienne (1564), Aconce en reçut, par ordre supérieur, la même interdiction. Persuadé, dit-il, que beaucoup en seraient froissés, il fit une dernière tentative auprès de Grindal ; renouvelant sa justification de l'année précédente, il lui demandait de bien considérer si son admission ne serait pas moins préjudiciable qu'une exclusion et le réveil des vieilles histoires d'Hambstede ? « Et pourquoi ne l'accepterait-on pas ? A-t-il rejeté un article de foi ? Certes sur un seul point il ne peut satisfaire l'évêque : il lui est impossible d'admettre que ceux qui ont des croyances erronées sur l'incarnation n'aient aucune part aux miséricordes de Dieu ou au salut par Christ. Zwingle a été plus loin, lui qui accorde le bénéfice du salut à ceux qui ignorent non seulement l'article de l'incarnation, mais tous les autres, tels que Socrate et d'autres païens... Étrange position que la sienne ! Réfugié, on ne lui permet point de communiquer avec les églises du Refuge : les Anglais, eux, non seulement l'y autorisent, mais s'il ne vient de lui-même, l'invitent, le contraignent... » *Ibid.* Aconce a dû mourir en 1565, année où parurent ses *Stratagèmes*.

tion espagnole: peut-être a-t-il connu Servet ; certainement il en a blâmé le supplice, et accepté, dans son for intérieur, les théories. Aussi accompagnait-il à Londres les Anglais rentrant de l'exil. En 1559 il y prêchait à ses compatriotes dans une maison particulière : au commencement de 1560, demandant à Grindal un asile pour son culte, « afin d'en affirmer publiquement la pureté[1], » il obtenait une ancienne église convertie en entrepôt, St-Mary Axe, et un traitement de soixante et dix livres[2]. Mais certaines méfiances étaient en éveil : c'est au Consistoire français qu'il s'adressa pour les dissiper.

« Le 22 octobre 1560 un nommé Cassiodore, Espagnol, comparut devant le Consistoire, requérant, au nom des autres frères espagnols qui sont ici en la ville, de leur permettre de faire leur confession de foi publiquement devant toute l'église, pour cause, ce disait-il, qu'ils ont été soupçonnés de tenir quelques erreurs de sentiments. A quoi il lui fut dit et demandé si c'était généralement qu'on eût telle suspicion d'eux, ou si c'était quelque particulier. A quoi il nous dit que lui étant à Franqfort on lui en écrivit lettre de cette ville et de Genève. Lequel toutefois ne nous voulut dire ceux qui avaient écrit, mais bien nous dit qu'il avait entendu que telle supposition était venue à cause d'un de leurs frères qui avait dit que quant au mot de Trinité que l'on ne trouvait point tel mot en la Sainte-Ecriture, requérant que on ne le requit point de dire son nom, car il ne le dira point, vu que la chose est passée et tenue pour morte et assoupie, et que la confession qu'ils feront pourra satisfaire quant à cela. Dont, après avoir tout ouï ses susdites allégations lui fut répondu que l'on désirait bien savoir celui qui a dit ce mot touchant de la Trinité, et puis celui qui a eu telle suspicion d'eux, et que quant à leur confession qu'on ne leur voulait refuser. Sur quoi nous dit qu'il s'avisera avec ses frères[3]. »

[1] Pétition signée de lui, British Museum, *Lansdowne Mss.* IV, 46, publiée par Böhmer, *Spanish Reformers* II. 90. Sa confession de foi est datée de Londres 4 janvier 1559 (1560).

[2] Böhmer, d'après la lettre de l'ambassadeur d'Espagne La Quadra.

[3] *Actes du Consistoire.*

En janvier les Espagnols apportent au Consistoire leur confession de foi, demandant qu'on l'approuve par une signature. « On trouve qu'ils pourroient bien un peu plus éclaircir l'article touchant le baptême des petits enfans. » Se récusant de la souscrire, on les prie de la signer eux-mêmes et on l'envoie aux Flamands qui désiraient l'examiner, « à cause que ceux qui se retirent des deux églises sont reçus chez eux, et même qu'ils ont présenté audit ministre espagnol les articles et affaires qu'ils ont eus à l'encontre de M. Hamstedius; il ne les a point voulu voir, disant qu'il avait des autres affaires assez pour s'occuper. »

Le culte de Cassiodore continua pendant trois ans. Vers l'automne de 1563, s'étant vu retirer son église et sa pension, « parce qu'il s'était marié, » dit l'ambassadeur d'Espagne, et accuser à la fois d'hétérodoxie et d'immoralité, il quittait l'Angleterre et gagnait Francfort, non sans périls [1]. Les réfugiés espa-

---

[1] L. de La Quadra 1563. — Philippe II se préoccupait de ce petit noyau d'hérétiques espagnols et mettait à prix la tête de C. de Reina 1564. Voir les études de M. N. Tollin, qui lui sont favorables, *Bull*. XXXI, XXXII. Le 2ᵉ vol. des Actes du Consistoire de Threadneedle Str., non retrouvé, contenait un exposé de l'affaire, sur laquelle la Compagnie refusa de s'expliquer à nouveau en 1579. Toujours est-il que la Commission d'enquête présidée par Grindal le déclara innocent et que Sturm écrivait à Cecil : « Je n'hésiterais pas à prêter serment de la foi et de l'innocence de Cassiodore. » Lui-même a énergiquement repoussé les accusations contre sa conduite privée (lettre de lui et réponse de Bèze, *Bibl. de Genève*, vol. 117). Mais le côté doctrinal est plus sérieux. Grindal le fit surveiller à Francfort; parmi les dépositions recueillies à son sujet on relève celle d'Angelin Victorius : « Tout incontinent qu'il eut à Francfort un livre de Servet il le baisa et dit que jamais il ne connut bien Dieu jusqu'à ce qu'il eût eu ce livre là et que Servet seul avait entendu le mystère de la Trinité. » Quelle que soit l'exactitude de la réponse, l'interrogation était posée sur le terrain du dogme. C'est ce que laisse entendre des Gallars écrivant à Utenhove : « Quæ de Cassiodoro intellexi mihi fuerunt permolesta. Sed laudandus est Dominus qui in tempore talem fucum detexit. Potuisset enim temporis progressu ecclesiæ multum nocere. Non frustra sane in eo aliquid latere suspicabamur. » *Eccl. L. Bat. Archivum* II, 75. Voir aussi deux lettres de Cousin à l'Église de Francfort et à ses pasteurs Banos et Salvard, Londres 8 9 août 1572. *Archives de l'Égl. franç. de Francfort-s.-M.* Vol. B.

I

gnols de Londres se rangèrent à l'église française jusqu'à la reconstitution de la communauté sous Corranus[1].

Actes consistoriaux. Les Actes du Consistoire de Threadneedle Street, pendant cette première année, 1560-1561, soigneusement rédigés par du Ponchel, contiennent diverses indications sur l'administration et la vie intérieure de l'Église française-wallonne de Londres :

« Il fut proposé par notre ministre que l'office de recueillir de l'argent pour les ministres n'appartenait point aux anciens, mais aux diacres ; on n'aura qu'une bourse pour les pauvres et l'église, sauf pour l'entretien des ministres ». — Reproches à l'un des maîtres d'école de ne pas mener régulièrement les enfants à l'église ; il doit leur apprendre à chanter des psaumes et les entonner en premier.

« On appelle au Consistoire tous les maîtres d'école français qui tiennent école en cette ville, pour savoir ceux qui se trouvaient de notre église et aussi quels livres ils enseignent aux enfants. Il y en a huit qui sont rangés à notre église et à notre discipline : Evrard Erail[2], Osias Ganeur (?), Charles Bod, Robert de la Fontaine, Charles Darvil, d'Arras, Jean Vaquerie, Baudouin Masson, Adrien Tresol ; ils ont promis faire leur devoir. Un neuvième, Gilles Bérail, demeurant près de Lombard Street, n'a voulu s'assujettir à l'Église, disant qu'il est déjà rattaché à sa paroisse et qu'il entend l'anglais aussi bien que le français. »

On décide qu'avant le sermon du matin, dimanche et jeudi, des anciens et des diacres feront lecture de la Sainte-Écriture « pour empêcher les parleries qui s'y font, commençant au premier chapitre du Nouveau Testament et ainsi jusqu'à la fin » ; deux anciens et deux diacres sont choisis pour cet office. — On décide de remplacer la prophétie du mardi par un sermon et

---

[1] En 1564 les Espagnols étant retirés dans l'Église française, la Compagnie de cette Église demanda des cotisations en leur faveur à des marchands anglais qui avaient précédemment contribué aux frais de leur culte. *Actes.*

[2] Doit être Evrard « Heracleus », considéré comme maître d'école à cause de son « Académie » ; Erail serait peut-être son véritable nom de famille.

de remettre la prophétie seulement les jours de fêtes solennelles, et à partir de décembre, de célébrer dorénavant la Cène tous les premiers dimanches du mois. Celui qui prêchera le dimanche matin fera le catéchisme, et celui qui ne prêchera pas le matin prêchera après dîner après le catéchisme, et chacun pour sa semaine le mardi et le jeudi suivant. « En 1561, M. de Saules propose qu'on prêche la passion tous les jours de la semaine avant Pâques, « à cause que plusieurs ne l'ont jamais ouïe exposée comme il se doit à la vérité, ce que tous les anciens et les diacres trouvent très bon. » Il offre aussi de donner à partir de mai, avec l'approbation de l'évêque, un sermon en latin le lundi et le mercredi à 8 heures du matin : « chacun le trouva très bon et à édification qu'il lui plaisoit prendre telle peine ». On accorde à M. de Saules, pour qu'il puisse faire venir sa famille[1], cinquante livres par an; à Pierre Alexandre, qui déclara ne pouvoir plus servir gratuitement, « on fera quelque récompense... on lui donnera 20 marcs (13 l. 6 s. 8 d.), le suppliant prendre l'offre de bonne part, car c'est autant que l'Église peut faire pour le présent, pour cause des grands despens qu'elle a eus pour ce commencement ».

L'harmonie, légèrement troublée par ces questions matérielles et rétablie par l'intervention directe de Grindal[2], ne devait pas

Nouvelles dissensions.

---

[1] Visite d'adieux à la Seigneurie de la femme et des quatre enfants de des Gallars 3 avril 1561. *Reg. du Conseil* et Lettres 3276, 3322, 3341, 3387. *Corr. Calvin.*

[2] En décembre l'évêque les réunit à sa table, s'efforçant d'accorder l'affaire d'argent; le 5 janvier « de Solle déclare tenir P. Alexandre pour ministre de la parole de Dieu, pour docteur et ministre en l'église en sa liberté; toutefois il ne pensait pas être venu de Genève en Angleterre pour ouïr tel reproche qu'on lui a mis au devant; néanmoins il pardonne le tout ». Et Grindal écrivait à Calvin : « Multum pietati tuæ cœterisque tuis collegis ob destinatum ad nos Nic. Gallasuis debemus, cujus eximia pietas, doctrina ac prudentia non solum ecclesiam cui præest optime ecclesiasticæ disciplinæ fundamentis jactis pacificavit, quum prius fuisset satis inquieta, verum etiam mihi nostrisque

durer. Sur les plaintes à l'évêque d'un membre du troupeau, Nicolas Woilpin, censuré par le Consistoire, le prélat évoqua la cause et, confirmant la sentence, prononça l'excommunication lue solennellement du haut de la chaire[1]. Alexandre prit parti pour le condamné.

Il avait été stipulé que les pouvoirs des anciens ne dureraient qu'un an. Le 27 juillet 1561 eurent lieu les élections nouvelles, après un sermon de des Gallars sur l'Épître à Timothée III, 8, et en présence d'Utenhove et d'un ministre anglican. « Les sept frères qui ont servi par devant ont le plus de voix, tous plus de cent; le plus prochain des autres cinquante-deux. » Au sermon qui suivit le vote, Pierre Alexandre, qui voyait ainsi confirmer l'autorité du Consistoire, s'éleva avec une telle virulence contre ce résultat « qu'on décida qu'il s'abstiendrait de la chaire jusqu'à ce que les propos injurieux prononcés contre toute l'Église et même contre l'élection faite fussent débattus et vidés[2]...

---

ecclesiis magno usui hactenus fuit, et in posterum, uti spero futurus est. Hoc unum dolet, cum non tam bona esse apud nos conditione, si stipendium spectatur, quam ejus virtutes promerentur. Sed spero temporis progressu hoc corrigi posse ». Lettre 3337.

[1] L'excommunication, peine majeure, ne pouvait être prononcée que par l'évêque; les Flamands auraient voulu en obtenir le droit pour les Consistoires eux-mêmes, « de crainte », est-il dit dans les Actes, « d'un évêque moins favorable dans l'avenir » Juin 1560. La Discipline était d'ailleurs exercée avec toute l'austérité huguenote. « Il y a eu scandale à des noces à Temple-Bar : des frères ont dansé ». On en fait comparaître un devant la Compagnie, l'accusé répond que la femme de l'ancien Marabau a dansé également; elle avoue à son mari avoir dansé une ronde, et on la cite « pour être admonestée, à cette fin de stouper la bouche aux autres et aussi pour que nous commencions à nous-mêmes à nous réformer et reprendre devant de reprendre les autres ». Les membres du troupeau étaient égaux devant la censure : « L'ambassadeur de Suède est censuré à cause d'une fille ». *Actes.*

[2] Les Actes contiennent un long extrait de sa véhémente apostrophe, elle commence : « J'ai été moine, Martin Luther a été moine » et se termine : « J'aurais encore bien quelque chose à dire, mais il vaut mieux laisser les enfants morveux que leur arracher le nez ».

L'évêque superintendant doit être averti afin de prévenir la ruine que nous voyons prochaine dans cette église, si par tel moyen n'y est pourvu. » Des Gallars et deux anciens se rendent chez Grindal, accompagnés de J. Bigot, ancien de Rouen, qui assistait à la prédication. Après avoir écrit à Alexandre de s'abstenir de prêcher jusqu'à ce qu'on l'ait ouï en ses défenses, l'évêque les mande tous devant lui, ainsi qu'Utenhove et deux anciens de l'Église flamande; la discussion se prolonge de 10 heures du matin à 6 heures du soir[1]. Les anciens auxquels le prélat parle de réconciliation répondent qu'ils préfèrent être déchargés. Une fois encore la persévérance éclairée et paternelle de Grindal l'emporte : il obtient qu'on se donne la main d'oubli, et l'on conclut en Consistoire que « le tout est enseveli et mis sous pied ».

Tandis que des Gallars voyait son ministère entravé par la rivalité d'Alexandre ou les résistances des tièdes, il recevait de France de pressants appels auxquels le sentiment du devoir l'empêchait seul de répondre favorablement. « Les Parisiens me sollicitent et réclament mon service, de même les Dieppois », avait-il écrit à Calvin le 14 avril 1561, et quand les Réformés conçurent l'espoir d'exposer librement leurs principes en présence du clergé et de la cour dans l'assemblée de Poissy, il fut un des premiers à qui l'on songea pour les défendre.

Des Gallars au colloque de Poissy.

Le 28 juillet, l'ambassadeur d'Angleterre en France, Throckmorton, mandait à la reine et à Cecil, en leur envoyant la proclamation de Charles IX pour la convocation de l'assemblée, le désir qu'avait l'amiral de faire venir un ministre de l'Église française de Londres, nommé M. de Sault, « dont il a très bonne

---

[1] Alexandre se plaignait surtout de ce qu'on le tenait pour ministre extraordinaire et non légitime; des Gallars répliquait que les divisions venaient de l'appui donné à l'opiniâtreté de Woilpin.

opinion[1] ». « Le 5 août, M. de Saules communique les lettres qu'il a reçues de M. de Chatillon, admiral de France et des ministres de Paris et Rouen lui requérant qu'il ne voulut laisser à soi trouver le plus tôt que faire se peut à l'assemblée de la dispute qui se tient entre les prélats de France et les ministres des églises touchant pour le fait de la Religion »[2]. Sur l'autorisation du Consistoire, il avertit l'église de son « département » et se met en route le 9 (19) pour Saint-Germain-en-Laye, où il arrive le 22[3].

La part qu'il prit aux conférences comme principal auxiliaire de Théodore de Bèze et l'un des cinq de la négociation privée avec les cardinaux, a été souvent signalée. Lui-même en a consigné le souvenir dans plusieurs lettres adressées à Grindal et à Throckmorton[4] et dans la narration anglaise publiée à son retour[5].

---

[1] Il demandait pour lui un passeport et ajoutait, non sans une certaine naïveté, que le pasteur aurait affaire à forte partie, et qu'il ferait bien d'en conférer à l'avance avec quelques Anglais habitués aux controverses et de se munir d'ouvrages des pères grecs et latins. *Record office, Élisabeth* 343, 344.

[2] *Actes du Cons.* — De même Grindal rend compte à Cecil de la visite d'adieu de M. de Saul. « Je l'ai exhorté à se hâter, ajoutant que vous m'aviez confié votre étonnement de ce qu'il ne fût pas en France depuis longtemps. » *Corr. Grindal* XII.

[3] L. de Throckmorton à Cecil (Record office). Il était remplacé dans ses fonctions par Alexandre avec prédications supplémentaires de M. Josias (*Actes du Consistoire*).

[4] Les lettres à Grindal du 29 sept. et 6 oct. 1561 (Archives de St Thomas à Strasbourg), sont insérées dans Baum, *Théodore de Bèze*. Celles à Throckmorton ont été reproduites en majeure partie par M. de la Ferrière dans les *Archives des missions scientifiques* 1871 et *Le XVI* siècle et les Valois*, Paris 1879, d'après les originaux du Record office L'ambassadeur les transmettait à Cecil, l'engageant à les lire « pour mieux comprendre ce qui se passe au sujet de la Religion »; il demandait à la Reine de remercier M. de Sault à son retour du soin qu'il a pris de la tenir ainsi au courant. *State papers. Foreign Elizabeth.* 516, 518.

[5] *A brief rehearsal of the doings at Poissye in Fraunce, betwixt the Lordes of the spiritualty and the Ministers of the Gospel, set forth, by N. Gallasius*, London 1561. XIII et 116 pp. « Aussitôt mon retour en ce Royaume, je pensai

Il avait accepté l'appel sans se faire d'illusions sur l'insuccès probable et sur les dangers à courir : « Avant de quitter Londres je ne pouvais faire entrer dans mon esprit qu'on pût arriver à fonder quelque chose de solide[1]. » Il s'attendait à peine à être admis à parler. « Bien qu'on nous eût convoqués, plusieurs étant mal enclins et quelques-uns luttant à l'encontre, qui a cru que nous serions même entendus ? Qui n'a vu mille embûches préparées pour nous mettre à mort ou nous contraindre au silence ? Qui n'a pensé que nous étions menés, comme prisonniers, pour défendre notre cause ? Mais nous avons préféré nous exposer à tous les périls et à souffrir beaucoup de dommages, plutôt que de fournir le moindre prétexte à une rupture de la conférence[2]. »

Sa présence en France avait réveillé aussitôt les désirs de plusieurs églises. « Je me trouve assailli d'une étrange façon », écrit-il à Calvin qui, lui-même, n'avait cessé de le regretter. « Si des Gallars était libre, et sans nuire bien entendu à l'église à laquelle il préside, nous voudrions qu'on nous le rendît[3] »; quelques jours après, le Réformateur mentionne les instances des Poitevins pour l'obtenir de par son influence[4]. Des sollicitations

que rien n'était plus nécessaire que de montrer la cause de mon long pèlerinage ; afin que tous puissent comprendre et pourquoi j'ai été si longtemps absent de mon église et aussi quelle a été la conclusion de cette assemblée et quel fruit j'ai récolté de mon labeur en icelle. Car j'ai appris qu'on en a répandu certaines rumeurs et que plusieurs se sont aisément persuadé ce qu'ils désiraient le plus . . . . »

[1] L. à Calvin, 3551.

[2] Préface du *Brief rehearsal*. Dédiant sa narration au comte de Bedford, conseiller privé de la reine, des Gallars se garde de passer sous silence l'argument irréfutable fourni par l'exemple de l'Angleterre florissante et tranquille sous Élisabeth, contre les attaques d'adversaires toujours prêts à prétendre que le changement de la religion entraîne le changement et le désordre du royaume.

[3] Calvin à Bèze, 3 nones sept. 1561.

[4] « Les Poitevins ne cessent de nous demander des Gallars comme si nous l'avions sous la main ». Calvin à Bèze. L. 3523. — Bèze répond : « Notre des Gallars hésite à se rendre à l'invitation des Poitevins ».

auxquelles il devait être plus difficile de résister lui venaient de ses concitoyens. L'Église de Paris, à laquelle le rattachaient les liens de la naissance, de la famille, de périls affrontés ensemble, obtenait, après la sanglante échauffourée du 12 octobre 1561, l'autorisation de réunions privées ne dépassant pas deux cents personnes. Les frères et les ministres le prièrent d'y prêcher et de les aider à inaugurer également les assemblées consistoriales [1]. Tout en s'y prêtant, retenu avec Bèze par l'ordre même de Catherine de Médicis et dans l'espoir de contribuer à la liberté religieuse de ses concitoyens [2], il n'oubliait pas le troupeau que Dieu lui avait confié. « Dès que nous aurons obtenu quelque-chose, je songerai à mon retour », écrit-il à Grindal le 29 octobre. « Car bien que beaucoup voudraient me retenir ici, je ne puis oublier de sitôt l'Angleterre et notre petite Église. Quand même elle renoncerait à moi, je ne puis facilement renoncer à elle. » Enfin, le 10 novembre, il mande une dernière fois de Paris à Pierre Martyr, retourné en Suisse depuis près d'un mois : « Il me faut partir dans des circonstances passablement mauvaises et fâcheuses. Mais je suis demeuré trop longtemps absent de mon

---

[1] « Rogant enim me fratres et ministri ut concionem habeam atque ipsos adjutem ineundo ordine coetuum et concionum qui nuper institutus est » ; il ajoute : « Ils me réclament aussi, mais il me faut retourner à Londres et je ne puis encore prendre aucun engagement au sujet de ma personne. Les Poitevins sont de nouveau après moi. Au milieu d'une si grande disette de moissonneurs j'ai l'intention d'employer tous mes soins à leur venir en aide, mais après en avoir préalablement obtenu la permission. Jusqu'ici toutefois je ne sais à qui je m'attacherai de préférence, et en pareille matière je ne voudrais pas obéir à mes propres inspirations ». L. à Calvin, oct. 1561, n° 3596.

[2] Des Gallars à Grindal, St Germain en Laye 29 oct. 1561 « Dimissis ergo ceteris collegis, præter D. Martyrem ut ad ecclesias suas redirent, ego et Beza noster hic remansimus ex principum consilio, atque etiam reginæ jussu. Mansionem vero nostram non inutilem fore spero. Tantum hoc spectamus ut piorum libertati nonnihil consulatur ». *State papers. Elizabeth. Foreign* n° 486.

église, où des troubles de toute sorte sont fomentés de jour en jour[1]. »

Il revenait avec une autorité doublée par les services rendus au protestantisme français, et les paroles de Throckmorton à Cecil : « M. de Saules a acquis l'estime de tous les gens sages, et selon toute apparence il aura une influence assez considérable de ces côtés[2] », se trouvent corroborées par la lettre de recommandation et d'éloge dont le roi Antoine de Navarre le chargeait pour Élisabeth[3].

Derniers démêlés avec P. Alexandre.

Plus que jamais il avait besoin de se sentir apprécié et soutenu. Son absence avait eu de déplorables résultats pour la paix intérieure du troupeau, diminué d'ailleurs par le retour en France d'un assez grand nombre de membres[4]. L'Église était de nouveau divisée entre les partisans de la discipline de Genève telle qu'il l'avait instituée et les sectateurs d'Alexandre, excités par les rigueurs de cette discipline et des réprimandes « fraternelles » qu'elle comportait. Les anciens, « n'osant donner aucun aver-

---

[1] Lettre reproduite dans le *Théodore de Bèze*, de Baum, d'après l'original de la collection Simler de Berne.

[2] *Record office. Elizabeth.* L. 684.

[3] « Très haute, très excellente et très puissante princesse, notre très chère et très honorée bonne sœur et cousine, nous n'avons pu laisser retourner en vos pays vénérable personne maître Nicolas des Gallars sans l'accompagner de cette lettre pour vous rendre témoignage du vertueux, modeste et louable office qu'il a fait avec les autres théologiens et ministres qui ont été convoqués en ce royaume pour aviser à l'accord et union des différends de la religion, duquel il s'est acquitté si sagement que, l'estimant personnage digne de très particulière recommandation et faveur, nous entreprendrons bien de vous prier et requérir, ce que nous faisons très affectueusement, que si jusques ici vous l'avez en beaucoup de sortes par votre bonté et bénéficence obligé, il vous plaise encore de l'avoir pour recommandé, et nous semblablement en votre bonne grâce à laquelle nous présentons nos humbles recommandations, priant Dieu, etc. St Germain en Laie le XXIIIe jour de novembre 1561. Antoine ». *Record office.* Orig. autographe.

[4] « Après mon départ un grand nombre de gens se sont retirés en Gaule ». Des Gallars à Calvin. Paris. L. 3551.

tissement en l'absence du ministre, avaient souffert toutes les indignités »; du Ponchel dut interrompre la rédaction de ses procès-verbaux[1]; des Gallars écrivait à Calvin en mars 1562 : « J'ai eu un grand nombre d'ennuis depuis que je suis en Angleterre, ô mon père, mais jamais autant que depuis mon retour. »

C'est dans cette longue effusion qu'on suit pas à pas ses tribulations, plus amères que les précédentes, car à ce rétablissement intégral de son œuvre, Grindal, fatigué de ces luttes, était loin de prêter le même concours qu'autrefois. Quand Alexandre se dérobe d'abord à la discussion pacifique, et qu'après la réconciliation de la Cène, reprenant ses attaques contre les réprimandes fraternelles et refusant ensuite de soumettre par écrit ses raisons au jugement du Consistoire, comme l'avait fait des Gallars, il est frappé de suspension, c'est auprès de l'évêque qu'il se réfugie. Il en obtient son maintien, « sans reconnaître sa faute et sans donner aucune satisfaction à l'Église. » Aux plaintes de des Gallars incité par les anciens, Grindal répond en rappelant avec attendrissement l'accueil qu'il a reçu lui-même d'Alexandre à Strasbourg, au temps de son exil sous Marie. Quand le ministre s'entretient du choix d'un successeur,

« il me pria de désigner et de recommander au peuple Alexandre. Je répondis que je ne pouvais le faire en bonne conscience, parce que c'était un homme emporté et s'abandonnant à ses passions. Si vous ne voulez pas le faire en votre nom et d'après votre jugement, me dit-il, faites-le au mien et recommandez-le, de ma part, aux anciens et aux diacres. Je rapportai cela dans le collège. Il n'y eut personne qui ne dît qu'il se retirerait plutôt de sa charge que de consentir à l'élection d'Alexandre. L'accord fut admirable. »

[1] Peut-être sans cette interruption y eût-on trouvé quelque mention d'un réfugié de haute distinction, mort cette année 1561 à Londres où il s'était retiré pour cause de religion, le vidame de Chartres, François d'Ailly, d'une des plus grandes familles de Picardie. — *France prot.*, 2ᵉ éd.

La popularité de des Gallars était à son apogée : une dernière imprudence d'Alexandre accusant les diacres de malversations, nécessita, après de stériles débats, l'élection par l'Église entière de douze arbitres auquel l'évêque en adjoignit deux. L'enquête justifia les diacres et la déclaration fut lue du haut de la chaire. La présence d'Alexandre devenait impossible.

« Il restait à débarrasser l'Église de cet homme ami des disputes et des luttes. Je dis que puisqu'on ne pouvait obtenir de l'évêque son changement, que par le temps il avait pris en quelque sorte possession du ministère et même s'en vantait, il fallait faire choisir l'Église et qu'elle gardât l'un ou l'autre de nous. Elle se contenterait d'un seul ministre ; les suffrages de tous ou l'établiraient ou le chasseraient [1]... »

Alexandre préféra ne pas attendre le jugement de l'Église et avec forces doléances se retira de lui-même [2]. Il ne devait guère survivre à cette pénible fin de son ministère à Londres. Repris bientôt de la goutte il y succombait quelques mois plus tard.

Requête en faveur des Réfugiés non naturalisés.

Des Gallars épuisé par ces débats et par un climat hostile à son tempérament était également tombé malade et se cherchait un successeur apte à continuer son œuvre. Mais un autre devoir s'imposait d'abord à lui : régulariser la situation de ceux des membres de son troupeau qui n'étaient point pourvus du droit de bourgeoisie. Les protestants étrangers n'avaient plus, comme sous Édouard VI, pour les défendre vis-à-vis de la municipalité, leur qualité de ressortissants d'une corporation politique indépendante et leur position était d'autant plus délicate que le gouvernement se plaignait de l'arrivée, sous prétexte des persécutions religieuses, de sectaires étrangers, anabaptistes et autres, prêts à corrompre l'Église du royaume et à

---

[1] Il ajoute avec franchise : « Mais il s'était tellement rendu odieux par ses troubles que je ne doutais pas de son départ. A la vérité par ce moyen le danger arrivait à sa dernière extrémité et la plupart ne l'approuvaient pas : mais il fallut bien en passer par là ».

[2] L. à Calvin.

compromettre son unité[1]. Dans une adresse, dont le début n'est pas sans grandeur, il expose à la reine les difficultés d'existence de ces exilés pour la foi, envers lesquels sa bienveillance s'est signalée par l'octroi d'un temple et la pleine liberté d'invoquer et de servir Dieu, mais qui, d'après les lois de l'État, n'ont, comme étrangers, ni l'autorisation de posséder des demeures, ni même d'en louer[2]. Il demande pour eux à la reine de mitiger, par sa clémence, la sévérité des lois et de leur procurer soit le droit de bourgeoisie, soit un moyen quelconque d'habiter et d'exercer leurs industries, afin de les sortir de cette position neutre et en suspens qui les a déjà livrés aux molestations des nationaux, aux peines pécuniaires, voire même à la prison. A l'appui de sa requête est jointe la liste de ceux qui ont donné leur nom à l'Église, divisés en membres jouissant du droit de bourgeoisie et membres qui aspirent à les acquérir; les premiers (chefs de famille sans compter les femmes et les enfants) sont au nombre de cent trente-sept, les autres de cent et un[3]. Cette liste est en même

---

[1] *Proclamation de la Reine contre les Étrangers*, Windsor 22 sept. 1561, ordonnant des visitations et enquêtes épiscopales avec expulsion, dans les vingt jours, des hérétiques endurcis et suppression de tout culte en dehors des églises et chapelles publiques. *Corr. Parker*. Lettre XLIX.

[2] Il doit s'agir des baux à long terme, très usités en Angleterre, où la location à 99 ans par exemple est de coutume fréquente.

[3] Nous reproduisons intégralement à l'Appendice ces deux documents, d'après les originaux du Record office où ils ont été classés à tort dans l'année 1568 (*Elizabeth Domestic Series*, XLVIII, 47), tandis que la signature de des Gallars atteste qu'elles remontent à l'époque de son ministère et après son retour de Poissy puisque le relevé comprend le nommé Coppin qui, en septembre 1561, pendant l'absence du pasteur, se plaignait au Consistoire d'être depuis trois mois à Londres sans avoir été « rangé à l'Église ». Nous assignerions la liste, car la requête a pu être antérieure, aux premiers mois de 1563, après la mort d'Alexandre qui n'y figure point. Ce sont presque tous artisans ou manufacturiers, orfèvres, tisserands, tailleurs, cordonniers, chapeliers, « loquetiers », un libraire Haguet, un imprimeur Gautier Dare, un fondeur de lettres Danvillier, un gantier Tierry. Les provenances ne sont indiquées que pour la seconde série : la majorité vient des Flandres, du Hainault, de la Normandie (19 dont 7 de Rouen), 1 de Beaumont sur Oise, 1 du Mans, 2 du Blésois.

temps une réponse à la demande de Grindal, qui d'après la proclamation de la reine, réclamait en septembre 1562 aux deux congrégations flamande et française le relevé de leurs communiants [1].

Le moment était néanmoins opportun : Élisabeth avait pris ouvertement le parti des Huguenots poussés à la première guerre de religion par les suites du massacre de Vassy et faisait prier pour les fidèles affligés en France pour la cause de l'Évangile : elle refusait de livrer à l'ambassadeur de France le vidame de Chartres et ses co-négociateurs du traité de Hamptoncourt (20 septembre 1562) et envoyait des troupes en Normandie, soutenir Coligny et Condé [2]. Quand ce dernier, avant la prise d'armes, sollicitait ce secours par M. de Sechelles, Throckmorton recommandait à Cecil, en cas du consentement de la reine, « que le ministre de l'Église française, M. de Saulles (autrement appelé de Gallars) soit mis au courant de ces matières ; il est en grand crédit auprès du prince et de ceux qui professent la religion et sera le moyen que tous contrats promis par eux soient exécutés [3]. »

Depuis le colloque de Poissy, sa situation n'avait cessé de grandir. Toutefois, quand il se sentit rassuré sur l'existence

Départ de des Gallars.

---

[1] *State papers. Eliz. Dom. series.* 1562. 8 sept. n° 24.

[2] « O père miséricordieux qui jamais n'abandonnes ceux qui mettent en toi leur confiance, étends ton bras puissant pour la defense de nos frères et voisins en France qui dans leur extrême nécessité crient à toi pour obtenir consolation. Empêche les cruels desseins d'Aman, la rage d'Holopherne, renverse le conseil d'Achitophel... » Cette prière, en supprimant la phrase spéciale aux Français, devint plus tard une supplication générale pour les affligés et les persécutés sous la tyrannie de l'Antechrist. — Bradford. *Godly meditations* 1562. *Christian Prayers* 1578.
Pour la mission de Séchelles, des vidame de Chartres et de La Haye et en fév. 1563 le voyage de Téligny nous renvoyons à La Ferrière : *Le XVIe siècle et les Valois*, comme il ne s'agit pas d'adjonctions au Refuge, mais de séjours temporaires des négociateurs huguenots. Voir *ibidem* in extenso la proclamation d'Elisabeth sur « les lamentables doléances et plaintes » qui lui ont été faites par les Protestants de Normandie dont elle embrasse la cause, Hamptoncourt, 27 sept. 1562.

[3] *State papers. Eliz. Foreign.*, 27 avril 1562, n° 1060.

spirituelle de la congrégation et sur la position civile de ses paroissiens[1], des Gallars, à qui la mort de sa femme avait porté un dernier coup, après avoir d'abord jeté les yeux sur Saravia[2], remettait à Jean Cousin, ministre de Caen, la conduite d'une église où il ne se croyait plus indispensable, et quittait définitivement l'Angleterre en juin 1563[3]. Son troupeau ne fut pas seul à le regretter. Au témoignage de confiance de l'homme d'état se joint celui d'attachement du prélat anglican : « Nous devons beaucoup à votre piété et à toute votre Église, illustre Calvin, pour nous avoir laissé si longtemps un homme aussi capable que des Gallars. En arrivant il trouva son Église absolument bouleversée ; il l'a transmise à son successeur Cousin pacifiée et bien administrée. Quant à moi et à nos Églises, ses conseils et sa sagesse nous ont profité au plus haut point.[4] »

[1] On ne trouve pas d'acte collectif d'Élizabeth en réponse à la requête, mais le relevé des étrangers en 1571 accusant un beaucoup plus grand nombre de « denizens »; on en peut inférer des naturalisations accordées dans une plus large mesure.

[2] L. à Calvin. Pridie. Cal. janv. 1561-1562.

[3] Une importante lettre à Calvin, 7 mars (inédite), complète ces détails. On y voit aussi persister l'hostilité ecclésiastique de plusieurs : des Gallars s'en méfie et ne veut quitter son poste qu'à la fin de la session épiscopale tenue à Londres. Pourtant la « plus grande partie » de ces prélats apprécient Calvin et ses travaux et répandent la traduction de l'Inst. chrétienne. *Archives du Comte de Sarrau*, et *Appendice* n° XV.

[4] « A la vérité c'est à contre cœur que nous l'aurions laissé partir s'il n'avait pour s'en aller des raisons plus légitimes que nous le voudrions ... S'il avait passé un autre hiver auprès de nous, il eût été à craindre que nous ne pussions plus rendre du tout l'homme que nous rendons aujourd'hui maladif. » Grindal à Calvin. *Corr.* L. 3969., Juin 1563. — Il avait aussi perdu à Londres plusieurs enfants. Il se rendit d'abord à Genève (« Revenu d'Angleterre a comparu présentant les recommandations de l'église françoise qui est à Londres et des Anglois qui ont autrefois demeuré en ceste ville » 30 juillet 1563. *Reg. du Conseil*), puis accepta en sept. 1563 le poste d'Orléans, présida le 5e synode, fut secrétaire du 7e, assista Jeanne d'Albret comme aumônier à ses derniers moments, et termina en Béarn sa carrière pastorale et sa vie.

CHAPITRE IV

L'ÉGLISE SOUS JEAN COUSIN.

Le secrétaire du Consistoire, Du Ponchel, le fidèle ami de des Gallars, inscrit dans les procès-verbaux qu'il ne put continuer à cause des troubles que leur fit Pierre Alexandre pendant l'absence de M. de Saules et fut contraint de prendre un autre livre du 2 septembre 1561 à Pâques 1564. Avec ce volume ont disparu les renseignements sur la date précise de l'entrée en fonctions de Jean Cousin. Les Actes reprennent par les mentions suivantes : « M. Pierre Olivier demande ses gages désirant se retirer en France » ; — célébration de la 38ᵉ Cène depuis le rétablissement, 342 communiants, 193 hommes, 159 femmes[1]; — M. Utenhove vient au Consistoire au nom de l'évêque ; l'évêque recommande de reprendre le Cœtus mensuel ; — « 2 juillet 1564 M. Cousin nous a lu les lettres de la mort de feu M. Jehan Calvin. » *Interruption dans les Actes.*

Le nouveau pasteur pouvait être considéré lui-même comme un Réfugié ; un des trois fondateurs de l'Église de Caen, Jean Cousin[2] *Jean Cousin.*

---

[1] A la 49ᵉ Cène en 1565 il y en a 397.
[2] Jean Cousin « flamand de nation » selon De Bras, *Antiquités de Caen*. La liste de 1571 le désigne, ainsi que sa femme, comme « tous deux nés en France », et « *la Muse chrestienne* » dira de lui « natif de l'Isle en Flandre ».

s'était compromis lors du soulèvement qui suivit le massacre de Vassy. Alors que dans l'émeute de 1562 le peuple surexcité se précipita sur les églises catholiques et que la Justice manda les ministres en la Chambre du Conseil, c'est lui, assure-t-on, qui s'étant mis en prière dans la Chambre même, déclara « qu'on avait souffert trop longtemps l'idolâtrie et qu'à Caen comme à Rouen, tout devait être abattu [1]. » Aussi n'a-t-on pas lieu de s'étonner de le voir après la cessation des hostilités remplacé à Caen par Sylvestre, et venir retrouver à Londres, vers la fin d'avril ou le commencement de mai, des Gallars, son ancien condisciple ou maître de Genève [2].

Représailles contre les Français et proclamations royales.

Alors que le prince de Condé, à l'insu de Coligny, négociait la paix d'Amboise, Théodore de Bèze, aumônier des troupes de l'amiral, avait répondu de Caen à une invitation de Cecil : s'il ne l'acceptait pas encore, il entrevoyait pourtant la possibilité d'aller finir ses jours en Angleterre [3]. Mais cette paix, conclue

---

[1] De Bras, *Antiquités de Caen*, 1833. — Soph. Beaujour, *Histoire de l'église de Caen*. Constater que ces déplorables excès furent rémunérés par le Conseil lui-même, n'est qu'atténuer à demi les torts du trop ardent ministre : la contagion iconoclaste avait gagné la grande majorité de la population ; la messe ne fut rétablie à Caen qu'après une interruption de trois mois le 4 juillet 1563, le culte réformé étant reporté dans les faubourgs.

[2] Cousin, étudiant à Lausanne en 1545-1546, et ensuite pasteur à Payerne, dans le canton de Vaud, est un de ceux qui, avec des Gallars, ont recueilli les sermons et cours de Calvin. *France protestante*.

[3] . . . « De quoi j'espérois vous remercier en personne, mais mon voyage estant desjà tout prest a esté rompu. Si Dieu n'a pitié de ceste pauvre nation, elle s'en va précipiter d'elle-mesme et sans occasion en plus grands troubles que jamais, toutesfois que Dieu nous trouvera tousjours quelque refuge pour passer la tempeste ; et nommément, Mgr. je ne vous doy dissimuler que toutes gens de Dieu ont plus conceu d'espérance de S. M. que de tous autres, quels qu'ils soyent aujourd'huy, la voyant d'elle-mesme si affectionnée à maintenir les pauvres affligés, et davantage assistée de tels personnages que vous, Mgr. qui jusqu'icy l'avez maintenue en ceste bonne volonté et maintiendrez, jusques au bout, ainsi que nous l'espérons. Et moi-mesme en mon particulier, me voyant assailly de Satan de tous costés par nouvelles calomnies, j'ay conceu ceste espérance de vous, pour la faveur qu'il vous a pleu me montrer en vos

sans la participation d'Élisabeth, modifia et compromit la situation des Réfugiés. La reine, appelant ouvertement le prince de Condé « traître, inconstant et parjure », se refusa d'abord à recevoir le protestant Briquemault, venu de sa part plaider les circonstances atténuantes [1]. A peine Cousin eut-il été placé à la tête de l'église de Threadneedle Street que le siège, et bientôt la reprise du Hâvre sur les Anglais, par l'armée de Charles IX, dans laquelle combattaient Condé avec d'autres chefs calvinistes, firent courir de sérieux périls au petit troupeau. Les huguenots se réconciliaient en France avec les catholiques et contre l'Angleterre; à quelle protection pouvaient-ils désormais prétendre?

En réponse à la proclamation de Charles IX du 6 juillet, ordonnant à ses sujets d'armer « toutes sortes de vaisseaux » et, avec eux, « envahir, prendre, offenser et endommager par terre et par mer, les sujets anglois », Élisabeth en lançait une le 13 du même mois, pour en prévenir ses sujets résidant en ses ports, et leur permettre, et à tous autres, comme représailles, de faire tout leur possible contre tous ceux du roi de France [2]. Elle ne fut que trop écoutée.

---

lettres que, cas advenant que la tempeste fut si grande sur moy que ne me permettre subsister ny en ma patrie ni en pays circumvoisins, je trouveray tousjours quelque petit coin de retraite par delà pour user mes jours en quelque peu de repos, mars 1562/3. » *Lansdowne Mss. Bull. du Prot. fr.* VIII.

[1] La Ferrière, *Le XVIe siècle et les Valois*.

[2] Elle ajoutait : « Et tandis qu'auparavant, S. M. avait commandé qu'aucun de ses sujets ne dépouille ou ne vole aucun français qui chercherait à les offenser par terre ou par mer, mais qu'ils se contentent de les arrêter et de les retenir eux et leurs biens en sûreté, maintenant S. M. a de justes causes de permettre, ainsi qu'elle le fait par les présentes, *à tous ses sujets* de les prendre eux et leurs vaisseaux et elle ordonne par les présentes que toutes prises (ainsi qu'en a ordonné le roi de France), seront tenues pour bonnes et nantissables comme capturées sur ennemis. » Humphrey Dyson, *A Book containing all such Proclamations as were published during the Reign of the late Queen Elizabeth*. 1618, in-fol.

La violence hostile du peuple de Londres, s'emparant « sans ordre de plusieurs Français, citoyens et autres », éclata au point de nécessiter de la part du lord-maire, Sir Thomas Lodge, une demande d'instructions au Conseil privé[1]. Le Diaire de Henry Machyn mentionne une première proclamation restrictive du 31 juillet, défendant de molester l'ambassadeur de France, ses serviteurs ou aucun des Français ayant obtenu la dénization. Mais elle fut insuffisante pour calmer l'effervescence des nationaux, et le 3 août la reine répondit au lord-maire, par une lettre destinée à être affichée, qu'elle n'avait entendu s'adresser qu'à ses sujets des côtes, qu'elle continuait à étendre sa protection sur les étrangers résidant paisiblement à Londres et ordonnait de châtier les perturbateurs[2].

---

[1] Stow, *A survey of the cities of London and Westminster*. Liv. V, 301.

[2] L'acte du 31 juillet ne figure pas dans la collection de proclamations-affiches formée par le notaire Humphrey Dyson et conservée au British Museum, Fonds Thomas Grenville. Camden est également incomplet sur ce point. Nous croyons devoir la traduire d'après le *Diary of Henry Machyn, citizen and merchant tailor of London, Camden Society Publ.*

« De par la Reine : très fidèles et très affectionnés, Nous vous saluons. Nous avons appris de diverses manières que, tandis que nous avons ordonné dernièrement de publier une proclamation dans certaines contrées des côtes, donnant licence à ceux qui résident dans les ports ou autres, pour leur défense et sauvegarde, de faire leur possible contre tous sujets du roi de France, leur accordant les prises des vaisseaux capturés en mer, — certaines gens légers et déréglés dans notre ville de Londres et faubourgs d'icelle, sous couleur et faux prétexte de la susdite proclamation qui n'y a jamais été proclamée ni dû l'être, ainsi qu'il appert manifestement par les termes mêmes, ont fait irruption et se sont emparés des personnes et des biens, non seulement de divers Français, hommes et femmes, vivant tranquillement et sans donner d'offense à aucun de nos sujets, mais aussi de tels qui sont denizens et comptés par là d'une certaine façon comme nos sujets, et de plus (ce qui ne saurait être laissé impuni), de plusieurs autres véritablement Anglais-nés prétendant malicieusement qu'ils étaient Français, et d'autres nés sous l'obédience d'autres princes et états hors de celle du roi de France. Par lequel désordre nous nous apercevons qu'il est résulté beaucoup de trouble. C'est pourquoi nous désirons et vous commandons de notifier aux endroits les plus apparents de notre ville de Londres et faubourgs, que toutes personnes, de quelque sorte qu'elles soient, qui

Le peuple avait profité de la guerre pour se précipiter sur les Français et se venger, sur les seuls étrangers qu'il croyait pouvoir attaquer avec impunité, du dommage industriel et commercial que lui causait l'immigration des Réfugiés. Leur nombre, surtout des Flamands, était déjà considérable au point de nécessiter des colonisations hors de Londres. L'église flamande de Sandwich date de 1561. En avril 1563 l'envoyé de la duchesse de Parme, Assonleville, écrit à Granvelle : « C'est une grande confusion de la multitude des nostres qui sont icy, fuis pour la religion : on les estime en Londres, Sandwich et comarques adjacentes de dix-huit à vingt mille testes [1] ». En 1566 — il est vrai, de Bruxelles et par ouï-dire, — il évalue les immigrés des Pays-Bas à Londres, Sandwich et pays environnants à trente mille, et constate que, tandis que les Flandres se dépeuplent et que journellement on voit gens aller en Angleterre avec leurs familles et leurs instruments, la reine en leur assignant une autre ville maritime, Norwich, « pense se refaire de la dépouille de ses voisins [2] ». Les églises flamande et wallonne de Norwich sont de 1564.

Colonisations hors de Londres.

ont été ainsi molestées en leurs corps ou leurs biens sous les susdits prétextes dans notre ville et fauxbourgs, soient mises en pleine liberté, et que les perturbateurs soient arrêtés et forcés de répondre de leurs violences et mauvaise conduite, comme infracteurs de notre paix et transgresseur des lois, soit à la poursuite des parties lésées, soit à la poursuite de vous-même étant notre maire et lieutenant dans notre dite ville, de façon à ce que quelque rigoureux et public châtiment empêche à l'avenir d'autres de se livrer à de tels outrages contre l'ordre et sans autorité. Vous publierez et notifierez notre présente lettre ou la substance d'icelle. Donné sous notre sceau à notre manoir de Richmond, le 2e jour d'août, la 5e année de notre règne. Dieu sauve la Reine ! »

[1] 23 avril; dans la lettre du 17 : « il ne se peult dire combien ces gens françois et flamans retirez icy pour la religion se réjouissent, et le bruit qu'ilz font du malentendu qu'ilz disent entre V. S. et quelques-uns de noz seigneurs et quelles choses ils forgent journellement. » *Corr. de Philippe II.*

[2] Le régent, prince de Parme, permettait de saisir les biens « des réfugiés par deça en Angleterre. » Ordonnance 1566. *Inventaire sommaire des Archives. Dép. du Pas-de-Calais.*

Grindal. De ces sujets de Philippe II, un certain nombre restés à Londres, étaient de langue française et accrurent le troupeau de Threadneedle Street. En 1565, Grindal venait doublement en aide au Consistoire. A l'instigation de Cousin, il en fortifiait d'abord les droits, empêchant les transfuges, par sa circulaire qui interdisait à toutes les paroisses anglicanes du diocèse de «recevoir nul étranger, s'il n'apporte témoignage de leur ministre». Il le défendit ensuite contre le doyen de Westminster qui s'était prévalu de sa juridiction ecclésiastique indépendante des sièges de Londres et de Canterbury, pour ne pas tenir compte dans son ressort des immunités accordées aux étrangers : il exigeait que ceux domiciliés sur la paroisse de Saint-Martin communiassent à l'église paroissiale anglicane le jour de Pâques. Le Consistoire «trouvant la chose d'importance et touchant à tous», demanda le même jour l'avis de l'évêque, «lui représentant par écrit qu'il lui faudrait alors fermer le temple, et que la liberté que la reine avait donnée serait ôtée». Le prélat, de par son autorité de superintendant de toutes les Églises du Refuge, répond qu'il a ordonné une enquête pour savoir ceux qui vont à la communion et que, «quant aux nôtres, moyennant qu'ils aient lettre de nous, on les laissera en paix».

Il offrait de solliciter des Gallars de revenir lorsque Cousin, demeuré seul depuis près de deux ans, quoiqu'on lui eût promis un aide quand on le reçut au ministère, et «n'étant pas délibéré de prêcher plus d'un sermon le jour des fêtes», fut chargé par le Consistoire de se chercher un collègue. Le sieur de Saules avait déjà répondu le 27 janvier 1565 : «Les ministres sont mal à recouvrer ; on leur en demande de tous côtés, et si n'ont pas assez pour les églises qui augmentent journellement[1]». Trois

---

[1] Lettre de des Gallars à Cousin, analysée dans les procès-verbaux du Consistoire, ainsi que celles du même genre de Viret de Lyon, et de St Paul de Dieppe «où l'on agrandit le temple, tandis que ceux de Toulouse ont obtenu place pour prêcher et que ceux de Bordeaux espèrent le semblable (12 avril 1565).»

ans après il allait accepter l'offre ; les massacres d'Orléans l'empêchèrent de prendre le chemin de Londres[1]. Le ministre de Paris, de la Couture[2], promit de « s'employer à chercher quelqu'un pour les assister. » Une nouvelle lacune dans les registres du Consistoire, — « il manque un livre d'Actes depuis mai 1565 à juin 1571 » — ne permet pas de constater si Étienne Marmet ou Marvet qui figure sur la liste officielle de l'Église, de 1568 à 1570, fut envoyé de France à la congrégation de Threadneedle Street, ou si plutôt il ne fut pas choisi par elle parmi les pasteurs expulsés de France, recueillis alors à Londres.

C'est que les années 1567, 1568, 1569 sont mémorables dans les annales du Refuge : elles ont vu la « grande fuite hors de la captivité de Babylone » du XVIe siècle.

Accroissement considérable du Refuge par les persécutions.

Le vent de la persécution s'était levé de nouveau : il soufflait sur l'Europe entière avec une fureur jusqu'alors inconnue. Selon le langage apocalyptique cher aux époques d'angoisse spirituelle, on croyait voir le réveil de l'Antechrist et ses efforts suprêmes pour accabler et anéantir les élus. Le Pape, l'Empereur, l'Espagne, le Portugal, la Savoie, bientôt la France, s'alliaient pour déraciner toute résistance à l'autorité de Rome ; le signal donné par l'Espagne, dans ses provinces des Pays-Bas, excé-

---

[1] « Lorsque tout récemment en France, sous le voile d'une paix trompeuse, nos Églises étaient si cruellement opprimées que leur condition semblait moins triste sous le régime de la guerre et de la persécution ouverte, ne prévoyant qu'une issue funeste, je songeai à me retirer auprès de vous en Angleterre, qui m'offrait, avec un trajet facile, toutes sortes d'avantages pour mes affaires. Mais une émeute depuis longtemps préparée par les papistes pour le massacre de nos frères ayant éclaté tout à coup, j'ai vu ma maison, où se tenaient les assemblées, réduite en cendres, et j'ai dû changer de dessein en prenant la seule route » (par Montargis pour Genève) « qui me fût ouverte pour échapper aux plus grands périls. » Des Gallars à Grindal, 31 janvier 1566. Ms. de Genève, cité par M. J. Bonnet, *Les réfugiés de Montargis. Bull. du Prot. fr.* XXXVIII.

[2] Un des seuls documents connus où il soit fait mention de ce ministre de l'Église de Paris.

dait en sinistre fanatisme les plus sombres traditions du passé. En France c'étaient les luttes civiles et leurs déplorables suites ; mais dans les Flandres, le Brabant, le Hainaut, il ne s'agissait plus que d'extermination.

Un moment on avait cru à la modération de la régente ; aussitôt il est question dans les rapports diplomatiques « des banniz qui retournent d'Angleterre[1] », « des Huguenotz flamengs qui avec leurs femmes et enfants reviennent en leur patrie pour jouyr de la liberté, par batteaux[2] ». Mais la réponse de la duchesse de Parme à la requête des Seigneurs confédérés (février 1568) enlevant les dernières illusions, l'expatriation reprend[3]. La régente, loin de s'en réjouir comme Granvelle, écrit aux « mauvaises villes », pour « adviser ceux qui se vouldroyent retirer que si l'on ne veult confyer de la grâce de S. M. on les notera et seront iceux du tout indignes de la dite grâce et pardon … et tenir note de ceux qui seront partis ou partiront pour l'advenir[4] ». De même elle ordonne aux magistrats de Nieuport, Dunkerque, Gravelines, Middelbourg, Flessingue et Arnemunde de faire arrêter et détenir ceux qui continuent encore journellement à passer et se retirer vers Angleterre avec leurs biens et meubles[5] ».

L'arrivée du duc d'Albe inaugure le régime du sang dans toute son horreur, sans grâce ni merci. A la création du Conseil des Troubles correspond le décret de l'Inquisition, du 16 février

---

[1] 28 juillet 1566, lettre du prévôt Morillon à Granvelle.

[2] 31 déc. 1566, le même au même.

[3] Départ pour l'Angleterre de riches marchands wallons de Bruxelles, *Lettre du protonotaire Castillo à Granvelle;* départ de sectaires d'Anvers et autres lieux, 16 mai, *L. de Granvelle au duc d'Albe;* « le tout va fort bien, Dieu mercy… puisque une partie des prescheurs sont exécutés et si grand nombre de leurs principaulx fauteurs sont sortis du pays. » Id. à l'év. de Namur.

[4] Anvers, 3 juillet 1567 avec indication des « bonnes et des mauvaises villes. »

[5] Anvers, 7 juillet. — *Correspondance de Philippe II.*

1568, condamnant à mort pour cause d'hérésie *tous les habitants des Pays-Bas,* sauf exceptions nominatives, décret sanctionné par Philippe II, sans distinction de sexe, d'âge ou de rang. C'est en avril que les exécutions commencent dans les diverses provinces pour se poursuivre pendant des années. Alors que les hommes les plus catholiques des Pays-Bas en demandent avec instances la cessation, que le roi lui-même avoue que le pardon général aurait dû être accordé depuis longtemps, le duc déclare qu'il n'écoutera parler de grâce que lorsque toutes les exécutions seront achevées [1]. Aussi l'expatriation est-elle sans précédents. Ce ne sont plus des fugitifs isolés, ce sont des groupes entiers qui s'ébranlent. Quelques rares essaims se dirigent vers le Rhin, le Palatinat, ou les rivages du Nord de l'Allemagne ; la grande masse des persécutés ne pouvaient chercher asile qu'en Angleterre : on y reçut des milliers de Flamands, de Hollandais et de Wallons [2].

Ils ne trouvaient plus à Londres Jean Utenhove, mort dans l'automne de 1565, mais sa bienfaisante influence se perpétuait avec les Églises reconstituées par ses efforts. Recommandés à la reine par la sollicitude chrétienne de Grindal, par la sage prévoyance de Cecil [3], accueillis avec empressement par l'in-

---

[1] Vaines tentatives des évêques de Cambray et d'Arras « remonstrant qu'en une sepmaine se sont faict XLII vefves à Valenchiennes et CCLXIV orfelins, » de l'év. de Gand Jansenius, aveux du roi à Granvelle, regrets du cardinal, etc. 1569. — *Papiers d'Etat de Granvelle.* Ordre d'exécuter tous les prisonniers à Tournay et à Valenciennes, « même ceux qui ne sont estez qu'aux presches. » *Ibidem.*

[2] D'Assonleville envoyé en janvier 1569 par le duc d'Albe à Élisabeth et non reçu par elle, « dict qu'il y a veu quasi aultant de gens de ce pays que Anglois : Longastre et Dochain y sont qui semblent avoir charge de par le prince d'Orange. » Le duc faisait défendre aux femmes « qui vont visiter leurs maris bannis ou fugitifs de revenir dans les Pays-Bas. » *Corr. de Philippe II.*

[3] Le 22 juillet 1567 Grindal transmet à Cecil la pétition, datée du 16 mai, des étrangers expatriés des Pays-Bas à cause de leur religion et sollicitant l'autorisation de la reine pour s'établir et poursuivre leurs industries dans

telligente politique commerciale d'Élisabeth et de son Conseil, ils apportaient à la terre de salut les secrets de l'industrie drapière qui devait l'enrichir[1]. Tandis que les évêques, celui de Lincoln[2] en tête, suivaient l'exemple de Grindal et ordonnaient des collectes, le Conseil privé exemptait les Réfugiés de la contribution aux deux derniers subsides votés par le Parlement, et la reine les aidait à fortifier leurs premières congrégations et à en fonder de nouvelles : en 1567, celle de Southampton pour des Wallons, en 1568, celle de Rye pour des Français[3]. « La Reyne a déclairé prendre en sa protection tous ceulx que y sont réfugiez pour le faict de la religion », écrit Morillon avec amertume, « ils ne cessent d'attiser le feu[4] ». Le duc d'Albe conseille cependant à son maître, vu les difficultés présentes, de tempo-

---

diverses villes d'Angleterre. *State papers. Élizabeth. Domestic*, XLIII, 29. Voir aussi *Ibid.* n° 30, Adresse des réfugiés à Cecil et au comte de Pembroke. — Le pasteur Marcos Perez avait préparé, en correspondant avec Cecil et sir Th. Gresham, l'exode, en Angleterre, des membres de son troupeau d'Anvers. Cecil « grand hérétique, orgueilleux comme ceux de sa nation, neuf dans les affaires et les traitant d'après les doctrines de Machiavel, homme dangereux qui par ses intelligences avec les prédicateurs de l'hérésie, dirige toute la politique dans le but d'enraciner et étendre leurs opinions erronées... mais puisque la reine le tient pour son principal ministre il faut passer par lui. » *Instruction de Granvelle à l'ambassadeur de Silva*.

[1] L'Angleterre se procurait de même d'autres industries : Convention pour la fabrication, dans le royaume, de verres à vitres, ainsi qu'on les fait en France et à Venise, entre la reine et Antoine Becke, alias Dolin, et Jean Quarré des Pays-Pas, « recommandés par le vidame de Chartres », 9 et 12 août 1567. — *Cal. Éliz. Dom.*, XLIII, 42 à 46.

[2] Lettre de l'évêque de Lincoln à Cecil, 28 fév. 1568, et circulaire au clergé de son diocèse. — Cal. XLVI, 37. — En 1569, lettre de la reine appelant sur la détresse des réfugiés l'attention de l'archevêque de Canterbury qui envoie, à l'église française de Londres, le 8 juin, de la part du chapitre une offrande de 6 liv. st. 13 sh. *Cal. Éliz. D.* XLIII, 21.

[3] Celles de Colchester, Yarmouth, Halstead, Stamford fondée par Burleigh, Thetford, Canway-Island étaient et restèrent purement hollandaises ou flamandes. Voir, pour les Églises de langue française en province, le chapitre sept.

[4] L. à Granvelle, 7 mars 1569.

riser avec l'Angleterre, plutôt que de rompre[1]; mais une bulle de Pie V va dénoncer au monde catholique Élisabeth, « auprès de laquelle les gens les plus dangereux de tous ont trouvé un refuge », anathème que relèvera l'évêque de Salisbury Jewel, pour en faire à la souveraine un titre d'honneur, et pour rendre hommage aux exemples de vertu, de travail, de foi et de patience donnés par ces membres affligés du corps de Christ[2].

Lorsque, après la rupture de la mensongère paix de Lonjumeau, la guerre civile éclate en France avec une nouvelle impétuosité, et que l'édit du 23 septembre 1568, qui défend sous peine de mort de professer publiquement d'autre religion que la catholique, enjoint aux ministres de sortir du royaume dans la quinzaine de sa publication, les Français figurent à leur tour, en nombre croissant, sur les relevés des étrangers résidant à Londres, dressés d'abord annuellement, puis trimestriellement et même hebdomadairement à partir du 15 septembre 1568,

Relevés officiels des étrangers.

---

[1] L. au roi, 10 mars 1569.

[2] « ... *Ad quam velut ad Asylum omnium infestissimi perfugunt invenerunt.* C'est ainsi que le pape parle des pauvres exilés de Flandres et de France qui ont ou perdu ou abandonné tout ce qu'ils possédaient, non pour cause d'adultère, ou de vol, ou de trahison, mais pour la profession de l'Évangile. Il a plu à Dieu de les jeter sur cette terre; la reine dans sa grande compassion leur a accordé un asile. Est-ce donc maintenant chose si haïssable que d'exercer la miséricorde ? Dieu ordonne d'aimer l'étranger. Ils sont nos frères, ils ne vivent pas dans l'oisiveté; s'ils ont des maisons à nous, ils en paient la rente; ils ne mendient pas dans nos rues, ils ne nous demandent qu'à respirer notre air et à voir notre soleil. Ils travaillent fidèlement, ils vivent avec économie. Les villes où ils résident sont heureuses, car Dieu les suit de ses bénédictions. » *Œuvres de l'év. Jewel. Parker Society*, IV, 149. Voir à l'Appendice le passage en entier, ainsi qu'un tableau des souffrances des protestants de la France et des Flandres, dans un des derniers sermons prononcés à Salisbury par l'évêque.

La Bulle du Pape, 5 fév. 1570, est dans Camden, *Élisab.* p. 146 et Cardwell, *Documentary Annals of the Reformed church of England*, Oxford 1844.

par ordre de Walsingham[1]. Ces listes, dont plusieurs se sont conservées, fournissent les chiffres suivants : en 1567, à Londres, sur 4851 étrangers, 3838 Flamands, 512 Français ; en 1568, sur 6704 étrangers, 5225 Flamands, 1119 Français ; de ces étrangers, 1815 fréquentent les églises anglaises, 1910 la hollandaise, 161 l'italienne et 1810 la française, ce qui indique pour celle-ci un contingent d'au moins 691 non Français[2]. De ces derniers 440 étaient sujets-nés du roi d'Espagne, c'est-à-dire Wallons, selon la liste supplémentaire, dressée le 29 janvier 1569 et certifiée par le pasteur Cousin, les anciens du Ponchel, P. Chastellain, Michel Chaudron et Gérard de Lobel, alors que Grindal, sollicité par Cousin[3], renouvelant ses démarches de 1565, obtenait que les ressortissants des églises étrangères, ou des paroisses anglicanes ne tomberaient pas sous le coup des représailles d'emprisonnement et de confiscations décrétées par Élisabeth contre les sujets de Philippe II.

Ministres français réfugiés, 1568.

Dix-neuf ministres français réfugiés, y compris Cousin, figurent sur la liste de 1568.

Dans la paroisse de Saint-Edmond : Antoine Rodolphe, professeur de l'Évangile, dans la maison de M. Sherrington (M. Antoine, ministre de

---

[1] *State papers. Éliz. Domestic* XLVII, 28. — XLVIII, 47.
Le relevé des étrangers arrivés à Londres du 30 mars au 30 juillet 1567, adressé par le lord-maire à Cecil, donne sur 259 étrangers trente-neuf Français venus « pour cause de religion. »

[2] *Lansdowne Mss.* British Museum, vol. X, nos 5, 46 et 62. Et Strype *Annals*, vol. IV. Supplément. Voir aussi Strype *Life of Grindal*. Dans ce relevé on indique « some houses mightily pestered with numbers of foreigners, one in Crippleyard with 41 frenchmen, one in St Catherine with 69. »

[3] Lettre de Cousin dans Strype : *Annals of the Reformation.*
La liste est divisée en « étrangers qui fréquentent l'église française de Londres, 371 ; personnes non rangées et néanmoins fréquentant les presches 18, et ceux qui se sont présentés avec bon tesmoignage pour estre receus en l'église depuis ung mois, 51. »

la ville de Caen, va à l'église anglaise)[1]; Vincens Bassens (Vincent le Bas), ministre de l'Évangile, et à ce titre exilé par ordre du roi de France[2]; Jacques Macheville[3], ministre de l'Évangile, Antoine de Licques[4]; Jean Aubry (Aubert) de l'église de Boulogne; Étienne de Grasse[3], vieux prédicateur français et sa femme, vont à l'église française; Laurent Bourguignon, ministre de l'Évangile de la maison du cardinal de Chatillon. Dans la paroisse de Saint-Olyffe: Jacques Desroches[5] et Marie, sa femme. Paroisse de Saint-Dunstan: Jean Vouche[3], Jean Marny[3], Jean Bautan[6] et Robert Philippe[7], tous ministres étant français; Étienne Marvey[8], ministre, et sa femme. Paroisse de Blackfriars: M. Cossyn (Cousin) et Bruge, sa femme, venus pour la religion avec trois fils et deux filles, qui vont à l'école et sont de l'église française. Paroisse de Saint-Martin le Grand: Pierre Bence[9] et Ursin[10], ministre de l'église française, Olivier Roland et Bustein, ministres de l'église française et Noé Banet, français, ministre[11]. »

[1] Il s'agit dans ces deux mentions d'Antoine Rodolphe Le Chevalier, naturalisé par Édouard VI, reparti sous Marie, professeur d'hébreu à Genève, 1559, demandé avec instances en 1564 par Caen (*Bull. du prot. fr. XVIII*) où il devint pasteur et célébra son premier baptême nov. 1566, de nouveau réfugié en Angleterre 1567, promu à une chaire de Cambridge mai 1569, à un canonicat de Canterbury 1570, redemandé à Élisabeth par l'église de Caen 1571, fugitif de la St Barthélemy et mort à Guernesey 1572 (Lettre de recommandation de Parker et Grindal au vice-chancelier et principaux de Cambridge en faveur de « Rodolphus Cavallerius, autrement dit Mr Anthoine » 20 mai 1569. *Corr. of Parker*. Lettre biographique de son fils Samuel, pasteur français à Londres et Canterbury. *France prot.*, 2e éd. V, 152.)

[2] Lebas, min. de Caen, ainsi que le prouve la mention dans les charités de Robert Nowell, citée par Agnew: « A un Vencentus, dernièrement ministre de Cayne, X s »

[3] Non encore identifié.

[4] Min. en sa maison des Authieux.

[5] Jacq. Touillet ou Tovillet dit des Roches, ministre à Threadneedle Street au moins de 1568 à 1573.

[6] Jean Baudart de Séqueville.

[7] Min. de Tilly.

[8] Étienne Mermier, ministre à Threadneedle Street au moins en 1568 et 1569.

[9] Min. de Courseulles sur mer.

[10] Ursin Bayeux, min. de Colomby sur Thaon.

[11] Ces noms ont été si incorrectement orthographiés par les scribes anglais, qu'il n'est pas impossible qu'il faille reconnaître dans Olivier Roland et

La désignation de Bence, Ursin, Roland et Bustein comme ministres de l'Église française laisse supposer qu'ils sont venus temporairement en aide à la congrégation de Threadneedle Street, démesurément accrue, ou qu'ils ont été même nommés auxiliaires, comme le furent Mermier et Des Roches dont les signatures figurent au bas des actes officiels[1]. La mention de l'aumônier du cardinal de Châtillon prouve que le plus distingué des Réfugiés de 1568 conserva son culte séparé.

Le cardinal de Châtillon.

Odet de Coligny avait gagné l'Angleterre en barque, au péril de sa vie, le 9 septembre 1568, avait été salué au nom de la reine par le chambellan Kyngesmill, et débarquait en pompe à la tour de Londres, avec M. de Lygy, et une suite de quarante personnes, libéralement hébergées par Sir Thomas Gresham. Son titre de cardinal ne laissant pas que d'impressionner défavorablement la population, dès le lendemain « il se rendit à cheval, en manteau court et la rapière au côté, accompagné par sir Th. Gresham et d'autres personnages de distinction, à l'église française, afin de témoigner de son approbation de la religion protestante[2]. » Isabelle de Hautefort, qu'il

---

Bustein, Olivier de Molan et Bernard de Boaste, de Bordeaux, enregistrés dans la liste postérieure de 1572. On n'ose identifier Noé Banet ni avec Noël Drouet, ni avec Noël Regnet?

[1] *Sententia Ecclesiæ Gallicæ*, et Lettre à l'Évêque 1569. *Ecc. L. Bat. Arch.* « L'on a faict en ceste court, parmi les seigneurs, une cueillette de cent livres esterlin qui sont environ 333 escus, pour l'entretenement des ministres estrangers qui sont passez de France et de Flandres en ce pays, et les deniers ont esté mis ez mains des trois nommez Cousin, Roches et Meynier pour les distribuer aux autres, 10 déc. 1568. » Bert. de Salignac de la Mothe Fénelon, ambassadeur de France en Angleterre, 1568-1575, *Correspondance diplomatique.*

[2] *State papers. Dom. Eliz.* Les lettres du cardinal au roi à son départ pour « chercher lieu de retraite le plus proche et aisé qu'il a peu, » et celles à Charles IX, à Cath. de Médicis et à Cecil, à son arrivée à Londres, 14 sept. 1568 sont avec plusieurs autres dans: Comte H. de la Ferrière, *Le XVIe siècle et les Valois*, Paris 1879. Sur la fuite du cardinal voir Bonet-Maury, *Les origines de la Réforme à Beauvais*, *Bull. du Prot. franç.* XXIII. Des membres

avait épousée quatre ans auparavant, vint le rejoindre en Angleterre où on se plut à l'appeler Madame la cardinale. Odet de Chatillon devint aussitôt le point de ralliement des gentilshommes français expatriés; leur nombre et leur concentration parurent excessifs à la prudence temporisatrice d'Élisabeth [1]. En octobre, Leicester fit engager officieusement le noble proscrit à ne plus se présenter à la Cour avec une escorte qui compromettait la reine auprès du souverain demeuré son allié, et à ne pas risquer ainsi la perte d'un crédit dont ses compatriotes et coreligionnaires pouvaient espérer beaucoup [2]. Sa présence en

de l'église naissante et aussitôt détruite de Beauvais le rejoignirent dans l'exil. Les archives de la ville possèdent des lettres interceptées, en mars 1569, d'Antoine du Bout, tisserand, et de François Gymar, drapier, prédicateurs populaires réfugiés en Angleterre. *Ibid.*

[1] « Cestuyci fut reçu de la royne avec beaucoup de magnificence, servy et honoré comme un prince, avec Madame la cardinale sa femme. C'estoit un beau vieillard, d'une belle taille, la barbe longue et blanche, vestu toujours de noir, d'une grande saye de velours ou de satin, avec un long manteau, sans porter aucune marque de cardinal. La royne ne le voyoit jamais que, le saluant, elle ne le baisast. Le peuple de Londres qui s'amusoit à cest apparât, disoit que l'ambassadeur du prince de Condé estoit bien plus grand que celuy du roy de France. » Florimond de Ræmond, *Naissance et progrès de l'hérésie.*

[2] Robert comte de Leicester à sir Nic. Throckmorton, 3 oct. 1568 : « Mylord, M. le secrétaire et moi vous avons écrit afin qu'avis soit donné au Cardinal sur le grand concours de gens que nous entendons de toutes parts être arrivés récemment de France en ce royaume; ainsi servez-vous de notre avis de façon à ce qu'il ne l'interprète pas en mal; notre principal but est de lui prouver notre bonne affection. Je sais de manière certaine que S. M. l'a merveilleusement à gré, et de plus, chose à laquelle je ne m'attendais pas, qu'elle aimait ouïr parler de sa femme, est très désireuse de la voir et vient d'envoyer lui rendre visite. Mais vous savez aussi bien que moi quelle est son opinion générale sur ce qu'il en est de recevoir publiquement ceux qui ont à faire avec leurs princes; ce qui nous oblige à prendre garde que trop d'étalage extérieur ne la fasse devenir plus lasse du Cardinal, car tous ceux qui se rendent ici veulent maintenant venir à lui. C'est pourquoi nous désirons qu'il agisse prudemment, afin qu'il puisse faire du bien à la cause; et quand il traitera avec S. M. qu'il ne vienne chez elle qu'en sa précédente façon, et que la compagnie ne paraisse pas, afin que l'ambassadeur n'en prenne pas juste raison de réclamer auprès de S. M. au sujet des adversaires du roi, ce qui amènerait un

Angleterre ne leur fut pas inutile; le mois suivant, il négociait avec Cecil et garantissait l'accord conclu par de Cavaignes, au nom du prince de Condé, pour l'approvisionnement de La Rochelle[1]. Durant tout l'hiver 1568-69, l'ambassadeur de France signale les fréquents entretiens du cardinal avec Élisabeth à laquelle il reproche de l'écouter[2]. Après Jarnac, « le arrêt de ce que nous désirons peu à peu accroître jusqu'à ce qu'il éclate, comme il devra et faudra, si nous regardons à sa propre sûreté et à la sécurité du royaume. Connaissant donc ma manière et notre manière de voir, je ne doute pas de votre sage maniement de la question ; notre intention est surtout que le Cardinal conserve son crédit qui, j'en ai confiance, fera grand bien. » *State Papers Dom. Éliz. Addenda*, XIV, 30. Throckmorton, très sympathique aux Huguenots qu'il avait appris à connaître pendant son ambassade, aimait à confondre leur cause avec celle de l'Angleterre protestante, et venait d'écrire à Cecil : « Alors que le dessein général est d'exterminer toutes les nations différent d'eux en religion, qu'en adviendra-t-il de nous quand ceux qui professent pareillement à nous auront été absolument détruits dans les Flandres et en France? Si S. M. souffre que les Pays-Bas et la France soient dépouillés (*weeded*) des membres de cette Église dont l'Angleterre est également une portion, je ne puis qu'entrevoir à bref délai un accident plus grave pour nous-même que pour ceux dont nous aurons permis la destruction. » *Cal. du marq. de Salisbury*. Londres 1883.

[1] Pour le détail de son séjour et de ses négociations voir la très complète étude de M. E. Atkinson, *The Cardinal of Chatillon in England* (*Hug. Soc. Proceedings*, III, p. 172-285). Elle prouve qu'Odet a joué un rôle encore plus grand que ne le craignait de La Mothe, comme représentant du parti huguenot. Parmi les nombreux documents cités, l'analyse de sa lettre de créance signée de J. d'Albret et des principaux chefs 10 janvier 1569, la *Promesse de la Royne d'Ang.* pour les bagues avec prêt de 20,000 l., et le *Discours du Card. Chastillion sur les misères de France* 1568 (13 p.), pièce capitale relevée dans les *State Papers*.

[2] « Vous pouvez penser que ces messagers des princes ne cessent de presser et solliciter vivement cette Royne en faveur de ceulx qui les ont envoyez et que la présence du card. de Ch. leur est une grande assistance pour impétrer d'elle ce qu'ils demandent, 15 déc. 1568. » — «... Quant à la faveur trop grande que je luy disois que ceulx de l'autre party recepverent prez d'elle, que, à la vérité, elle avoit humainement receu et admis quelquefois à parler à elle le Card. de Ch. qui estoit venu en son royaume pour saulver sa personne, lequel luy sembloist estre homme de bien et bon, qui luy avoit toujours parlé honorablement et avec grande humilité et respect de V. M. et de la Reine vostre mère, car autrement ne l'eust souffert un jour en son pays, 8 mars 1569. » — Id. 21 mars, 29 mars, sur les efforts des évêques, ministres et consistoires anglais auprès de

cardinal s'en retourne aux champs », — au château de Shene, près Hamptoncourt, mis à sa disposition par la reine, — « attristé et affligé outre mesure ». Il est bientôt de retour, unissant ses sollicitations, à Londres ou à Richmond, à celles de Cavaignes, de Douët et de du Voisin, offrant avec le vidame de Chartres sa fidéjussion pour un emprunt sur les « bagues » de Jeanne d'Albret.

Élisabeth se refusait à entrer de nouveau avec les Réformés en lutte ouverte contre Charles IX, mais non à recevoir les envoyés de La Rochelle et à leur faciliter l'emprunt auquel néanmoins elle se défendait d'abord de participer [1].

Une fois la paix signée à la Charité (8 août 1570), elle parut presque regretter sa neutralité passée ; elle ne cacha pas son mécontentement de ce que, dans le traité, on n'eût fait « quelque honorable mention d'elle et du bon refuge trouvé dans son

Paix de la Charité 1570.

---

la reine « pour qu'au nom de Dieu elle ne veuille habandonner la deffance de sa dicte religion ». Catherine lui répondait : « vous me mandez les sollicitations que continuent de faire de par delà mes dictz rebelles, à quoy je ne saurois dire autre chose si non que vous vous y opposiez toujours le plus vivement que vous pourrez. » — La Mothe Fénelon. *Correspondance diplomatique.*

[1] « Or, non obstant la susdite résolution de paix avecques le Roy, ceste Princesse ne laysse d'entretenir tousjours en bonne espérance M. le Card. de Chat. et ceulx de ce party, qui est cause que souvant il vient nouveaulx messagiers de La Rochelle, ainsy que naguyères le Sr du Puench de Pardaillan et St Symon ont passé dessa, en la compagnye de M. le vydame de Chartres et ont confirmé de la part de M. le prince de Navarre les mesmes intelligences commencées avec feu M. le prince de Condé pour la commune deffance de leur religion. — 23 mai 1569. » — « Les Srs du Doeil et de S. Symon estants pour la seconde fois envoyez de la Roch. ont principalement négocié avec la Reine et les seigneurs de son conseil pour un emprunt sur les bagues . . . Je suis après à y donner tout l'empeschement que je pourray, mais je sens bien qu'ils recouvreront la somme . . . car il n'est possible de persuader qu'on puysse ny doibve empescher les particulliers qui veulent faire ce secours et assistance à ceulx de la religion. » Juillet-août. Présence à Londres des s^{rs} de Jumelles, de Launay de Bretagne, de Mouy, de S. Phalle, de Lizy. — Août-sept. 1569, Embarquement pour La Rochelle du vicomte de Rohan et 20 ou 30 autres français. — La Mothe. *Corresp.* L'évêque d'Ely, sur les instances de Grindal avait prêté au vidame de Chartres sa maison dans Holborn. *Lett. Grindal* LVI.

royaume, « et donnant mission spéciale à Walsingham de porter sa meilleure et plus expresse conjouissance de la paix », elle en tempéra singulièrement l'effet par ses exhortations dans le présent et ses réserves pour l'avenir [1].

Avec les motifs de leur venue disparaissaient pourtant les sympathies qui avaient accueilli les réfugiés de France. La Mothe Fénelon constate, non sans satisfaction que « les Huguenotz qui estoient par deça, commencent de n'y estre plus si bien veuz qu'ils souloient, et n'y peuvent désormais vivre sans soupçons ». Mais il n'était pas en mesure de leur donner encore les garanties positives indispensables à leur rapatriement [2]. Les

---

[1] — Elle le charge... « qu'il vous exorte Sire à l'entretenement et observance d'icelle, avec offre de tout ce qui est en la puissance de lad. dame pour vous assister contre ceulx qui la vouldroient traverser ou empescher, et vous prier au reste, de ne vous laysser jamais persuader du contraire, car vous ayant, elle, jusques icy gardé en respect d'avoir rejetté toutes les très véhémentes persuasions qu'on luy a données de se déclarer contre vous, elle proteste que, par cy après, elle ne le pourra plus faire et que si vous entreprenez la guerre contre la religion d'où elle est, qu'elle employera toutes ses forces, son estat et sa couronne à la deffance, faveur et protection d'icelle et qu'elle entrera en la ligue des princes protestans contre V. M. » *Ibid.*

[2] 15 sept. 1570 : l'ambassadeur réclame des instructions sur la façon dont il aura à se gouverner envers le cardinal et les autres réfugiés. — 19 sept. : « Les François qui sont icy, se préparent pour retourner tous en leurs maysons : il est vray qu'entendans qu'à Roan, à Dieppe, à Callais et en quelques aultres endroictz l'on faict difficulté de les recepvoir, il y en a quelquesuns qui demeurent en suspens, dont envoyent devers moy pour scavoir comme ils en auront à user ; et je leur répond que je n'ay pas de plus expresse déclaration de vostre intention là dessus que celle qui est contenue par V. édict et que de ma part je ne voy qu'ils ayent nulle occasion de doubter. » — Le 24, compte rendu du dîner qu'il a offert au cardinal et de l'entretien avec le vidame qui l'a prié de témoigner que ses déportements n'ont été en rien contre le service du roi et lui a demandé un passeport pour lui, sa femme et son train : « J'ai faict plusieurs difficultés ; qu'encor que je ne voulais pas nyer que je ne l'eusse faict observer, je ne pouvois toutesfois vous justiffier en aultre sorte ses actions, parceque toutes ne me pouvoient estre bien cognues, que de vous dire, Sire que je ne scavois pas qu'il en heust faict icy de plus mauvaises contre V. service que d'y estre venu. » La Mothe. *Correspondance.*

deux chefs de l'émigration lui avaient fait visite officielle; Odet de Coligny, protestant que « la contraincte demeure en Angleterre ne l'avoit rendu moins bon françoys, ny moins dévot et fidelle serviteur du Roi que par cy-devant... » et qu'il avait « déjà fort expressément admonesté touts les ministres qui estoient icy, premier qu'ils s'en soyent retournez, de n'excéder en rien qui soit, ny pour quelconque occasion que puisse estre, les permissions royales ny transgresser aulcunement les deffances ». Le cardinal fut reçu avec déférence et honneur, le vidame de Chartres plus que froidement; les visites ne furent rendues à aucun.

Après avoir remis plusieurs fois son départ, être allé jusqu'à Portsmouth pour s'y embarquer et avoir reçu au passage par Southampton la bourgeoisie de cette ville [1], le cardinal revenait à Londres en janvier. Il était chargé de proposer officiellement à Élisabeth la main de Monsieur, frère du roi [2]. Malgré la méfiance des seigneurs catholiques, il continua les pourparlers et se préparait à rejoindre la cour de France, lorsque, tombé subitement malade à Canterbury, il y succomba le 24 mars à un lent empoisonnement [3].

---

[1] 29 oct. 1570. *Mss. de la ville de Southampton.*

[2] ... « Il luy avait présenté à cet effect une lettre de créance du Roy. Et pour lors il n'y eust rien davantaige, si non que le lendemain, Dupin et le ministre dudit sieur Cardinal furent là dessus en privée conférence plus de trois heures avec le secr. Cecille. Les seigneurs catholiques m'ont mandé qu'ils demeuroient fort scandalizez que cest affaire se menast par led. Sr Cardinal... » 18, 23 et 31 janvier 1571, La Mothe.

[3] L'enquête sur la mort du cardinal est reproduite d'après les State papers dans une conférence de M. Giraud Browning, *Canterbury Press*, 2 août 1884. Voir aussi *Bull.* XXXIII, 518 et Léon Marlet, *Le cardinal de Chatillon.* Paris 1883. On déposa le cercueil de plomb d'O. de Coligny sur le dallage du chœur surélevé de la cathédrale de Canterbury, à quelques pas

Le retour dans leurs foyers des émigrés de France réduisit la congrégation de Threadneedle Street sans la ramener à ses proportions antérieures ; les Wallons étaient restés. La présence à Londres pendant les années 1563 à 1571 de plusieurs pasteurs, gentilshommes et même grands seigneurs réformés français, avait attiré sur elle un redoublement d'attention [1], tandis que les méfiances de l'État, au point de vue ecclésiastique, provoquées par l'augmentation du nombre de ses fidèles, ne faisaient que s'accroître avec la prolongation de séjour et la continuation de l'immigration des Wallons.

Enquêtes. Par les listes nominatives et les enquêtes réitérées depuis 1567, le gouvernement s'assurait que la religion était bien la cause unique de la venue des fugitifs ; plus encore, qu'il s'agissait de persécutés pour la « vraie foi réformée », et non de partisans de « quelque mauvaise réforme ou secte », et Grindal demandait à Cécil d'ajouter aux six questions de l'enquête [2] l'injonction : « Que ceux des nations française et flamande (si ce n'est des marchands connus qui sont seulement de passage), qui ne se joignent ni à l'église flamande ni à la française, ou, compre-

---

du monument du Prince Noir, se bornant à le revêtir, sur une forme en bois voûté, de briques couvertes de plâtre. Cette sépulture provisoire qui n'a rien d'un tombeau, est encore aujourd'hui la seule que les restes du cardinal aient reçue : ni ses armoiries, ni même son nom n'y figurent.

[1] En nov. 1571 l'amb. signale l'arrivée de Montgomery avec sa famille et raconte la visite qu'il en a reçue. La Mothe, IV.

[2] Questions de l'enquête de nov. et déc. 1567 : Combien d'étrangers dans chaque paroisse ? — Depuis quand et leurs noms ? — Leur métier ? Combien d'entre eux soupçonne-t-on d'appartenir à des sectes ? — Vont-ils à l'église paroissiale ? — Quels sont les noms de ceux qui s'en abstiennent ? — Combien vont aux églises allouées aux étrangers ? — Lettre d'envoi de Grindal à Cécil le 11 mai 1568, *Lansdowne mss.*, 45, 46 et *Remains of Bishop Grindal*, Park. Soc. Lettre de la reine à Parker exprimant ses méfiances et ordonnant des enquêtes dans toutes les paroisses, 13 mai ; lettre de l'arch. à Grindal reproduisant la précédente, 24 mai. — *Corr. of Parker* et Cardwell. *Doc. Annals I.*

nant la langue, à l'église anglaise de leur paroisse, reçoivent l'ordre de quitter le royaume dans les vingt jours. » Mais à côté de cette horreur des anabaptistes du dehors se plaçait une autre crainte, celle des Puritains du dedans. Pour ceux-ci l'heure de la séparation venait de sonner, et c'est sur la réforme française qu'ils cherchaient à s'appuyer.

Après avoir essayé de lutter dans le sein de l'église nationale, tantôt par des résistances passives, tantôt par des écrits ou des protestations devant les prélats et les cours ecclésiastiques, n'ayant pu obtenir qu'une certaine latitude fût accordée dans l'usage des vêtements sacerdotaux ou de quelques cérémonies, se voyant désormais rigoureusement contraints d'opter entre la conformité stricte ou la suspension, ils s'étaient décidés en juillet 1566 à organiser des cultes séparatistes et à franchement adopter la liturgie de Calvin. Évoquant les souvenirs de la congrégation anglaise recueillie naguère sur les bords du Léman, ils avaient été jusqu'à demander aux conducteurs de l'Église de Genève d'essayer d'empêcher la crise fatale, en intervenant auprès des membres de l'épiscopat, qui avaient été à même, pendant l'exil, de voir de près et d'apprécier la simplicité évangélique du rite réformé.

Les Puritains. Intervention de Th. de Bèze.

La grande voix de Calvin ne pouvait plus se faire entendre. Depuis sa mort, c'est à Théodore de Bèze qu'était échue la lourde charge de conseiller, et parfois d'avocat des Églises, tant en France qu'à l'étranger. Tout en se défendant de s'immiscer dans les questions anglicanes, de Bèze, touché par des instances répétées et par l'accentuation croissante des dissentiments, crut de son devoir de s'adresser une fois encore au prélat éminent qu'il jugeait le mieux placé, comme le mieux préparé par ses sentiments personnels, pour tenter un dernier effort. Il avait essayé, le 27 juin 1566, de l'amener à la pensée d'une entente générale de toutes les Églises issues de la Réforme, par l'adhésion des Églises anglaises et écossaises à la profession de foi rédigée par celles de Suisse et approuvée par celles de France.[1]

Deux mois plus tard, revenu de l'idée que la querelle ne se rapporte qu'à des vêtements extérieurs, il condamne formellement, dans une lettre à Bullinger qui se montrait moins absolu, la conduite des évêques, la discipline de l'église anglicane, les dispenses, le pouvoir arbitraire de la reine et de l'archevêque de Canterbury en matières ecclésiastiques[2], et il réclame l'envoi d'un des pasteurs de Zurich, Gualter, avec mission de solliciter d'Élisabeth et de l'épiscopat un remède à tant de maux[3]. La délégation ayant été remplacée par des missives demeurées sans effet, Bèze, le 24 octobre 1567, se décide à rédiger, au nom de tous

---

[1] C'est le traité qui forme la VIIIe des *Epistolarum theologicarum Th. Bezæ.* Genève 1573, et la Lettre 81 du vol. II *Ecc. L. B. Arch.* d'après une copie plus complète. Elle contient à la fin un passage omis dans le recueil genevois : « Vides, Reverende pater, quousque me velut æstus quidam impulerit. Precor autem ut pro singulari illo candore tuo, hoc meum factum in bonam partem accipias et hoc esse sinceri amoris ingenium memineris, ut qui inter se amant timore et solicitudine pro amicis ne tum quidem vacent, quum res illorum omnes quam optime videntur constitutæ. Sed jam satis superque multa. *Superest ut paternæ tuæ dignitati Gallicam ecclesiam quæ tibi secundum Deum et regiam Maiestatem semet ipsam debet magis ac magis commendem ut si forte Evangelii Dei hostes perfuerint quod passim totis viribus non obscure machinantur, aliquod istic saltem miseribus exsulibus perfugium relinquatur.* Scripsissem istæ ejusdem argumenti literas (adeo sum interdum in meis ineptiis audaculus) ad alios quoque tum Ecclesiasticæ, tum Equestriæ etiam dignitatis viros Anglicani regni primarios, atque adeo fortassis ad Regia Majestatem ipsam, nisi me multis de causis repressissem . . . »

[2] Il va jusqu'à exprimer sa persuasion qu' « à vrai dire en Angleterre il s'est agi non de détruire la papauté mais de la transférer au souverain. »

[3] « Votre église est la seule par l'autorité de laquelle la reine et les évêques paraissent pouvoir être influencés. Car pour notre propre église, il faut que tu saches qu'elle est tellement odieuse à la reine qu'elle n'a jamais dit un seul mot en reconnaissance de mes annotations du N. T. La cause de cette antipathie est double : on nous considère comme trop sévères et précis, et on a publié ici sous Marie, quoique à notre insu, deux livres anglais dont un par Knox sur le gouvernement des femmes. » Longue et importante lettre, *Zurich Letters*, 2e série, 4111.

les pasteurs de Genève, une réponse directe aux requêtes de « quelques frères des églises anglaises », où, en protestant de ne point prétendre s'ériger en juges, ils donnent des conseils, aux uns de patience et de support, aux autres de réforme plus complète et de redressement des « abus et erreurs monstrueuses que Satan s'efforce à nouveau d'introduire dans l'Église de Christ[1] ». Enfin, en juillet 1568, dans la conclusion d'un message relatif aux Églises réfugiées de Londres, Bèze se réclame de « l'humanité et de la bienveillance de Grindal envers ces Églises, » pour le prier de prévenir, par tous les moyens, le schisme qui s'établira, si l'on n'y prend garde, au sein même de l'anglicanisme[2]. Il rappelle ses lettres précédentes au prélat, les intentions qui ont dicté sa réponse aux Anglais, et il le supplie « encore une fois, au nom de notre amour pour les églises anglaises,

---

[1] Bien que la lettre ait paru sous son seul nom dans les Lettres choisies, l'édition anglaise porte dix-sept signatures avec la sienne, la copie des Archives de l'Église hollandaise n'a que la signature de Chauvet, mais porte comme titre : *Genevensium ministrorum* responsum ad quosdam Anglicarum Ecclesiarum fratres, super nonnullis in Ecclesiastica politia controversus. — « Que nos excellents frères en J. C., nos sincères frères des Églises anglaises, accueillent une exhortation, une prière que nous leur adressons en toute humilité et les larmes aux yeux... Si nous avons pris la plume, notre but n'était nullement de lancer nos frères les uns contre les autres, ni de jeter au milieu d'eux comme une pomme de discorde. Dieu nous en est témoin : c'est simplement, sans rien préjuger, c'est vaincu par les instances continuelles de nos frères, que nous avons donné notre avis en cette matière. » Lettre latine, la XIIe des *Epistolarum theologicarum* et *Ecc. L. B. Arch.* II, 85.

[2] « On n'a que trop répandu cette nouvelle (puisse-t-elle être fausse, car elle m'a fait cruellement souffrir), que vos Églises à vous aussi sont inquiétées à cause de certains détails qui touchent au service public, au point que quelques fidèles tiennent déjà leurs réunions en secret; au nom de la charité chrétienne, laissez-moi, je vous en prie, vous écrire un mot à ce sujet... Il est juste de placer la gloire du Seigneur au-dessus de toute chose sans exception : or il est de toute évidence que des querelles de cette nature sont une occasion de froissements, non seulement pour les faibles, mais aussi pour un grand nombre d'hommes instruits et pieux, ce qui constitue un obstacle à l'amour du Seigneur. » *Zurich Letters.*

arrosées tout récemment du sang de tant de pieux martyrs», d'obtenir de la reine la formation d'une assemblée régulière d'hommes instruits et pieux pour fixer l'organisation de l'Église d'après la seule parole de Dieu, après avoir effacé les traces de la tyrannie papale. Il ne s'agirait pas ici de consulter le caprice de tel ou tel, *ni les usages du passé ou du présent*, ni enfin les lumières de la chair («car notre propre expérience nous apprend que tout cela doit disparaître, et ce n'est pas sans raison que le Seigneur a défendu autrefois de mêler à son culte un feu étranger»). On se croirait revenu aux exhortations de Calvin et de Bucer à Édouard VI, mais le temps avait marché, l'anglicanisme s'était ancré dans la constitution civile; loin d'entrer dans une voie de largeur et d'apaisement, le gouvernement songeait au contraire à sévir contre les fidèles qui cherchaient, en dehors de l'Église établie, la satisfaction de leurs besoins et la délivrance de leurs scrupules religieux: cette conduite avait hâté la naissance et la première cohésion du Puritanisme[1].

Les deux partis s'étaient prévalus, en publiant les lettres reçues, les episcopaliens de la modération de Bullinger et de Gualterius au sujet des vêtements, les puritains de la chrétienne sympathie témoignée par les pasteurs de Zurich et de Genève. L'intervention de Théodore de Bèze laissa d'amers ressentiments: vingt-six ans plus tard l'évêque Whitgift lui reprochait encore d'avoir «condamné d'un coup, par sa lettre de 1567, presque tous les rites acceptés par l'Église anglicane[2]». Pour Grindal,

[1] Une assemblée puritaine de sermon et communion dans Plumbers-Hall à Londres est surprise le 19 juin 1567; les principaux assistants comparaissent devant l'évêque et le lord-maire, juges et accusés invoquant les paroles de Bèze; 24 hommes et 7 femmes emprisonnés à Bridewell sont relâchés au bout d'un an sur l'incitation de Grindal. Neal 1, ch. 5.

[2] Assertion presque exacte, car la lettre y blâme, parfois assez rudement, la nomination de pasteurs sans le concours des anciens, l'usage des vêtements sacerdotaux, le signe de la croix, le pain sans levain et la génuflexion dans la Cène. On s'y référa de nouveau en 1660.

si les difficultés de sa situation ne lui permettaient pas de correspondre aux vues et aux espérances calvinistes[1], l'élévation singulière de son caractère et la douceur de ses inclinations l'empêchaient d'en prendre l'expression en mauvaise part et surtout d'en éprouver du refroidissement vis-à-vis des congrégations étrangères. Plusieurs questions, nées au sein du Refuge de Londres, avaient été portées devant l'église de Genève et devant Théodore de Bèze, et c'est au jugement définitif de l'évêque que ce dernier les renvoyait en pleine confiance.

Schisme dans l'Église flamande.

L'Église flamande traversait une crise redoutable, le soulèvement d'une fraction importante du troupeau contre son Consistoire. Quelle fut la part des revendications d'indépendance doctrinale dans cette réaction contre la discipline ecclésiastique, c'est ce qu'il serait difficile de déterminer à distance, et sans posséder toutes les pièces du procès. Cousin en rend compte à de Bèze le 1er mai 1568[2] :

« Depuis trois ou quatre ans un grand nombre de pauvres estourdis de cinquante à soixante personnes, pour le moins, sans compter les femmes, — à tout propos se couvrant de leur conscience pour suyvre leurs fantasies à bride avallée —, se sont liguées ensemble pour se retirer de la communion de l'Église et s'attribuans le nom de l'Église pour leur grand nombre ont tasché de déposer pour leur plaisir et ministres et anciens, pour faire des élections par la pluralité des voix, s'asseurant que par leurs conspirations ils auroyent la pluralité de leur costé, pour forger ministres, anciens et diacres à leur poste, et déposer par ce moyen avec blasme tous ceux qui leur avoyent résisté. Ils ont trouvé des suppos

---

[1] Il écrivait à Bullinger, août 1566 : « Quand ceux qui avaient été exilés en Allemagne ne parvinrent pas à persuader à la reine et au Parlement d'enlever de l'Église ces vêtements, quoiqu'ils s'y soient efforcés longtemps, ils crurent d'un commun accord qu'il valait mieux ne pas abandonner l'Église à cause de quelques rites, qui n'étaient ni nombreux ni pernicieux en eux-mêmes, surtout puisque la pureté de l'Évangile leur demeurait libre et assurée. Et jusqu'à présent ils ne s'en sont pas repentis. » *Zurich Letters.*

[2] *Bibl. de Genève. Man. fran.* 197ª, f. 244. Voir la lettre en entier à l'*Appendice.*

pour les nourrir en leurs insolences, mesmement aucuns ministres qui avoyent devant ces troubles de Flandres, acquis biens et authorité parmi les églises des Païs-Bas[1], s'y sont fourrés si avant, qu'ils ont bientost prononcé, avec d'autres, sentences d'excommunication contre le corps de l'Église en faveur de ceux qui s'estoyent aliénés de la communion de l'Église. Cette belle prononciation était couverte sous un manteau d'arbitrage.... »

c'est-à-dire que dans les conférences, en vue d'un accord, le parti avancé l'avait emporté sur l'autre qui, dans son impuissance, en appela à l'évêque. « Monseigneur voyant qu'ils avaient excédé leur commission, non-seulement au préjudice de l'Église, mais aussi de son authorité, Il a révoqué leur prononciation comme impertinente et frauduleusement faite et, par sa dernière ordonnance, l'a totalement abolie, » dans un décret de la Haute Cour ecclésiastique [2].

Les séparés volontaires résistèrent. En vain le Consistoire français avait-il cherché à les ramener : « il y avoit esté pour néant », avoue leur pasteur, qui déclare leur être odieux, parcequ'il ne pouvait trouver aucun légitime fondement à leur schisme. Afin de mettre fin à cette « tragédie » — le mot est de Th. de Bèze —, le Consistoire flamand, fort de son autorité reconnue par l'évêque, mais sentant qu'il devenait urgent de la faire prévaloir et de l'affermir, rédigea une série d'articles où la doctrine et la discipline se confondent. Dus, sans doute, à la collaboration de plusieurs des ministres réfugiés à Londres, communiqués à divers consistoires, ils manquaient encore d'une sanction incontestée : on la demanda à Genève et à Théodore de Bèze.

---

[1] Parmi ces ministres figuraient, les démarches postérieures le prouvent, ceux des deux communautés étrangères de Norwich.

[2] « Confirmation de la Discipline de l'Église, ses ministres, anciens et diacres, avec condamnation solennelle et menace de poursuites contre les délinquants. 19 déc. 1567. » Strype *Annals* I, 50.

Les plaignants avaient cherché le même appui et adressé de Londres au réformateur, le 10 avril 1567, un mémoire signé de trois d'entre eux, Migrodius, Rivius et Briet[1]. En avril-mai 1563, Hermann Modet et Charles Brune s'étaient présentés à Genève, exposant la situation de l'Église de Londres et protestant à l'avance contre les articles, avec lettres signées par les deux pasteurs de la flamande de Norwich et de celui de la française, au nom des congrégations étrangères de cette ville. Cette intervention unanime de deux grandes communautés du Refuge, si elle ne suffit point à elle seule pour justifier les « schismatiques, » montre que leurs revendications n'étaient pas sans échos dans l'ensemble du Refuge des Pays-Bas ; Cousin n'allait-il pas jusqu'à redouter que les divisions ne survécussent même à une rentrée dans la patrie? Mais, peut-être aussi, faut-il y voir une preuve de quelque réciprocité dans les torts, ou du moins de certaines exagérations dans les exigences du Consistoire de Londres.

Celui de Genève s'était refusé à décider dans l'un ou l'autre sens, n'ayant entendu qu'un des côtés[2]. A peine les délégués de Norwich furent-ils repartis avec cette réponse émue, mais dilatoire, qu'arrivèrent de Londres, Engelram et Mayard : ils venaient soumettre à l'approbation « des ministres, anciens et diacres de l'Église de Genève les articles recueillis pour le bien, non seulement de leur église belge et allemande de Londres, mais de *toutes celles de leur nation*[3]. » Ils apportaient de plus la lettre de Cousin, montrée par lui à l'évêque et appuyée par quelques lignes de ce dernier. Aussi Théodore de Bèze adressait-il sa réponse « à nos frères *des Églises étrangères* en Angleterre », sans

---

[1] *Bibl. de Genève, Man. fr.* 197ª.
[2] *Ibid.* fol. 248.
[3] Lettre d'envoi 28 avril 1568. *Ecc. L. Bat. Archivum* II, 88.

spécifier uniquement les flamandes. Il approuvait l'esprit général de ces propositions sur «la liberté chrétienne, le légitime usage des choses indifférentes et les limites de la juridiction soit religieuse soit civile», mais avec une profonde intuition des difficultés que soulèvent, et soulèveront toujours de pareilles questions, il modifiait certains points, précisant le sens par un développement judicieux et tempérant ce que les axiomes posés avaient de trop raide ou de trop absolu[1]. A son tour il soumettait l'ensemble à Grindal, et c'est la rédaction amendée par lui que l'évêque fit imprimer en hollandais, anglais et latin.

La vénérable Compagnie avait exprimé au Consistoire sa profonde douleur d'un déchirement aussi prolongé[2]. Acquiesçant au désir exprimé par Cousin «je vous recommande ceux qui se sont retranchés d'eux-mêmes de l'église flamanque de Londres pour les admonester comme verrez bien estre», elle adressait à ces derniers une sérieuse exhortation à l'union et à la paix[3]. Près d'un an après ils ne se rendaient pas encore. Pour triompher de cette résistance, pasteur et Consistoire offraient le 27 avril 1569 une réconciliation basée sur un aveu général de torts réciproques, sur de nouvelles élections et sur la réadmission de tous signataires des articles renvoyés de Genève. Mais à ceux « qui s'étaient injustement séparés de l'Église de Christ» on demandait de recon-

[1] Il n'est pas sans intérêt, pour l'étude de la pensée de Bèze, de comparer les deux rédactions, avec réflexions à l'appui des changements proposés, par exemple au IXe article qui devient le XVe (L'Église de Christ est une société de fidèles) et le XIVe devenu le XXe. — Bèze, *Epist. theol.* L. XXIV. — Le 31e article qui avait déjà soulevé les scrupules de Bèze, parce qu'il semblait approuver certaines résistances au magistrat supérieur, reçut en 1570 de l'évêque Sandys l'atténuation d'un quadruple commentaire.

[2] « .. Legimus et alia complura scripta quæ nobis iidem tradiderunt, ubi inexplicabilem contentionum labyrinthum quibus totos quatuor annos misere agitata fuit Ecclesia Christi inter vos, vix sine lacrymis percurrere potuimus. » *Bibl. de Genève.* — *Man. fr.* 197ᵃ, fol. 246.

[3] *Ibid.* fol. 247.

naître cette faute, et on s'en référait aux ministres français pour la forme à donner à cette confession. On communiquerait de même à ces derniers les écrits des deux parties, les priant d'en extraire tout ce qui pourrait contribuer à la paix, sinon de rédiger eux-mêmes un acte meilleur, le Consistoire flamand promettant, à l'avance, d'en adopter et d'en exécuter fidèlement les conclusions[1]. Entre autres moyens de prévenir le retour de ces divisions, le pasteur Wybo (alias Sylvanus) proposait la remise au Cœtus mensuel des églises flamande, française et italienne, en y adjoignant un ou deux des principaux ministres anglais, des controverses et affaires importantes pour être tranchées par les églises particulières. A ce Cœtus reviendrait aussi la décision du recours éventuel à l'avis du superintendant et le jugement en dernier ressort de l'appel des fidèles contre les arrêts consistoriaux [2].

Doit-on en inférer une interruption, et peut-être maintenant une reprise dans le fonctionnement régulier de ces assemblées ?

Les Églises n'avaient jamais cessé de s'entre-appuyer. Guillaume d'Orange venait de rompre ouvertement avec l'Espagne et d'appeler les Pays-Bas à la révolte. Le 19 avril 1568, son agent Spenckhousen convoquait les pasteurs et quelques anciens de la congrégation flamande de Londres dans une maison particulière et sollicitait leurs dons :

Demandes de Guillaume d'Orange.

« lesquelz deniers s'employeroient en la levée de gendarmes que mondict Seigneur entendoit faire pour la délivrance du pays. Sur quoy fust

---

[1] A ces « très chers et honorables frères, les pasteurs de la langue française, actuellement présents à Londres en si grand nombre et personnes au-dessus de tout soupçon », on laissait, sans la leur imposer, la liberté de s'adjoindre en consultation quelques pasteurs anglais et même des flamands, de ceux non compromis dans la querelle. *Ecc. L. Bat. Archiv.* II, 94. — Le calme semble s'être rétabli dans la congrégation flamande de Londres : les divisions se rallumèrent dans celle de Norwich, surtout sur la question des parrains, et se terminèrent par le changement d'office des pasteurs.

[2] *Ecc. L. Bat. Archiv.* II, 93.

respondu par le Consistoire, *Que ilz n'entendoient rien faire ni résouldre, sans préalablement avoir ouy les François à qui l'affaire competoit aussy bien qu'à eulx.*

«Depuis par l'advis des ambedeux consistoires a esté trouvé bon que l'affaire se communicast au Comte de Bedford, afin d'en avoir son advis. Et à celle fin sont esté deputez vers led. Comte du costé des Franchois M. Taffin et des Flamengs Loys Thierry, lesquelz ont rapporté pour responce au cons. flameng le 28 d'apvril que le dict Seigneur ayant communiqué l'affaire avec M. le Secrétaire Cecil, trouva la requeste raisonnable, et que les estrangiers estoient obligiez d'y tenir les mains, à ce qu'elle fust mise en effect, sans qu'il y trouva difficulté, pourveu que l'affaire se demenast sagement et secretement et qu'on donnast à entendre que c'estoit pour secourir et subvenir à la nécessité des pouvres affligez: et ce à l'occasion de l'ambassade d'Espaigne [1].»

Le 2 mai le Consistoire français communique au flamand une commission du prince adressée, cette fois, à M. Nicolas Taffin. Le 3 juillet, à l'arrivée d'un nouvel envoyé, Imbize de Gand, ils promettent de faire leur devoir selon «leur petite faculté», mais sont «délibérés préalablement de communiquer les choses avec les François.» Sur une dernière lettre de Guillaume, apportée le 30 octobre par le sieur de Dolhain «requérant assistance d'argent sur le champ et sans délay, fust répondu que nous ferions comme les François [2].»

Guillaume renouvela ses demandes pendant plusieurs années : il les adressait d'abord à ses compatriotes plus directement intéressés à «sa juste querelle», mais sa cause, il ne cessait de le répéter, étant celle du protestantisme tout entier, il se croyait en droit de réclamer les subsides des réfugiés français et même italiens, et allait jusqu'à évaluer le montant des sacrifices qu'il en attendait [3]. Il est probable qu'il ne fut pas toujours écouté.

---

[1] «Collectes pour le prince d'Orange.» *Ecc. L. Bat. Archiv.* II, 87.

[2] *Ibid.*

[3] «Nous vous exhortasmes et estimions estre raisonnable que toutes les Églises d'Angleterre joinctes en ung corps entretinssent par l'espace de six

La perte des actes consistoriaux de Threadneedle Street, pour ces années 1565—1571, empêche de préciser la date d'une modification considérable dans le fonctionnement intérieur de l'église, la suppression dans les élections consistoriales du suffrage universel. Déjà prévue par des Gallars, elle a dû suivre de près la lettre de Cousin à Théodore de Bèze sur les discussions flamandes : effrayé par l'exemple de l'église sœur, il y exprime le désir de voir changer l'ordre établi dans les congrégations étrangères, « qui est par la pluralité des voix », y trouvant de « grands dangers », et il sollicite un avis favorable de Genève[1]. Les registres consistoriaux ne font plus mention que du choix des anciens et des diacres nouveaux par les membres restés en fonctions (la cooptation), avec communication au troupeau dont le silence est pris pour acquiescement.

Mode des élections changé.

Avec cette lacune dans les Actes, a disparu de même tout ce qui s'y rapportait à la procédure contre l'Espagnol Antoine de Corro, ou Corranus, dit de Bellerive. Les pièces conservées à la

Corranus et ses démêlés avec le Consistoire.

---

mois certain nombre de gens de guerre, chose que facillement en une multitude si grande que vous estes eust peu estre exécutée si ung chacun se fut emploié comme il debvoit et les Riches eussent esté aultant affectionnés que les pouvres... Demanderions voluntiers si ceulx desquels le revenu nourrist honnestement leur famille, qui en les traficquant augmentent leur capital, ou vivent de leur gain, bref tous ceulx en général qui vivent en paix, pendant que leurs frères non seulement défendent leur bien mais dabondant employent leur vie, ont occasion d'alleguer leurs charges quand par ung an ou deulx ils auront contribué 8 ou 10 livres. Il n'est donc pas raisonnable que toutte la charge courbe le dos d'un seul.. Et la somme à laquelle nous vous avons taxé, vous dis-je de l'*Église Flamande, Franchoise et Italienne* residans à Londres, et laquelle nous estimons entièrement et plus que raisonnable, sera que par mois vous aies à fournir mille escuz pour estre employés ès affaires, que nous trouverons nécessaires. » Plus tard il leur demande cent canons — *Eccl. L. Bat. Archiv.* II, L. 118, 129, 140.

[1] « Touchant les articles j'eusse voluntiers ajouté quelque chose de la manière de faire les élections des ministres, anciens et diacres... Voir le passage dans la lettre à l'*Appendice* XVI. Il prouve que le mode de la première élection tel que le décrivait Utenhove était encore en fonctionnement en 1568.

Bibliothèque de Genève et dans les archives de l'église hollandaise d'Austin Friars, permettent d'en reconstituer au moins les grandes lignes.

Dans l'hiver de 1564, peu après le départ de Cassiodore de Reyna, Jacques Fichet, ancien de Threadneedle Street, reçut un pli portant la suscription « pour matières de grande importance, touchant l'Église de Dieu ». Il contenait avec un billet d'envoi du marchand Du Perray, Bordeaux 4 fev. une lettre à l'adresse du fugitif[1]. Pasteur et anciens ayant pris sur eux de l'ouvrir, trouvèrent, sous la signature d'Antoine Corranus, de Séville, ministre à Loudun en Poitou, des théories ou plutôt des indices de tendances qui leur parurent incorrectes. On se contenta, pour le moment, de répondre que le destinataire avait quitté Londres. De Loudun, Corranus, après avoir occupé quelque temps avec Pierius l'aumônerie de la duchesse de Ferrare, était devenu en 1567 sur l'appel réitéré de Du Jon et de Ch. de Nielles pasteur à Anvers, où il assure que déjà le consistoire français de Londres commença à « l'infamer. »

Il n'y resta que peu de mois : chassé des Pays-Bas par la clause interdisant le ministère d'étrangers, dans cette même année il arrivait en Angleterre, où il avait désiré jadis rejoindre Cassiodore[2]. Il espérait y reformer sa congrégation ou obtenir, pour la prédication espagnole, l'hospitalité d'une des églises

---

[1] Sur la carrière antérieure d'A. de Corro, né à Séville 1527, moine à San-Isidoro, de passage à Genève 1559, pasteur à Nérac, interdit en Béarn, ministre à Bergerac, Loudun, Montargis, Anvers, note de M. Bernus, *France prot.* 2ᵉ éd. 1125 et surtout Ch. Sepp *Geschiedkundige Naporinghe* III, *Polemische en irenische Theologie. Bibliographische Mededeelingen.* Leide 1875, 1881, 1883. — Voir aussi *Appendice* XVIII.

[2] « Je dis vérité, prenant pour tesmoing l'esprit du Seigneur, que si je serois libre de ma compagnie, il y a plus de trois ans que j'eusse volé par de là, mesmes dès le jour que je me suis apperceu, combien impossible m'estoit de vivre sans vous. » Corr. à Cassiodore ; il l'avait d'abord pressé de le rejoindre en France, et se plaignait en 1563 de lui avoir écrit 21 fois en 8 mois sans réponse.

étrangères de la capitale. Mais quand il demanda l'admission dans la française, à laquelle s'étaient rattachés la plupart de ses compatriotes, la Compagnie saisit l'occasion, longtemps attendue, de lui reprocher les opinions que trahissait l'épître de 1563. Corranus répondit qu'elle en était une « d'interrogation et non d'affirmation ». — « Des interrogations de ce genre ne sont pas convenables en ce temps pour un ministre de l'Église de Dieu », lui répliqua le Consistoire, offrant néanmoins de l'admettre s'il souscrivait à la pure doctrine et reconnaissait que ses lettres avaient été « écrites imprudemment ». Le bouillant Espagnol, loin d'y acquiescer, assura les avoir rédigées en bonne et légitime façon, ne point s'en repentir, et être disposé à les publier avec une défense[1].

[1] Sur la comparution devant le Consistoire, la réponse et la réplique, le récit de Corranus, dans ses diverses lettres et plaidoyers, concorde avec les notes envoyées par Grindal à Cecil et produites dans Strype *Life of Grindal*. Malgré la longueur du fragment il paraît utile de donner ici les *questions* posées par Corranus dans sa lettre du 24 décembre 1563 : une copie en fut adressée à Th. de Bèze qui a inscrit au dos ; « Extraict d'unes lettres escrites par Corran à Cassiodore, pour veoir quelles ont esté leurs conférences » ; cette copie, *Bibl. de Genève*, m. f. 197ᵃᵃ ; protef. 1, a été réimprimée *assez* exactement, *Revue théologique de Montauban*, X. Elle est avec une précédente dans les Archives de l'Église hollandaise de Londres : Corranus l'a publiée lui-même dans son rarissime compte rendu de 1571. « *Acta Consistorii Ecc. Londino-Gallicæ, cum responso Antonii, ex quorum lectiore facile quivis intelligere poterit statum controversiæ inter Jo. Cusinum ejusd. Eccl. Ministrum et Ant. Corranum, Hispanorum peregrinorum Concionatorem* », cité par Nicholson, *Remains of Ed. Grindal*. p. 313.

... « Je prendrois grand plaisir qu'en vos premières lettres vous me fissiez un discours sur une question que je vous demanday quand nous estions à Losanne, à savoir de la cognoissance qu'un chrestien doibt avoir de Jésus-Christ selon les trois temps divers de son estre, à sçavoir en quelle manière nous pouvons contempler la parole promise de Dieu pour le remède de l'homme, avant qu'il prinst nostre chair, et en quelle substance il se monstroit aux pères de l'ancien testament. Item sur le second estat sien (vouldrois savoir) comment luy estant en ce monde résidoit à la dextre de son Père selon la sentence que dit : Et nemo ascendit in cœlum nisi qui descendit de cœlo, filius hominis qui est in cœlo. Item, touchant le troisième estat ou condition, à savoir après sa glorification, je voudrois savoir quelle résidence fait Jésus-

Il s'adressa d'abord à Grindal, qui, après lecture de la lettre incriminée et audition de sa défense, lui fit délivrer le 5 juin, sous son sceau épiscopal, un témoignage de complète réhabilitation[1]. Aussitôt ses partisans s'efforcèrent d'obtenir pour lui, de l'évêque, Superintendant des églises étrangères, la création d'office d'un poste auxiliaire à Threadneedle Street. Six des membres du troupeau portaient l'expression de ce vœu au Consistoire qui, loin de céder et d'introduire dans son sein l'ami et l'admirateur d'un Cassiodore, persista même à ne pas lui accorder l'admission pure et simple dans la communauté.

Christ dans les fidèles, et par quelles similitudes et comparaisons on pourroit entendre cecy. Et pour ceste fin je souhaitte que vous me cerchez et envoyez les traictez, que Osiander escripvit de la justification de l'homme chrestien, où il monstre que Christ se communique essentiellement aux fidèles. Et sur ce point je désire que vous me déclarez ce passage de St Jean, 17 : Ut omnes unum sint, sicut tu Pater in me et ego in te, ut et ipsi in nobis unum sint, ut credat mundus quod tu me miseris, etc.

« Item vouldrois scavoir quelle opinion on a par delà de Velsius et de Mons. Aconcius, Italien, desquels un ministre de Ste Foy me parla en hochant la teste. Mais luy demandant nouvelles de vous, il monstra savoir grandement contenté. Et alors je dis en moy-mesme si scires donum Dei et quis est qui loquitur tecum, fortisan petiisses ab eo, etc. Cestuy-cy m'a dit que les gens de delà ont mal entendu en petit livre escrit de Pierre Martyr, qui traicte de la nature de Christ contre l'ubiquité. Et sur ce point vouldroit scavoir ce que vous entendez, sit necesse nec ne Christum esse ubique secundum humanam naturam. Item de quoy serviroit à l'homme chrestien l'establissement de ceste doctrine et présentialité. Et touchant ce point je désire veoir un petit livret imprimé en Allemaigne, l'argument duquel est Christum esse ubique.

« Item vouldrois scavoir quelle édification pourroit bailler à une âme chrestienne, scavoir si Christ glorifié soit créature ou non : affin que en la religion chrestienne (où toutes choses doibvent estre traictées à édification) nous ne proposons point de questions superflues et sans fruict . . . Quand vous verrez tant de questions ensemble, je scay bien que vous trouverez difficile de respondre à toutes d'une foys ; mais mon intention est de vous advertir et préparer pour le temps auquel nous nous verrons. Et que répondant en une chacune de vos lettres que vous m'envoyez, n'oubliez point d'adjouster quelquechose touchant à cecy. »

[1] Imprimé en Latin et français sur feuille volante, in-fol. *Bibl. de Genève*, M. f. 197^{aa}, protef. 2, publié par Corranus dans les « *Acta Consistorii* » et inséré dans *Remains of Bishop Grindal*, p. 313. Voir à l'*Appendice*.

Corranus n'en inaugura pas moins son culte de langue espagnole, mais à l'écart, « pauvre lui-même parmi les plus pauvres de ses compatriotes[1] », et il se défendait auprès de Grindal d'avoir participé au pétitionnement en sa faveur : « au point où en sont les choses, il ne voudrait pas, fût-ce pour un grand prix, prêcher dans l'église française ». Mais d'autre part, il protestait contre les rumeurs répandues par certains de cette église, dans la rue des Lombards, centre de réunion des négociants, et dans d'autres lieux, le disant condamné en France pour « hérésie servétienne » et le représentant comme un « pseudo-prophète. » Grindal l'engageait à n'en pas tenir compte, et racontant à Cousin, le 18 juillet 1567, son entretien avec « Bellerive », — « j'espère », écrivait-il « que vous n'entendrez plus rien de cette affaire[2]. »

Corranus, au contraire, était décidé à la pousser jusqu'au bout. L'exclusion se perpétuant, il remettait à l'évêque, le 15 juillet 1568, « Certains articles contre les faussetez et calomnies de Jean Cousin, ministre wallon et autres ses adhérens lesquelz d'authorité privée prindrent hardiesse de se faire inqui-

---

[1] « Nactus fui divini numinis beneficentia quod et multo tempore et votis ardentissimis expetiveram, congregavique Londini meos populares, qui Evang. gratia Hispan. regnum reliquerant : et publice docere coepi sacrarum literarum doctrinam : non sine ingenti invidorum angore, prementique animi ægritudine : sed maxima sane cum lætitia piorum et de Christi gloria, potius quam de suis propriis commodis, aut nomine cogitantium. Hac vero animi voluptate et optatissima quiete frui mihi licuit biennii tantum spacio. In quo quantum acceperim solatii, quantum cœlestis jucunditatis et incrementi doctrinæ, inter pauperrimos meos populares pauperrime in hac urbe agens, ipse novit qui pro sua clementia in his affectis beneficiis et ego, qui ejus benignitatem expertus sum. Sed, o antiqui serpentis fraudulentas versutias, non defuerunt, qui huic meæ felicitati inviderunt. » Épître dédicatoire : « Generosis viris utrius templi », du *Dialogus théologicus quo epistola Divi Pauli apostoli ad Romanus explanatur*, reproduit par Sepp. *Bibliographische Mededeelingen*.

[2] *Ecc. Lond. Bat. Arch.* II, 82. Cousin écrivait au dos : « Lettres de M. l'evesque touchant Bellerive qu'il ne veut prescher dans l'Église françoise », et dans la minute de sa réponse qu'il semble pourtant n'avoir pas envoyée, il dit n'avoir pu lire sans rire l'assertion de Corranus, et la compare à celle du renard dédaignant les raisins auxquels il ne saurait atteindre. *Ibid.* II, 83.

siteurs de la doctrine et personne du dit Corran, l'infamant très impudemment par leurs lettres et faulx rapportz en plusieurs lieux de l'Europe. » Il y accusait le Consistoire de s'être ligué avec ses ennemis pour les aider, au moyen de calomnies sur sa vie et ses opinions, à fruster d'un legs de son ancien collègue Pierius la congrégation espagnole qu'il reconstituait à Londres, de l'avoir desservi et poursuivi en France auprès de des Gallars et obtenu que le synode National de Verteuil se prononçât contre lui en son absence. Une *Apologie* suivit la lettre : elle circula de tous côtés, et remise par l'auteur lui-même à l'un des pasteurs, fut officiellement déférée à l'Évêque par le Consistoire[1]. Tandis que copie en était adressée à de Bèze, Corranus lui en répétait directement les accusations dans sept lettres successives; le réformateur, après avoir consulté des Gallars, de passage à Genève, les renvoyait comme l'affaire entière « à l'homme que Dieu a institué en Angleterre comme un contrôleur et comme un juge », Grindal : il déplorait les « efforts de Satan pour morceler l'église française de Londres, après celles de Wesel, de Francfort et de Strasbourg[2]. »

---

[1] *Bibl. de Genève M. f.* 197ᵃᵃ, portef. 2, et *Appendice* XVII. L'*Apologie*, beaucoup plus longue, se trouve également dans le dossier genevois. La lettre de plaintes du Consistoire, tirée des Archives de l'Église hollandaise *Appendice* XVIII.

[2] « C'est pour moi un violent chagrin que de voir déchirée par tant de divisions une église que la nécessité à elle seule devrait exciter à la concorde. La supériorité de votre justice et de votre sagesse m'inspire les meilleures espérances ; le gouvernail se trouvant entre vos mains j'aime à croire que cette tempête elle aussi se dissipera et que ce petit navire évitera encore cet écueil. » Bèze à Grindal, 8 mars 1569. — Dans sa lettre du même jour à Cousin, après avoir signalé la violence du réquisitoire de Corranus et exprimé le désir formel que le ministre français accepte l'arbitrage et l'autorité de l'évêque, afin que tout le monde constate qu'il s'oublie lui-même pour ne songer qu'aux intérêts de son Église, Bèze admet cependant qu'il ait pu y avoir erreur de la part du Consistoire et recommande la modération chrétienne : « S'il y a eu erreur, je me serais à votre place peut-être trompé comme vous ; mais il est question de lettres interceptées, égarées, simulées et autres indélicatesses

Sans en accepter seul la responsabilité, Grindal, cette fois, voulut traiter la matière à fond. Avec l'Apologie de Corranus il recevait un long réquisitoire du Consistoire français, dont les accusations étaient rangées, avec preuves à l'appui, sous les quatre chefs « Ambition, Calomnies, Mensonges et Sarcasmes (ou Blasphèmes)[1]. » Bellerive donna une réponse, en français, aux quatre articles, et le Consistoire une contre-réplique ; le tout fut soumis par l'évêque à une Commission composée de commissaires ecclésiastiques anglais et de six ministres réfugiés, Pierre Loiseleur, Antoine-Rodolphe Le Chevalier, Antoine de la Faye, Antoine-Robert, dit Plezy, Laurent Bourguignon et Guillaume Feugeray. Après une longue délibération, sentence fut prononcée contre Corranus le 17 mars 1569 : on lui interdisait d'exercer le ministère en Angleterre, on le condamnait au silence dans l'Église[2].

En le laissant frapper avec une sévérité extrême, l'évêque entendait l'avertir et non le ruiner[3], d'autant plus que Cecil

dont il vous accuse ; si le fait était vrai, ce qu'en bonne conscience je ne puis croire, il mériterait un blâme rigoureux. Quoiqu'il en soit voyez quel est le but des efforts de Satan, il veut vous ruiner par les mêmes artifices, qui ont perdu ailleurs les églises étrangères en faisant croire, même aux meilleurs, que partout où vont les Français ils apportent avec eux les désordres et le tumulte. » Mais à Corranus il répond avec raideur, et déclare qu'à la place de Cousin il aurait agi envers lui d'une manière, peut-être autre, mais de beaucoup plus sévère. *Epist. theol.* LVII, LVIII, LIX. Celle à Cousin est le n° 92. *Ecc. L. Bat. Archivum* II.

[1] *Capita quæ ecclesia Gallicana proponit contra Anthonium Corranum Hispanium . . . ut tollentur scandala quæ huc usque Ecclesias læserunt.* » *Bibl. de Genève*, M. f. 197ᵃᵃ. Voir à l'*Appendice*.

[2] *Bibl. de Genève. Ibid.* Voir *Appendice*. La date inscrite est 1568, mais il s'agit du vieux style, et Corranus a dirigé son église espagnole pendant deux ans, donc de 1567 à 1569.

[3] En janvier 1569, il l'aidait encore pécuniairement. « Conveni hisce diebus D. Episc. Lond. et, pro sua erga me et alios peregrinos humanitate, singulis trimestribus aliquot coronatos mihi dandos statuit. » Lettre de Corranus à l'arch. Parker lui offrant pour ses enfants deux de ses traités français. *Corr. of Parker*. CCLX.

avait pris sa cause en main et désapprouvé l'interdiction. Le 20 septembre 1569, l'évêque promet au secrétaire d'État de mettre fin à la controverse le plus promptement possible, de lui en envoyer les détails et de s'en rapporter à son jugement s'il estime que les procédés ont été trop rigoureux[1]. Le 7 novembre il plaide lui-même auprès de Cousin les circonstances atténuantes :

« Il y a bientôt deux mois qu'un de mes amis les plus distingués, protecteur signalé de vos églises, m'a demandé de trouver quelque mode de réconciliation entre Corranus et vous. Corranus lui-même s'est beaucoup plus humblement soumis en tout à mon jugement. Je lui ai prescrit, ainsi que vous l'avez demandé dans vos lettres, de reconnaître par une courte formule la faute de ses diffamations sur la cruauté turque et inquisitoriale, et de promettre de vivre paisiblement à l'avenir. Quant à votre troisième demande, son acquiescement à la sentence, c'est nous commissaires qu'elle regarde…. Je vous prie de vous montrer faciles dans l'acceptation de cette réconciliation ; vous ne pouvez rien faire qui me soit plus agréable. Il y a déjà huit grands mois qu'il est suspendu de son ministère, non pour sa doctrine, mais pour sa manière d'agir[2]. »

Grindal persistait donc, et la teneur de la sentence l'y autorisait, à négliger le côté théologique de la question. C'est pour avoir insulté et diffamé le Consistoire, « pour avoir gravement troublé la paix et la tranquillité de l'église française », que Bellerive est frappé. Mais ses violences n'avaient-elles pas été provoquées par les méfiances doctrinales de la Compagnie, redoutant une fermentation du vieux levain anti-trinitaire des Aconce

---

[1] *Remains of Grindal*, L. LIX.

[2] L. de Grindal à Cousin, qui se borne à répondre le 12 novembre que le Consistoire se réunira pour en délibérer. *Ecc. L. Bat. Archiv.* II, 97, 98.

et des Cassiodore? Et Corranus allait, jusqu'à un certain point leur donner raison.

Déjà dans sa lettre à Cécil, le prélat fait allusion à « la nouvelle difficulté qui vient de surgir et retarde son rétablissement dans le ministère »; en écrivant à Cousin il ajoute : « Quant à ce qui touche à la controverse de doctrine qu'il a maintenant avec son église, c'est une autre chose; il ne sera pas rétabli au ministère public avant qu'elle ne soit vidée. » L'incident nouveau était l'apparition d'une œuvre française de Corranus, « *Le Tableau des œuvres de Dieu* », publiée à Norwich, 1569, sans avoir été soumise à l'approbation préalable du Consistoire de l'église italienne de Londres : il s'y était rallié à défaut de la française[1].

Rendus attentifs, surtout par le pasteur flamand Joris Sylvanus, à tout ce qui manquait dans cet exposé du christianisme, le consistoire italien en citait l'auteur devant lui le 4 septembre, pour entendre condamner son « Tableau », recevait en décembre une réponse justificative, la trouvait « pleine de mensonges, d'insultes et de blasphèmes », et lui interdisait de participer à la Cène de janvier. Se fortifiant des conseils de deux ministres anglais et de deux français, dont Feugeray, la Compagnie, après deux discussions avec Corranus, maintenait l'interdiction et s'en référait à l'évêque, afin qu'il empêchât les églises d'être envahies par un enseignement « nouveau, étranger et confus[2]. »

---

[1] La première édition française, 1569, est imprimée sur une seule feuille à deux colonnes, entourées d'une bordure. — La première, latine, est dédiée à la reine Élisabeth, comme étrennes pour 1570, en témoignage de gratitude de l'hospitalité reçue en Angleterre. — Dans la seconde, française, une dédicace semblable s'adresse à Madame de Staffort. — *Ecc. L. Bat. Arch.* II. Notes. Le tableau est reproduit dans Sepp. *Geschiedkundige Nasporingen*. III.

[2] « *Dignissimo et reverend. Dom. Ep. Londinensi, reliquis que verbi Dei fidelibus doctoribus, aut Dominus alioqui in Schola Christi doctis, constitutis in causa doctrinæ Corranianæ judicibus* » et « *Quare a Consis-*

I

Corranus était définitivement expulsé des Églises du Refuge[1]. Son histoire cesse dorénavant de leur appartenir. S'il lui fut donné, entrant dans l'Église anglicane, non de recouvrer sa charge pastorale, mais de remonter dans une chaire de théologie, il le dut à Cecil, dont la protection lui demeura constante, et à un évêque libre de tout engagement antérieur dans la question [2].

torio Ecc. Italicæ quæ est Londini, Ant. Corrano sit interdicta cœna Dominica. » Bibl. de Genève. Man. f. 197ᵃⁿ, portef. 2. Les deux pièces sont signées au nom de l'Église italienne par l'ancien et lecteur Antoine Justinianus ; il n'est pas fait mention du pasteur. Voir quelques détails de plus Appendice XVIII.

Corranus était condamné non pour ce que son Tableau renfermait, car ses affirmations sont orthodoxes, mais pour l'absence de ce qui n'y est pas expressément formulé. Le Tableau de œuvres de Dieu, s'il ne rappelle qu'incidemment la doctrine de la prédestination, observe un silence plus significatif encore sur celle de la Trinité. Le terme n'y est nulle part. J. C., « parole éternelle et sainte chair, qui s'est offert pour la rédemption et la satisfaction des péchés du monde, » est constamment présenté comme vrai fils de Dieu et vrai homme ; l'Esprit « haleine, force, vertu, énergie. » Corranus n'attaque pas de front le dogme de la Trinité comme Servet ou Ochin ; il s'en passe.

[1] Théodore de Bèze se réjouissait de son exclusion. Ant. Le Chevalier lui avait envoyé l'écrit de Corranus le « priant d'y besogner. . Censeo potius semel vitandum et nisi sua, sicuti promisit, detestatus, sanæ doctrinæ absque ullis ambagibus subscribat, ex communione ejiciendum. . 14 fév. 1571. » Lettre à Cousin, longue et intime ; il l'engage à insister « envers S. M., le Conseil, les Evesques, petits et grands, jusques à émouvoir les pierres » contre des livres nouvellement parus où sont traitées des « questions telles qu'estans entendues, seulement de paroles, je ne sais s'il y a homme qui n'en soit esmeu : An Christus sit filius Dei verus. An filius Dei sit æternus. An quis Christum adorant sint idolatræ. An spiritus sanctus sit Deus. An symb. Niceum sit recipiendum. An Trinitas sit Cerberus. . . » Ecc. L. Bat. Archiv. II, 106.

[2] « Les suffrages des membres des deux Temples, et la confirmation de l'évêque Sandys » lui confièrent en 1571 la chaire de théologie entretenue par le barreau de Londres ; il y commenta, pendant quatre années, les Épîtres pauliniennes. Son succès n'y fut pas incontesté. « Il a coutume de dépriser l'autorité de quelques personnes qui ont extrêmement bien mérité de l'Église», écrit Barlow à Simler, le 25 janvier 1575, « il est grand admirateur de Castalion et désirant fort se procurer des Dialogues sur la Trinité dont il le croit l'auteur. J'ai assisté à une seule de ses lectures ; il s'y déchaîna contre les hommes de notre temps dont les uns veulent être appelés Luthériens, les

A Grindal, promu à l'archevêché d'York, succédait à Londres *L'évêque*
Edw. Sandys. Réfugié sous Marie à Zurich et à Strasbourg, *Sandys.*

autres Calvinistes, bien que ni Luther ni Calvin ne soient morts pour nous, mais nous sommes sauvés, dit-il, par le sang de l'agneau tué pour les péchés du monde (tandis que dans le texte il y a depuis le commencement du monde). Que n'est-il resté à Compostelle ! » *Zurich Letters*, et le 6 mars l'arch. Parker à son collègue Grindal : « M. Alvey m'est venu demander comment agir envers Corranus, lecteur au Temple ; son auditoire est mécontent de ce qu'il affirme le libre arbitre, ne parle pas sagement de la prédestination et émet des jugements suspects sur l'arianisme. » *Corr. of Parker*, 368. Ses protecteurs le firent, mais non sans peine, entrer à Oxford. Leicester, chancelier de l'Université, sollicitait pour lui du Conseil académique, le 3 avril 1576, le grade de docteur avec dispense des premiers stages et des droits d'inscription, « il est digne du grade mais a peu d'argent » : A sa demande d'être autorisé à commencer ses lectures en théologie, on répond : « *Concessa, modo purget se hæreticarum opinionum* ». Le 13 juin, le Conseil académique discute « si Corranus peut sans l'extrême déshonneur et l'infamie de toute l'Université être promu au grade de docteur, puisque des hommes très doctes et très dignes, d'un jugement subtil et sincère, profondément versés depuis longtemps dans la théologie, l'ont inculpé auprès du vice-chancelier et du reste du Conseil, lui reprochant d'être saisi et rempli de grandes erreurs, de s'être assimilé certaines opinions fausses, vaines, en complète opposition et étrangères à la vraie piété de la religion pure, et de ne pas rougir de les garder, les professer et les défendre, non seulement avec audace, mais même avec pugnacité et insolence. » Le Conseil décida de ne l'autoriser à procéder à son degré que sur l'apport des témoignages écrits de l'archevêque de Canterbury et de l'évêque de Londres garantissant l'absolue renonciation à ses erreurs, et après qu'il s'en serait pleinement purgé devant le vice-chancelier et des théologiens de l'Université. Corranus gagna sa cause à demi, autorisé à enseigner la théologie dans trois collèges, mais sans le titre que Wood accuse les autres savants de n'avoir point voulu conférer à un étranger et qu'il sollicitait vainement de nouveau en 1579. De 1581 à 1585 il fut censeur théologique de Christ church, bien que les attaques se fussent reproduites. Leicester écrit le 7 mai 1582 au vice-chancelier : « On a fait courir le bruit que M. Corrano est retenu prisonnier ; c'est une pure calomnie. Il désire se purger de toutes les charges contre sa doctrine ou sa vie, et je compte l'entendre le 17, ayant avec moi quelques-uns de l'Église française et autres. Envoyez-moi toutes les inculpations que vous avez contre lui, ou toute personne désirant en produire. S'il n'y a pas d'accusation positive, qu'ils apportent même les raisons qui les poussent à le soupçonner. Envoyez deux ou trois de votre compagnie pour ouïr avec moi sa défense. » Le Dr Wittington répond : Je n'ai rien à dire de sa doctrine n'ayant jamais assisté

Sandys était préparé à remplir avec bienveillance la charge de superintendant qu'il réclama comme un droit, à l'encontre de quelque résistance des troupeaux. Inclinant dans son for intérieur, son testament le prouve [1], vers la simplicité du culte qu'il avait appréciée à l'étranger, il n'en traita pas moins rigoureusement les puritains, se montra impitoyable pour les anabaptistes, et fut loin d'encourager des rapports suivis entre les congrégations réformées placées sous sa direction et leurs sœurs du continent.

Organisation synodale d'outre-mer. Ces dernières que les persécutions dans les Pays-Bas avaient dispersées sous tant de cieux différents, sentaient le besoin de conserver un lien de solidarité spirituelle. Le premier Synode général des Églises wallonnes et flamandes, « tant celles qui sont sous la Croix que celles qui sont éparses », se réunit le 4 octobre 1571 à Emden. Au nom du prince d'Orange et des communautés de Wesel, de Heidelberg et de Frankenthal, Marnix de Sainte-Aldegonde avait invité les Églises étrangères de Londres, des deux langues (*Dutsche ende Walssche*) à y envoyer des pasteurs et anciens munis de pleins pouvoirs [2]. La française, convoquée à cause des nombreux wallons qu'elle avait recueillis, s'abstint ; la flamande confia sa représentation à Dathenus, ministre de Heidelberg [3].

à ses lectures ou disputations; quant à sa vie je ne connais aucun crime dont on puisse l'accuser. Sur l'avis des chefs des maisons je convoquai le Conseil, lus votre lettre et demandai à toute personne l'accusant ou le soupçonnant de se présenter. Ni alors ni depuis personne n'a paru. » William Williams, *Oxonia depicta*. Londres 1732, 1733, Andrew Clarke, *Register of the University of Oxford*, vol. II. Oxford 1887. — Corranus mourut le 30 mars 1591, titulaire depuis mars 1582 de la prébende de Harleston, dépendante de St Paul de Londres, et conférée par l'év. Aylmer; on l'enterra à St André.

[1] Neal, vol. 1, chap. VII, 438.

[2] L. 105, *Ecc. L. Bat. Archivum*, II, au dos : Voor de wtgewekene Nederlantsche Ghemejnten beijde Duytsche ende Franchoijsche in Engellant. »

[3] Il avait été libraire à Londres sous Édouard VI et y avait même prêché.

Le Synode jeta les bases d'une vaste organisation ecclésiastique destinée à embrasser tous ces membres isolés les uns des autres : les Églises se réuniront chaque année avec leurs voisines plusieurs fois en assemblées classicales, une fois en Synode de groupe (Allemagne—Frise—La Croix—Angleterre), et tous les deux ans en Synode général de toutes. En conséquence l'invitation au second Synode général fut adressée officiellement en janvier 1572, par l'Église d'Anvers agissant d'après les ordres reçus à Emden, aux trois Églises du Refuge de Londres, avec prière d'en écrire aux autres congrégations devant former le groupe d'Angleterre. Jusqu'ici rien n'y avait été fait pour ce groupement.

Dans la réunion du Cœtus, le 4 février, sous la présidence du pasteur italien Baptiste Aurelius, les délégués des Flamandes de Colchester et de Sandwich demandent qu'on dresse les Classes et qu'on députe au Synode général : « on écrira supplication à MM. de Canterbury, de Londres, de Winchester et au doyen de Westminster pour obtenir la liberté de dresser les Classes ; on s'assemblera préalablement à Londres le 11 mars en l'église des Flamands ». L'avant-veille, pasteurs, anciens et diacres de l'Église française élisent, pour les représenter à cette assemblée, le pasteur Desroches et l'ancien Antoine Cappel, et les munissent de la délibération suivante : « Considéré la qualité spécialement de cette église laquelle n'est sujette aux dits Synodes, est de n'y aller point ; joint que pour diverses raisons on ne doit estimer d'obtenir de ceux qui nous sont supérieurs congé d'y aller, que même la sollicitation leur en pourrait être fort suspecte. Mais trouvons bon, pour entretenir les Églises d'ici en union de doctrine et discipline, de requérir les supérieurs de leur vouloir concéder assemblées annuelles pour s'entrevoir et conférer ensemble ». La résolution de l'assemblée générale du 21 mars, composée de représentants des Églises flamandes de Londres,

Sandwich, Colchester, Ipswich, Maidstone et Canterbury, des Églises françaises de Londres, Sandwich et Southampton, et de l'Église italienne de Londres, fut conforme à ces prémisses :[1]

« On écrira aux Églises de delà, leur notant certaines raisons qui nous empêchent de pouvoir satisfaire à leur saint désir : on écrira à celle de Heidelberg. On a été avisé de solliciter les assemblées annuelles mentionnées ci-dessus, et pour y parvenir, d'adresser requête aux commissaires de S. M. ès causes ecclésiastiques, laquelle se présentera à l'archevêque de Canterbury. Les Églises flamandes et les françaises, divisées par classes, se réuniront séparément entre elles deux ou trois fois par an ou autant qu'elles le trouveront nécessaire, mais aux assemblées générales ou annuelles la diversité des langues ne fera séparation. En que de la doctrine et de la discipline on se conformera tant que faire se pourra à ce qui est arrêté pour les Églises réformées de France . . . . . au cas de n'obtenir les dites assemblées, les Églises qui désireront se trouver aux Synodes susdits seront libres de faire selon qu'elles le trouveront bon[2] »,

c'est-à-dire à leurs risques et périls. Il ne semble pas qu'aucune ait fait usage de la dernière clause, et pourtant les wallonnes-françaises attendirent neuf années l'organisation avec assemblées classicales et générales qu'elles sollicitaient en dehors de tout lien avec les Églises de l'étranger.

Défenses de la Com. ecclésiastique.

Le 14 mars, Cousin relatait à Dathenus les raisons qui les empêchaient de se rendre au prochain Synode, « assurant que, s'ils ne peuvent assister, ils s'unissent par la doctrine. » Sa lettre, retardée par la guerre, se croisait avec une de Dathenus du 20 avril, s'informant, au nom de la Compagnie si les « Ecclesiæ peregrinæ quæ in Anglia sunt », dont il a appris la réunion de

---

[1] L'attribution de flamande pour Canterbury est évidemment un lapsus pour wallonne, ce qu'était la seule Église de ce Refuge. Aucune des Églises de Norwich ne s'était fait représenter.

[2] *Procès-verbaux* du Consistoire de Threadneedle street.

mars, n'ont pas consenti comme le demandait le Synode d'Emden, à signer les deux confessions de foi, la néerlandaise aussi bien que la française [1]. Le 2 juin, Cousin au nom de l'Église française de Londres, Wibot et Wingius pour la flamande, exposaient l'impossibilité de cette signature. Depuis leur précédente lettre les Commissaires de S. M. en matières ecclésiastiques, l'archevêque de Canterbury et l'évêque de Londres, ont répondu

« que tenir des réunions classicales dans le royaume ne nous est pas permis, encore moins de nous rendre à des Synodes à l'extérieur ou de souscrire à leurs décrets : montrant clairement qu'il leur a déplu d'apprendre, par d'autres, que nous avions réuni une assemblée des Églises pour la signature des articles ou des décrets d'un Synode d'outre-mer, car c'est absolument en opposition avec les lois et les statuts du royaume. Au contraire, s'il nous a été accordé par la clémence royale et la bénignité des seigneurs (du Conseil) de jouir de cette liberté dont nous avons fait usage jusqu'ici, il s'agit cependant non de tenter davantage, mais plutôt de prendre garde que, les ayant mécontentés, nous fournissions des raisons de la restreindre au lieu de l'augmenter. Vous comprendrez facilement, de par cette réponse, qu'il nous soit impossible de rien faire à ce sujet, sous peine d'encourir une plus grande indignation, d'où ne résulteraient pas peu d'inconvénients et de dommages pour nos Églises [2]. »

Plus elles embrassaient de fidèles, plus elles étaient obligées de restreindre des relations avec l'étranger, toujours compromettantes. « Sur la condamnation du duc de Norfolk », écrit de la Mothe-Fénélon, « les soupçons et défiances ont tant augmenté qu'on a envoyé faire une vysite générale pour voyr quels estran-

---

[1] *Ecc. L. Bat. Archivum*, II, 53.
[2] *Ibid.* II, 117. Sollicité à nouveau trois ans plus tard par la classe de Walcheren, le consistoire flamand rappelait la lettre des Commissaires ecclésiastiques pour les mettre en garde contre toutes innovations compromettantes; la réponse fut assez mal prise par la Classe qui revint à la charge et se refusa à comprendre ces méfiances. — *Ibid.* 135, 136.

gers il y avait en ceste ville; depuis quand ils y estoient venus? quelz armes ils avoient? de quelle nation et de quelle religion ils estoient? et à quelle Église ils alloient »? Or, ce relevé du 10 novembre 1571 pour la cité de Londres, ses libertés et faubourgs (ce qui ne comprend pas les domiciliés à Westminster, dépendant toutefois du consistoire), sur un total de 4631 étrangers, donnait 657 Français, et « fréquentant l'Église françoise 1450 », soit un total de ressortissants de cette Église supérieur de deux cents à celui de 1568 : les proportions sont renversées, l'élément wallon l'emporte maintenant de beaucoup[1]. Ce sont les victimes du duc d'Albe dont la tyrannie sanguinaire ne prendra fin qu'en 1573.

Aussi le nombre des pauvres augmentant toujours, le consistoire ordonne le 21 décembre 1571 une collecte spéciale, « avertissant en chaire pour presser le peuple à donner » : elle produisit quatre-vingt-deux livres sterling.

---

[1] *State papers. Dom. Élizabeth.* Vol. LXXXII. Agnew a relevé presque tous les noms franco-wallons de la liste conservée au Record office; mais elle n'est que fragmentaire; l'orthographe continue à être fantaisiste (Meiser pour Masères, Delaymontem pour De la Montagne, Butterfly de Rouen, lisez Papillon etc.); les détails font souvent défaut. On retrouve cinquante-cinq membres de l'Église inscrits sur le premier relevé de des Gallars. Parmi ceux ayant obtenu la denization il en est environ cent-cinquante (sans compter les femmes) soit nés en France, soit indiqués comme allant à l'Église française. Sans doute on peut leur adjoindre une trentaine désignés de Bourgogne et du Hainaut. Cette naturalisation paraît avoir été accordée assez facilement, parfois après un séjour de peu d'années, ou de quelques mois seulement, à ceux venus pour cause de religion. Comme pasteurs ne figurent que Cousin et Jacques Thuillier, ministre, sans date d'arrivée : il y a trois maîtres d'école : Ad. Tressel, Jean Praste de Rouen, Nicolas Langlois, Jacques Taffin « qui fut receveur du roi de France », est né à Tournay comme la plupart des immigrants de 1568; sur ceux de 1569, il n'y a que douze Français: pour 1571 ils sont presque tous Flamands, Wallons ou Bourguignons. Parmi les familles dont les généalogies et armoiries furent enregistrées à la visitation de Londres 1634, on relève, remontant à cette époque les De la Barre de Mons, Lamotte d'Ypres, Du Boys et Micault de Lille, Le Thieullier de Valenciennes. Durrant-Cooper. *Camden Soc. VII*, 1852. Voir *Appendice* XIII, liste de 1563 et additions.

On ignore la date de l'entrée en fonctions officielle du ministre des Roches ou Desroches, réfugié à Londres au moins depuis 1568. Le 4 juillet 1571 il avait demandé ce que ferait le consistoire si le Synode provincial de Normandie arrêtait de le rappeler, et la Compagnie de répondre : « On attendra la décision synodale[1] ». En janvier on partagea entre lui, Cousin et les anciens, les douze quartiers de la ville pour la visite du troupeau, et l'on accepta les services d'un ministre auxiliaire, Antoine de Gantois, pour qui l'on trouve « dix schellings par mois et l'Église en donnera autant[2] ». On décide d'exhorter ceux qui ne communient point ; « s'ils demeurent obstinés et rebelles, on usera du dernier remède, lequel nous est prescrit par la Parole de Dieu, et en fera-t-on une liste pour la présenter à l'évêque[3]. »

Le 14 mai 1572 grande alerte : « M. Cousin informe que les Halles de Londres ont défendu à la plupart des ouvriers étrangers qui ne sont point de la denison, de ne plus besogner que jusques à la Pentecôte, sous peine d'être emprisonnés. Les pasteurs en parleront à M. Killigrew pour obtenir quelque relâche. » Le 28 ils vont, avec le secrétaire d'État lui-même, supplier les maîtres de la Halle « de vouloir permettre aux pauvres gens de besogner pour encore quelque peu de temps ».

---

[1] Il est encore en charge en 1573, témoin d'un testament et âgé de 52 ans. Agnew 1, 58.

[2] Sans doute Julien Gantois, ministre d'Armentières (près Lille) qui, le 14 nov. 1571, avait montré son témoignage au consistoire. En mai 1572, on signale la nécessité du ministre réfugié Chrétien de la Meillerye.

Échos de la discipline intérieure : « 14 nov. 71. D'aucuns viennent à la Cène comme pourceaux aux auges, c'est-à-dire que la plus grande partie y viennent sans avoir quasi ouy un quartier du sermon ; dont fut avisé que dimanche prochain, devant la communion, on avisera le peuple que ceux qui viendront quand le sermon est fait, que iceux ne se présenteront point à la Cène, et il y aura deux anciens à la porte pour les noter et admonester de ne se présenter point. » *Actes.*

[3] En vue de l'excommunication.

Le tocsin de la Saint-Barthélemy domina bientôt ces clameurs contre l'envahissement des protestants étrangers, et changea, pour quelque temps au moins, les susceptibilités nationales, en une immense et cordiale compassion.

CHAPITRE V

LE REFUGE DE LA SAINT-BARTHÉLEMY.

Élisabeth sut le massacre avant l'ambassadeur de France. *Nouvelles du massacre.* Les officiers de Rye « ayant vu arriver cinq ou six bateaux des gens de la nouvelle religion de Dieppe toutz épouvantez » avaient saisi au passage « les paquets » du premier courrier envoyé par Charles IX. De la cour la nouvelle s'était répandue comme une traînée de poudre et produisait une indescriptible émotion contre laquelle La Mothe-Fénélon, dépourvu d'instructions et de nouvelles positives, était impuissant à réagir. Avant d'être rentré en possession de la dépêche du 27 août avec mémoire justificatif de la Saint-Barthélemy, et d'y lire l'ordre d'user « de telle sorte envers ma sœur d'Angleterre, que ce qui est advenu de deçà ne soit pas cause d'altérer notre bonne amitié, mais au contraire que le propos du mariage d'elle et de mon frère se puisse heureusement effectuer », il avait déjà fait pressentir l'illusion de pareilles espérances, l'absolu changement d'attitude de l'Angleterre. Toute proposition d'union avec un prince de la maison de Valois, à tant faire que les perspectives en eussent jamais été sérieuses, évoquerait désormais le souvenir des « noces vermeilles » et imposerait la pensée d'un attentat semblable, prémédité, non seulement contre les réformés de France, mais contre le Protestantisme d'Angleterre. La correspondance de l'ambassadeur est l'écho fidèle de ce qui l'entoure, et le retard d'Élisabeth à recevoir son message sanctionne et entretient les ressentiments de la nation [1].

Après l'avoir fait attendre trois jours, la reine reçut l'envoyé de France, entourée de sa cour, vêtue comme elle de noir ; deuil de tant de coreligionnaires cruellement immolés, mais peut-être

[1] 30 août. « Tout ce royaulme est desjà plein de la nouvelle du faict : je pense bien qu'un tel accident remuera assez la forme des choses ; je voy que l'on en est déjà ici en telle altération qu'il fauldra qu'on y recommence une nouvelle forme de procéder de vostre costé... Madame, sur un cas si nouveau et si inopiné comme celuy qui est advenu dimanche à Paris l'on faict desjà icy tant de diverses interprétations qu'on me met en grand' peyne comment y respondre. » — 2 sept. « Je voy bien que tout ce royaulme en est merveilleusement esmeu.. les navires prêts à partir avec marchandises pour la France sont retardez.. » Information confirmée par la lettre du Sec. d'État Smith à l'amb. Walsingham, 11 sept. *Bull. du prot. franç.* I, 365. — 14 sept. « Il n'est pas à croire combien la nouvelle confuse des choses advenues à Paris a déjà immué le cœur des habitans ; lesquels ayant monstré auparavant d'avoir une fort grande affection à la France, ils l'ont souldain converty en une extrême indignation et une merveilleuse hayne contre les Françoys, reprochans tout hault la foy rompue, avec grande exécration de l'excès et avec tant de sortes d'otrages, meslés de parolles de deffy par ceulx qui portent les armes, contre quiconque vouldroit dire le contraire, qu'il n'a esté possible que je l'aye peu suporter, mesme que quand la nouvelle a esté plus esclaircye, ilz ne sont de rien modérez, ains sont entrez davantage en fureur avec exagération du faict et avec opinion que ce ayt esté le Pape et le Roy d'Espaigne qui ont rallumé ce feu en v. Royaume.. et qu'il y ayt encores quelque mauvais marché entre vous trois contre l'Angleterre. » — 2 oct. « Acte qu'on trouve icy si cruel et tout contraire à toute humanité qu'on excogite nouvelles sortes d'exécration pour détester ceulx qui l'ont faict et ceulx qui l'ont faict fere. » — 7 oct. « Le soupçon et deffiance croist de plus en plus en ceulx-cy et ne peulvent par mes parolles, ny par les propres lettres de V. M. lesquelles je ne fay quelquefois difficulté de leur fere voyr, aulcunement se rasseurer. » Et à la Reine : « Les Anglois s'animent davantage contre nous et croient que tous les édicts et traictés que le Roy faict pour ou avec ceulx de leur religion ne sont que pour les tromper. » *Corr. diplomatique.*

aussi deuil de l'honneur d'un prince, « son ami et son allié », sur lequel il lui était difficile de ne pas rejeter l'odieux de cette trahison[1].

Ce terrain sur lequel Élisabeth se place dès le premier jour, elle ne l'abandonnera plus. Aux assurances répétées d'un complot huguenot ayant nécessité cette exécution préventive, elle répond invariablement par la demande de preuves, promettant de se désintéresser de la cause des fugitifs si leur rébellion lui est démontrée; mais jusque-là elle maintient son droit de les accueillir, de les protéger, et de les refuser au roi qui en réclame l'extradition. Et elle fait ajouter à la Liturgie une prière « pour les persécutés et les persécuteurs[2]. »

La présence sur le sol anglais de ces fugitifs que Charles IX *Les fugitifs.* émettait la prétention de voir rejeter en France, le préoccupait au point que dès sa première dépêche, presque au lendemain du massacre, il priait La Mothe de « s'enquérir doucement quels de ses sujets de la religion s'y sont retirés? Montgommery y est-il, car on n'a pu l'attraper? » L'immigration avait pris les proportions d'un évènement international. Si le 18 septembre La Mothe écrit « il passe toutz les jours beaucoup de Françoys icy qui ne sont de grand nom », le 2 octobre il cite « Villiers, Fuguerel (Feugeray), Pâris et quelques autres ministres (dont aulcuns ont passé jusques à la court et y ont si fort exageré les choses qu'ils ont assuré que cent mille personnes ont esté tuées pardelà depuis

---

[1] .. « Elle m'a demandé s'il estoit possible qu'elle peut ouyr de si estranges nouvelles comme on les publioit d'ung prince qu'elle aymoit et honoroit et auquel elle avoit mis plus de fiance qu'en tout le reste du monde .. Ce quy luy pressoit le cœur estoit la crainte qu'elle avoit de vostre réputation, elle estoit infiniment jalouse de vostre honneur .. elle avoit le cœur assés fort pour supporter de perdre ung doigt, et de ne refuzer qu'on le luy coupât à vostre occasion, pourveu qu'elle peut remédier que vostre foy et promesse ne fussent de rien intéressez en cest endroict. » *Corresp.* de La Mothe.

[2] Reproduite dans Agnew. 3e éd. I.

l'émotion de Paris...) les sieurs Linguens, Vieurne, Bouchard, le controlleur le Noble et leurs femmes, les sieurs de Hèdreville, Bouville, Migean et son fils, Legras avocat, le lieutenant criminel, l'uyssyer Durant, le jeune Boury[1] et quelques autres de Roan et de Normandye, en assez grand nombre, mais ceux-là sont les principaux ; on les a assez humainement reçus dans cette ville, » — le 7 « il arrive toutz les jours beaucoup de la dicte nouvelle religion. » — Le 18, deux Rochellois, Durel et Robineau[2] ont passé quelques jours à Windsor — et bientôt on lui a assuré « qu'en divers endroictz de ce royaulme il y en a bien à présent de quatre à cinq mille que hommes, que femmes ou petitz enfans. »

Chose étrange, les Actes du consistoire de Londres ne font, au moment même, aucune mention de la Saint-Barthélemy, mais un mois plus tard, on lit à la date du 17 septembre :

« Fut avisé de faire deux presches les dimanches au matin à cause de la grande multitude de ceux qui viennent en ce temple trop petit pour contenir iceux en un presche. Le premier se fera à 7 heures du matin et le second à 9, comme de coutume, poursuivant ainsi pour chaque dimanche, excepté le jour de la Cène; laissant à la discrétion des ministres de commetre quelqu'un pour prêcher à 7 heures du matin, et ce alternativement », ce qui fut publié le 21. En novembre, « le troupeau s'augmentant toujours tant de la France que des Pays-Bas », on demande au Cœtus, « place dans l'église flamande pour y prêcher le dimanche matin, ce qui est refusé » ; on élit trois anciens et deux diacres de plus, et l'on s'occupe à plusieurs reprises des mesures à prendre envers ceux qui se

---

[1] Son père, du Bec Crespin, avait péri à la Saint-Barthélemy.

[2] Robineau était encore à Londres, en 1574, l'agent accrédité de La Rochelle. La Mothe. *Corr.*

sont, « dans les derniers troubles, pollués aux idolâtries de la papauté[1]. »

Tandis que les humbles, artisans et paysans dénués de tout, assiégeaient le temple et bénissaient Dieu de leur salut ou confessaient leur chute momentanée, et étaient secourus dans leurs nécessités urgentes[2], les gentilshommes, et, s'il faut en croire de la Mothe, les pasteurs, s'efforçaient aussi de rendre leur exil avantageux à leurs frères de France et de procurer aux assiégés de La Rochelle les vaisseaux et les renforts de l'Angleterre. Il y a là, recueillie sur les rives de la Tamise, comme une petite France protestante en rapports constants avec la grande qui résiste et qui lutte encore : le vidame de Chartres, sauvé par la vitesse de son cheval et arrivé le 7 septembre, en forme, avec Montgommery et ses fils et le jeune Du Plessis-Mornay[3], l'âme

[1] On les avait d'abord admis à en faire simplement reconnaissance (26 nov.); mais le consistoire, ayant appelé en consultation les ministres réfugiés Villiers, Beaulieu, La Fontaine, du Saussé, Feugeray et Mignot, il fut conclu qu'on les recevrait à la Cène « après reconnaissanse devant le consistoire et promesse faite de se soumettre plus tard à ce qui leur sera proposé par le consistoire du lieu où ils ont failli, si Dieu par sa grâce, rétablissait les Églises en France, — sinon que leur faute fut qualifiée, comme de personne publique à l'Église ou autrement trop divulguée »; une reconnaissance publique était alors exigible (13 janvier 1573). « Ceux qui ont été simplement à la messe seront reçus pour communiquer à la Cène prochaine, mais quant à ceux qui ont fait Pasques et qui ont abjuré la religion ne seront pas reçus jusques à la Cène après icelle »; c'est un stage pénitentiel de quelques semaines, les communions étant mensuelles à Londres.

[2] L'évêque Sandys ordonna des collectes générales dans son diocèse et recueillit 320 liv. st. 5 s. 4 d. adressés par lui, la veille de Noël 1572, au consistoire « pour être distribués aux églises étrangères pour les pauvres ministres et autres réfugiés dans ce pays depuis les derniers troubles et massacres de France, laquelle somme a été reçue par Pierre Dubostaguet et François Bissoy. » *Actes*. L'arch. Parker avait aussi prescrit une collecte à laquelle il avait contribué largement « pour le comte Montgomerie et les ministres de France exilés. » L. CCCXXII. *Correspondance*.

[3] Walsingham, alors ambassadeur en France, recommanda du Plessis à la Reine « et à tous les plus notables seigneurs du royaume comme personne de laquelle ils pouvaient prendre toute confiance en quelques affaires que ce fût.

dirigeante; les ministres Villiers, Feugueray, La Rivière, au milieu de soixante autres, en sont les conseillers respectés au dehors comme au dedans du troupeau.

Moins d'un mois après la Saint-Barthélemy, Charles IX, croyant Montgommery à Jersey, demande qu'on le lui livre ou qu'il puisse lui-même l'envoyer prendre. Élisabeth répond que « s'il tombait entre ses mains et qu'il soit vérifié d'avoir conspiré, eût-il mille vies il ne lui en resteroit pas une », mais elle a soin de conclure « vray est que de le renvoyer en France où l'on ne fait aultre procès sinon sçavoir qu'ung fût protestant pour incontinent le mettre à mort », que le roi jugeait bien que « sa conscience, estant elle protestante, ne le pourroit permettre [1]. » Et quant au vidame, elle demande au contraire acquiescement du roi à sa résidence en Angleterre, « car il n'y seroit souffert s'il y pratiquoit quelque chose contre son intention [2]. »

De là en avant il passa les misères communes en Angleterre sur les livres et fit quelques remontrances à la reine tant en latin qu'en français, l'exhortant à la manutention de l'Église, lesquelles se lisent encore en diverses mains, et quelques apologies des calomnies qu'on mettait à ceux de la religion protestante en France, même fut employé en quelques négotiations vers la reine etc. » *Mémoires de Mme de Mornay*.

[1] Lettres de La Mothe du 2 oct. 1572.

[2] « Je luy ai faict faire response que le dit vidame n'a eu aucune raison de se retirer ; que son absence hors de mon royaume et retraicte au dit pays ne pouvant être que mal interprété, je désire qu'il revienne de deça, avec asseurance que je luy feray faire tout bon traitement. » 4 oct. Ch. IX à La M. — « Elle eut bien pensé qu'en ce temps vous ne lui heussiez voulu refuser une si petite chose que la demeure d'un de vos subjets en Angleterre ». 2 nov. La Mothe au Roi. — Élisabeth lui alloua une pension trimestrielle de 300 L. Lettre du vidame à lord Burghley : « Liberato mihi ex carnificina Parisiensi et elapso e manibus Guisii qui primum ad domum usque meam est insectatus, et postea insidias omnis generis mihi tetendit . . . Nihil mihi, post vindictam sceleris nefandi tam in votis, quam venire in conspectum regiæ majestatis, ex cujus pietate et potentia, et prudenti consilio, video pendere spem unicam cohærendæ istius insaniæ publice grassanti in orbe Christiano . . . » Strype. *Vie de Parker.* — Ordre de la reine au lord trésorier. *State papers, Dom. Élisabeth.* Juillet 1573.

Charles IX, qui refuse péremptoirement le congé du vidame, revient à la charge à plusieurs reprises : il sait certainement que Montgommery et ses autres sujets réfugiés en Angleterre en promettent les secours aux rebelles de France ; l'ambassadeur fait bien de remontrer à la reine que leur réception ne peut que lui déplaire « attendu qu'ils auraient plus de sûreté par toutes les provinces et villes de son royaume que chez elle ; qu'elle veuille aussi ne croire aisément gens passionnés comme sont les ministres ». La Mothe s'adresse alors au Conseil. Dans sa conférence du 13 octobre avec Burghley, Sussex et Leicester, ils répondent à ses avances : que Dieu leur est témoin de la grande peine où ils ont été et sont encore d'ôter au commun peuple la conviction que le roi de France a dénoncé la guerre « comme prince du tout déterminé à la ruine du Protestantisme et capital ennemi de tous les Protestants. » Devançant ses plaintes « ils estiment que le roi ne peut trouver maulvais que les pauvres françois de leur religion qui fuient icy pour saulver leurs vyes y soient reçus » ; et quand il leur reproche l'accueil fait au vidame, ils répliquent « qu'à la vérité il estoit en ceste court, où il était venu pour eschaper le danger de sa vye ; de quoy ilz ne luy pouvoient faire tort, non plus qu'aux habitans de La Rochelle d'avoir fermé leurs portes à ceux qui ne faysoient conscience de tuer indifféremment et sans forme de justice toutz ceulx de leur religion... mais ny leur mestresse, ny nul de son conseil ne presteroit l'oreille à pas un qui voulut rien troubler en France. »

Élisabeth se refusait effectivement à toute déclaration en faveur des réfugiés et des Rochellois, mais l'ambassadeur ne se dissimulait pas que la question était soulevée dans les conseils « tenus étroictement tous les jours pendant plusieurs heures, soir et matin », et il redoutait l'obtention, par l'influence de Montgommery et de son allié, l'amiral Chambernon, de vaisseaux pour conduire à La Rochelle deux cents Français revenus de Flessingue[1]. Il reproduisait donc, en novembre, dans un mémoire diplomatique les désirs et les griefs de son maître, mais ne recevait en réponse de Burghley, au nom d'Élisabeth, que la réitération de ses mêmes résolutions et assurances[2].

Rappel des réfugiés.

Ce retour des fugitifs la Mothe cherche en vain à l'obtenir. La Meilleraye, gouverneur de Normandie, lui a mandé « faire entendre à ceulx de ses administrés de la nouvelle religion qui ont fouy de s'en retourner en leurs maysons soubz le commandement que toutz les gouverneurs ont de les tenir en la plus grande sauvegarde que faire se pourra »; quelques-uns seulement

---

[1] Dépêches des 13 et 18 oct. et 15 nov. 1572. Dans la dernière : « Oultre que depuis deux jours sont arrivez envyron quinze gentilshommes ou soldatz, les uns normantz, les aultres de Poictou et les aultres de Guyenne, entre aultres le jeune Pardaillan et avec eulx ung marchand de La Rochelle nommé David qui disent qu'ils sont fouys pour n'aller poinct à la messe et font une grande rumeur de la persécution qu'ils disent qui continue par della. » Pardaillan apportait les lettres à la Reine et à Burghley (*Bull. du Prot.* III, 144) de Languillier au nom des gentilshommes réfugiés à La Rochelle, et des maire et échevins de la ville, La Ferrière. *Le XVIe siècle et les Valois;* Jules de Belleville, sieur de Languillier, le suivait bientôt à Londres pour unir ses instances aux siennes; M. de la Ferrière le croit à tort ministre. (Voir *France Prot.*, 2e éd. II, 220.)

[2] « S. M. desire infiniment qu'iceux de La Rochelle rendent toute l'obeyssance qu'ilz doibvent au Roy, et elle mettra peyne de les y exhorter et vouldroit bien avoir quelque asseurance pour leur donner, et mesmes à ceulx-là qui se sont adressez à elle, qui disent qu'ilz ne se peuvent aulcunement fier au Roy, veu mesmes que ayant esté publiés en France plusieurs édicts pour fère retourner ceulx de la R. en leurs maysons pour y vivre paisiblement ceulx qui sy sont fiez et s'en sont retournés en leurs dictes maysons y ont esté tuez. » Art. 9 du roi : « Et quant aux françoys qui ont passé en ce royaulme, lesquels monstrent s'y estre retirez pour cause de la religion, qu'il désire qu'ilz s'en retournent paisibles en leurs mayzsons et qu'ils y seront bien traictez et que sur son honneur et sur la foy et vérité qu'il doibt à Dieu etc. » Réponse : « Que S. M. désire infiniment qu'ils s'en retournent . . mais que de les y contraindre elle s'en sentiroit grandement chargée en sa conscience s'ilz y avoient mal et en penseroit estre cause; mais qu'elle gardera bien que eulx ny aultres, quelz qui soyent, n'y attempteront n'y praticqueront rien contre le Roy et son honneur ny de faict ny de parolle. » 17 nov. — La Mothe. *Corr.*

acceptent des passeports pour aller jusqu'à Rouen « voyr quel il y faict pour eulx, mais ils ne s'y ozent fier par encores. »

Charles IX insiste : il va publier une ordonnance par laquelle ils verront sa bonne intention ; La Mothe pourra le dire à ceux de ses dits sujets qui lui en parleront, afin de les faire revenir, ce qu'il désire qu'ils fassent dedans un mois après la publication d'icelle « pouvans tous s'assurer de vivre à repos et sans estre aucunement inquiétés ni molestés en mon royaulme, et ne fault point qu'ilz en ayent aucune fraïeur ; car, sur mon honneur et en vérité il ne leur sera faict aucun tort ni desplaisir. » Ce même jour il envoyait ses instructions aux gouverneurs de Normandie, dans lesquelles il les engage à admonester les réformés à se réconcilier avec l'Église apostolique et romaine, et où, après les avoir accusés de se servir « du titre de religion et de conscience comme d'un masque pour couvrir toutes leurs machinations et désobéissances », il déclare « pour oster toutes défiances et pour esteindre la source de discorde et de séditions, que tous ceux, principalement des gentilshommes, desquels il se sert en lieux plus honorables, qui désireront estre de luy recogneus pour bons et loïaulx subjets, qui vouldront avoir sa bonne grâce et estre de luy employez à charges de son service, facent profession et vivent doresnavant en mesme religion que la sienne » : comme conclusion on s'efforcera de persuader « à la noblesse et aultres personnes qualifiées de retourner d'eux-mesmes et d'abjurer de leur franche volonté, sans attendre plus exprès éedictz et commandemens du Roy, car en quelque sorte que ce soit ledit Seigneur est résolu faire vivre ses subjects en sa religion, et ne permettre jamais ny tollérer, quelque chose qui puisse advenir, qu'il y ait aultre forme ny exercice de religion en son royaulme que de la catholique [1] ».

---

[1] 3 nov. 1572. La Mothe, *Correspondance*.

Telles sont les « honnestes et raisonnables conditions » que Catherine de Médicis priait La Mothe de « fere aussi dextrement que avés accoustumé, accepter auxdits subjects du Roy qui sont pardeçà,... leur donnant toutes les asseurances qu'il est possible de leurs vies, et biens et repos[1] ». Mais ce que loin de garantir on proclamait ne jamais tolérer, c'était la libre jouissance de la foi sans laquelle ils n'admettaient plus que le repos fût possible, et ne voulaient jouir ni de leurs biens ni de leurs vies. S'étonnera-t-on de la persistance, du redoublement de leurs hésitations? L'ambassadeur fait presser les gentilshommes de se rendre aux désirs du roi : « ils affirment bien fort qu'ils ne sont passés et ne demeurent que pour la seule occasion de fouyr à la mort », se plaignent de ce qu'on traite leur absence de rébellion, et, lorsqu'il leur répond que, par la déclaration du 7 décembre, « il leur est pourveu d'une si bonne seureté qu'ils ne se peuvent excuser d'y retourner », ils rappellent les craintes récentes et motivées de leurs frères de Rouen et de Paris[2].

Maisonfleur. Parmi les gentilshommes huguenots il s'en trouvait un cependant que La Mothe-Fénelon a eu le tort de confondre d'abord avec les autres réfugiés, tandis qu'il leur inspirait au contraire les plus sérieuses méfiances. Depuis la fin de 1572 le duc d'Alençon, fidèle à la politique ambiguë des Valois, avait à Londres son agent secret, Maisonfleur, chargé de lui conserver les bonnes grâces de la reine, de gagner celles de Burghley, de désavouer Charles IX et les Guises, de proposer la venue du prince « pour espouser toutes ses fortunes et se constituer chef pour les protestans envers et contre tous », d'essayer enfin

[1] Lettre de Catherine du 15 déc. 1572. La Mothe, *Correspondance.*
[2] De tous les gentilshommes conviés à dîner par l'ambassadeur, Pardaillan seul avait accepté et lui servit d'intermédiaire auprès du vidame qui refusa, comme eux tous, de se fier à l'envoi d'un d'entre eux muni de lettres pour Charles IX. — La Mothe, dépêches du 29 nov., 23 déc. 1572 et 15 janvier 1573.

d'amener Élisabeth à une promesse écrite du mariage avec le duc « quand il seroit par deçà. » Il n'était point arrivé sans peine à pénétrer jusqu'à Élisabeth et à entamer ses négociations intimes, à l'insu de La Mothe, de Castelnau et des espions ; mais, tandis qu'il s'efforçait de lui persuader que le salut de l'Église protestante de France dépendait de cette union[1], il se plaignait amèrement d'être « un pauvre Joseph vendu par ses frères » et indignement calomnié auprès d'elle[2]. C'est le vidame qu'il accusait de le faire passer auprès de la reine pour un imposteur[3] ; bientôt on l'impliquait dans le complot qu'on croyait avoir découvert contre Montgommery. Dans une longue lettre à Élisabeth, Maisonfleur proteste de son innocence. On lui reproche, « encore qu'il fasse profession de la religion, de ne pas vivre comme réformé, et de n'avoir jamais porté les armes pour l'Évangile ». Sa maison a été pillée, et s'il avoue avoir cru, jusqu'au massacre, qu'« il n'etoit pas licite de porter les armes contre le Roy », il a été convaincu depuis, « principalement depuis deux moys et troys moys en ça que j'assemblay, en mon logis de Londres, M. Cousin, M. de Saulsoy (Du Saussé) et M. Le Gras, mynistres, auxquels ayant proposé ceste question ils la sceurent débattre

---

[1] « Mettez en considération, Madame, que Dieu vous a fait cet honneur de mettre aujourd'hui entre vos mains l'espérance du repos de sa pauvre Église affligée, d'un costé en prenant Don Lucidor (le duc d'A.) à mary, affin qu'avec le titre de Roy, il soit constitué chef en Israël contre les Philistins, et d'autre part donnant secours à La Rochelle . . si V. M. monstre de s'y employer plus lentement que l'importance de la chose ne le requiert, il y a danger, au cas qu'il n'en advienne inconvénient à tant de pauvres fidèles qui soupirent après vostre secours, que le Dieu vivant ne redemande un jour à V. M. la perte qui en pourroit arriver à toute l'Église. » La Ferrière, *Le XVIe siècle et les Valois.*

[2] . . « Mais qui scait si au temps de la famine ils n'apporteront un jour leur sac pour avoir du froment. »

[3] . . « Il a subtilement suscité sous main trois ou quatre personnages de quelque authorité en nostre Église de Dieu . . . » Le vidame a dit à « M. Cousin le ministre », vouloir se venger de lui. Pour toutes ces lettres, La Ferrière, *Le XVIe siècle et les Valois.*

avecq tant de vives raisons et d'arguments valables », qu'il serait parti pour La Rochelle, n'était l'ordre exprès du prince « de ne bouger de Londres pour son service ».

Les mois s'écoulaient. En février 1573, ayant négocié avec Burghley une reprise des relations cordiales, La Mothe rapporte qu'entre les choses demandées par le Chancelier, « pour que la Reine estime se devoir aussi confidemment commettre à S. M. qu'elle le faisoit auparavant... est de faire connoistre à ceulx qui sont echappés de ceste grande émotion, qu'il n'est point marry qu'ils se soient retirez en lieu de refuge pour la securité de leurs vyes ». En juin Charles IX fait une dernière tentative pour obtenir Montgommery. « Je ne veulx estre le bourreau de ceulx de ma religion », répond Élisabeth[1]. Les lords du Conseil repoussent les nouvelles avances du duc d'Alençon : « Sa venue mécontenterait fort les états et peuple jusqu'à ce que le Roi fasse modérer ou bien cesser cette persécution en France » : ils sont plus nets qu'ils ne l'ont jamais été : les Rochellois ? mais « pour le regard de la religion, ce sont bons amis de la Majesté de la Reine et du Royaume ». Le mariage ? « avant de songer à le parfaire, que le roi laisse à ses sujets leur religion suivant ses édits précédents, ses serments et promesses ».

[1] La reine fait part de cet entretien à son amb. en France : elle n'aidera Montgommery ni en hommes ni en armes : mais ne cache pas ses sympathies : « Il est assez probable que quelques-uns de nos vaisseaux et de nos sujets l'ont suivi jusqu'à La Rochelle, car nous ne pouvons dissimuler la grande affection que la majeure partie de nos sujets ont pour la cause de la religion, combien les terribles meurtres et massacres commis en tant de localités sur ceux qui sont de la religion qu'ils professent les attristent, combien ils ont pitié des misères des Rochellois et des autres Français qui sont en ce moment dans de tels périls et une telle détresse à cause de leur foi. Vraiment si nous ne les tenions en bride autant que nous le faisons et d'une manière presque incroyable, il nous serait fort difficile d'empêcher leurs mains et leurs corps de mettre à exécution ce que leurs cœurs désirent, aider ceux qu'ils regardent comme leurs frères malheureux et les venger des cruautés qu'on leur fait souffrir. Greenwich, 21 mai 1573. » Lettre à Dale. — Coll. Alf. Morrison, Londres.

La paix de juillet 1573 termina, officiellement au moins, la quatrième guerre de religion. L'Édit de Boulogne qui en promulgua les conditions, accordait aux réformés la liberté de conscience dans leur for intérieur et ne les contraignait plus à l'abjuration, mais il n'autorisait l'exercice du culte que dans trois villes, La Rochelle, Montauban et Nimes « hors toutefois des lieux et places publiques », et chez les seigneurs ayant droit de haute justice, avec admission seulement de dix assistants du dehors. Aussi le vidame, s'il ne songe pas déjà comme Montgommery à une nouvelle prise d'armes, trouve-t-il qu'il « n'est pas assez pourvu par la paix à la nécessité de la religion », et n'est-il pas de ceux qui s'empressent d'apporter à l'ambassadeur le témoignage de leur affection et la demande de passeports [1].

Édit de pacification. 1573.

Le 25 septembre, « sur de nouveaux bruits d'assassinats de capitaines, reconnus pour avoir été parmi les défenseurs de La Rochelle, les Françoys demeurent ung peu en suspens », bien que La Mothe « les conforte fort de retourner tous en leurs maisons ». Le 18 octobre, il a donné « des passeports à douze ou quinze soldats françois, les uns de Languedoc et Provence, les autres de la Guienne, les autres de Bretaigne, les autres de Normandye », et il supplie le Roi de lui « envoyer les saufs-conduits pour les sieurs de Languillier, Du Refuge, des Champs, La Meaulce, et pareillement pour Moyssonnyère, car ceulx-là feront si bien le chemin aux aultres, qu'à peine en restera-t-il pas ung après eulx pardeça [2]. Les aultres françoys, qui sont de robbe longue, marchands, artizants et leurs femmes, repassent tous les jours, et en est repassé plus de cinq cens depuis ung mois. »

---

[1] 20 juill. : « De Languillier vient offrir sa personne pour le service du roi. » — 31 juill. : « Le sieur de Boy en Bretagne, le cap. Ber, le cap. La Fosse, le cap. Bernadyère veulent jouir du bien de la paix et de la bonne grâce de V. M. » La Mothe. *Corr.* — Sur Montgommery, voir l'étude de M. L. Merlet, Paris 1890.

[2] La Mothe. *Corr.* La Moyssonnière reste à Londres. Bourry et Gausseville obtiennent des passeports et promesse de pouvoir vivre en liberté de conscience.

Il s'en fallait de beaucoup cependant que l'élan fût général. Ceux que la crainte des massacreurs surtout avait précipités hors de France, pouvaient céder à l'attrait du foyer aussitôt le rétablissement de l'ordre : mais les véritables réfugiés « pour la foi » n'abandonnaient pas volontiers l'asile évangélique où ils se groupaient librement autour de leurs pasteurs encore inexorablement proscrits.

Liste des pasteurs réfugiés.

Les noms de ces ministres sont à peu près tous connus par deux listes, l'une envoyée à Théodore de Bèze, l'autre, plus complète, conservée par le chroniqueur de l'Église flamande [1]. Les voici :

DOMINIQUE DE GRIC, ministre de Morlaix (Bretagne).
JACOB TARDIF, m. de Pont-Audemer (Eure, Normandie).
CARDIN MIGNOT, m. de Luneray, en Normandie.
ADRIEN DE SARAVIA, m. des Flandres.
PIERRE LOISELEUR, dict de Villiers, m. de Rouen.
ROBERT LE MAÇON, dict La Fontaine, m. d'Orléans.
JEAN LIÉVIN, dict de Beaulieu, m. du Vexin français (Avernes, Ile-de-France).
JEAN GRAVELLE, m. de Dreux (Ile-de-France).
ANTOINE DE LICQUES [2], m. en sa maison des Auteux (Somme) [3].
GUILLAUME DE FEUGERAY, ministre de l'église de Longueville (1re liste) de Duché Longueville (2e liste) [4].

[1] L'ordre est presque identique dans les deux. Le *Bulletin du Prot.* II, 25, 237, reproduit la première qui n'a que quarante-et-un noms et ne renferme pas celui de Cousin, parce qu'il ne pouvait être considéré comme un échappé du massacre. Th. de Bèze avait écrit au dos : *Nomina ministrorum quos Deus ex carnificina in Angliam missos servavit.* Archives Tronchin à Lavigny, C. de Vaud. Dans ces noms la liste de Syméon Ruytinck : *De namen der predicanten en Leerœrs,* intercale Cousin, et elle en ajoute dix-huit de plus. *Geschiedenissen ende Handelingen die voornemelick ængæn de Nederduytsche natie ende Gemeynten wonende in Engelant.* La liste est reproduite par M. Moens, *Proceedings of the Huguenot Society of London* 1888. Nous rétablissons autant que possible l'orthographe exacte des noms des pasteurs et des lieux : défectueuse sur les deux listes, sans que les fautes soient pareilles, elle contribue aux difficultés d'identification; de plus, les additions, plutôt modernes, entre parenthèses, sont de nous.

[2] Déjà sur la liste de 1568.

[3] Église du fief dont il était seigneur; plus tard m. de Dieppe.

[4] On traduirait volontiers Bondeville, lieu de culte de l'église de Rouen, n'était l'addition du mot duché à la 2e liste.

Noel Drouet, m. de Buisson-en-Auge (Calvados N.).
Jacques des Bordes, m. de Bordeaux [1].
François Viau, dict du Buisson, m. de Buhy (Seine-et-Oise, Ile-de-France).
Mathieu Cartaut, dict du Val, m. de Brezolles (Eure-et-Loir, Ile-de-Fr.).
Michel Forest, m. de Ducey (Manche, N.) [2].
Jean de Monanges, dict du Charteau, m. de S\[t] Aubin et Tourville s. Arques (Seine-Inférieure, N.) [3].
Pierre Dordes, dict d'Espoir ou La Mare, m. d'Amiens.
Louis Morel, m. de Blangy (N.).
Marin le Saux, dict du Saussé, m. de Falaise (Calvados N.).
Claude Charrier, dict de La Touche, m. d'Harfleur (Seine-Inf. N).
Thomas Raguesne, dict La Pionnière, m. de Tours.
Gaspard Tahon, m. de Longueville (N.) [4].
Pierre Bence [5], m. de Courseuille (C. sur Mer, Calvados, N).
Jean Marie, m. de Lyon près Caen (Lion s. Mer, Calvados N.).
J. Baptiste Aurelius, à présent m. de l'Église italienne de Londres.
Ursin Bayeux [5], m. de Colombis en Normandye (C. sur Than, Calvados).
Noel Regnet, dict des Lairmeaux, m. de Lieurray (Eure, N.).
Jean Aubert, m. de Boulogne [5].
Nicolas Basnage, m. d'Evreux (N.).
Vincent de Buissy, m. de Brucamps (Somme).
Olivier de Molan, m de Bordeaux.
Bernard de Boaste, m. de Bordeaux.
Pierre Bouillon (Pierre Leroy, dit Bouillon), m. de Baron (Calvados, N.).
Michel de Montescot, m. d'Authen [6].
Arthur L'Escalier, dict Balandry, m. du Hâvre.
Robert le Cesne, m. de Brecey (Manche, N.).
Claude du Moulin, m. de Fontenay-le-Comte.
Mathieu Moslèvres, dict du Signe, m. de la Suze (Sarthe).
Claude Chartier ou Charretier, m. du Pont (Bretagne) [7].

[1] Condamné par contumace en 1570 à la décapitation.

[2] Église du comte de Montgommery.

[3] La 1\[re] liste dit du Rosin et Touville, la 2\[e] de Rosay, mais une 3\[e], celle des pasteurs réfugiés à Jersey, donne la version correcte S\[t] Aubin sur Arques (qui est voisin de Tourville sur Arques).

[4] Longueville du Calvados ou de la Manche ?

[5] Sur la liste de 1568, où Aubert est nommé Aubry.

[6] Église non identifiée : Montescot est plus tard à Rouen.

[7] Son patron, Ch. de Quellenec, baron du Pont, avait péri à la Saint-Barthélemy.

Jean Marchant, m. de Laval.
Pierre Baron, m. d'Orléans.

Adjonctions de la seconde liste [1].

Jean Cousin, m. de Londres.
Jacques Toulliet, dict des Roches, m. de Londres.
Jean Boisseuil, m. de Guérande.
Vincent Le Bas, dict du Val, m. de Caen.
André du Cros, m. en Poitou.
Jean Bondun, m. en Basse-Normandie.
Cléophas Ballot, m. à Esiorche.
Gilles Auber, m. de Brossay (Maine-et-Loire. Anj.).
Olivier Roland, m. de Morlaix.
Gilles Gautier, m. de Caen.
Mathieu de la Faye, dict de la Vigne, m. de St Lô.
Jacques Couet, m. d'Avallon en Bourgogne.
Dominique de Losse, m. en Poitou (St Fulgent).
Chrestien Cuillerie, m. d'Armentières.
Estienne Bastart, m. du Vendômois.
Jean Vian, m. au pays Chartrain (Dangeau).
Noel Perruquet, m. de Vitry.
Jean de la Mollaire, m. en Normandie.
Baudouin Paris, m. en Normandie.

Il convient d'ajouter à ces noms ceux de :

de Lestre, m. de Paris [2].
Jean Louveau, sieur de la Porte, m. de la Roche-Bernard [3].

[1] L'extrême incorrection des noms de la liste flamande (p. ex. pasteurs Licun pour Liévin, Boursinuil pour Boisseuil, Cantery pour Gautier, églises de St Pô pour St Lô, Phithriæ pour Vitry), empêche l'identification de trois d'entre eux : Jean Bondun peut-être Baudart de Sèqueville ou J. Baudoin de Chefresne, Cl. Ballot d'Eziorche (Uzerche?), et J. de la Mollaire. B. Paris doit être Bardin min. plus tard à Dieppe.

[2] *Actes du Consistoire de Londres;* il avait présidé le Synode National de 1567 et fut désigné par celui de Ste Foy comme un des quatre ministres les mieux versés dans les affaires ecclésiastiques.

[3] Un des pasteurs les plus distingués de la Bretagne et de l'Orléanais. Arrêté en octobre 1572 à sa première tentative de fuite après dix jours de navigation en canot, et enfermé, il fut délivré par le moyen « d'une honneste demoiselle » et s'embarqua à Morlaix pour Southampton où il arriva en janvier et resta l'année. Il vint alors à Londres enseigner l'italien jusqu'en 1576 où son église de la Roche-Bernard le rappela. Vaurigaud. *Égl. de Bretagne.*

Dans cette réunion de pasteurs violemment séparés de leurs troupeaux, la plus considérable de celles des divers Refuges de la Saint-Barthélemy[1], figuraient, à côté d'hommes renommés pour leurs services, des jeunes gens débutant à peine dans le saint ministère; aussi, quand dans l'assemblée des trois Églises du 1er décembre 1572, « fut mis en avant de dresser leçons de théologie pour l'exercice et profit des ministres réfugiés », M. de Lestre, pasteur de Paris, au nom des autres ministres réfugiés de France, requit « qu'il plût à la Compagnie d'aviser pour l'établissement de certaines leçons de théologie, ensemble de dresser une prophétie, au moyen de quoi (outre le bien qui reviendra à l'Église), les dits ministres réfugiés puissent, attendant qu'il plaise à Dieu les ramener en leurs Églises, avancer leurs études et toujours profiter en leur vocation. La Compagnie l'ayant trouvé unanimement saint et profitable, méritant d'être avancé de tout son pouvoir », l'assemblée générale des trois Églises du 3 décembre, présidée par le ministre italien, élut à la charge de professeur M. de Villiers, ministre de Rouen, « auquel (ayant égard à sa grande famille), est ordonné de pension pour un an la somme de 50 L. st. de ce pays sur les collectes des Églises françoises et flamandes. Les leçons se feront en langue latine au temple des françois, à trois heures de relevée pour trois jours de la semaine, assavoir les lundi, mardi et mercredi[2]; MM. Silvanus, Cousin et Baptiste, ministres des trois Églises, chargés d'en avertir Mons. l'évêque

---

[1] La Rochelle en comptait 57, Genève 50, Bâle et Strasbourg beaucoup moins; il y en avait aussi à Sedan.

[2] Ces cours se continuèrent pendant plusieurs années. Barlow écrit à Simler en janvier 1575: « Deux fameux théologiens professent en ce moment à Londres, un Français et un Espagnol; le Français Villiers est un homme de beaucoup de science et de piété; l'Espagnol Corrano est instruit et éloquent, mais certaines gens dignes de considération doutent fort que pour la piété il soit comparable à Villiers. » *Zurich Letters.*

de Londres, lui proposeront nos raisons, afin que notre fait soit par lui approuvé, comme en semblable cas a ci-devant encore été fait par son prédécesseur [1]. »

Plaintes des pasteurs.

Le pain spirituel était ainsi fourni aux ministres exilés, mais ces derniers trouvaient dur qu'on les obligeât, pour se procurer le pain matériel, d'« aller comme mendiants devant la table des diacres, solliciter de quoi subvenir à leurs nécessités. »

Des Bordes se fit l'écho de leurs plaintes, et le consistoire, jaloux à l'extrême de son autorité, leur en adressa de vives remontrances. De Beaulieu répondit au nom de ses collègues et compagnons d'infortune avec autant de convenance que de dignité : « La façon magistrale de la papauté n'est plus en vous... c'était une compagnie de ministres qui vous en parlait; nous vous prions donc de le prendre en bonne part. » Il se défendait d'avoir la prétention d'entrer au consistoire : « Nous ne sommes point venus dans ce pays pour troubler l'Église de Dieu, nous sommes fugitifs puisqu'il a plu à Dieu, pour la même cause pour laquelle vous êtes ici. Ne pourrait-on pas, puisque pour les choses externes il n'y a jamais telle perfection qu'on ne puisse surmonter de bien en mieux, au lieu d'inscrire leurs noms entre les pauvres ordinaires, charger deux personnes notables de leur remettre les secours. » On dit : « qu'ils aillent apprendre métier ! Il le faudra faire quand Dieu le voudra ; quand celui qui nous a aidés jusqu'ici nous y contraindra, nous le ferons. Mais la nécessité est à considérer qu'ils ont besoin de profiter aux Écritures ; le nombre est fort petit pour le pourvoiement des Églises ; s'ils étaient contraints de quitter le ministère, ce serait mal procéder pour elles » (Avril 1573).

Cousin fut chargé de répondre « le plus succinctement que faire se pourra » et la réconciliation ne tarda pas à être entière.

---

[1] De même on rédigea une *Forme de Prophétie*, reproduite *Appendice XVIII*, d'après une copie de la Bibl. de l'Arsenal à Paris.

On confia à de Villiers et à du Saussé les catéchismes et le soin de rechercher dans les familles, prises par quartiers, et dans le rôle des maîtres d'école, les enfants en âge de les suivre, 10 à 18 ans pour les garçons, 10 à 15 ans pour les filles [1]. Tandis qu'on utilisait le concours des pasteurs réfugiés pour préparer la révision de la Discipline, ils répondirent à des questions posées par les ministres d'Écosse et formulèrent, avec intelligence et précision, des règles pratiques pour la prédication [2].

Un autre devoir s'imposait à eux. Recueillis à l'abri de l'orage, pouvaient-ils oublier les frères restés au sein de la tourmente, en proie aux périls du corps et de l'âme? Il ne leur suffisait pas d'en plaider journellement la cause, de réimprimer et répandre autour d'eux, comme une réponse au pamphlet de Charpentier, envoyé par Charles IX à Londres [3], le « *De Furoribus Gallicis* », récit circonstancié sorti à Bâle de la plume vengeresse de François Hotman [4], de faire dédier à Élisabeth le

---

[1] Age minimum d'admission à la Cène : 14 ans les filles, 17 ans les jeunes gens.

[2] *Le style et manière de traiter la parole de Dieu devant le peuple.* Appendice XIX, XX et Bibl. de l'Arsenal.

[3] « Je vous envoye une douzaine de livres d'une épistre faicte par Carpentier, que je désire qui soit secrètement publiée et faicte courir de main en main, sans que l'on saiche que celle vienne de vous ni de moy, mais que l'on dize et croye qu'elle a esté imprimée en Allemaigne. Je vous y en envoyerai d'ici à quelque temps qui seront en françois, dont il faudra que faiéz de mesme. » Charles IX à La Mothe, 3 déc. 1572.

[4] Édition latine conforme à l'original de Bâle, Londres 1573, chez Henri Bynnemann. La même année en paraissait une anglaise : « *A true and plaine report of the Furious outrages of Fraunce, and the horrible and shameful slaughter of Chastillon the Admirall* etc.... *At Striveling in Scotland* 1573. » Le nom du lieu serait exact si l'on se fie à la préface.. « Ma raison principale de la traduire est pour nos bons voisins les Anglais, auxquels nous sommes si redevables; et c'est de la politique de leur bonne reine que dépend en ce moment le principal soutien de l'église de Dieu dans la chrétienté. Je ne sais quelles considérations ont empêché les lettrés de leur pays de faire paraître cette histoire, mais supposant les raisons être ce que je les conçois, j'ai eu la hardiesse de la publier pour eux, dans leur langue et dans notre pays.»

Réveil-matin des François et de leurs voisins[1] : c'est à la chair de leur chair qu'ils avaient à cœur de s'adresser. Ne fallait-il pas, en réfutant hautement les mensongères accusations d'un complot protestant, insister sur la préméditation de la Saint-Barthélemy ? ne fallait-il pas surtout, en pleurant les défections, prévenir d'autres apostasies arrachées, ici par la terreur, là par le découragement absolu, et rendre à ceux qui les avaient perdues, la confiance en Dieu et l'invincible espérance en ses justices ?

« Le Devoir de Persévérance. »

« *L'Instruction du Devoir de Persévérance en la Persécution*[2] » aura paru dans l'hiver de 1573. « Les Fidèles qui persévérent en la Profession de l'Évangile » la dédient « à leurs frères qui sont tombez par infirmité »; ils leur souhaitent « grâce, miséricorde et paix de par Dieu nostre Père et de par nostre Seigneur Jésus-Christ », et l'envoient « tant pour confermer ceux qui sont demeurez debout en ceste dernière calamité, que pour advertir principalement les infirmes de leur faute, et leur représenter la condamnation qui les menace s'ils demeurent plus longtemps alienez à Dieu... désirans, non pas de donner loix loin du combat à ceux

---

[1] La dédicace se termine : . . « Priant Dieu, Madame, qu'il doint à V. M. autant d'heur et de félicité que vostre bon frère, allié et compère, Vous souhaite de mal et d'encombre. » 1574.

[2] . . « *A ceux qui sont tombez, Pour response aux scandales qu'on se propose, et confirmation qu'il n'est point permis de dissimuler la profession de l'Évangile et communiquer aux superstitions de la Papauté*, Matth. XI, 6. Bien heureux est celuy qui ne sera point scandalisé en moi. Matth. XXIV, 13. Qui persévérera jusques à la fin sera sauvé. 1573. » — 215 pages in-12. Nous n'en connaissons que deux exemplaires dont l'un à la Bibliothèque Sainte-Geneviève de Paris. Bien que l'indication du lieu manque, il ne paraît pas douteux; les caractères sont les mêmes que ceux d'un ouvrage qui est joint à l'exemplaire appartenant à M. Frank Puaux : «Confession et recognoissance de Hugues Sureau dict du Roisir touchant sa cheute en la Papauté et les horribles scandales par luy commis, servant d'exemple à tout le monde de la fragilité, etc. Imprimé à Londres (sur la copie de Heydelberg), par Guill. Williamson, 1573. »

qui y sont, mais en cette commune affliction, revoir avec eux les devoirs qui leur sont recommandez ». Ils continuent ainsi leur charge d'âmes.

D'abord ils évoquent le passé : « Il nous souvient des grâces que Dieu nous faisoit il n'y a que quatre mois, quand la profession de l'Évangile nous recueilloit ensemble, que d'une mesme voix nous estions gouvernez et conduits à la vie éternelle, qu'une mesme table estoit dressée à nos âmes, que ensemble par bandes nous allions invoquer un mesme Père, et suyvions un seul autheur du salut en la maison de Dieu. Ce souvenir comme il navre nos cœurs plus qu'aucune autre affliction d'extrême tristesse, de voir qu'un changement tant soudain en ait fait tomber si grand nombre, pour les asservir derechef à l'impiété ; aussi point-il nos affections d'un soin continuel, non seulement de prier Dieu pour eux : mais de les solliciter par remontrances de revenir à eux-mesmes, et bien considérer le danger, où leur trop grande infirmité les a précipitez. »

Ils examineront les « occasions que le Diable présente aux esprits estonnez et éperdus pour les mettre en trouble et les desbaucher plus aisément... cela estant éclairci, nous verrons avec un jugement plus asseuré, quel est le devoir du chrestien en la persécution et s'il est licite de dissimuler en aucune sorte la profession de l'Évangile pour s'exempter de la croix.[1] »

---

[1] Ce n'est point qu'ils méconnaissent les circonstances atténuantes : ils comprennent que « ces troubles renaissans les uns après les autres, l'Église réduite en telle désolation au temps que son repos sembloit plus asseuré, les événemens tellement sinistres en une cause qu'on disoit tant juste » donnent à plusieurs « matière de s'offenser et s'estranger de Christ », font que les esprits se laissent circonvenir, que le devoir s'oublie et qu'on pense avoir excuse si « avec moins de constance on se gouverne avec le temps. Or nous ne doubtons point que ces tentations ne soyent violentes et difficiles aux infirmes : là principalement où ils ont devant leurs yeux les ennemis de Dieu s'esgayans aux issues de leurs entreprises sanglantes, et insultans à l'Église ainsi deffaicte et déchirée par leurs cruautez. »

Après avoir, dans quelques pages vraiment émouvantes, cherché les grâces de Dieu jusque dans la mort, et la mort violente de ceux dont le monde n'était pas digne, « reçus au séjour de leur espérance, à l'instant que le département estoit plus désirable que la vie[1] », ils examinent avec une logique serrée, que nos historiens modernes n'ont guère dépassée, les imputations d'un complot protestant, et les preuves au contraire d'une conspiration catholique, pour arriver à cette conclusion : « Quand donc on se représentera toutes ces choses, on ne fera aucun doute que la trahyson ne fut du costé des ennemis, et le dessein d'estaindre le ministère de l'Évangile et opprimer l'Église de Dieu. » Mais alors, ayant rendu aux victimes l'honneur que les bourreaux cherchaient encore à leur ravir, ils étudient et réfutent une à une les diverses excuses des temporiseurs[2].

Ce remarquable traité n'est pas signé : pour certaines parties il semble avoir eu plusieurs auteurs. Le langage des gentilshommes huguenots, soucieux de rétablir la vérité, de justifier leurs chefs disparus et de se justifier eux-mêmes, est celui que faisaient entendre au gouvernement anglais un vidame de Chartres et un Du Plessis-Mornay[3] ; mais auprès et au-dessus de leur

---

[1] Reproduction à l'*Appendice XXI*.

[2] Qu'ils conservent le service intérieur du cœur. — Qu'ils sont contraints. — Qu'il faut obéir aux commandements du Prince. — Que la Parole sainte ordonne d'être prudents et de ne donner choses saintes aux pourceaux. — « Que nous devons avoir cette vie chère et tout ce que nous avons de la bénédiction de Dieu », donc les sauver. — Qu'ils espèrent en la miséricorde de Dieu. — « Que la papauté est encore aucunement Église » (la réfutation a dix-huit pages). — « Que les services de la Papauté ne sont pourtant semblables en impiété à ceux des Payens », donc que la faute est moins grave, etc.

[3] « On a voulu mettre en avant cette prétendue conspiration... Mais à qui le pourront-ils jamais persuader ? Qu'on produise les preuves et témoignages : qu'on examine tout ce qui peut servir à vérifier un fait, les conjectures du temps, du lieu, des personnes, de leurs façons et déportements. Ce sont gentilshommes françois qui avoyent employé toute leur vie au service du Roy en ses guerres, et en ces troubles toujours fait paroistre une telle intégrité envers

voix retentit celle des pasteurs ; elle donne à l'œuvre entière son caractère d'élévation austère, et nous y reconnaîtrions volontiers la rédaction finale et personnelle d'un Le Maçon, d'un Feugeray, ou plutôt d'un Loiseleur de Villiers.

Les Puritains.

L'Église française-wallonne de Londres, d'où partaient de si nobles accents de réconfort et de foi se montrait ainsi à la hauteur des circonstances. Mais alors qu'elle rendait un sanctuaire aux victimes des grandes tribulations d'outre-mer, elle se voyait de nouveau en butte à la méfiance des pouvoirs publics. On n'entendait point, par la tolérance accordée aux persécutés de la France ou des Flandres, encourager les puritains d'Angleterre, leur fournir une justification et un point d'appui. Et précisément, c'est en revenant de Genève, où il avait passé plusieurs mois après ses destitutions de Cambridge, que Cartwright donnait corps à leurs revendications dans l'*Admonition* présentée au Parlement peu de semaines après la Saint-Barthélemy. Cet écrit, qui valut aux signataires Field et Wilcox un emprisonnement immédiat, se réclamait de Bèze et de Gualter, en reproduisait les lettres et demandait l'établissement légal d'une discipline « plus conforme à la Parole de Dieu et *s'accordant avec les Églises réformées étrangères* [1] ».

Bèze se plaignait, il est vrai, de voir publier ses lettres sans

---

luy qu'ils n'ont jamais failli de se submettre à toutes conditions, et autant de fois qu'on a voulu, plustôt que d'estre trouvez laisser aucune tasche sur leur honneur d'avoir voulu rien troubler. — » et toute la suite de la dissertation politico-historique : reproduite *Bullet. du Prot.* XXVI, 540.

[1] A la première velléité d'immixtion du Parlement, votant deux bills sur les cérémonies dont l'un donnait quelque satisfaction aux puritains, la reine en suspendit l'exécution et défendit de recevoir aucun bill concernant la religion sans l'approbation préalable des évêques ou du clergé en convocation. « S. M. nous défend de nous occuper de matière religieuse, à moins de la recevoir des évêques, » protesta le député Wentworth, revendiquant la liberté de la parole parlementaire, « c'est un douloureux message ; il reste alors peu d'espoir de réformation. » Comme réponse on l'envoya à la Tour.

son aveu, mais il reprochait surtout à ces impatiences de compromettre un dessein auquel il était sympathique et qu'il avait essayé de préparer et d'appuyer par ses démarches personnelles. Sa correspondance avec Cousin en témoigne, et elle prouve aussi que l'Église française de Londres, ou tout au moins son pasteur, était loin de se désintéresser du mouvement et des projets des puritains [1] : la première organisation de ces derniers en Église, secrète mais indépendante, par l'élection de douze anciens (le presbytère de Wandsworth), est du 20 novembre de cette mémorable année 1572 [2]. Aux suspensions répétées des

[1] « Très cher frère, je vous ay amplement escrit du 9 du passé et adressé mes lettres à Paris chez M. l'ambassadeur, y en adjoustant quelques aultres encloses au mesme pacquet, adressantes *aux Seigneurs que m'aviez cotté en vos penultièmes*, dont je me repents, voyant par vos dernières que l'impatience de quelques-uns me coppe ce chemin. S'ils se trouvent bien de tel conseu j'en seray bien aise. Mais tant y a que je n'y veulx point avoir de part, et ne puis garder de vous dire qu'ils m'ont faict tort d'imprimer ainsi mes lettres sans mon consentement, et plus encores dire qu'ils y ont adjousté celles de M. Galther, qui pourra engendrer d'aultre mal si Dieu n'y remédie. Vous me ferez plaisir de m'envoyer le livre » (l'Admonition) « et m'advertir de tout ce que penserez nous concerner, affin que pour avoir tasché de bien faire et *suivi vostre avis en écrivant par delà*, je ne sois s'il vous plaist meslé en telles procédeures bien indiscrettes autant que j'en puis préveoir, et qui sont plustost pour empirer le mal que pour y remédier. » 3 août 1572, reçue le 24 : dans le P. S. de cette lettre à Cousin, de Bèze le prie de saluer « officiosissime » Cartwright, Wiburn, Sampson, Whittingham, tous marquants dans les tendances puritaines. — *Eccl. L. Bat. Archiv.* II, 121.

On avait imprimé à la suite de l'Admonition les anciennes lettres de 1567 et deux nouvelles recommandant la réformation de la discipline anglicane ; l'une de Bèze à Leicester, l'autre de Gualter à Parkhurst, évêque de Norwich ; de tous ses collègues dans l'épiscopat ce dernier seul laissa échapper l'aveu : « Plût à Dieu que tout le peuple anglais voulût suivre l'église de Zurich comme le meilleur modèle à imiter ! 1573. »

[2] Une récente étude sur le presbytérianisme sous Élisabeth atténue, il est vrai, sur ce point, les assertions de Neal, et refuse au « presbytère » de Wandsworth le caractère de premier élément d'une organisation presbytérale en Angleterre. Il semble prouvé, en effet, qu'il y a eu là un fait encore isolé, que dix années au moins s'écoulèrent avant que l'esprit presbytérien s'accentuât parmi les membres du clergé, comme contrecoup des exigences du successeur

ministres correspondait l'ouverture des conventicules où l'on célébrait la Cène « à la manière de Genève », tandis que d'autres non-conformistes anglais, moins aventureux, cherchant déjà l'hospitalité de la Table sainte dressée dans les communautés du Refuge, essayaient de s'y confondre dans la foule des communiants étrangers [1].

Le gouvernement s'en émut. Aussi lorsque Élisabeth envoyait dans les provinces des commissaires spéciaux chargés d'exécuter les lois pénales en matières de religion, et publiait une proclamation pour la punition sévère de la moindre infraction à l'Uniformité, elle adressait en même temps, le 22 octobre 1573, par l'intermédiaire du Conseil royal une lettre significative aux Consistoires des Églises étrangères de Londres. Libérale envers

Avertissement du Conseil royal.

---

de Grindal, Whitgift, et qu'enfin les tentatives de grouper des Églises et de les relier par un système de « classes » à l'instar des colloques réformés, ne remontent qu'à 1587, furent promptement découvertes et découragées. Nous ne contesterons pas davantage les différences entre le presbytérianisme, ou — d'après le nom de son principal fomentateur, Cartwright — entre le cartwrightisme du XVIe siècle qui eût pu se développer au sein de l'Église, et le puritanisme du XVIIe qui tend déjà à la séparation. Will. Shaw, *Elisabethan Presbyterianism, English Historical Review*. Octobre 1888. — Ce qui nous importe ici, c'est que les appels à une épuration plus radicale des rites, premier stage du mouvement, et que les revendications postérieures d'une influence des laïques dans les conseils ecclésiastiques s'appuyaient hautement sur l'exemple des Églises protestantes de l'étranger, sur les paroles de leurs conducteurs attitrés, sur l'exemple donné par les congrégations du Refuge; d'où pour elles un danger sérieux. C'est à Genève que Travers publiait en 1573 la « *Disciplina ecclesiæ sacra ex Dei verbo descripta* », dont la version anglaise servit en 1584 de ralliement à plus de cinq cents membres du clergé anglican. De 1570 à 1584 se succédèrent à Londres les traductions des œuvres de Calvin, de Bèze et de Viret, celle du catéchisme de Th. de Bèze parut en 1571, la Confession de foi en 1570, 1575, 1577 et 1586.

[1] « Quelques non-conformistes, désirant d'être à l'aise et d'éviter les hasards de la persécution, prirent asile dans les Églises françaises et flamandes et se joignirent à leurs communions; ils étaient peu nombreux parce qu'ils ne comprenaient pas la langue. Mais la reine et le conseil avaient l'œil sur eux et résolurent de les chasser de cet abri. » — Neal. *Hist. des Puritains*, I.

les réfugiés, mais rappelant ses bienfaits[1], elle s'y montre inflexible pour ses propres sujets et pour tous ceux qui les aideraient dans leurs résistances :

« Nous n'ignorons pas que les cérémonies ont été différentes dans les Églises depuis la naissance du Christianisme ; les uns prient debout, les autres à genoux. C'est pourtant la même religion pourvu que la prière ait le même Dieu pour objet. Nous ne méprisons pas votre service, et nous ne vous contraignons pas à prendre le nôtre. Nous approuvons vos cérémonies *en tant qu'elles conviennent mieux au pays* d'où vous venez.... », mais elle a hâte d'ajouter : « Gardez-vous de jamais rien faire qui puisse vous laisser soupçonner de vouloir ramener les troubles et les dissensions dans l'état si tranquille de notre république ou dans notre situation religieuse si bien réglée. Car vous savez de par votre prudence, que la Majesté de la Reine préférerait exiger l'expulsion de vous tous, hors de son royaume que de souffrir que ce royaume fût mis en péril d'une manière aussi impie et ingrate par des hôtes accueillis au nom de la piété. Si donc il en est (soit anglais soit des vôtres) qui cherchent à semer parmi nous semblables divisions, chassez-les de votre troupeau et ne souffrez pas qu'ils abusent de vous plus longtemps [2] ». Et le Conseil privé

---

[1] « Cum serenissimæ Reginæ nostræ pietas miserta vestri exilii et calamitatum quas religionis causa pertulistis, vos in regno suo fovet, et tuetur, non illibenter, tum a vobis omnia ursum bonorum et sanctorum hominum officia, gratorumque actiones universas expectat, et se suumque regnum accepisse hactenus, et expertum esse vehementer gaudet, speratque ita perpetuo fore.. »

[2] Signé « Vos amis : Bacon, Burghley, Ev. Lincoln, Sussex, Arundel, Leycester, Smith. » *Eccl. L. Bat. Archivum* II, 127. Le langage se rapproche de celui du Lord-Trésorier déclarant à la Chambre Étoilée que la Reine ne pouvait satisfaire sa conscience sans écraser les puritains « for she thought none of her subjects worthy of her protection that favoured innovations or that directly or indirectly countenanced the alteration of any thing established in the church. » Ce sont presque les paroles de Charles IX appliquées au bénéfice de l'Église anglicane.

défendait de recevoir à la Cène « les Anglais qui par curiosité ou mépris de leurs cérémonies voudraient communiquer avec eux ».

La Compagnie décida en premier lieu « d'avertir les Anglais de ne pas se présenter à la Table » ; en janvier que « nul ne serait plus reçu de l'Église sans s'être adressé à l'ancien du quartier avec attestation de témoins ; on ne recevra les Anglais qu'après attestation de leurs paroisses, certificat de bonne vie et déclaration qu'ils ne méprisent point leur Église anglaise [1] ».

Les Lords du Conseil jugèrent ce tempérament insuffisant et envoyèrent à la fin de février au Lord-maire de doubles instructions : ordonner aux Églises étrangères de ne plus recevoir aucun membre nouveau ; renvoyer de la Cité tous les étrangers ne faisant point partie de ces Églises ou des paroissiales. Les ouvriers nationaux dont la pitié s'était promptement usée à

---

[1] Les Flamands avaient poussé plus loin la soumission immédiate : dans leur réponse au Conseil privé, 6 novembre 1573, reconnaissant les bienfaits de la reine et prenant acte de sa confirmation des libertés accordées depuis Édouard VI, ils espèrent qu'elle n'aura jamais à regretter sa bonté, et s'efforceront de ne donner lieu ni à soupçon ni à offense : ils expulseront du troupeau les perturbateurs et ne recevront aucun Anglais qui, abandonnant les rites de son pays, voudrait s'adjoindre à eux. Mais jusqu'ici il ne s'en est pas présenté : dans leur Église ils n'ont que quatre Anglais. *Eccl. L. Bat. Archiv.*, II, 130. — Pourtant en sept. 1574 l'archevêque leur reprochait amèrement d'avoir exclu de la cène une allemande pour avoir épousé un Anglais « perinde ac si atrox aliquid commisisset. Quod mihi quidem magnam admirationem commovet existimare vos tam Peregrini sensibus a nobiscum quibus conversamini et tam inhumaniter velle desjungi. Verum multo aequius nobiscum vos agere oportuit, etc.» *Ecc. L. Bat. Arch.*

Évidemment c'est à l'Église française dont la langue était plus usuelle et les rapports avec Genève plus fréquents, que les non-conformistes anglais s'étaient adressés de préférence, d'où les atermoiements du consistoire de Threadneedle street.

Une circulaire du consistoire flamand (15 mars 1573) recommande à ses subordonnés, pour se conformer aux ordres de la reine, de renoncer aux oraisons funèbres aux obsèques, se contentant des cérémonies en usage chez les Anglais, preuve que les enterrements ressortissaient de la paroisse anglicane.

l'endroit de ces étrangers « à qui la reine permettait de vivre plus à l'aise et avec plus de liberté que son propre peuple », obtenaient ainsi satisfaction[1]. Pour calmer leurs clameurs renaissantes, après nouveau recensement on bannissait de la ville près d'un tiers des 13,700 étrangers, « presque tous flamands qui ne se rangeaient à aucune Église[2] ».

L'injonction n'en était pas moins désastreuse pour les communautés du Refuge. Leur interdire l'admission de fidèles, c'était les condamner à la mort lente. Elles portèrent leurs supplications à l'évêque : Sandys consentit à appuyer auprès du Conseil leur « Humble Requeste pour obtenir Relâche de la défense à icelles faicte de ne recepvoir plus grand nombre de personnes dans leur congrégation que alors y avoit. » (21 juin 1574.)

Les Lords lui répondirent avec atténuations : « Combien que serons joyeulx de leur monstrer, se comportant décemment et honnestement toute faveur, toutefois considérant leur grande multitude de laquelle toute la Cité est remplie avecques murmures

---

[1] « L'on a descouvert en ceste ville que quelque nombre d'anglois, promptz à la main, estoient tout pretz de susciter une grande sédicion par tout ce royaulme, contre les estrangiers, mais il y a esté diligemment pourvu. Neantmoins, pour mieux appayser les mutins, il y a esté faict une fort curieuse recherche sur les dicts estrangiers.. » 5 mars 1574. La Mothe, *Corr*. Est-ce à ces projets que font allusion les pamphlets contre les étrangers, répandus dans Londres selon quelques historiens en 1573, selon d'autres en 1595 seulement, alors que se produisit une effervescence plus violente encore : « Doth not the world see that you beastly brutes the Belgians, or rather drunken drones and faint-hearted Flemings and you fraudulent father Frenchmen, by your cowardly flight from your own natural countries, have abandoned the same into the hands of your proud ennemies; and have, by a feigned hypocrisy and counterfeit show of religion, placed yourselves here in a most fertile soil, under a most gracious and merciful prince, who hath been contented, to the great prejudice of her naturel subjects, to suffer you to live here in better ease and more freedom than her own people. » Voir *Appendice* XVIII délibération du Conseil de la cité de Londres 26 oct. 1574.

[2] « Et leur est commandé de vuyder le Royaulme devant Notre Dame de Mars sous peyne de prison, » La Mothe. *Corr*.

et malcontentement des naturels sujets de Sa Majesté, nostre désir est que à ceulx qui ne fréquentent le service divin avoué en ce Royaulme, mais usent du manteau de Religion pour autres pratiques, leur soit commandé de sortir du dict Royaulme ». Quant à ceux qui désiraient se joindre aux congrégations, les pasteurs et anciens devaient leur conseiller de se retirer dans d'autres villes, où ils seraient plus commodément reçus. S'ils agissaient de la sorte, les Lords révoqueraient volontiers la première défense de ne plus recevoir personne et leur promettaient « toute faveur »; peuvent être admis à la Cène les enfants des membres et leurs serviteurs ordinaires bien connus [1].

Les consistoires s'empressèrent de publier un avertissement conforme aux volontés qui venaient de leur être signifiées.

Quand l'année 1575 amena une recrudescence de Flamands et de Wallons, Élisabeth répondit aux plaintes de Philippe II par la mention de cette non-autorisation de séjour dans l'enceinte de la Cité de Londres [2] : c'était, il est vrai, en plaçant les réfugiés moins en vue, leur permettre de s'adjoindre aux colonies dans les provinces [3]. A tous, anciens ou nouveaux, à Londres et dans les autres villes, les Hauts-Commissaires ecclé-

---

[1] Une copie en anglais et deux originales en français sont conservées dans les Mss. de l'église hollandaise. *Ecc. L. Bat. Archiv.* II, 134. Au dos de l'une : « Copie d'une Lettre du Conseil à Monsieur Levesque de Londres laquelle il ha envoiée à nostre Eglise françoise. »

[2] Strype. *Annals.*

[3] Celles-ci, surtout les flamandes de Norwich, Sandwich et Maidstone, n'étaient pas toujours à l'abri des vexations des municipalités, voir Moens, *The Registers of the Dutch Church, Historical introduction,* et Burn à l'article Norwich. Et pourtant, lorsque les réfugiés transportaient leur industrie d'une ville à une autre, les municipalités en reconnaissaient le bénéfice : Requète de celle de Halstead à Walsingham pour y faire retourner au moins une vingtaine de familles hollandaises parties pour Colchester, afin qu'elles y reprennent leur fabrication, leur départ ayant beaucoup appauvri le voisinage ; cette pétition est appuyée par huit autres des villes environnantes, couvertes de signatures. *State papers Domestic. Eliz.:* CXLVI, 63.

siastiques, préoccupés de l'introduction des principes anabaptistes, imposèrent (lettre-circulaire du 7 juin), l'adhésion par serment à huit points de doctrine :

« Que le Christ a pris chair de la substance de la vierge Marie ;
Que les enfants des fidèles doivent être baptisés ;
Qu'il est licite pour un chrétien de prêter serment ;
Qu'un chrétien peut être magistrat et porter le glaive de la justice ;
Qu'il est licite pour un magistrat chrétien d'exécuter des hérétiques obstinés ;
Qu'il est licite pour un chrétien d'aller en guerre ;
Qu'il est licite pour un chrétien de faire appel à l'autorité du magistrat et de la loi, afin de se faire affranchir de l'injure et rendre justice ;
Qu'un chrétien peut avoir légitime propriété de ses biens et ne pas les mettre en commun, bien qu'il doive, suivant les règles de la charité, secourir les indigents selon son pouvoir [1]. »

Loiseleur et Le Maçon.

L'absence de toute mention de Jean Cousin, postérieure à 1574, a fait assigner à cette année la fin de son minis-

---

[1] *Dutch and Walloon Book, Norwich.* Strict gardien de la doctrine le gouvernement ne l'était pas moins des observances secondaires. Une lettre du Lord Maire à l'Église flamande (dont la pareille a certainement été adressée à la française vu qu'il y est question *des* Églises) ordonne de la part du Conseil privé, l'obéissance aux lois en ce qui concerne l'abstention de la viande à de certains jours et les jeûnes, lois édictées « non pour cause de superstition ou de religion, mais pour l'utilité politique du royaume. » Les termes sont plutôt sévères : « Non dubitamus vos, pro pietate ac probitate vestra, in memoria habere, ut gratos ac bonos viros decet, vos vestrasque ecclesias sub Reginae nostrae clementia, et cum subditorum suorum amicitia ac benigna consuetudine, non solum corporum vestrorum incolumitate at conscientiarium pace frui, verum etiam regni nostratis fructus atque utilitates capere atque insuper vestris artificiis libere uti, quod nostratibus in vestra patria non est concessum. Expectat ergo a vobis Regina, ut suis Legibus obediatis, et in hac causa magnopere pro suo imperio flagitat atque jubet, ne Leges has violando, et regno huic sitis cum ipso facto noxii tum exemplo vero multo perniciosiores, et ne (quod ad vos vestrosque privatim attinet) cum populus Anglicus Legibus constrictus pareat, *vos licentia exultantes*, vobis indulgentes (quos demissiores esse oportuit) regnique commoda vorantes, nostrarum contra vos invidiam animorumque offensionem concitates... » Dec. 1576. *Eccl. L. Bat. Arch.* II, 153.

tère[1]; d'autant plus que, le 15 octobre, le consistoire nommait pasteurs en titre Pierre Loiseleur, seigneur de Villiers et Robert Le Maçon, sieur de la Fontaine. Ils demandent et obtiennent « s'il plaît à Dieu de donner délivrance aux Églises de France, qu'il soit licite à l'un des deux, et qui sera lors avisé d'être le plus propre, de s'en aller en France au lieu où la nécessité se présentera : si l'autre est rappelé par son Église ou le Synode de sa province, ou le général, il pourra aussi se retirer après trois mois[2]. »

L'Église de Londres s'attachait deux hommes de haute valeur. Pierre Loiseleur, avocat au Parlement de Paris, réfugié à Genève en 1552, ami de Bèze et amené par lui à la théologie, placé par Andelot en Bretagne comme missionnaire évangélique, avait, au péril de sa vie, organisé l'Église du Croisic et fondé celles de Piriac et de Guérande avant d'accepter la vocation de Rouen, d'où le chassa la Saint-Barthélemy[3]. Robert Le Maçon de la Fontaine avait commencé son ministère à Orléans en 1557, l'année même de la fondation de cette Église, une des plus importantes, puisqu'il eût simultanément jusqu'à trois et quatre collègues (dont des Gallars), et qu'aux premiers troubles de 1562, elle devenait la place d'armes et le centre du Protestantisme français militant. Ses fonctions de secrétaire du troisième Synode national tenu dans cette ville, et surtout ses rapports journaliers avec Condé, Coligny et de Bèze durant le siège

---

[1] La liste des « Ministres ordinaires », dressée au XIXᵉ siècle par les soins du consistoire de Londres assigne à Cousin, sans preuves à l'appui, les dates 1562-1574. Agnew a trouvé dans les Mss. Townely-Nowell, à la date de mai 1578 la mention d'une « femme de M. Cousin, pauvre veuve étrangère. » Il serait donc mort à Londres.

[2] *Actes du Consistoire.*

[3] Blessé lors de son ministère en Bretagne, il n'avait échappé que par miracle avec sa femme et ses sept jeunes enfants à une horde d'assassins de la Saint-Barthélemy rouennaise.

d'un an où les huguenots se défendirent par l'épée et par la plume, l'avaient préparé de bonne heure aux sérieuses responsabilités : et depuis, les excès du fanatisme catholique, les incendies du temple et le massacre des protestants (1568), avaient pu interrompre violemment ses fonctions pastorales à Orléans, mais non l'empêcher de les reprendre à la première heure de trève : mais cette Église, noyée dans le sang, devait cette fois attendre sa résurrection pendant plus de vingt années [1].

Les deux pasteurs étaient donc on ne peut mieux qualifiés pour leur double mission, intérieure et extérieure. L'insuffisante paix de juillet 1573 avait duré quelques mois à peine. De nouveau la France était en feu [2]; l'insuccès de Montgommery, sa prise et son supplice contre la foi jurée, avaient attisé les haines et fortifié les arguments des réfugiés. De La Mothe annonce l'arrivée de Textor, aumônier de la Noue [3], qui a passé par La Rochelle et vient unir ses instances à celles de Robineau; de Villiers l'introduit à la Cour auprès des membres du Conseil [4]. C'est sur les pasteurs que se porte maintenant l'attention

---

[1] Des Gallars était en chaire au moment où commencèrent les massacres : « Un de mes frères et plus fidèles ministres de l'Église M. Robert Le Maçon, dit La Fontaine, M. Béroald et moy (Toussain) tombasmes entre les mains des ennemis et y demeurasmes, avec très imminents dangers depuis le 25 sept. jusques au 15 oct., que quelques notables et bien affectionnées personnes voyant qu'ils estoient tous les jours sur le point de nous noyer ou massacrer, et que leur avions rendu fidèle service jusques à toute extrémité, nous rachetèrent des soldats ». Toussain. *L'Exercice de l'âme fidèle*, cité par M. J. Bonnet, *Bull. du Prot. fr.* XXXVIII, 14.

[2] Sur les préparatifs de Montgommery, son départ d'Angleterre et sa dernière campagne L. Marlet, *Le Comte de Montgommery*. — Paris 1890.

[3] Ministre de Verteuil. *France Prot.* VI, 353.

[4] 19 avril 1574. — 18 juin « Les ministres francoys qui sont icy et aulcuns de la part des eslevez ne cessent de négocier toutz les jours avec ceux du Conseil. — 3 juillet. Ceulx qui sont icy, les principaulx entre les Protestants, ont fort senty et sentent grandement la prise de St-Lô et l'exécution

de l'ambassadeur; ils semblent avoir pris en main la conduite des négociations; il les fait observer de près, note leurs entrevues avec les membres du gouvernement, et finit par s'en plaindre : « J'ay faict cognoîstre en ceste court que les allées et venues des ministres m'estoient suspectes : il m'a esté répondu quant aulx ministres, qu'on ne pouvoit, en Dieu et conscience, refuzer d'ouyr ce qu'ilz trouvoient nécessaire d'estre dict et remonstré ou bien proposé pour la deffence de leur relygion, qu'ils avoient commune avec cest estat, et qu'à cella je m'opposeroys en vain[1] ». En effet, trois mois plus tard, il constate que « les quatre ministres qui sont préposez en ceste ville pour le Conseil d'estat de ceulx de la nouvelle religion de France et de Flandres » — renseignement intéressant quoique les noms manquent —, « ayant esté par diverses foys en cest court ont conféré avec M. de Wal-

---

du C. de Montgomery. Et les ministres francoys, mesmement Villiers, joint à luy l'agent du Cte Palatin et celui du duc de Saxe et celui du Prince d'Orange ont été depuis cela fort fréquents en ceste court; mesme le 28 ils furent cinq grosses heures en étroicte conférence avec quatre de ce Conseil. — 13 aout. Il est arrivé ici d'Allemagne ung francoys qu'on m'a dit s'appeler Poutrin, mais il se fait nommer Dupin », (l'ancien secrétaire de Coligny qui l'avait envoyé en Angleterre en mai 1572. Voir lettre de l'Amiral à Burghley, *Bull. du Prot.* IV) «lequel a esté négocier en ceste court et les ministres le sont allez assister.. » — 19 sept. Textor, après qu'il a eu faict asembler, par quatre ou cinq foys le Conseil des Ministres en ceste ville, sur les moyens de pourvoir au secours et deffence de L. R., est passé en Hollande et du Luc en Allemagne. — 20 oct. et 8 nov. Renseignements fournis par « l'ung de ceulx que j'ay mis à observer les ministres.. » Le 3 nov. Le Vidame s'embarque pour Flessingue; Barache, Limous, La Roque, Mondurant et autres sont partis pour La Rochelle. — 17 nov. « Ceulx de La Rochelle ont faict une fort ample depesche aux ministres et aultres de la n. r. qui sont icy. » — En mai et en nov. les instructions de Catherine de Médicis sont de faire de vives instances auprès d'Elisabeth « pour qu'elle n'écoute pas les sollicitations des ministres ». La Mothe. *Corr. Dipl.* T. VI. VII. Charles IX était mort et Henri III encore absent.

[1] .. « Les ministres Villiers et quelques autres ses semblables sont ordinairement et trop souvent en secrette conférence avec Méru (3e fils de Montgommery réfugié après l'arrestation de son père) 27 nov. » Même rapport sur les communications avec Méru le 21 février.

218 LES ÉGLISES DU REFUGE EN ANGLETERRE.

singham, M. Randolph et M. Killigrew et aultres de leur faction et sont il y a six jours, depuis le matin jusques au soyr, tousjours après à dresser quatre grosses depesches pour la France, la Hollande, l'Allemagne et la quatriesme, de quoy je suis fort esbahy, pour Escosse et font tenir prestz des hommes d'affères et propres à négotier pour les aller porter[1]. »

Repoussé dans le fond, chargé par Élisabeth de représenter à Henri III qu'il était temps « d'accomoder ses sujets de la religion de quelque honneste seureté[2] », La Mothe obtenait néanmoins, dans la forme, une certaine satisfaction. « M'estant plainct à elle des démonstrations et conjouissances publicques que les ministres de l'églyse françoyse de Londres avoient ozé fère d'une victoyre qu'ils ont publyé que M. Dampville avoit gaignée en Languedoc où il avoit deffaict toutes les forces de pied et de cheval que V. M. avoit au dict pays... elle m'a dict que c'estoit chose dont ilz ne luy avoient pas demandé congé de la fere et qu'elle ne la trouvoit nullement bonne ; et que puisque je m'en plaignoys, elle leur en feroit faire une si bonne réprimande que s'ilz ne se monstroient doresnavant plus modérez elle les chasseroit de son royaulme[3] ».

Les chasser, la reine n'y songeait point. Où seraient-ils allés ces ministres que le roi de France continuait à repousser ? Alors que, depuis longtemps déjà, l'ambassadeur exhorte les gentils-

---

[1] 21 février 1575 : « Le 21 avril assemblée du conseil royal à laquelle ont concouru les ministres et aulcuns des plus apparantz suppostz de ceulx de la n. r... Le 13 mai arrivée des lettres d'Allemagne et de Bâle à la reine, à ceux de son conseil, à M. de Méru et aux ministres françois et flamands qui sont en ceste ville. Et souldain ceulx qui sont super-intendantz des affaires de ceulx de la n. r. se sont assemblez pour délibérer du contenu desd. depesches, et le lendemain M. de Méru avec l'ung d'eulx est allé à Greenwich où il a estroitement conféré avec trois du conseil et y est convenu ce sieur de Martinez agent de M. de Laval.. » La Mothe. *Corr. dipl.*
[2] 3 déc. 1574.
[3] 7 mars 1575.

hommes au retour, et à la confiance[1], qu'il demande des passeports[2], et qu'il octroie « des certificatz à des habitants de Rouen et de Normandye de leurs paisibles desportementz par deça, afin d'obvier à la saysie de leurs biens », il n'ose accorder pareille faveur à un seul ministre réfugié, fût-ce au plus pacifique de tous[3]. D'ailleurs les attestations qu'il délivre sont récusées par un parlement plus royaliste que le roi, et une dernière alerte au Hâvre amène en janvier un fugitif de la onzième heure[4].

Des soixante ministres réfugiés un petit nombre étaient retournés quand même évangéliser leurs troupeaux en détresse; d'autres avaient accepté des postes dans les Iles Normandes; Feugeray, après avoir consacré ses loisirs forcés à la publication avec approbation officielle de l'archevêque Parker, d'un extrait

---

[1] « J'ay faict admonester les principaulx françois de la nouvelle religion qui sont encores par deça d'aller au devant du Roy vostre fils et qu'avec le debvoir de leur obeyssance ils luy facent eulx-mesmes entendre leurs requestes sur ce qu'ils désirent pour le repos et seureté de leurs personnes, biens et consciences. . Je ne scay encores comment ils en uzeront. 13 août 1574. » La Mothe à Catherine de M.

[2] Pour le capitaine Janeton « qui ne s'est jamais départy de son obeissance. »

[3] Et y a ung ministre, lequel, entre les autres est modéré, et n'adhère point aux violents conseils de la guerre, ny aulx invectives et praticques de ses compaignons, qui m'a faict aussy demander ung certificat, mais à cause de sa qualité de ministre je ne luy ay poinct voulu octroyer sans avoyr expresse permission de V. M. dont vous plerra me commander comme j'auray à en uzer. »

[4] « 29 janvier : Aulcuns de vos subjects de Normandye me sont venus remonstrer que la Cour du Parl. de Rouen, sans avoyr esgard à la réservation portée par vos lettres patentes ny aux attestations que suyvant icelles je leur ay baillées, a faict saysir leurs biens » — et 24 mars : « Le Parl. de Rouen ne veut avoyr esgard aux lettres royales parceque ne sont que lettres closes. »
« Il y a ung gentilhomme de Normandye nommé des Troyspierres qui est depuis huit jours passé en ce royaulme. Il semble qu'il a craint que, à cause de ceste pratique du Hâvre, l'on ne voulût courir sus à ceux de sa religion, dont est venu à refuge. Janv. 1595. » La Mothe, *Corr. dipl.*

des œuvres du pasteur-martyr Marlorat[1], allait en 1575 occuper avec éclat la chaire de théologie dans l'université fondée à Leyde par Guillaume le Taciturne ; d'autres encore profitaient de leur exil pour conquérir des grades dans les facultés anglaises. Oxford qui recevait en 1574 Hector Viel de Caen, admettait dans ses chaires, en 1576, Pierre Le Roy et Gilles Gautier, sieur de la Benserie, maîtres-ès-arts de l'université de Caen, Loiseleur de Villiers[2] et Pierre Baron, le ministre d'Orléans.

Le 18 juillet 1576 l'université d'Oxford recevait une lettre de l'église de Caen : « La paix est enfin rétablie en France. Nous avons écrit à notre ministre, M. de la Benserie, lui demandant de venir en toute hâte reprendre sa charge. Nous vous remercions de la bonté que vous avez eue de le recevoir, de l'aider d'argent, de lui donner place parmi vos professeurs de théologie. Maintenant nous vous demandons de le renvoyer, car vous possédez beaucoup d'hommes de valeur, nous pas[3] ».

---

[1] *Propheticæ et apostolicæ, id est, totius divinæ ac canonicæ scripturæ Thesaurus. . ex Aug. Marlorati adversariis a Gulielmo Feuguereio in codicem relatus.* Londres 1574 in-fol. L'approbation de l'archevêque adressée au vidame de Chartres, 13 janvier, est reproduite *Corr. of Parker*, CCCXLIX. Le consistoire secourait en mars 1576 la veuve et les enfants de Marlorat.

[2] « Supplicat Petrus Lozellerius Villerius, Gallus, doctor in jure civile et Theologiæ professor ad incipiendum in Theologia et ut liberetur ab omnibus impensis : causa est quod cum propter religionem exul et tam grandi sumptui solvendo sit impar. 20 avril 1576. » *Registres universitaires*. Le 4 juillet il demandait à réfuter les accusations d'hérésie et d'opinions erronées, lancées contre lui, comme d'amères représailles, par Antoine Corranus. Sa justification présentée devant le Conseil académique avec « autant de gravité que de piété », lui valut les félicitations du vice-chancelier et la dispense de tous frais. And. Clarke. *Register of the Univ. of Oxford*. Un Pierre Bignon, auxiliaire pour une chaire d'hébreu à Cambridge, la sollicita vainement avec l'appui de Burghley et de Parker, 1574, les règlements exigeant un maître-ès-arts. Ne serait-il pas le réfugié Philippe Bignon de la *France prot.*, professeur d'hébreu à Genève en 1562 et à Saumur en 1609? *Athenæ Oxonienses*.

[3] William Williams *Oxonia depicta*.

La mort de Parker (mai 1575), venait d'appeler Grindal au siège de Canterbury (février 1576) et Sandys à celui d'York. Ces trois noms doivent être unis dans une commune gratitude. Ainsi qu'il l'écrivait à Burghley, l'archevêque Parker n'avait jamais été paresseux à s'employer de toutes ses forces pour les étrangers, dont toujours, « *Deus novit* », il avait eu la condition en pitié [1]. Jusqu'à sa fin il demeura fidèle aux principes qui lui avaient fait admettre un culte strictement réformé sous l'aile même de son église primatiale anglicane, et s'écrier : « Nous avons soin de reconstruire un temple ruiné, ce qui est une bonne œuvre : si nous étions de même tous soucieux d'aider à la réédification d'une aussi grande église que celle de France le redevient pour Christ, outre l'avantage qui en résulterait pour leur royaume, notre propre tranquillité chez nous ne pourrait que gagner à l'augmentation d'amis unis à nous par la religion : elle a plus de force pour resserrer dans les cœurs des hommes une amitié durable, que toutes les politiques extérieures mondaines quelconques [2] ».

Les trois prélats protecteurs.

On sait ce que fut Grindal. Quant à Sandys, c'est à juste titre que le Cœtus, lors de sa promotion à York envoya le « remercier du soin qu'il avait eu des Églises, le priant de les recommander à son successeur [3] ». Il avait fait plus encore que d'intercéder pour elles auprès du Conseil privé. Alors que le peuple de Londres saisissait les moindres prétextes pour se plaindre des réfugiés et se soulever même contre eux, l'évêque avait profité de sa haute situation ecclésiastique et morale pour prêcher à ces violents le devoir et les vertus de l'hospitalité. « Dieu a soin des étrangers et l'Égypte fut bénie à cause d'eux », disait-il dans un

---

[1] L. à Burghley, 9 Avril 1573. *Corr. of Parker* CCCXXII.

[2] L. à Cecil au moment du Coll. de Poissy, 11 Août 1561. *Corr. of Parker*. CVI.

[3] *Actes du Coetus.*

sermon à Spittlefields. « Recevons joyeusement, secourons libéralement ceux qui sont étrangers à cause de cet Évangile que nous professons comme eux... Ce que nous leur donnons, nous le donnons à Jésus et il le récompensera, mais quiconque tourmente, outrage ou offense l'un d'entre eux, il vaudrait mieux pour lui qu'on suspendît à son cou une meule de moulin et qu'on le jetât au fond de la mer [1] ». Et à la croix de saint Paul, dans une de ses dernières prédications, il répétait à la multitude : « Dieu nous a offert en ce temps une grande occasion de montrer notre charité. Beaucoup de ces pieux enfants de Dieu sont étrangers en Angleterre ; ne perdons pas cette occasion de faire le bien.... Sans nul doute, en recevant ces étrangers qui errent de lieu en lieu, rejetés de leur pays pour avoir confessé et professé Christ, nous recevons, non pas des anges, mais le Seigneur des anges. « Celui qui vous reçoit, me reçoit ». Et en leur faisant du bien, nous en faisons à nous-mêmes, car grand sera l'avantage quand Christ dira : J'ai été étranger et vous m'avez reçu ; et aussi grande la malédiction pour ceux à qui il sera dit : J'étais sans abri et vous ne m'avez point hébergé [2] ».

[1] *Sermon XIV.*
[2] *Sermon XX*, 1576.

CHAPITRE VI

L'ÉGLISE SOUS LE MAÇON DE LA FONTAINE.

La paix de Monsieur et l'Édit de mai 1576, qui condamnait solennellement la Saint-Barthélemy, en réhabilitait les victimes et déclarait tenir les enfants des religionnaires fugitifs, depuis la mort de Henri II, pour « vrais François et regnicoles »[1], rappelèrent dans leurs foyers presque tous les expatriés qui ne s'étaient pas décidés à planter définitivement leur tente en Angleterre[2]. Quelques pasteurs hésitèrent encore : plus menacés, ils

Édit de Beaulieu.

---

[1] L'art. 53 décharge le Vidame de Chartres de tout blâme au sujet « des traittez et négociations faites avec la Royne d'Angleterre en l'an 1562, ne tenans, ne reputans en cest endroit rien fait que pour nostre service. »

[2] Parmi les restés à demeure fixe le seigneur de la Tranche, du Poitou, ancêtre des deux Archevêques Trench et des Comtes de Clancarty et Barons Ashtown actuels. Détails généalogiques dans Agnew sur plusieurs familles anglaises distinguées issues du Refuge du XVIe siècle, tant français que wallon, entre autres les Despard, Emeris, Dubois (Wood), Chamberlaine, d'Embrun (Dombrain), Dobrie de la Saint-Barthélemy, et pour les wallons les de la Motte et de la Prime d'Ypres, du Quesne et Houblon des Flandres, Lefroy de Cambray, de la Haye de Tournay, Le Thieullier et Bulteel du Hainaut, etc. Ses recherches dans les Testaments lui ont permis de relever les libéralités à l'église de Thredneadneedle Street de plusieurs wallons qui s'y rattachaient : De Melley, de Nivelle 40 S. aux pauvres de l'Eg. française 1583; de la Haye 14 L. pour les pauvres et 5 L. pour le culte 1579; son fils 50 L. pour les pauvres, 10 pour l'entretien des ministres, 10 pour l'entretien des écoliers, 30 de plus aux pauvres sur la vente de ses marchandises 1582. Dans toutes ces pièces l'Eglise est appelée non wallonne mais *françoise*.

attendaient des résurrections d'Églises qui ne se produisaient pas toujours et furent bientôt rejoints à nouveau par des collègues de la Normandie et du Poitou, chassés par la sixième guerre de religion. Un de ces derniers, Marin le Saulx, dit du Saussé, « attendant quelque bonne issue à ces troubles par quelque paix bien asseurée », en profita pour faire imprimer à Londres un recueil de deux cent quinze sonnets, composés pendant son premier exode de 1568-1569, perdus dans le second de 1572-1575, retrouvés et emportés dans ce « troisième redoublement de misères et de calamités »[1].

Séjour de Du Plessis-Mornay.

Le groupe religieux et politique réformé français se reconstituait autour de Du Plessis-Mornay, « dépesché » en avril 1577 par le roi de Navarre « vers la royne d'Angleterre, avec pouvoir absolu pour toutes les affaires dudit Seigneur Roy en Angleterre, Écosse, Pays-Bas, Allemaigne, etc., et mesmes avec nombre de commissions et lettres en blanc, avec un signet pour signer en son besoing toutes dépesches, chose accordée à peu de personnes »[2].

Bientôt rejoint par Mme Du Plessis, il passa dix-huit mois à Londres « avec plus de repos et non touteffois sans plusieurs affaires ». Écouté de la reine, il en obtenait le subside désiré : « l'amytié privée qu'il avoit avec les principaux lui aidoit beaucoup ; la confiance aussy que ceux qui gouvernoient prenoient de luy, jusques à luy demander conseil èz affaires de leur propre

---

[1] *Théanthropogamie en forme de Dialogues par Sonnets chrestiens composez par Marin le Saulx, à Londres par Thomas Vautrolier, imprimeur, demeurant en Blackfrières* 1577 — in-12 de 147 p. dédié au Comte de Laval : c'est un dialogue entre l'Église et J.-C. sous le nom de deux époux Christ et Christiane ; voir à l'*Appendice* les deux sonnets qui méritent d'échapper à l'oubli. Le seul exemplaire que nous connaissons appartient à M. Ad. Gaiffe.

[2] *Mémoires* de Mme de Mornay. Catherine de Médicis l'avait empêché de venir après la paix de Monsieur.

estat[1]... Ses plus confidens amys estoient messire Françoys Walsingham, secrétaire d'Estat, et Sir Philippes Sidney... aussy MM. Paulet, Killigrew, Davidson, Rogers, et entre les François, les pasteurs de l'Églize estrangère, Françoys L'oyseleur dit de Villiers, et Robert Le Maçon dit de la Fontaine, tous deux très excellens en leur profession.

« En septembre 1577 fut faicte la paix (la paix de Bergerac), dont il eut moins d'occupation en Angleterre ; et nonobstant ne trouvoit à propos de repasser sy tost en France que les ardeurs civiles ne fussent un peu refroidies »[2].

Assiégé par ses deux préoccupations constantes, son pays et sa foi, ne voyant le salut de l'un que dans l'acceptation sincère de l'autre, persuadé que Henri de Navarre était le prince prédestiné à délivrer la France de « la servitude de l'Antechrist », Mornay éprouvait le besoin de propager ses convictions. Il lui fallait montrer aux protestants le rôle providentiel assigné à ce roi auquel, tout le premier, il s'était « voué et dédié[3] », et qui lui-même ne paraissait pas toujours sentir assez « l'honneur que Dieu lui faisoit » et l'exceptionnelle gravité de cette heure de crise[4] : et il

---

[1] « En ceste négociation » (des Provinces-Unies avec l'Angleterre contre Don Juan d'Autriche) « il fut prié de s'employer par le Prince d'Orange et les Estatz, et non moins par la royne d'A. et son conseil, s'assurant les uns et les autres qu'il préféreroit le bien public de la vraie religion à toutes autres choses. » Mme de Mornay *Mémoires*.

[2] *Ibidem*.

[3] « Alors le Roy de Navarre n'estoit pas connu ès pays estrangers selon ses vertus. Mesmes l'artifice de quelques mauvais espritz avoient tant gagné qu'ilz l'avoient rendu suspect à la plus part, comme s'il n'eust pas procédé sincèrement en la défense de la Religion, mais retenu toujours quelque intelligence avec les ennemis d'icelle ; et cela luy traversoit fort ses affaires, d'autant plus que ces impressions procédoient de personnes mesmes de la religion. » Me de Mornay *Mémoires*.

[4] .. « C'est donq le seul et unique but où V. M. doit viser. Comme le plus humble de vos serviteurs je vous fay ceste trés humble Requeste, Sire, que jour et nuit vous vous représentiez la dignité et grandeur de ceste charge à laquelle Dieu vous appelle. Que vous employez ces rares dons qu'il a mis en vous pour restablir son Royaume ». Dédicace du *Tr. de l'Eglise*.

lui fallait éclairer les catholiques sur la nature de l'Église de Christ et les amener à reconnaître que la foi réformée en possédait seule les vrais caractères.

« Ce fut pendant ce loisir qu'il s'occupa à composer le traicté de l'Églize, parce qu'il voyoit que ceux qui se débauschoient de la vérité ou qui croupissoient au mensonge s'aheurtoient principalement sur ce point là. L'ayant fait, il le bailla à examiner aux sieurs de la Fontaine et du Saulsay, ministres très doctes, puis à dix ou douze autres, les priant d'y remarquer songneusement ce qu'ils y verroient à reprendre ; ce qu'ilz firent et en conférèrent au bout d'un moys ensemble, et tombèrent d'accord sur toutes choses. Le traicté peu après fut traduit en toutes langues [1]... »

La première édition parut à Londres en 1578, accompagnée de la reproduction du Discours de la vie et de la mort : le traité est précédé de la dédicace, d'un sonnet au sérénissime Henry, roy de Navarre, et de deux poésies : un sonnet signé R. L. M. (Robert Le Maçon de la Fontaine) et un sonnet M. L. S. (Marin Le Saulx du Saussé), approbations données à l'œuvre de controverse du gentilhomme par deux membres distingués du pastorat [2].

C'est dans la même double pensée, et sans doute sous l'impulsion de Du Plessis-Mornay, que fut préparée la traduction

---

[1] « Sir Phil. Sidney, le plus accomply gentilhomme de l'Angleterre lui fit cet honneur de le traduire en anglois. » *Mémoires*.

[2] « Triomphe du Plessis, de ta belle victoire, Le labeur est à toy mais à Christ est la gloire, Qui te rend admirable en la postérité. Doux de Mornay courage, et ne tourne en arrière, Pousse tousjours avant en la mesme carrière, L'Antechrist ne peut rien contre la vérité. » Par M. L. S.
Traicté de l'Église auquel sont disputées les principalles questions qui ont esté meües sur ce point en nostre temps, par Philippe de Mornay, seignour du Plessis Marlyn, gentilhomme françois. « Sortez de Babylone mon peuple . . . » Il avait aussi commencé en Angleterre une histoire latine des troubles de France, pillée en mer avec les bagages de ses gens.

de l'*Apologia pro Gallis Christianis religionis reformatæ*; la version anglaise du livre encore anonyme d'Innocent Gentillet, également dédié à H. de Navarre, paraissait à Londres en 1579[1].

Mornay n'était plus en Angleterre. La reprise des négociations en vue du mariage d'Élisabeth avec le duc d'Alençon, « qu'il n'approuvoit pas en son cœur », le décida au départ. Quelques mois après, Madame Du Plessis s'embarquait pour Anvers « sur la rivière de Londres », avec ses deux filles, dont une venait de naître[2]. Du Plessis devait revenir en 1580 expliquer à Élisabeth la cause de la prise d'armes; mais les demandes exagérées de Condé, qui l'avait suivi, firent échouer la négociation et le prince l'obligea à repartir avec lui.

Tandis que l'Édit de Poitiers, après la sixième guerre de religion et le traité de Fleix après la septième, avaient permis aux plus timorés de rentrer en France, les Flamands et Wallons avaient été rappelés dans leurs foyers par l'Édit de pacification de 1576, l'autorisation du culte public en 1577 et l'Édit d'amnistie générale de 1578. La congrégation de Threadneedle Street se trouva donc presque exclusivement réduite, en dehors des familles depuis longtemps résidentes et naturalisées, aux quelques réfugiés retenus en Angleterre par leurs entreprises industrielles ou leur indigence, et les nouvelles plaintes des artisans de Londres perdaient toute raison d'être[3].

---

[1] *An Apology or defence for the christians of France which are of the Evangelicall or reformed religion, for the satisffing of such as wil not live in peace and concord with them. — Written to the king of Navarre and translated out of french into English by sir Jherom Bowes knight.* — London 1579.

[2] Élisabeth; elle eut pour parrains Sidney et Killigrew, pour marraine Madame de Stafford, dame d'honneur de la reine.

[3] Il s'en produisit néanmoins : Plaintes de la Compagnie des cordonniers de Londres, 1576 et 1578. *Cal. State Papers.* On n'a pas de recensement pour cette date : celui de 1581 donnera dans Londres sur 2266 étrangers, 689 fréquentant l'église française; hors des libertés de la Cité sur 4047 il en est 1149

L'Hostage.　　Aussi s'émut-elle moins que la flamande de la résurrection d'un vieux statut du XIIIe siècle, confirmé au XVe, au nom duquel tous les étrangers seraient soumis à l'*hostage*, c'est-à-dire à l'obligation de résider chez les hôtes anglais qui leur seraient désignés sans liberté de choix. Ces hôtes devaient les représenter commercialement, contrôler leur négoce et prélever deux pences par livre sterling sur tous leurs achats et ventes. Admissible et peut-être nécessaire lors de son institution par Édouard Ier, en 1285, ou de sa remise en vigueur en 1441, sous Henri VI, l'hostage était incompatible avec les progrès de la civilisation sous Élisabeth, avec la multiplicité des transactions et avec l'introduction, si désirée par l'État, des industries nouvelles. La reine, pour restreindre sans doute l'immigration, accorda cependant, le 24 juin 1576, ce droit d'assigner des hôtes à tous les étrangers du royaume, et de percevoir les bénéfices, à Wm Tipper, prête-nom du conseiller privé Sir Christ. Hatton.

Les étrangers protestèrent, invoquèrent les traités de commerce avec les Flandres et la France, en appelèrent au Conseil privé et obtinrent l'intervention de l'archiduc Mathias, gouverneur des provinces belges, et le refus motivé du gardien du sceau, Sir Thomas Smith, de sceller, sans en avoir référé de nouveau à la souveraine, un brevet qu'il considérait comme contraire à la Grande Charte « et à toute humanité »[1]. On renonça

---

de rattachés aux congrégations françaises-wallonnes. Stow, *A survey of the cities of London and Westminster* donne à tort le millésime 1580, au lieu de 1581 des *Lansdowne Mss.* XXXIII, 59.

[1] « Jusqu'à ce que je sois mieux persuadé, ma conscience ne me permet pas d'y apposer le sceau sans en avoir de nouveau appelé à la reine : c'est ainsi que je considère mon devoir tant que je garde le sceau, en toute chose qui touche à l'honneur de S. M. ou à la rupture d'un traité. » Agnew, 3e éd., qui donne également la pétition à la reine des commerçants étrangers. Sir Th. Smith avait été ambassadeur en France sous Édouard VI et trois fois sous Élisabeth ; il mourut en 1577. Voir un exposé détaillé de cette question dans Moens, *The walloon church of Norwich.* Vol. I, ch. VI.

à exiger la surveillance sur les transactions et l'impôt des deux pences ; mais l'attribution des hôtes-logeurs fut concédée quand même à Tipper pour vingt et un ans. Il en tira certaines redevances, consentit des exonérations moyennant finance, et bientôt il ne fut plus question d'hostage. Les actes du consistoire ne mentionnent pas l'incident, soit par suite d'une entente avec le fermier, comme celle qui eut lieu à Norwich, soit à cause du petit nombre de ressortissants de l'Église française-wallonne, non encore pourvus à cette époque de la denization.

Les actes du synode national de Sainte-Foy, tenu en février 1578, portent : « Les Frères de l'Église de Londres, dans le royaume d'Angleterre, envoyèrent des lettres à cette assemblée, demandant que MM. de Villiers, ministre de l'Église de Rouen, et de la Fontaine, ministre de l'Église d'Orléans, pussent leur être octroyés pour pasteurs. Leur requête fut intérinée et ces dignes ministres de l'Évangile furent prêtés à ladite Église jusqu'à ce que leur propre troupeau, qui était dispersé, pût être rassemblé ; après quoi ils continueraient et seraient rétablis dans leur Église comme auparavant. » Ils n'y retournèrent jamais. Des Roches était mort en 1577. En 1579, de Villiers, qui continuait à s'intéresser à la politique générale du protestantisme et était devenu le fidèle correspondant de Guillaume d'Orange, en acceptait l'aumônerie et quittait l'Angleterre. La confiance et l'amitié du Taciturne lui procuraient une liberté d'action et de plume incompatible avec son ministère à Londres[1].

[1] Cette même année il rééditait le N. T. de Bèze avec notes de Camerarius, Londres in-8°, un essai d'accord entre les églises réformées, « *Ratio ineundæ concordiæ inter ecclesias reformatas* » et l'« *Apologeticon Belgarum contra librum Concordiæ Bergensis.* » Apologiste de Guillaume d'Orange il resta attaché à son fils, malgré les offres de Henri IV et mourut dans sa terre de Westhoven en 1593. Mornay l'avait en haute estime et recommandait son commerce à l'ambassadeur de France. Sur son rôle dans les Pays-Bas voir Rahlenbeck : *L'Inquisition et la Réforme en Belgique*, Bruxelles 1857. Sa fille avait épousé le ministre du Quesnel, réfugié et pasteur à Guernesey. *Actes* de cette île.

Discipline de 1578.

L'Église venait d'être pourvue de sa nouvelle forme de discipline, la troisième. Remaniement, par Loiseleur de Villiers et la Fontaine, de la seconde rédigée par des Gallars, à l'instar de la calvinienne, elle consacrait les modifications amenées par ces quinze années, en particulier la suppression du suffrage universel dans les élections, et faisait quelques emprunts à celle des églises réformées de France. Ainsi que le porte le document original : « Ces articles de discipline ont esté dressés et approuvés par les ministres, anciens et diacres de ceste Église françoise de Londres... Faict et conclu par les ministres, etc., après avoir eu sur cela communication et conseil de quelque bon nombre de ministres françois réfugiés à Londres. Arresté au jour des censures au mois de Septembre an quinze cens soixante dix huict — pour tesmoings nous soussignés : R. le Maçon, ministre, Bodeler, Pic de Rosigniel, Gilles Bulteel, Johan van der Hofstadt, Lois Biscop » — et plus bas : « Ils les ont derechef entièrement approuvés » à la date du 5 août 1579 [1].

Disgrâce de Grindal.

Les communautés du Refuge s'étaient réjouies de l'élévation de Grindal au siège primatial de Canterbury (1576) : elles s'affligèrent de la disgrâce qu'attirèrent à leur constant protecteur ses sympathies non dissimulées pour les formes spiritualistes de leur culte et pour leurs exercices théologiques. Tout en acceptant les cérémonies anglicanes, le prélat avait introduit dans son diocèse et usé de son influence pour étendre dans les diocèses voisins l'usage des *Prophéties* : il y voyait une tradition des temps apostoliques, et même hébreux, une préparation à la controverse anti-catholique et, comme a Lasco, une source d'instruction scientifique pour les ministres, d'édification pour les auditeurs. Quand Élisabeth, qui reprochait précisément aux Prophéties d'intéresser le peuple aux questions de cette nature, en ordonna la

---

[1] Voir l'analyse de la troisième Discipline au chapitre VII, lors de son adoption par le septième colloque en 1588.

cessation absolue, Grindal, « pour ne pas offenser la majesté de Dieu », refusa son consentement à cette mesure. Emporté par l'ardeur de sa conviction, il se permit, dans son plaidoyer du 10 décembre 1577, non seulement de blâmer les décisions péremptoires de la souveraine en matières de religion et de foi, mais de lui rappeler sa condition de « créature mortelle devant comparaître un jour devant le tribunal du crucifié. Et quoique vous soyez une puissante reine, souvenez-vous que celui qui demeure au ciel est plus puissant encore. Il est, comme le dit le psalmiste, terribile et is qui aufert spiritum principum, terribile super omnes reges terræ [1] ».

Condamné par la Chambre Étoilée aux arrêts et à une suspension de six mois, l'archevêque, en conservant son titre, ne fut rétabli virtuellement en office que peu d'années avant sa mort et ne recouvra jamais la plénitude de son autorité[2]. Sa signa-

Procès de Cassiodore de Reina.

---

[1] Strype, *Vie de Grindal*.

[2] Plusieurs évêques ne renoncèrent pas, sans exprimer leurs regrets, à cet exercice de *prophétie* dont Grindal décrit ainsi l'application à l'anglicanisme : « Les auteurs de ces exercices sont les évêques qui ont le pouvoir d'en prescrire à leurs ministres inférieurs pour augmenter la connaissance des Écritures. Ils durent deux heures, une fois par mois ou par 12 ou 15 jours, dans l'église de la ville, sur un texte de l'Écriture annoncé d'avance; on en interprète : 1º l'occasion; 2º le but; 3º le sens propre; 4º le sens des mots; ceux qui sont instruits dans les langues montrent la diversité des interprétations; 5º l'emploi de phrases semblables dans les Écritures; 6º l'accord des passages de l'Écriture qui paraissent en contradiction; 7º les arguments dans leur développement; 8º les vertus et les vices qui y sont touchés, le commandement auquel il appartient; 9º si l'occasion s'y prête, la tournure que lui ont donnée les adversaires; 10º la doctrine de foi y contenue. » Il ajoute que les modérateurs sont choisis par l'évêque et qu'aucun *laïque* ne peut prendre la parole, distinction essentielle d'avec a Lasco qui admettait et encourageait la participation des laïques à la discussion. Au sein de l'Église anglicane c'eût été frayer la voie aux Indépendants et aux Quakers de l'avenir. Le synode des Églises du Refuge de Wesel (1568) réunissait dans les exercices de prophétie le presbytère, les maîtres et les pasteurs. Plus tard Bacon proposait au roi Jacques le rétablissement d'un exercice qui avait été supprimé contre l'avis du « plus grand et du plus grave prélat du pays. »

ture figure cependant au bas de la lettre aux Églises étrangères de Londres sur Cassiodore de Reina, 13 déc. 1578. Grindal y rappelle l'accusation portée, il y a quatorze ans auparavant, contre le ministre de la congrégation espagnole et dont sa fuite avait arrêté l'action pendante devant son tribunal épiscopal : nommé pasteur en Belgique, il revient de son plein gré demander la revision de sa cause ; le prélat donne assignation en son palais de Lambeth, le 18 décembre, à tous ceux qui auraient à déposer sur ces faits[1]. Les actes consistoriaux prouvent que si le consistoire de l'Église française se désintéressa de cette procédure terminée par une sentence non condamnatoire, il n'en conserva pas moins envers Cassiodore l'attitude hostile de des Gallars et les méfiances persistantes de Th. de Bèze.

A l'issue du procès, Cassiodore[2] avait demandé, le 22 mars 1579, que M. de la Fontaine et la Compagnie lui donnassent audience, avec trois témoins (dont Cyprian et Antoine Justinian), « ses affaires le pressant de retourner en Allemagne ». Sur le refus d'admettre les témoins, il insista : « Il nous requérait lui faire cette faveur, et aussi lui semblait bien raisonnable, vu la

---

[1] *Ecc. L. Bat. Archiv.*, II, 171.

[2] « La cause de Cassiodore fut terminée par M. l'archevesque sur le commencement d'avril et du tout à son souhait. En sa procédure, nous n'avons point esté entremeslés, l'instruction ayant esté dès le commencement commise de tout ce procès à défuncts M. Cousin, Utenhove et autres. Seulement nous avons produict tout ce qui s'est trouvé par devers nous et déclaré les tesmoings qui en pouvaient parler. » Lettre de Le Maçon à de Bèze, incorrectement publiée par Gaberel, l'original *Bibl. de Genève*, m. f., portef. 2.

L'incertitude qui persiste sur l'histoire vraie de Cassiodore, malgré les savantes recherches de M. Tollin, justifie l'insertion de ce qui s'est conservé à son sujet dans les *Actes du Consistoire* de Londres. En 1571, il s'était plaint à Th. de Bèze des accusations portées contre lui à Francfort par M. de Saules (Lettre citée par Tollin, *Bull. du Prot.*, XXXII, 249) et le réformateur écrivait à Cousin : « Dieu veuille le laver si à tort on lui a mis ceste tache, sinon le plonger du tout et le noyer dans son ordure afin qu'il n'en infecte des aultres plus avant. J'en ai adverti ceux qui m'en ont escrit : ils en feront ce qu'ils vouldront. » *Ecc. L. Bat. Arch.*, II, 106.

sentence qu'il a obtenue, d'avoir bonne opinion de lui et le tenir en même rang et estimation qu'il avait eus auparavant. » On lui demanda :

« Ce qu'il requérait ? s'il entendait seulement l'opinion et jugement que devions avoir de lui ou quelque autre chose davantage ? — Il ne demandait rien sinon que nous le voulussions tenir et reconnaître pour inculpable et innocent et, pour l'écrire en peu de mots, pour frère et homme de bien. La résolution des avis fut de lui répondre comme on fit : Que quant à ce qu'il requérait de notre part nous n'avions eu que voir en connaissance et jugement de son fait, et pourtant laissions aussi à la conscience de M. l'Archevêque et autres par lui appelés desquels nous ne connaissions pas les raisons. Quant à ce qui aurait été produit au jugement a été fait au consentement de Mons. l'Archevêque et en telle sorte qu'on a aussi bien mis en avant ce qui était pour que contre lui. Ainsi donc que nous n'empêchions pas la sentence d'avoir son cours, mais s'il eût passé plus avant ou de demander notre témoignage, ou d'être reçu en notre communion qu'il nous eût fallu y aviser de plus près. »

Se référant à leurs papiers qu'ils ont revus[1] ils ne pourraient l'admettre « sinon avec long examen et témoignage de repentance, comme nous l'exhortions, quelque part qu'il serait, de regarder à Dieu auquel il avait à faire. D'autre part que nous avions nos ordres de n'admettre en la communion de cette Église ceux qui en auraient été absents, sinon en apportant témoignages des lieux où ils auraient conversé. Or il a été absent l'espace d'environ 15 ans, et non seulement il n'a nul témoignage, mais il y a beaucoup de circonstances telles que, combien que nous ne veuillions rien prononcer témérairement, néanmoins la chose vaudrait bien qu'on pesât et examinât soigneusement. Premièrement que M. de Bèze l'a noté en écrit public en ses épîtres, ce que nous estimons n'avoir été fait sans grande raison pour être fidèle serviteur de Dieu. Que au lieu de satisfaire aux Églises étrangères pour être admis à la communion de Francfort, se serait rangé des Églises allemandes autour d'une confession de foi touchant la Cène contraire à la nôtre. Que nous entendons qu'il aurait été appelé par ceux de la même confession en Anvers pour

---

[1] Il est dit en tête du livre des procès-verbaux de 1564 que « toute l'affaire de Cassiodore est contenue dans le volume rédigé par du Ponchel pendant l'interruption causée par Alexandre, et qui est maintenant perdu. »

y servir de ministre ; finalement qu'étant en notre ville il aurait eu conversation familière avec ceux qui se sont montrés et montrent ennemis de nos Églises et de la pure doctrine. Si donc il réquérait de nous davantage, il nous faudrait avoir égard à toutes ces choses, mais que pour regard de l'opinion que nous avions de lui, nous ne lui pouvions dire ni promettre autre chose sinon que, puisqu'il avait sa sentence, de notre part non seulement nous le laisserions aller son cours, mais pourvu que là où serait il se portât bien et chrétiennement, sans scandale, tant pour le regard de la vie que de la doctrine, ne fallait pas que de notre part il craignit que nous voulussions remuer telles ordures, mais au contraire que nous désirions que la mémoire en fût dépouillée perpétuellement et devant Dieu et devant les hommes : qu'il avisât donc à soi de se contenir en son devoir.

« Sur ce il remarqua que ce n'était pas ce qu'il requérait de nous, car ce serait une chose inique et injuste que nous fussions autrement, mais qu'il avait estimé que, par la sentence des juges, si nous avions conçu quelque mauvaise opinion de lui, le tout maintenant devait être effacé. Puis, déclarant qu'il ne lui était rien advenu que ce qu'il pouvait avouer à tout homme, dit qu'on lui ferait tort si on pensait qu'il aurait besoin de tel avertissement qu'icelui qu'on lui avait fait; et, poursuivant son propos, dit quant à M. de Bèze qu'il a eu son consentement et par l'avis de gens graves la chose avait été débattue, il avait depuis été admis à la Cène à Francfort. Que n'étant reçu de la communion de l'Église française, il fut contraint de s'adresser à ceux de la Confession d'Augsbourg qu'il reconnaît aussi bien Église comme la nôtre, et parlant aux ministres (dont il ne se repent point) il aurait nommément résisté l'ubiquité et impanation. Quant à ceux d'Anvers, qu'il avait voirement été appelé d'eux pour les enseigner, mais qu'il n'avait encore rien résolu avec eux. La conclusion était que nous ne lui voulussions dénier sa requête de le tenir pour tel qu'il avait demandé.

« Derechef sorti, l'avis fut de lui faire semblable réponse qu'auparavant. Ajoutant que ce n'était pas sans cause que nous l'avions exhorté de regarder à Dieu, et que s'il avait à demeurer ici que nous voudrions examiner sa repentance, vu que c'est autre chose d'être justifié au jugement humain, où l'on ne trouve pas souvent des preuves assez claires, autre devant Dieu et en la conscience, joint que même ceux qui ont plus procuré et traité de son affaire eussent été d'avis, si nous l'eussions trouvé expédient, de le renvoyer à nos Églises pour reconnaissance de ses fautes. » Refusant de s'occuper davantage « des autres points... ils ne se formaliseront point, pourvu qu'il se comportât comme il appartenait. »

Cassiodore répondant qu'il ne se pouvait contenter, on lui répliqua définitivement « qu'il fallait qu'il se contentât puisqu'il ne pouvait autrement et ainsi départit »[1].

Le Maçon de La Fontaine n'était pas « dehors de ce point qui pour un temps lui avait apporté quelques sollicitudes », qu'il ressentit « une pointure tant plus vive et douloureuse » que le mal venait d'où il ne l'eût jamais attendu : « il est en nos entrailles », écrit-il à Th. de Bèze, « et de par un homme qui pourroit beaucoup profiter et qui peut beaucoup nuyre. C'est de luy qui, ayant jadis esté mon compagnon, enseigne maintenant à Cambridge, lequel, hélas ! je crains estre totalement perdu et déploré. Il a mis en lecture des leçons sur Jonas[2], où il enseigne presque du tout la doctrine papistique de la justification, y mestant encore d'aultres faultes. Il attribue le salut aux payens sans connaissance du Christ. Car ceux, dit-il, qui connaissent Dieu

Pierre Baron.

---

[1] « Incontinent après nous n'avons pas failli d'estre importunés de l'admettre et recognoistre comme frère, premièrement par quelques-uns de la cour qui ont trouvé fort mauvais nostre refus, puis par Mgr. l'archevesque, lequel ayant de bonne heure faict advertir de ma résolution par s'estre animé et remonstré le danger qui en pouvoit venir, néantmoins m'appela pour ce faict, mais ayant bien entendu nos raisons, je l'en rendis fort content... Cassiodore puis après se présenta en ma compagnye, demandant, voire la verge à la main, que nous eussions à le tenir en pareil rang et degré qu'il avoit esté auparavant. Nous luy parlasmes à bon escient de la reconnaissance de ses faultes, puis luy declarasmes avec la conclusion pourquoy ne le pouvions nullement admettre. Ce ne fut pas sans de grandes complaintes ; mays peu de jours après touttefoys il repartit sans nous molester davantage. J'ay eu aussi quelques craintes qu'il se voulût icy nischer. Mays incontinent j'apperceus que ceux qui le vouloient laver, ne vouloient toutefois avoir devant les yeux sa beauté à voir de si près. » Le Maçon à de Bèze. *Bibl. de Genève.* m. f., portef. 2.

[2] *In Jonas prophetam prælectiones XXXIX. Theses publicæ in scholis peroratæ et disputatæ. — Conciones ad clerum Cantibrigiensem.* — Londres 1579. fol.

bon, miséricordieux et pardonnant les péchés, connaissent aussi Christ, sinon *explicite saltem implicite*. Il définit *modum nostræ cum Christo unionis ex mutuo amore dum ille nos, nos illum vicissim amemus*.[1] »

Les questions de doctrine surgissaient donc à nouveau! Pierre Baron, l'éloquent et savant ministre de Sancerre et d'Orléans, honoré presque simultanément du doctorat à Oxford et à Cambridge, fixé définitivement en Angleterre, où il ramenait sa famille, semblait désigné par sa carrière antérieure et ses dons exceptionnels pour recueillir la succession de Loiseleur de Villiers et seconder dans l'Église de Threadneedle street son ancien collègue Le Maçon. Mais ce dernier eût plus volontiers succombé sous un double fardeau que de voir porter dans la chaire un enseignement semi-pélagien[2]. Et Baron faisait une certaine part dans sa théologie au libre arbitre de l'homme : n'admettant point la doctrine de la grâce jusqu'à ses conséquences extrêmes, il atténuait l'inflexible rigueur de l'absolue prédestination calvi-

---

[1] « Estant venu à nos Pasques en ceste ville j'en ay communiqué avec luy, mays sans fruict. Car je le voy merveilleusement ferme en son opinion, tant dans ses propos qu'en son livre. J'y remarque la semence de beaucoup d'erreurs. J'ay esté infiniment estonné de cet estrange changement; ce me semble une chose prodigieuse que non-seulement ceste doctrine estant enseignée publiquement en une université célèbre, nul ne s'y oppose; mais que le livre est orné d'une infinité de louanges. » Le Maçon à de Bèze, même lettre. De Bèze lui répond : « Je seray tres aise d'entendre ce qui sera advenu du fourvoyement de celui de nostre nation duquel Vous m'avez escrit il y a quelque temps. Je ne m'esbahi point tant de l'erreur que de la manière de procéder, tesmoignant une estrange présumption, mère des hérésies et troubles de l'église. » *Ecc. L. Bat. Archiv.* II, 180.

[2] ..« Il est allé en France pourvoyr à ses affaires et amener le reste de sa famille à son retour. Il a presque résolu de venir en ceste ville fayre sa résidence, pour obtenir la lecture de Mgr. de Villers ou pour le ministère de ceste Eglise avec moy. Cependant que je seroy en santé, j'espère remédier à l'ung et à l'aultre et avec l'ayde de Dieu, sans violer les règles de charité et modération chrétienne et sans trouble en nostre Eglise; mays mes maladyes me font crainte. » *Ibidem*.

nienne. C'en était déjà trop pour le sieur de La Fontaine : s'il possédait l'ardente piété de son époque, il en partageait aussi la naïve étroitesse. Il eût répudié la largeur d'a Lasco : celle de Baron lui parut contenir en germe toutes les hérésies, voire même l'anti-trinitarisme de Corranus et la justification par les œuvres du catholicisme romain, bien que l'accusé les eût toutes deux expressément désapprouvées [1].

Sollicité par lui à quatre reprises de spécifier ses reproches, La Fontaine n'attendait pas les réponses pour le juger publiquement avec une sévérité inattendue dans un ancien ami [2]. Quand, pour se disculper, Baron publia son Traité de la Foi [3],

---

[1] Lettres de Baron à de La Fontaine « fidèle ministre du S^t Ev. à Londres », Cambridge, 19 et 25 août et 7 oct. 1579, et à Guill. de Laune 14 sept. 1580. — *Ecc. L. Bat. Archiv.* II, 177, 178, 179, 183.

[2] « Tribus ab hinc hebdomadibus ad te literas miseram quibus rogarem ut quæ te in illis prælectionibus observasse diceres una cum rationibus quibus niteretis, et quibus adductus, me in errore esse existimares ad nos mitteres : ab eo tempore tuas avide expectavi neque tamen ullas accepi... » — « Obnixe rogo ut meas semper literas in bonam partem interpreteris, ut ego tuas sum interpretaturus, etiam si propter disputandi rationem, nonnunquam acrimoniæ aliquid forte habeant : ne hinc unquam contigat (quod minus hic timeo) ut ulla fiat amicitiæ nostræ imminutio. » — « Durum videtur si pendente hac inter nos, ut ipse loqueris, collatione, aliter quam prius de me sentias ac loquaris, præter eum de quo jam ad te scripsi, alius est in Suffolcia, cui ego ob probitatem ac doctrinam multum tribuo, qui idem ac ille spargit, ac te authorem nominat. Ego quidem non adeo curo quid dicatur : sed hoc abs te proficisci ab nostra amicitia alienum judico.. tamen te quo pietatis studio flagras et erga me amore incensum fuisse existimo : atque in hunc finem dixisse omnia ac majore etiam vehementia usum fuisse, quo me ab errore, in quo versari me putas liberares... » Répondant à certaines remarques de La Fontaine, ce dernier a désiré que dans la définition de la foi on mentionne d'abord la Parole de Dieu, puis les promesses de la grâce ; — mais, demande Baron. est-ce toute la Parole de Dieu ou une portion et laquelle? de même lesquelles des promesses? La Fontaine enseigne sur la nature de la foi chrétienne qu'elle diffère de l'historique : qu'est-ce que l'historique? pourquoi insiste-t-il sur les écrits sacrés historiques? la foi ne provient-elle point aussi des autres? etc.

[3] *De Fide, ejusque ortu et natura, plana et dilucida explicatio*, Londres 1580.

l'on reconnut en général la pureté de ses intentions : La Fontaine, dont la sincérité paraît néanmoins hors de doute, n'y vit que la confirmation de ses appréhensions premières.

Guillaume de Laune. En septembre 1580, le professeur de Cambridge exposait ses tristesses à Guillaume de Laune, « ministre de l'Église françoyse de Londres »[1], cette Église à laquelle a manqué l'honneur de compter un Pierre Baron au nombre de ses conducteurs spirituels[2]. D'abord réfugié à Rye, Guillaume de Laune était venu

[1] Son livre a eu pour but de donner satisfaction à ceux qui avaient conclu d'après ses Lectures que sur certains points de religion il pensait autrement qu'il ne le fait en réalité. Il l'a envoyé de tous côtés, sollicitant des critiques : s'il erre il le fait sans le savoir et sans le vouloir, désirant connaître son erreur. Il ne la connaît pas encore, car depuis cette publication il n'a guère entendu blâmer que son affirmation « la foi est enjointe par la loi ».. « Jam vero ut errem non sum tamen statim pro hæretico habendus, nec haberis, inquis, sed pro fratre ab omnibus : certe abs te, tuique similibus, me pro fratre haberi existimo, idque gaudeo : sed ab omnibus, vix id credere possim. » Il en est un, Clarke, qui prétend que son affirmation sur la foi prouve qu'il patronne les erreurs de Corranus, et comme ce dernier l'a loué qu'il doit s'être joint à la « famille d'Amour ». Un autre l'a desservi auprès de Walsingham, à qui il a dû écrire le priant de ne le juger qu'après lecture. Il est vrai « Corranus me quoties ferme libuit convenit : neque enim hoc a me alienum esse indicavi : et hinc est forte quod de me aliter ac de nonnullis aliis loquatur : unde etiam natæ sunt illæ de me suspiciones, imo conclusiones, quod illius erroribus assentiar. Sed an si me laudet, sequitur me illi assentiri?.. » Voir à l'*Appendice* la traduction d'un fragment théologique de cette importante lettre. — *Ecc. L. B. Archiv.* II, 183.

[2] Depuis 1574 Baron occupait la chaire de Théologie de Lady Margaret à Cambridge ; il continua à y professer, bien que depuis la nomination en 1579 à la chaire dite Royale d'un des représentants les plus accentués de la doctrine calvinienne, Whittaker, il se fût produit entre les deux enseignements une tension croissante, un antagonisme de plus en plus déclaré. Quand pour arrêter cette violente controverse, l'Archevêque, après conférence avec Whittaker et Tyndall, envoya à l'Université (1595) les Neuf Articles dits de Lambeth, enjoignant la croyance à la prédestination absolue, et en ordonnant l'enseignement (art. 1. Que Dieu de toute éternité a prédestiné certaines personnes à la vie et réprouvées d'autres à la mort.. Art. 9. Qu'il n'est pas de la volonté et du pouvoir de chacun d'être sauvé...), Baron persista à maintenir dans une prédication publique « que Dieu a créé *tous les hommes* pour la vie éternelle et ne rejette personne qu'à cause du péché ; que Christ est la propi-

prêter à Le Maçon de La Fontaine son concours dévoué et gratuit. Depuis vingt-quatre années il joignait l'exercice du ministère sacré à celui de la médecine : cité pour l'illégalité de ce dernier devant le collège des physiciens de Londres, il apporta une attestation du consistoire ; elle lui valut avec le grade de licencié l'autorisation désirée [1].

tiation pour les péchés du *monde entier;* que les promesses de Dieu sont *générales et universelles.* »
   Cecil une fois de plus devança son siècle. Il avait eu pendant deux ans Baron pour commensal après la Saint-Barthélemy, il avait su le comprendre et l'apprécier. Il arrêta les poursuites qu'on s'était empressé d'intenter. Les adversaires provoquèrent alors une intervention plus haute. Élisabeth mandant à l'archevêque qu'étant étranger « Baron eût dû se conduire paisiblement dans un pays où il avait été si humainement accueilli et où il avait reçu la naturalisation avec toute sa famille », le réfugié reconnut les droits de la souveraine à sa gratitude, et promit d'observer la paix. Renonçant à postuler une chaire supérieure devenue vacante, il démissionna après vingt-deux années de professorat et se retira à Londres: il y mourut en avril 1599; l'évêque Bancroft entoura ses obsèques de grands honneurs: il fut enterré dans l'église de St Olave, la famille se perpétua en Angleterre. — *France Prot.* 2e éd. Agnew. Neal *Hist. of the Puritans* I, 499. Cooper, *Athenæ Cantabrigienses.*
   Du Plessis-Mornay avait songé à lui pour la Conférence projetée à Mantes ; La Fontaine répondait : « Je puis vous dire véritablement de lui que c'est ung homme de grand esprit et prompt et exercé aux disputes publicques depuis vingt ans et plus; et lequel en ce grand loisir a beaucoup leu ; que si on se pouvoit assurer qu'il se voullust de tout conformer aux autres, sans doubte il seroit grandement utile, vu qu'il proteste d'approuver de tout et partout nostre confession de foy. Mais attendeu qu'on a conceu de lui, par ses leçons ordinaires et quelques livres imprimés ce qui l'a rendu de mauvais nom entre plusieurs, je n'oserais conseiller de l'appeler entre ceulx où une grande union est totalement requise... De sa part il ne demande pas mieulx que de se trouver en ung beau jour, et prendroit de mauvaise part, comme je crois, s'il n'y tenoit pas son rang », 19 juin 1592, *Corr. de Mornay.* Tome IV.

[1] Dans sa lettre Baron le consultait sur la santé de sa femme. De Laune avait étudié la médecine pendant huit ans à Paris et à Montpellier sous Durel et Rondelet. L'attestation consistoriale portait : « D. Gulielmus Launæus, gravissimis Ecclesiæ tempestatibus e Ministerio, quod patienter in Galliâ multos annos obiit, expulsus, ex quo Londinum se recepit magnâ cum nostratium approbatione ac (præsertim tenuiorum quibus gratuitam operam impendere non gravatur) commoditate medicinam fecit. Nihilominus in Ministerio Eccle-

La Fontaine se cherchait toujours un collègue selon son cœur : ses démarches pour attirer du Jon ne réussirent point à détourner le savant de ses études[1]. Forcé de s'en remettre davantage à l'action individuelle des membres du troupeau, il publia, comme accompagnement à la Discipline, un Catéchisme destiné à faciliter aux parents leur tâche de préparateurs, et y joignit «l'*Avertissement qu'on a accoustumé de donner le samedi précédant la Communion*[2]». En 1581, il recevait à Londres les délé-

siastico (minime tamen ordinario nec stipendiario) nobis operam suam denegare solet — partim ut dona a Domino sibi collata in usum Ecclesiæ conferat — partim ut Deo (quod speramus) iterum vocante, paratior ad ministerii munus obeundum redire possit. Hæc ita esse Nos, ecclesiæ Londino Gallicæ pastores et seniores, testamur Londini in Consistorio 12 Calend. Januarii 1582. R. Massonius Fontanus, Consistorii Nomine» Agnew, 3ᵉ Édit. où se trouve aussi son testament. G^{me} de Laune, né en 1530, décédé en 1611, publia à Londres en deux éditions 1583, 1584, *Institutionis Christianæ religionis a Joanne Calvino conscriptæ Épitome.* Il est la tige des nombreux de Laune d'Angleterre : son fils aîné Gédéon, né en 1558 et qu'il avait amené sur la terre du Refuge, naturalisé 1637, devint le premier pharmacien du Roi Jacques et eut pour fils Sir William ennobli par Charles II; le second fils Isaac mort jeune laissa un fils Henri, naturalisé le 6 juillet 1622 (*State Papers*); le troisième Pierre, né à Rye, le 4 février 1574, fut pasteur à Norwich, le quatrième Nathanaël, ministre de l'église de Dieppe, le cinquième Paul, membre du Collège royal de médecine de Londres 1618, chirurgien général de la flotte 1654, mort aux Indes Occidentales. Une des filles épousa le Dr Pierre Chambrelan, l'autre le ministre Nath. Marie. Plusieurs de Laune occupèrent des postes dans l'Église anglicane à la fin du XVIIᵉ et au XVIIIᵉ siècles. Le nom d'Isaac donné au second fils ferait croire que c'est d'un proche parent de Guillaume qu'il s'agit dans le *Brief discours d'une cruauté plus que barbare exécutée en la ville de Tonerre sur le corps de feu M. Isaac de Laune, docteur en médecine* 1597. *Cal. des Coll. Mss. de Lord Salisbury.*

[1] Lettre à Th. de Bèze du 27 juin 1579.

[2] Il existe une version anglaise du 24 fév. 1579/80 (où ne figurent pas la méditation et les prières de la seconde édition publiée en 1602 et que nous analyserons à l'*Appendice*). Le traducteur l'a dédiée « au Maire de Coventry, et aux Aldermen ses frères, aux Magistrats et aux Ministres », rare exception à cette époque d'un formulaire presbytérien hautement et chaudement recommandé à une municipalité et à un clergé anglais. La deuxième édition et la version anglaise de la première sont au British Museum.

Un autre Catéchisme, mais en latin, par demandes et réponses, où les dogmes

gués au premier colloque des « Églises de Langue françoise recueillies dans le Royaume »[1], et présidait, en 1582, à l'élection du Genevois Jean Castol, qui, « après avoir été entendu plusieurs fois [2] », était nommé second pasteur en titre.

Genève, la féconde pépinière des Églises, remplissait sa mission spirituelle, mais devait à son tour réclamer un appui très nécessaire. Le duc de Savoie la menaçait : les ressources matérielles lui manquaient pour se défendre. Et pourtant, de Bèze hésitait à pousser son cri de détresse. Seule l'Angleterre était en mesure d'aider efficacement. Le voudrait-elle ? Il n'osait plus y compter. N'avait-il pas encouragé les puritains? l'envoi de ses ouvrages demeurait constamment sans réponse. « Après avoir beaucoup temporisé et regardé si l'on ne pouvoit se passer de ceste courvée, pleine de difficultés, craignant de descouvrir leur nécessité, ayant peu d'espérance de grande subvention pour infinies raisons », il adressait son messager Maillet directement à Le Maçon, en recevoir des instructions, lui soumettre ses lettres, se reposer en entier sur ses avis « pour commencer et achever... voire quand il fauldroit s'en retourner sans dire mot »[3].

Collecte pour Genève.

sont affirmés par des textes de l'Écriture (trois parties divisées en 67 chapitres) avait paru à Londres en 1578, sous le titre d'*Examen theologicum præcipua continens doctrinæ christianæ capita*, in-4º. Il est de Toussaint Gibout.

[1] Voir au chapitre suivant.

[2] *Actes du Consistoire*. On a souvent orthographié son nom Castel; la signature ne permet au contraire aucun doute.

[3] « Quelqu'un bien affectionné passant par icy nous a conseillés quant à ce qui concerne non seulement S. M. mais aussi toute la Cour, de m'adresser à M. Valsingham. ... Pour tant mieux adviser sur le tout les lettres de la Seigneurie vous sont envoyées à cachet volant et les miennes particulières ouvertes, affin que vous considériez le tout... Si vous urgez que cela ne serve de rien ou mesmes puisse nuire, vous déchirerez le tout s'il vous plaist ou le brulerez.. Comme sans grande nécessité nous n'eussions jamais prins ceste délibération, aussi ne vouldrions-nous pas, sachans bien que toutes courts sont pleines d'espions, que nostre nécessité fust indirectement cognue... Pour ce que ceste cueillette ne se fera en un jour ny mois nous laissons à vostre prudence le temps du retour du présent porteur. » De Bèze à de La Fontaine, 10 oct. 1582 — *Ecc. L. Bat. Archiv.* II, 198.

Mais, tout au contraire, le gouvernement anglais, honneur lui en soit rendu, ne vit que les dangers courus par ce foyer du protestantisme, par ce boulevard de l'Évangile. C'est avec une bienveillance particulière que les conseillers de la reine écoutèrent l'avocat de Genève, chargeant l'évêque de Salisbury et le doyen de Windsor de le présenter au primat et d'organiser avec lui, dans tous les diocèses, la collecte recommandée, au nom de la compassion chrétienne et des souvenirs du passé, par leurs lettres circulaires aux évêques du 5 janvier 1583 [1]. Grindal, fidèle aux principes et aux traditions de sa vie entière, l'appuyait par les siennes, s'inscrivant en tête des donateurs, avec ses collègues de Londres et de Salisbury, et les doyens de Saint-Paul et de Windsor [2].

A son départ d'Angleterre au mois de septembre 1583, après une mission fructueuse, Maillet emportait aussi les humbles offrandes et la lettre fraternelle des Églises étrangères de Londres [3]. Elles venaient de perdre (6 juillet), dans la personne

---

[1] «..Nous avons trouvé bon, afin que cette pauvre ville — qui a servi en ces derniers temps par la bonté de Dieu de pépinière à Ses églises — goûte en quelque sorte la charité chrétienne qui devrait être en nous, de vous recommander sa cause et de vous prier cordialement d'engager, par voie de persuasion chrétienne la partie plus fortunée du clergé et les gens pieusement inclinés de votre diocèse à affecter quelque portion des bénédictions accordées par Dieu, au soulagement de cette ville affligée : elle semble avoir mérité les fruits de la compassion chrétienne par les courtoisies et faveurs témoignées à plusieurs des sujets de S. M. lors de la dernière persécution sous la reine Marie. Rendant ainsi charité pour charité, ils prouveront au moins qu'au sein de leur fortune et de leur pays ils ne sont pas insouciants de la froissure de Joseph, d'accord avec la doctrine de l'apôtre *Memores estote afflictorum, quia fuistis afflicti..*» Le Conseil aux évêques (parmi les signataires Burghley, Leicester et Walsingham) et le Conseil à l'Archevêque. — *Remains of Grindal*.

[2] L'archevêque aux évêques, *Remains of Grindal*, Let. CIX. L'arch. donne 100 marks, les évêques 50, les doyens 20. *Grindal Registers*.

[3] *Bibl. de Genève*, m. f. 197 ªª, portef. 2. L'église de Threadneedle Street avait déjà envoyé en 1580 une collecte à celle de Montpellier. *Actes*. — Le 25 déc. 1583 «les Syndiques et Conseil de Genève» adressaient leurs remercîments «à Messieurs du Consistoire des Églises Françoise, Flamende et Ita-

de Grindal, le prélat éminent, le chrétien éclairé et charitable auquel, après Dieu, comme l'avait déclaré Théodore de Bèze, l'Église de Londres devait son origine. Son successeur à Canterbury, Whitgift (1583-1603), était animé d'un esprit différent. Il s'était signalé, comme doyen de Lincoln, par ses répliques à l'admonition de Cartwright. Choisi expressément pour réparer par son inflexibilité les suites des tolérances passives de Grindal à l'égard des Puritains, le prélat, qui exigeait la souscription aux « divers bons articles », avec le concours duquel Élisabeth instituait le terrible serment « *ex officio*[1] » et qui le premier mit en question la validité des ordres sacrés conférés par les Églises étrangères, ne pouvait avoir de sympathies pour celles du

Whitgift.

lienne tant à Londres qu'ailleurs au Roiaume ». Ils y reconnaissaient « entre autres avoir très grande obligation à la Majesté de la Roine pour sa bénéficence, et semblablement à tant de bons Seigneurs par le moyen desquels ils avaient eu accès à icelle et ont esté les instrumens pour faire obtenir la subvention de deniers poursuivie.. » *Ecc. L. Bat. Archiv.* II, 208. L'aide obtenue les incita, lors du siège de 1589, à envoyer le Conseiller Lect solliciter de nouveau le secours des églises d'Angleterre. — Lettres des Syndics et Conseillers de Genève et de la Compagnie signée par de Bèze et Sadeel, 14 sept. *Ecc. L. Bat. Archiv.* II, 242, 243. Voir lettre de Castol, juil. 1590 *Appendice*.

[1] Par le serment *ex officio* « toute personne pouvait être obligée à dénoncer spontanément tout crime ou offense, ou à se confesser et s'accuser elle-même de toute matière ou action criminelle pour lesquelles elle pouvait être passive de quelque censure, peine ou punition que ce fût ». Élisabeth, nommant une nouvelle Haute Commission, lui donna pouvoir de déférer ce serment et de punir les cas d'obstination ou de désobéissance ; Whitgift fournit à la Cour trente quatre articles d'interrogatoire « étendus au point d'embrasser tout le champ de l'uniformité ecclésiastique, et pourtant assez minutieux et précis pour ne laisser aucun échappatoire possible ». Lord Burghley lui en écrivait le 15 juillet 1584 : « J'ai lu vos articles et les trouve si curieusement rédigés, si pleins de ramifications et de circonstances que je crois que les inquisiteurs d'Espagne n'emploient pas un tel questionnaire pour embrasser et faire tomber leur proie dans le piège. Il se peut que les canonistes puissent soutenir par leurs lois cette façon de procéder, mais quoique *omnia licent* cependant *omnia non expediunt*. Je prie votre Grâce de souffrir cette faute (si c'en est une), que j'ai souhaité qu'ils ne répondent pas à ces articles, excepté si leur conscience le permet. » Sur le serment *ex officio* voir même lettre de Castol *Appendice*.

Refuge. A plus d'une reprise le voyant encourager les attaques contre Th. de Bèze et le régime presbytérien, elles sentirent la méfiance qu'elles aussi lui inspiraient, et vécurent « attendans d'heure à aultre d'estre assaillies [1] ».

Hotman de Villiers.
Un jeune Français, porteur et bientôt héritier d'un nom révéré dans tout le Protestantisme, accompagnait vers cette époque à Oxford les fils de l'ambassadeur en France, lord Paulet : Jean Hotman, sieur de Villiers Saint-Paul, que son vieux père, réfugié à Bâle, ne pouvait aider que de ses recommandations, tout en surveillant l'éducation de ses pupilles perfectionnait la sienne, recevait le grade de docteur [2], et après avoir noué à l'Université de précieuses et durables liaisons d'amitié, devenait secrétaire de Leicester et obtenait ainsi ses entrées à la cour de Windsor, 1583. L'année suivante, il professait le droit à Caen : la reprise de la guerre civile le força à revenir. Emmené aux Pays-Bas par Lei-

[1] Voir lettres de Castol, *Appendice XXV*. Dans sa Défense de la réponse à l'Admonition, Whitgift déclare il est vrai : « Nous ne prenons pas sur nous de condamner d'autres Églises pour avoir reçu des ordres convenant mieux à leur état » : mais à Cartwright demandant : « Une Réformation qui est bonne pour la France peut-elle être mauvaise pour l'Angleterre? La Discipline est-elle à propos pour l'Écosse, et serait-elle désavantageuse pour ce royaume ci? Assurément Dieu a placé ces exemples devant vos yeux pour vous encourager à procéder à une complète et prompte Réformation... » il répliquait : « N'y a-t-il eu aucune Réformation dans l'Église d'Angleterre depuis le règne de S. M. ? L'Angleterre n'est liée à l'exemple ni de la France ni de l'Écosse.. Je voudrais que ces deux pays fussent, en ce qui est de la religion, dans l'état et condition où est l'Angleterre. » — L'archevêque attacha cependant à sa chapelle pour une lecture latine hebdomadaire un français réfugié, de Buissy, ministre de Brucamps, appelé Buse par Strype *Life of Whitgift*.

[2] Il est dit « de Valence », ce qui le ferait naître dans cette ville pendant le professorat de son père 1563 à 1567. La promotion d'H. de Villiers est du 6 mars de l'année 1581, à partir de laquelle la signature des 39 articles fut exigée pour l'admission à Oxford. Parmi les gradués figurent : Pierre Pithou, de Bourges, 1582 ; Jean Noël, de Leyde, 1585; Jacques Merlin, fils de l'aumônier de Coligny et futur ministre à La Rochelle, 1589; Samuel Vatables, « Français, pourvu de grades de Bâle », 1590, pasteur à Luneray 1593. — And. Clarke. *Registers.*

cester, il l'y remplaça comme agent politique d'Élisabeth pendant plusieurs mois (1586-87), et demeura ensuite trois années en Angleterre et en Écosse, occupé des intérêts du roi de Navarre, dont il avait reçu le titre de conseiller [1]. Son stage à Oxford et son séjour en Grande-Bretagne, où il avait même reçu un modeste bénéfice [2], réagirent sur ses opinions ecclésiastiques; jusqu'à la fin de sa vie on en retrouve la trace dans son désir et dans ses essais de conciliation entre les diverses communions chrétiennes.

En France, la guerre civile et religieuse avait en effet éclaté pour la neuvième fois. Henri III, cessant de s'opposer à la Ligue, s'alliait à elle par le traité de Nemours, et, interdisant sous peine de mort tout autre exercice que le catholique, condamnait en bloc à l'exil tous les réformés, dans le délai de six mois, et leurs ministres un mois après la promulgation de l'édit de juillet 1585, renouvelé et aggravé en avril 1586. De ces pasteurs, contraints par la loi même à s'expatrier, un certain nombre séjournèrent en Angleterre, et de préférence à Londres, jusqu'à la mort de Henri III et l'avènement de Henri de Navarre. Les actes de Threadneedle Street mentionnent Basnage, de Bussy (Buissy, m. de Brucamps), de la Faye [3], La Plante (m. de Pringé), Feu-

La Ligue et les Édits de proscription.

---

[1] H. de Villiers, qui se faisait adresser les lettres à Londres chez La Fontaine, quitta l'Angleterre à la fin de juin 1590 pour rejoindre Henri IV au siège de Paris. Voir sur l'ami de Sidney, de Bodley, de Camden, sur l'auteur de l'*Anti-Choppinus* et du traité de l'*Ambassadeur* et sur le conciliateur plus sensible à la pureté du fond que réfractaire aux formes extérieures de la religion, *Les lettres et opuscules françois des Hotmans* et le *Bull. du Prot.* XVII.

[2] Ifarcombe, dans l'évêché de Salisbury; il y renonça en 1588. — Wood. *Athenæ Oxon.*

[3] De la Faye, sieur de la Maisonneuve et de Gournay, ministre du roi de Navarre, déjà pasteur de l'Église de Paris et encore à Londres en 1591, selon Pierre du Moulin réfugié lui-même à Londres en 1588 : « Hantant les prédications, je m'accostai de M. du Mesnillet qui s'exerçait en propositions pour servir l'Église de Rouen; par son conseil je proposai deux fois au Consistoire de l'Église françoise de Londres... je fus tellement pressé de pauvreté que je

geray[1], Dordes dit d'Espoir[2], Des Aigles[3], Dubois (m. de Sainte-Hermine), Montescot dit de la Tour, auxquels il faut ajouter René Bochart, sieur du Menillet[4]. Montescot avait groupé une partie de ses paroissiens rouennais, et prétendait conserver son indépendance vis-à-vis du consistoire : ce dissentiment troubla l'Église pendant trois années et fut porté devant le Colloque[5]. Il est un indice de l'importance de l'immigration.

Reflet de celle de la Saint-Barthélemy, dont quelques éléments s'y retrouvaient, elle en reproduisait les tendances et en ressentait les besoins : des mêmes causes résultaient les mêmes effets. L'interdiction radicale du Protestantisme en France avait amené, on était forcé de se l'avouer, plus d'un reniement. Mais ces frères étaient-ils perdus sans retour? Ne pouvait-on les réveiller à salut, les arracher à cette patrie où ils n'étaient soufferts qu'au prix d'un parjure? A l'*Instruction du Devoir de Persévérance*, l'écrit anonyme publié après les massacres et l'exode de 1572, en correspond un autre, imprimé chez Vautrollier à Londres, pendant les troubles de la Ligue de 1587, *La Main chrétienne aux tombez ou Admonition aux Chrétiens infirmes qui, pour crainte de la punition, sont retournez aux idolâtries et superstitions romaines*. C'est un pressant appel à l'exil volontaire jus-

---

me réduisis à ne dépenser qu'un sol par jour. M. Castol s'offrit à me faire assister par l'Église, mais je refusai. » Placé auprès du jeune comte de Rutland à Cambridge, Du Moulin y continua ses études jusqu'en 1592, « M. de la Faye, ministre de l'Église de Paris, alors à Londres », lui ayant proposé de servir plus tard cette Église et le subventionnant des deniers Portal. *Autobiographie de P. du Moulin*. Bibliothèque du Protestantisme français, imp. *Bull.* VII.

[1] Déjà réfugié en 1572, ministre de Rouen.
[2] Réfugié en 1572, ministre de Bolbec, plus tard de Pamiers.
[3] Peut-être Michel Pineau Désaigues, plus tard ministre de Tours.
[4] Haag cite de plus, mais sans preuves à l'appui, Ant. Guéroult, curé converti, nommé pasteur à Dieppe à sa rentrée en France 1590.
[5] Voir à l'*Appendice XXV*.

qu'au jour où « les pleurs changés en joie », on verra « à la vérité le faux céder » et la France

> « Bien remise en tranquillité
> En sa splendeur et dignité
> Estre des bons la demeurance.[1] »

Un peu plus tard, un réfugié qui terminait en Angleterre une existence semée d'épreuves, Jean Moreli, « senex pene decrepitus e Gallia religionis causa profugus », dédiait à Élisabeth, en témoignage de reconnaissance, son exhortation aux princes protestants à se liguer pour la destruction de l'Antechrist[2].

De nouveau le ciel s'était assombri. Cette fois encore la reprise des persécutions en France coïncidait avec leur recrudescence dans les Pays-Bas et les Flandres. La rupture de la pacification de Gand, l'assassinat de Guillaume d'Orange, la soumission des provinces méridionales aux catholiques, le siège et la reddition d'Anvers (1584-1585) précipitaient sur l'Angleterre tous ceux des réformés qui ne se dirigeaient pas vers la Hollande, mainte-

---

[1] *Ode* à la fin du volume : nous ne connaissons que l'exemplaire de la Bibl. Sainte-Geneviève à Paris : Analyse et extraits *Appendice XXVI*.

[2] *De Ecclesia ab Antichristo per ejus excidium liberanda eaque ex Dei promissionibus beatissime reparanda.* La dédicace est datée de Londres cal. de janvier de l'année du salut 1589 : la seconde édition est de 1594.

« Réfugié pour cause de religion » peut avoir un double sens. Parisien, réfugié à Genève vers 1560, Morely aurait voulu voir remplacer le gouvernement du consistoire calviniste par celui de l'assemblée des fidèles des temps apostoliques. Son *Traité de la Discipline et Police chrétienne*, brûlé à Genève par les mains du bourreau, fut condamné par quatre Synodes nationaux et l'auteur excommunié à Orléans. L'intervention personnelle de Th. de Bèze décida Jeanne d'Albret à lui retirer le préceptorat de son fils. Quand le Synode de Nîmes, attribuant aux formes de la Discipline la valeur scripturaire des dogmes, stigmatisa le livre comme hérétique et Morely, en cas d'insoumission, comme rebelle et schismatique, le consistoire de Paris, à son tour, se prononça contre lui. On était à la veille de la Saint-Barthélemy : peut-être dès lors s'est-il réfugié en Angleterre pour n'en plus revenir. Ses Commentaires sur la conjonction des mots latins avec les grecs et les anglais, « *Verborum latinorum...* » y paraissaient en 1583.

nant affranchie, mais toujours menacée [1]. Les Églises étrangères de Londres et des provinces s'en ressentirent : les rancunes nationales y trouvèrent un nouvel aliment.

Conseils et demandes de Walsingham. Burghley et Walsingham ne furent pas les derniers à s'en préoccuper. Sur l'instigation du Lord-trésorier, Walsingham fit d'abord écrire par le Conseil privé (nov. 1585) au Lord-maire et à l'évêque de Londres, Aylmer, « d'employer tous bons moyens pour dissiper cette aversion du vulgaire »[2]. Il chercha ensuite à prévenir ou à retarder l'explosion. « Il nous fut toujours bon ami », écrit le chroniqueur hollandais, « et il nous donna de bons conseils pour nous soustraire à la malveillance du commun peuple ». Ces conseils, en six points, furent examinés par les délégués des trois consistoires et leur réponse fut apportée au secrétaire d'État, le 30 mai 1586, par une députation spéciale [3].

[1] La mort de Guillaume d'Orange dirigea sur l'Angleterre son médecin, le botaniste Mathieu de Lobel, né à Lille en 1538 ; son dernier ouvrage paru à Anvers est de 1581, ses deux premiers de Londres sur les *Baumes* de 1598 et 1599.

[2] Walsingham répondait, le 4 novembre, à Burghley : « He was sorry to find by his Lordships letter, that the repair of the poor afflicted strangers was so greatly grudged at, seeing for their sakes (for that God had used this realm as a sanctuary for them), he had bestowed so many extraordinary blessings upon us. » Strype, *The life of Bishop Aylmer*, p. 81.

[3] Importer du blé de manière à pourvoir aux besoins des pauvres du royaume. — Réponse, ils le feront l'an prochain à la saison propice, tant que la nécessité le requérera et tant qu'ils le pourront faire pour le bien public (sur quoi les députés de Lord Walsingham ont répliqué que les Églises de Londres devront répondre pour toutes les Églises étrangères en Angleterre). Envoyer des gens aux guerres de France et de Flandres. Dresser une Église en Écosse — les Français s'en occupent. Donner de l'ouvrage aux habitants du pays. — Réponse : Quelques Églises ont fait entièrement leur devoir et ont occupé les oisifs de la nation, mais il en est qui se conduisent comme des voleurs. — Ne pas se montrer dans les rues par grandes troupes. — Réponse : Tous ceux appartenant aux Églises et admis par les ministres vivront en toute tranquillité et modestie chrétienne.

Pour les conseils Ruytinck, *Geschiedenissen ende Handelingen*. Pour les

Walsingham crut, il est vrai, le moment opportun pour obliger les réfugiés qu'il protégeait contre ses compatriotes, à venir pécuniairement en aide au gouvernement anglais dans son intervention aux Pays-Bas. Le 14 juillet, il écrivait au consistoire hollandais qu'il comptait sur les fidèles pour les huit cents livres sterling nécessaires au transport d'un régiment.

«Non seulement Sa Majesté et les Lords du Conseil, mais tous les bien affectionnés du royaume, trouvent étrange, par égard à la cause elle-même et en raison de la grande faveur que vous, membres des Églises, éprouvez dans ce royaume depuis que S. M. a pris sur elle de défendre les Pays-Bas, que vous n'ayiez pas offert de contribution pour ladite cause. J'espère donc, pour écarter cette mauvaise impression à votre endroit, que vous vous montrerez à la fois soigneux et empressés à répondre à cette demande, d'autant plus qu'il ne s'agit que d'un prêt[1]. »

Le consistoire s'en excusa, vu les nombreuses charges et le petit nombre de ses ressortissants, mais il promit de réunir des fonds pour équiper quelques soldats hollandais[2]. Walsingham le prit de haut et le leur fit sentir dans sa réplique du lendemain[3]. Unis alors aux pasteurs de Londres ceux du Refuge en

réponses, *Actes du VIIIe Colloque des Églises flamandes*. Voir aussi Circulaire du consistoire hollandais de Londres aux Églises de sa langue en Angleterre, 8 mai 1586. *Ecc. L. Bat. Arch.* II, 220.

[1] *Ecc. L. Bat. Arch.* II, 225. Déjà l'année précédente Walsingham recommandait aux ministres et anciens, comme une « œuvre très agréable à Sa Majesté, de faire tout devoir et diligence » pour secourir Ostende « soit d'hommes, d'argent ou de munitions. » *Ibid.* II, 216.

[2] 19 juillet 1586. *Ibid.* II, 226, 233. Ces frais furent évalués à 200 livres.

[3] « Vous ferez bien de considérer de quelle aise et de quels bienfaits pacifiques vous jouissez sous les ailes de la protection royale ; pour chaque penny payé ici on en exigerait de vous quatre ailleurs : ce qui, joint à la nécessité de l'action présente, entreprise pour la défense, la sécurité et la préservation de votre propre pays (auxquels chacun de vous en nature et en conscience est si profondément intéressé), aurait dû, ce me semble, vous pousser à ne pas me rendre si froide réponse à une si raisonnable requête : cela me donnera cause de me montrer de même aussi froid de mon côté à seconder toute requête future vous concernant. Et sur ce je vous recommande à Dieu » *Ecc. L. B. Arch.* II, 227.

I

province délégués à cet effet protestèrent avec eux de l'impuissance des Églises[1]. Le premier octobre on informait les consistoires wallon et hollandais que la reine attendait d'eux une levée de quatre-vingts hommes[2].

Des bruits de paix prochaine occupèrent l'année 1587. Le réveil au printemps suivant fut terrible. Philippe II, appuyé par la Ligue française, possesseur des ports de Dunkerque et d'Anvers, résolu à en finir avec l'hérésie, se déclarait prêt à mettre à exécution un dessein dès longtemps caressé : laisser au second plan la lutte au jour le jour dans les Pays-Bas, porter un coup décisif à leur unique alliée ; en un mot, anéantir la monarchie protestante dans cette Angleterre même où avait péri Marie Stuart, et qu'il venait de se faire attribuer par Sixte Quint. Qu'opposer aux quarante mille soldats que la formidable flotte espagnole déverserait sur les côtes de la Grande-Bretagne ?

Le 24 mars 1588, le Conseil privé enjoignait aux anciens des Églises française et hollandaise de Londres d'envoyer quelques-uns des chefs de leurs congrégations conférer avec le Lord-maire sur la levée de dix mille hommes ordonnée par la reine dans la Cité, et voir en quelle mesure les plus aisés d'entre eux y participeraient[2]. Elles partageaient les angoisses civiques : on peut dire que l'Europe protestante tout entière apprit avec effroi l'ar-

---

[1] Lettre s. d. signée Le Maçon, Regius, Montanus, Lescaillet (Canterbury), Marie (Norwich) Cube, Ryckwart. *Ecc. L. B. Arch.*

[2] *Ibid.* II, 229.

[3] « Si l'on n'entend point faire supporter une part de cette charge aux réfugiés pour raisons de conscience dépourvus de ressources, de même aussi nous ne doutons pas que ceux qui en ont de bonnes et de la fortune, contribueront volontiers et se montreront empressés, considérant que le principal prétexte sur lequel les adversaires de Sa Majesté basent leur malice est qu'elle professe la vraie religion et qu'elle accorde une aide favorable à ceux des autres nations retirés ici pour éviter la persécution. Votre empressement à contribuer à la défense du royaume donnera grande occasion à Sa Majesté de juger favorablement de vous. » *Ibid.* II, 236.

rivée dans la Manche de « l'Invincible Armada ». Mais quand Walsingham requit les deux communautés du Refuge de Londres, le 12 octobre, de fournir six cents hommes pour la délivrance de Berg-op-Zoom [1], depuis un mois déjà, selon les paroles de la médaille commémorative, Dieu avait soufflé sur les adversaires... ils étaient dissipés — *Afflavit Deus et dissipati sunt!*

De toutes parts éclatèrent les chants de triomphe et de gratitude. Le vieux Théodore de Bèze adressait le sien à la reine et le redisait en huit langues différentes [2].

---

[1] « Sa Majesté peut à peine admettre la vérité des raisons invoquées par les Églises pour s'en dispenser, ayant été informée que les étrangers résidant en ce royaume ont acquis de grandes fortunes... mais par extrême faveur Elle consent à n'exiger d'elles que la remise de cent livres st. à l'officier hollandais chargé de lever les troupes. » Lettre de rappel aux ministres le 19 oct., demandant prompte réponse, vu que la requête est si minime et la faveur accordée si grande. — *Ecc. L. B. Arch.* II, 239, 240.

[2] *Ad Serenissimam Elizabetham Angliæ Reginam Th. Beza,* Londres 1588, en latin, anglais, hollandais, espagnol, hébreu, grec, italien et français. La version latine figure sous le titre de *In classem Hispanicam...* dans les *Poemata varia;* sa française est moins connue :

>L'Espagnol de Chasteaux avait couvert Nérée,
>Pour joindre à ses estats les sceptres d'Albion.
>Qui mouvoit ces géants ? Le vent d'Ambition
>Souffloit avec l'Orgueil, l'Avarice embarquée.
>O vent, que bien tu as l'Ambition noyée !
>Mer tes flots as enflez sur l'enflée passion :
>Goufre ô que tu es juste en la perdition
>Des avares brigands de la terre habitée !
>Mais toi Reine sans pair, perle de l'Univers,
>Pour qui sont souldoiez et les vens et les mers
>Règne tousjours à Dieu, l'Ambition chassée :
>Prodigue ainsi tes biens, secourant l'oppressé :
>Sois longtemps à l'Anglois, l'Anglois à toi laissé ;
>Effroiable aux meschans, des vertueux aimée.

Elle est suivie d'un sixain : A l'autheur de l'Épigramme :

>Ce fut le mesme esprit, soufflant, brisant, noiant
>De ces Ambitieux l'Avarice et l'Orgueil,
>Qui te guida la main.....
>   (*British Museum.*)

Débats parlementaires.

Une réaction générale contre l'étranger suivit de près ces émotions, et cette fois le Parlement s'y associa.

Le 18 mars 1589 (1588 v. st.) les Lords votèrent en troisième lecture et envoyèrent à la sanction des Communes un bill pour étendre aux enfants des étrangers l'impôt prélevé jusque-là uniquement sur ces étrangers mêmes. Après de longs débats, il fut repoussé le 28 par 74 voix contre 64. De leur côté, les Communes s'étaient attaquées au grief majeur des marchands anglais, en présentant, le 12 mars, le bill contre la vente en détail par les étrangers, mais les nombreux amendements ne purent être discutés avant le 29, jour de la dissolution du Parlement.

Il ne se réunit de nouveau qu'après un intervalle de trois années. Les réfugiés avaient perdu leur « fidèle ami » Walsingham le 6 avril 1590. Dès l'ouverture de la session, la reprise des plaintes [1] fit reparaître à la Chambre des Communes, le 1er mars 1593 (1592 v. st.), le bill « pour interdire aux étrangers la vente en détail des denrées étrangères. » Appuyé le 6 mars par sir Walter Raleigh, renvoyé le 20 à une commission spéciale, il fut discuté à fond le 21, non seulement par les députés, mais par des avocats pris en dehors du Parlement et prêtant leur appui juridique aux deux parties, la Cité et les étrangers [2]. Un second renvoi n'ayant fait qu'accentuer la divergence d'opinion des commissaires, on augmenta leur nombre : le 24 mars,

---

[1] Entre autres, griefs de la Comp. des *Stationers against strangers and aliens resident and occupying within this city.*

[2] Les historiens anglais n'ont pas clairement rapporté l'ordre de ces débats; plusieurs ne citent que ceux d'une des sessions ou en confondent les dates. Leur importance et l'utilité de les préciser nous en font donner à l'*Appendice* un résumé détaillé : l'analyse des principaux discours reproduit les arguments invoqués à toutes les époques et dans presque tous les pays du Refuge contre les privilèges commerciaux des étrangers. Nous l'empruntons aux *Journaux de tous les Parlements pendant le règne de la Reine Elizabeth,* par Sir Simonds d'Ewes. — Londres 1682.

Raleigh, qui déclarait ne voir « matière ni d'honneur, ni de charité, ni de profit à secourir les étrangers », présentait le rapport défavorable à leur cause ; le 27, « après de longs discours », et en troisième lecture, les Communes adoptaient le bill par 162 voix contre 82 et l'envoyaient aux Lords.

A cette heure critique pour tous les réfugiés, car le bill, quoique principalement dirigé contre les Flamands, étendait ses conséquences sur les Français, leur constant protecteur, Cecil, devenu lord Burghley, ne leur fit pas défaut. Déjà son fils, sir Robert, avait lutté en leur faveur dans la Chambre des Communes. Strype a retrouvé dans les papers du grand homme d'État la substance d'un discours prononcé sur cette question de la vente en détail, soit lors du premier débat en 1589, soit, plus probablement, à l'occasion décisive du vote de la Chambre des Lords en 1593. S'il ne l'a pas été par le chancelier lui-même, — ce qui est loin d'être impossible, — il le fut sous son inspiration directe. Exprimant d'abord la commisération que lui inspirent ceux qui ont « multa hospitia, paucos amicos », ont perdu avec leur patrie presque tous les comforts de l'existence, et manquant d'amis, sont exposés aux injures des méchants et des malintentionnés, ceux auxquels la rancune populaire applique « le nom odieux de scorpions venimeux et le terme peu charitable de méprisables chiens », l'orateur compare la loi proposée avec les fondements de toutes les lois, les naturelles et les divines. Il n'a pas de peine à prouver, avec citations bibliques et profanes, l'utilité de fortifier les liens et les rapports entre les hommes, et d'accorder la même attention à la cause de l'étranger qu'à celle du citoyen. Et pourtant, lorsqu'il en vient à combattre les raisons invoquées par les nationaux contre ces vendeurs en détail (une trentaine en tout, cinquante si on admet les non naturalisés), et qu'il termine par cette écrasante réplique, « on a objecté que par leur économie et leur vie frugale ils sont en mesure de vendre à meilleur marché : il paraît que nous sommes bien à court d'arguments, puisque nous sommes incités à les accuser pour leurs vertus... » — et pourtant lui-même n'entend accorder le privilège qu'aux étrangers qui se sont fait naturaliser, « quoique non issus de notre racine, cependant fermement greffés dans notre tronc et notre corps, non pas enfants par la naissance, mais frères par l'adoption. » Ceux-là, mais ceux-là seulement, il les adopte entièrement. La puissante influence de Burghley l'emporta : le 31 mars, en troisième lecture, le bill fut définitivement rejeté par les Lords.

Une explosion des ressentiments qui fermentaient depuis si longtemps répondit à cette déception des bourgeois de Londres. Ce qu'on ne pouvait obtenir par la loi, on le demanda à l'intimidation et à la violence. Des avis injurieux répandus parmi les étrangers, des vers affichés sur les murs de leur cimetière leur conseillaient, s'ils tenaient à leurs biens et à leurs vies, de quitter le royaume avant le 9 juillet, jour où 2336 apprentis et ouvriers étaient prêts à en finir avec les Flamands et les Français [1]. Par ordre supérieur, la municipalité dut intervenir, arrêter et faire publiquement fustiger quelques apprentis. En 1595, des émeutes contre les réfugiés domiciliés à Southwark furent apaisées de même, sur l'intervention des anciens des deux Églises étrangères auprès du Lord-maire, sir John Spender : il fit emprisonner quelques jeunes émeutiers. Leurs compagnons tentant de les délivrer, le Lord-maire s'y rendit en personne, en fit enfermer vingt de plus et écrivit le 12 juin au Garde des sceaux qu'il

---

[1] « *You strangers that inhabit in this land! Note this same writing, doit understand, conceive it well for safety of your lives, your goods, your children and your dearest wives,* » Placard du temps. — Les relevés donnent pour mai 1593, dans Londres même 3325 étrangers dont 212 nés en Angleterre.

entendait procéder contre eux en toute sévérité[1]. On recommanda toutefois aux deux consistoires de s'enquérir de ceux des étrangers, à Londres ou aux alentours, qui ne se rendaient pas aux églises[2], et le calme se rétablit jusqu'à la mort de Burghley, 1598.

A peine eut-il fermé les yeux que les marchands de Londres prirent leur revanche : le Lord-maire, d'accord avec eux, défendit aux étrangers flamands et français d'exercer leurs industries dans l'enceinte de la Cité, leur ordonna de cesser leurs travaux et, sous peine de prison, d'entrer dans les corporations. Sur la pétition des « pauvres étrangers », où l'on relève les noms de Duquesne, Nicolas des Deux-Villes, Clément et Lamothe, un ordre du Conseil du 29 avril 1599, signé de l'archevêque primat, du Garde des sceaux et des secrétaires d'État, enjoignit au Lord-maire de ne pas aller plus avant[3]. Enfin, le 23 juin 1601, le Lord-trésorier Buckhurst, sur la demande de l'agent des États de Hollande, Noël de Caron, écrivit au procureur général de remettre à trois mois les poursuites intentées contre « de pauvres fabricants de chandelles et autres, des congrégations flamande et française », et le 15 octobre il intima l'ordre de la reine au Garde des sceaux de les ajourner indéfiniment[4].

[1] *The Piety and Bounty of the Queen of Great Britain*.. Londres 1709, mémoire pour la reine Anne rappelant ce qui a été fait pour les Réfugiés sous Élisabeth.

[2] *Observations for the present time nov.* 1596. *Cal. State Papers Dom. Eliz.* CCLX, 101.

[3] « *Forbear to go forward.* » Le document des Archives de l'Église hollandaise est reproduit par Ruytinck, Moens, et Hessels qui donne aussi la pétition *Ecc. L. Bat. Archivum*, II, 263, 264, et celle du consistoire hollandais aux Lord-maire et aldermen, 265.

[4] La liste des pétitionnaires jointe à cette lettre ne renferme que peu de noms français en plus de ceux de 1599, Michel Mainet et Ant. de Lymall, march. de toile, Jean Le Fèvre, cordonnier, Eustache Germain, menuisier. *Eccl. L. Bat. Archiv.*, II, 265, 268. Voir aussi Strype *Annals Eliz.*, IV, 352, 353.

C'était poursuivre les vraies traditions gouvernementales du règne[1]. Non seulement cette protection avait été, selon les paroles de l'historien Clarendon, « d'une utilité très considérable pour le royaume, par l'augmentation du commerce et des manufactures », apportant aux villes « beaucoup de richesses et d'abondance », mais encore, ce que les défenseurs des étrangers auraient pu faire valoir devant le Parlement, elle appuyait sa politique extérieure : « La reine s'en servait dans ses négociations d'État en France et dans les Pays-Bas, et par la médiation de ceux qui étaient dans son royaume elle s'acquit et se conserva un fort grand crédit dans tout le parti »[2]. Au moment où les marchands de Londres l'accusaient de sacrifier les intérêts du pays, elle en faisait sentir au dehors l'action puissante : ses subsides et ses troupes aidaient le huguenot Henri de Bourbon, devenu le légitime roi de France, à conquérir le trône que lui disputaient la Ligue et l'Espagne, ennemie invétérée de la protestante Angle-

---

[1] La protection continuait à ne pas être entièrement gratuite. Tous étrangers non naturalisés payaient en Angleterre au moins doubles impôts. En 1598 sur leurs biens meubles à partir de la valeur de 3 L., au lieu de 2^s 6^d par livre comme les nationaux, ils devaient 5^s 4^d, sur les immeubles 8^s au lieu de 4, de plus une capitation personnelle de 8^d (*poll-tax*) : bien qu'ils dussent soutenir leurs pauvres et leurs pasteurs, ils étaient également astreints à la contribution locative pour le clergé de la paroisse et à celle pour les indigents anglais. Moens, *Hug. Soc. Proc.* III. Dans les occasions difficiles, le gouvernement ne les oubliait pas : « Nos coffres étant moins abondamment remplis que nous pourrions le souhaiter », écrit la Reine au Garde des sceaux le 20 déc. 1600, « nous avons résolu, à l'exemple de nos prédécesseurs, de lever des emprunts sur les étrangers résidant à Londres et ayant des moyens : vous enverrez donc des lettres sous seing privé à telles personnes que six de nos Conseillers désigneront, avec pouvoir de changer les noms s'ils le jugent bon. » Plusieurs des cent sept destinataires sollicitèrent des réductions : ils étaient en majeure partie des Pays-Bas, et taxés d'office à des prêts variant de cinquante à deux mille Livres Sterling, pour un total de 21,900 L. 25 fév. 1601. *Cal. State Papers, Dom. Eliz.*, CCLXXV, 143; CCLXXVIII, 124.

[2] Clarendon, *Histoire des guerres civiles d'Angleterre*, Liv. VI.

terre. Ce côté de la question et le rôle politique du pasteur de La Fontaine méritent d'être repris avec quelque détail.

En France, la lutte entre le Béarnais et les Ligueurs fut longue, ardue, plus d'une fois presque désespérée. En Angleterre, les Églises étrangères en suivirent les péripéties avec émotion et prières. Quinze jours après l'assassinat de Henri III, le 5 août 1589 (v. st.) le Cœtus, unissant les vœux pour Henri IV des trois congrégations de Londres, décide : *Henri IV et la Ligue.*

« Attendu l'état des affaires des Églises et notamment l'importance de celles de la France et la Maison Royale et pour tout le Royaume par toute la Chrétienté, d'exhorter le peuple à prières continuelles tant de public qu'en particulier, et en outre de célébrer le Jeûne et prières extraordinaires le 21 Août[1]. » — 4 sept. 1589 : « A été avisé que toute la semaine prochaine seront faites prières extraordinaires et à Jeudi le jeûne pour les affaires de France[2]. » — 14 sept. 1589 : « Fut avisé de continuer toute la semaine suivant celle-ci des prières publiques et extraordinaires pour les affaires de France et que à ce faire on y conviendra de prier tous les ministres réfugiés pour les faire à leur rang, selon qu'ils aviseront, pour aider aux deux ministres de cette Église[3]... Cejourd'hui nous avons entendu que le Roi avait soutenu un assaut de combat le Jeudi précédent, auquel le Roi avait, grâce à Dieu, le meilleur, à la confusion et honte des ennemis de l'Église[2]. » — 21 sept. : « A été avisé par le consistoire de continuer toute la semaine suivante les prières extraordinaires pour implorer l'aide de Dieu pour les affaires des Églises et pour le Roy de France Henri Quatriesme, premier de la race de Bour-

---

[1] *Actes du Cœtus*, Reg. de Threadneedle Street.
[2] *Procès-verbaux du Consistoire.*
[3] « M. de Montrésor, min. de Rouen, a seul refusé de le faire : on avise qu'il sera prié par son ancien et que à son refus il fera parade du peu d'envie qu'il a que les affaires de l'Église et du Roi de France et de tout son État aillent bien » ; sur sa persistance « on l'avise qu'il se montre indigne des grâces que Dieu départira à ses Églises. »

bon parvenu à la succession, et premier roy de cet état de la religion réformée de laquelle il fait profession et l'a faite dès sa jeunesse[1]. »

Le 20 août 1590 le Cœtus apprend que l'ennemi se prépare à livrer une bataille et se vante d'extirper les Églises : on trouve bon de tenir des exercices de piété extraordinaires.

Les hommes valides de la communauté française avaient rejoint l'armée du roi, l'Église payant leurs frais de route et soutenant les femmes et enfants, d'où une impossibilité pour elle de contribuer aux deniers prescrits pour la levée des auxiliaires anglais, ainsi que l'écrivait Castol au Lord-trésorier le 19 décembre 1591[2]. Six jours après, Du Plessis Mornay arrivait à Londres.

Mission de Du Plessis.

La fortune qui avait accompagné au début les armes du roi semblait près de les abandonner. Tenu en échec devant Rouen, menacé par les forces combinées de Parme et de Mayenne, alors que des renforts anglais lui devenaient plus que jamais indispensables, Henri IV essuyait tout à coup les refus d'Élisabeth : lasse de la durée de la lutte, se disant « dégoutée totalement des affaires de France, protestant de ne plus les assister que de prières[3] », impatiente surtout, assurent les historiens,

---

[1] Voir Strype *Annals Eliz.*, T. IV, 41, et Agnew III, 112, la *Prière employée dans la maison et la chapelle de S. M. pour la prospérité du Roi de France et de sa noblesse assaillis par une masse de Rebelles qui sont soutenus et aidés par de grandes forces étrangères*, imp. à Londres 21 août 1590.

[2] Castol y parle de gentilshommes retournés en France dans l'espoir de recouvrer leurs biens, et de la grande diminution du troupeau de Londres, composé en minorité de Français et en majorité de gens du Hainaut, de l'Artois et de la Flandre française, c'est-à-dire de régions obéissant à l'Espagne : à peu d'exceptions près ils sont non moins dépourvus et pauvres que les autres, bien que quelques-uns aient reçu de Dieu le don d'exceller en certaines industries. Strype, *Ibid.* n° 13. App.

[3] *Mémoires de Duplessis-Mornay*, T. II, 134-170. Du Plessis répondit : «Que de prier Dieu elle pardonnerait si on lui disait que c'était bien le secours d'une femme, mais non pas d'une reine et grande princesse comme elle, qui devait à ses prières ajouter ses moyens... Quoiqu'il en fût, le roi ne pouvait être

de l'absence de son général et favori, le comte d'Essex, elle ordonnait son retour immédiat et celui de tous ses sujets combattant en France. Burghley qui avait appuyé les instances de Mornay lui écrivait : « Je suis plus troublé en mon esprit de ce que vous partez d'ici mal satisfait que je ne vous puis exprimer ». « J'ai commencé par raisons et achevé par plaintes, mais je vois bien qu'il faut avoir recours à Dieu qui sera le secours de ceux qui n'en trouvent point » lui répondait Du Plessis, le jour de son départ de Londres après trois plaidoyers restés stériles en apparence, mais dont les arguments, fortifiés par le retour d'Essex, amenèrent l'envoi tardif des 2000 hommes désirés.

Ces dix jours passés à Londres avaient permis à Du Plessis-Mornay, d'abord de plaider la cause des Puritains, pour lesquels il obtenait à défaut de tolérance au moins quelque sursis [1], et ensuite de renouer ses relations intimes avec Le Maçon de La Fontaine et de le constituer le permanent agent de confiance de Henri IV auprès de la reine Élisabeth. Il eut aimé se l'attacher de plus près et lui avait offert une survivance dans l'Église, ou même une chaire dans la future Académie de Saumur. Sur ses instances répétées le pasteur lui répondait quelques mois plus tard (employant comme tour épistolaire la troisième personne en parlant de lui-même) :

« Vous scavez que l'estat de ce pays (d'Angleterre) ne lui agrée pas beaucoup, où les choses ne vont pas en amandant. Il voit aussi que vous

que roi, que celui qui l'avait élu l'établirait, quelque troublé que semblait aujourd'hui sa fortune... » Du Plessis quitta Londres le 15 janvier ; retenu quinze jours à Douvres par le vent, il se rembarquait à Rye le 2 février.

[1] « M. du Plessis eut conférence avec quelques évêques d'Angleterre sur le différend des Puritains, nommément avec l'Évêque de Bristol, grand aumônier de la Reine, où se firent quelques ouvertures de Concorde qui se continuèrent entre eux par lettres et s'ensuivit un traitement plus doux pendant quelque temps, au lieu de la persécution qu'on leur préparait. » *Histoire de la vie de Messire Ph. de Mornay.* Leyde 1647.

croyès, oultre ce qu'il vous est serviteur, que vous ne lui pourriés offrir ni plus grande faveur ni plus grand jour : ce qu'il scait bien recognoistre, à quoi aussi beaucoup d'autres choses l'attireront volontiers; mais il vous laisse à juger ce qui est à faire. Sa présence, peult estre, n'est pas ici inutile à toutes nos églises estrangères, possible mesme, en quelque sorte à nos affaires de France, jusques à ce qu'il soit révoqué (rappelé) ou par son ancienne église, ou par le mesme synode. Les églises ici se formaliseront s'il départ sans grande nécessité, peult estre mesme, la royne ; elle l'a dict quelquefois ; d'aultre part le remuement et transport des familles en ce temps ici n'est pas aisé ni asseuré. Bref, Monsieur, il nous fault estre conscientieux en faict de vocation telle notamment. Partant il vous respond ouvertement, qu'en ung temps plus calme il désireroit bien de se retirer près du lieu de sa naissance, pour, en servant à Dieu pourvoir à bien peu de bien qui lui reste de ces naufrages, en quelque condition plus tranquille que celles où il s'est trouvé parmi ces grandes églises ; mais quand se viendroit à ung synode, après avoir faict entendre ses raisons, il aimera tousjours mieulx estre conduict par l'advis des autres que par son propre jugement : voilà, Monsieur, ce que je vous en puis répondre [1]. »

La correspondance de ces deux hommes si bien faits pour se comprendre, montre la haute valeur reconnue au ministre de la petite Église de Londres dans les deux domaines de la théologie chrétienne et de la politique protestante. Lorsque, aux approches de l'abjuration, le roi parle de se faire instruire, Du Plessis écrit le 16 mai 1592 :

« Cela nous pourra engendrer une conférence ; il s'y faut préparer, et pour ce, je lui ai fait trouver bon que je fisse rendre à Saumur sept ou huit

---

[1] *Mémoires et Correspondance de Du Plessis-Mornay*, éd. d'Anguis. T. IV, La Fontaine dès l'avènement de Henri IV paraît avoir été rattaché directement à ses intérêts, très probablement depuis le départ d'Angleterre d'Hotman de Villiers ; il avait reçu par brevet daté du camp de Noyon 1590 une pension (non payée) sur les biens de Navarre ; en 1592 on le couchait en l'état pour 400 écus par an, sans plus d'avantages pour lui, car Mornay lui écrivait en avril 1593 : « les saisies générales des créanciers sur notre patrimoine nous ont jusques ici lié les mains, de sorte que nous n'avons pu disposer d'un denier ».

des plus notables ministres de France pour se prémunir, et me promets, par une méthode que j'ai proposée à M. de Beaulieu et qu'il embrasse fort, qu'il en réussira un grand fruit. Je vous ai nommé au roy entre autres, et l'a eu agréable ; je vous prie me mander si vous pouvez trouver audit lieu de Saumur, et efforcez-vous y de tout votre pouvoir, car c'est un coup de parti.... Mandez-moi aussi vostre avis de ceux qui y peuvent être employés. Il me tardera que je ne vous aie attaché à cette besogne, pour l'espoir que j'ai que Dieu auquel nous servons en sera glorifié [1]. »

La réponse du pasteur semble un écho du découragement de des Gallars avant le Colloque de Poissy. « A ce que je vois, vous vous promettez quelque issue utile de votre négociation. Je crains de nouvelles difficultés, et d'ailleurs, il m'y apparaît de grandes montagnes à aplanir et vallées à combler ; mais j'ai la vue courte, notamment à regarder de loin, et puis je sais bien ce que peut le Maître à qui nous servons.... » S'il approuve « parce qu'il ne faut pas donner non pas même l'apparence de vouloir fuir la lice » il rappelle que « dans cette arène la faute pour une fois est aussi périlleuse qu'à guerre quelconque.... je ne laisse pas de voir la perplexité dans laquelle vous êtes et qu'on fait ce qu'on peut. » En Angleterre on s'en émeut déjà. « La reine en est en jalousie ; on a trouvé remède au passé, il faut y pourvoir pour l'avenir, et croyez-moi qu'il est nécessaire. » Il souhaiterait une entrevue de Henri et d'Élisabeth, et redoute « l'opinion de mépris, lequel engendra tous les courroux, dépits et paroles de l'année passée, de quoi vous-mêmes trouvâtes encore les cendres toutes chaudes. Si vous approchiez avec le roi de notre côté et que j'en fusse averti, je serais homme pour courir à vous, et vous faire entendre sur ce point ma conception et pour communiquer des autres. » Pour le choix des controversistes il dissuade de prendre Baron et se récuse lui-même [2].

---

[1] *Mém. et Corr.*, T. IV. Lettres CXXVI, CXXIX.
[2] « Il (lui-même) prend grand plaisir à cause du jugement que vous faictes de lui, qui est l'amitié, et l'aime et vous en remercie ; mais quant à la chose

Quand les illusions de Mornay eurent cédé devant l'inexorable réalité des faits et que, persuadé désormais de la résolution finale du roi, il ne songea plus qu'à sauvegarder les intérêts des Églises, il exprima à La Fontaine son désir de les voir appuyés par la présence à Mantes d'ambassadeurs des États protestants accompagnés de quelques théologiens excellents.. « l'Anglois de vous [1]. »

en soi, il vous prye l'excuser s'il n'y peult soubscrire... il demande donc que c'est qu'il feroit là avec tant de cygnes et ne pense pas que ce soit humilité affectée. Il ne me paroit pas (sans) avoir quelque dextérité et usage en sa charge par la grâce de Dieu ; mais en ce que vous réquérez il n'est pas besoing de telles choses : or, il a tousjours esté en l'action et en de grandes églises, entre beaucoup de distractions et affaires sans loisir quelconque, et n'a jamais esté nourri auxdits exercices scholastiques, joinct quelque indisposition naturelle dont il vous toucha dernièrement et quelques aultres raisons, partant, veu que vous avés une centaine qui lui sont à préférer ; et certes il dit vrai en une telle action. Je vous supplie, Monsieur, sur tous les plaisirs que vous lui pourriés faire et voudriés, le réserver à quelque aultre chose qui soit selon sa portée. »

[1] Il faudrait citer la lettre entière : « Je crains fort qu'il ne soit si engagé qu'il soit contraint de passer outre. Et si faut-il toutefois s'y trouver, comme de ma part je m'y résoulds, tant pour l'appuyer contre le doute et le retenir sur ce précipice, qu'aussi pour assurer notre condition au mieux qu'il nous sera possible... J'estime que de bonne heure vous devez disposer nos amis étrangers à deux choses : en ce même temps j'estimerais à propos qu'il se trouvast près de S. M. une ambassade honorable de la R. d'Angleterre qui par la présentation de son secours le fortifiast au bon chemin et contre-posast les offres qu'on lui fait d'Italie pour entrer au mauvais ; que si le temps le permet, que les princes d'Allemagne, Estats des Pays-Bas, Ligue de Suisse fissent de même : deux effets en pourroient sortir : l'un, que se sentant aussi fort en faisant bien qu'en déclinant au mal, il demeureroit au bien, l'autre qu'en tous cas ceux qui pour la messe lui promettent la paix, et que nous savons appeler proprement paix quand on nous fait la guerre, voyant la religion soutenue de si forts étançons, retiendroient leur mauvais cœur, au moins pour quelque temps, et se lascheroient plus aisément aux conditions nécessaires pour nostre seureté. Or, je n'ignore point les contradictions que vous y rencontrerés et n'ai pas oublié les propos qui me furent tenus en mon dernier voyage par delà. Mais je considère que les sages pèseront de quelle importance il est pour tous les estats de la religion qu'un roi de France que Dieu y avoit appelé, se rejette en l'idolâtrie ; que se départir de la religion est peu à peu se retirer de l'alliance dont elle étoit le plus ferme lien ; entendre par conséquent à nouveaux traités, mesme à mariages préjudiciables aux voisins, tels

Les envoyés d'Henri IV et d'Élisabeth, selon le conseil qu'elle-même lui avait adressé par Hotman de Villiers, étaient habituellement des protestants[1]; leur présence fortifiait la congrégation de Threadneedle Street et la situation de son pasteur. Il est vrai que la seule nouvelle des préliminaires de l'abjuration avait suffi pour interrompre la négociation avec Beauvoir La Nocle, vidame de Chartres depuis la mort de son beau-frère Jean de Ferrières, et que le fait accompli souleva la reine ; mais les premiers emportements passés elle demeura l'alliée d'un monarque dont le catholicisme de fraîche date ne devait changer en rien la sage politique européenne[2]. Aussi, d'autant plus soucieux des « affaires de la Religion », que l'ancien protecteur des Réformés oubliait trop à son gré ses soutiens d'autrefois et leur

que vous pouvés assez penser... C'est une ouverture et vous la saurez ménager par votre prudence selon les personnes, les lieux... Particulièrement je vous prie de préparer les cœurs des gens de bien de de là à secourir nos esglises et la partie plus affectée, si la mesme violence qui opprime la conscience du roi entreprend plus avant... 19 juin 1593. » *Corr. de Du Plessis-Mornay*, Tome V, CXCVII. — En octobre Bouillon sollicitait de Burghley : « vos sages conseils pour scavoir les choses que nous debvons demander au roy et vos communes prières vers lui pour les obtenir. » *Brit. Museum* et *Bull. du Prot. fr. X.*

[1] Hotman. *De l'Ambassadeur*. — Envoyés protestants : Buzenval pendant la Ligue — depuis : Beauvoir, Fouguerolles, Loménie, Sancy, Bouillon ; au catholique Christ. de Harlay on donna pour secrétaire le juriste protestant Dominique Baudier ; venu une première fois à Londres avec une ambassade des Etats de Hollande, il fut professeur à Leyde sous le nom de Baudius. *France Prot.*, 2e éd.

[2] « *The Queen stormed at first, but it is believed that nought would come of the matter.* » *State Papers, Dom. Eliz.* CCXLV. La lettre d'Élisabeth à Henri IV avant l'Abjuration, qu'elle signe « Vostre seur si ainsy doibs — non bastarde que jamais ne veulx.. » et celle après l'acte : « Ah ! quelles douleurs ! et quels regrets et quels gémissemens j'ay sentys en mon âme par le son de telles nouvelles ! Mon Dieu ! est-il possible qu'aucun mondain respect deubt effacer la terreur que la crainte divine menace ! Pouvons-nous par raison mesme attendre bonne sequelle d'acte si inique ?... Vostre très asseurée sœur, si ce soit à la vieille mode : avec la nouvelle je n'ay que faire. Elizabeth R. » *Bull. du Prot. fr. VII.*

« laissait la corde au cou pour salaire de leur fidélité »[1], Mornay essayait-il, en rassurant l'Angleterre sur les conséquences de l'abjuration, d'user de l'influence de la reine pour hâter la justice attendue. « Le pape nous fait dire qu'il nous recognoistra sans nous enjoindre pour pénitence la guerre contre la religion... S. M. promet remède à la condition des Églises: *les admonitions du lieu où vous estes y pourroient servir*, mais je n'ignore pas les difficultés qu'on y rencontre [2]. »

Le pasteur diplomate.

La correspondance se poursuit de la sorte, tantôt ouverte, tantôt par chiffres. Le Maçon venu en France recevoir ses instructions de la bouche même du roi, s'était rendu compte de l'état des esprits, des dangers que l'abjuration du monarque faisait courir à ses anciens coreligionnaires, des défections, des froideurs croissantes, et sans doute aussi de l'influence heureuse que pourrait exercer sur leurs destinées l'appui prêté à Henri IV par la protestante Angleterre [3].

---

[1] Lettre à La Fontaine. *Corr. de Du Plessis Mornay*, Tome V.

[2] Après l'attentat de Lopez, oct. 1594: « Nous avons à louer Dieu de ceste grande conspiration descouverte. Il montre évidemment avoir soin de ceste princesse en la vie de laquelle semble résider celle de son Estat. Je l'impute à ce qu'à la vérité elle a esté le logis et la retraite de l'Eglise en ces temps. »

[3] « Ici, selon nostre capacité nous voyons la main de Dieu à l'œuvre et par des voies du tout admirables. Mais d'ailleurs » (en France) « ès hommes nous voyons ou l'endurcissement ou la desloiauté des faux frères qui tous les jours se descouvrent, ou de la glace ès meilleurs, si ce n'est pour réparer les brèches de leurs maisons particulières : et au milieu de tout cela l'impiété qui s'advance, en quittant ses cachettes, à prescher sur les toits. Quant au chef » (Henri IV) « toutes ses actions sont à la veue du soleil, sauf ce que je ne vous en puis escrire, de quoi je reconoi ici des tesmoignages manifestes conformes à ce que l'année passée j'en appris de lui en France.. » La Fontaine à Th. de Bèze, 13 mars 1595; sur l'Angleterre: « Ici les contentions s'assouspissent, le parti plus puissant ayant fermé la bouche à l'aultre. De nostre part nous subsistons par la faveur principalement de la Roine... Nous avons eu ici un certain diacre qui, par ses fantaisies et révélations supposées nous a voulu susciter malicieusement du trouble, mais ça esté de la fumée emportée du vent. » *Bibl. de Genève*, M. f. 197 ap portef. 3.

De 1595 à 1598 le pasteur devient, dans l'intervalle qui sépare les envois d'ambassadeurs extraordinaires, l'agent quasi officiel du roi de France; poste d'autant plus délicat à remplir que le gouvernement anglais, loin de répondre à ce qu'en attendait Henri IV, n'envoyait que des secours restreints, parlait sans cesse de les rappeler, et semblait désormais plus désireux de voir l'Espagne et la France s'affaiblir mutuellement que d'aider le Béarnais à consolider son trône et à relever la fortune de son État. Pour cette action de chaque jour[1], pour ces sollicitations réitérées et indispensables, La Fontaine l'emportait sur un ambassadeur en titre, auquel sa position eût rendu les instances plus difficiles à poursuivre, et les refus à essuyer plus graves.

Henri IV lui écrit le 5 octobre 1595 lui adressant l'analyse de sa lettre à la reine, et le 15 janvier 1596 les explications à donner sur les points où il compte porter ses armes et ceux où il désire une diversion anglaise. Après l'insuccès des premières négociations de Loménie et de Sancy à qui Élisabeth demandait Calais comme prix de son concours, c'est La Fontaine qui les reprend en sous-œuvre, et prépare le traité de Greenwich du 26 mai dont seul avec Sancy il connaîtra les clauses secrètes[2]. Le 4 juillet le roi l'informe qu'il en a ordonné la ratification et va envoyer Bouillon.

« Je l'accompagneray du sire de Réaux lequel il laissera auprès de la Royne pour lui servir d'ambassadeur, ayant exprès advancé cette légation afin de vous descharger tant plustôt du faix de mes affaires, recognoissant par vos lettres que c'est chose que vous affectionnés; et m'asseure que

---

[1] J'ai fait beaucoup de dépenses, en partie pour être commandé de suivre (la cour en ses déplacements) ». La Fontaine à Du Plessis.

[2] « Ne faillez à dire (au grand trésorier) que vous seul avez communication de ce secret qui est entre nous, et qu'ayant besoing d'un tiers qui aille et vienne vers iceluy, nous avons point estimé y pouvoir employer un plus assuré que vous, ny qui leur soit plus agréable. » Sancy à La F. *Record Office.*

I

mon service ne laissera pas pour cela d'estre appuyé de vous. Advertissés la dicte dame de ma susdite déclaration, affin qu'elle tienne prest à partir celuy auquel elle vouldra donner la charge de venir jurer icy le traicté. »

Cette fois l'office de La Fontaine est aussi officiel que possible.

« Je veux que vous asseuriez la Reine ma bonne sœur,... la remerciant de l'asseurance qu'elle vous a donnée de secourir ma ville de Boulogne en cas qu'elle en ayt besoing : de quoy doncques vous luy dirés que je feray estat, affin qu'il luy plaise d'y faire pourvoir quand elle en sera requise. Vous la prierez aussy de me faire part des premières nouvelles qu'elle recevra du comte d'Essex auquel je souhaite toute prospérité ; vous lui dirés du reste, que le cardinal de Florence, légat du Pape, est arrivé en mon Royaume où il a esté receu comme ont toujours esté ceulx de pareille qualité, du temps des Roys mes prédécesseurs.... Vous asseurerés ma dicte bonne sœur que l'arrivée du dict légat ne innovera rien en nostre traité, lequel j'observeray de bonne foy, quoy qu'il arrive, comme je me promets qu'elle fera de son costé... »

Ainsi c'est le pasteur qui rassurera la reine sur une possibilité d'influence du Légat romain[1].

Quand Amiens est surpris par les Espagnols c'est encore La Fontaine que Henri IV charge d'annoncer la catastrophe. — « J'ay perdu ma ville d'Amiens par le plus grand malheur du monde » — et d'obtenir des troupes auxiliaires (14 mars 1597). Mais l'offre de 4000 hommes est nulle s'il est forcé de les solder, et il ne peut guère compter davantage d'en solder la moitié comme le lui propose La Fontaine[2]. Les pourparlers amènent

---

[1] 4 Juillet 1596. *British Mus. Mss. Add.* 4120 et *Correspondance* imprimée. Sachant l'estime dont Le Maçon jouit auprès de ses coreligionnaires de France, le roi saisit cette occasion de calmer leurs ressentiments du retard apporté à rétablir l'édit de 1577 : « au demeurant je veux me plaindre à vous d'aulcuns de mes subjets de la Religion.. je vous en fays juge.. je vous ay bien voulu advertir, afin que si vous en oyés parler, vous scachiez quelle est mon intention et tempériés par votre prudence et créance les aigreurs... »

[2] Mai 1597. Nous nous bornons à relever ici quelques preuves des fréquents rapports directs entre le pasteur et les deux monarques, mais le *Record Office*

enfin l'envoi de 2000 hommes; le 24 juillet le ministre réclame avec instances à Cecil un renfort de mineurs : « Je suis aucunement engagé, ayant donné espérance comme certain que le Roi en écrivant ne seroit refusé pour si peu de chose. » Le 31, demandant un sauf-conduit pour des fils d'étrangers nés en Angleterre, il ajoute: « J'oubliois hier de vous dire que j'ay lettres du Roi à S. M. Sérénissime avec commandement de lui faire entendre de ce qui s'est passé en certains points, autrement j'eusse désiré de ne passer à lui estre moleste; j'auroi à vous parler s'il vous plait après que je l'auroi vue. » Élisabeth écrit à Henri IV le 25 juillet : « Le sieur de La Fontaine, par son extrait qu'il nous a fait voir des vôtres du 20 de ce mois, m'a fait connoistre, selon la charge qu'il en avoit, tant l'état de votre armée et affaires militaires, que de la négociation du général des Cordeliers sur le fait de la paix [1]. » Le 11 août, le pasteur transmet à Cecil, « pour n'être importun d'approcher S. M. n'est qu'elle me le commande » les lettres que le roi lui écrit ; il ira savoir la réponse le lendemain; de même le 2 sept. « il a des lettres à présenter à la reine ». Le 13 au soir il annonce en toute hâte à Cecil l'on-dit de la prise d'Amiens apporté par un marchand dieppois [2]; enfin, le 19, Henri IV peut écrire à son allié : « Madame, Dieu et le bonheur de vos armes dont j'ai été assisté m'ont rendu ma ville d'Amiens. J'en ai arrêté la capitulation aujourd'hui que j'envoie au *bon La Fontaine* pour vous présenter » ;

(*State Papers, France*, bundles 117, 118) contient de très nombreuses lettres diplomatiques de La Fontaine à la reine et surtout à Cecil. Voir M. de Kermaingant, *L'Ambassade de France en Angleterre sous Henri IV, mission de Boissise*. Paris 1886, et, comme spécimen, la lettre à Élisabeth sur Calais, *Appendice* XXVIII.

[1] « Quant à la France la Reine a écrit de sa propre main une lettre qu'elle remettra à M. Fontaine quand il viendra cette après-midi. » *Memorial to My Lord from M. Secretary. State Papers. Dom. Eliz.* 1597.

[2] Lettre toute familière et intime « Dieu vous doint le bon soir; M., et une nuit suivie de beaucoup de bons jours, votre humble et affectionné serviteur ».

et Élisabeth, dans sa réponse du 22 : « Par le crédit que le *bon La Fontaine* me déclare je me satisfais de votre volonté à me déduire ce qui se passa entre le général des Cordeliers et Vous »[1].

Le 24 novembre, Hurault de Maisse partait pour Londres, préparer Élisabeth à la paix de la France avec l'Espagne. Son journal mentionne constamment l'intermédiaire du sieur de La Fontaine[2]. Il revenait le 19 janvier. Quatre jours auparavant, Le Maçon

---

[1] Elle ajoute : « Je ne laisserai à vous dire que je n'en suis plus instruite de sa réponse que s'il ne vous en rendit une, ce que je crois, ou qu'il ne l'apporta ou que par hâte de le dire qu'il l'avait oubliée par le chemin. » — Dans les « Instructions pour un envoyé au roi de France avant qu'il ne fît la paix avec l'Espagne » (en anglais) on lit : « Nous avons vu récemment une lettre à la Fontaine, provenant du roi de France, en diverses parties très longuement et très sérieusement écrite. » — Toutes ces lettres, et beaucoup d'autres, sont dans des dossiers du Record Office non encore analysés dans les Calendars, qui renferment aussi. celles à Élisabeth des Députés des Églises de France réunis à Châtellerault pour l'envoi de Chaligny 20 août 1597, de Henry de la Tour, Châtellerault, 9 août : « V. M. a esté toujours le seur abry pour les fidelles au temps d'aflictions », et la Requête de ceux de la Rochelle à Élisabeth demandant à ne pas rendre les 3300 L. S. prêtés en 1573 par les Halles de la ville de Londres, qui les assignent en paiement devant le Parlement de Paris.

[2] « Le sieur de la Fontaine alla voir le Comte d'Essex sur ma venue ; il lui dit que l'affaire que je devais traiter était de telle importance. . . Le 25 j'envoyai M. de la F. vers le comte d'Essex et lui mandai ce que la reine m'avait dit... Le 27 M. de la F. alla de ma part trouver le grand trésorier, de là le M. Chambellan... » de même le 28 et le 1er et le 2 janvier « j'envoyai M. de la F. *le père* vers le Comte d'Essex pour le prier de faire souvenir la reine... » le 5 et le 9 entretien de La F. avec Mil. Cobham sur la nécessité d'envoyer des ambassadeurs « de la religion ». 14 janv. : mécontentement d'Essex qui ne veut plus s'occuper des affaires de France ; La F. promet de lui en parler. Le 18 janv. « arriva un courrier qui m'apporta lettres du Roi ; j'envoyai à M. de la F. copie de ce que m'écrivait S. M. et lui écrivis la façon qu'il en devait parler à la Reine... » — plus deux lettres de la F. 16 et 17 janv. à de Maisse rendant compte d'une démarche auprès de l'Ambassadeur des États « j'entends par mes amis que M. Cecil se tient prêt ». *Archives du Ministère des Affaires Étrangères à Paris*. Par ordre du roi, de Réaux avait laissé à Londres en nov. 1596 le fils de La Fontaine, « pour avoir l'œil aux affaires, sous la conduite de son père. »

sollicitait de nouveau son remplacement diplomatique : « J'attends d'être bientôt dépêché des affaires, lesquelles par deça m'ont été ces trois ans fort molestes en diverses sortes. On parle de nommer un M. de Boyraizy : en quelque sorte que ce soit cette décharge me sera toujours agréable, comme en toutes sortes elle m'a mis en grande peine »[1].

Cependant, après la venue de Boisrosé et même après la paix de Vervins et pendant l'ambassade de Boissise, lord Cobham rapporte encore à Cecil, le 31 juillet 1599, les assurances données par M. de La Fontaine, que le roi de France ne permettra pas aux Espagnols d'entrer dans ses ports; « il a offert d'écrire lui-même aux gouverneurs de Calais et de Dieppe ». Cette correspondance intime et persistante avec l'agent confidentiel ne laissait pas que de froisser l'envoyé en titre : ses dépêches en ont gardé la trace[2].

[1] D'autres causes ajoutaient à son découragement, il se croyait mal jugé à la cour de France. « Je vois par vos lettres qu'on vous a fait entendre qu'on fait mauvais jugement de vos actions, même que j'y ai participé, ce que je trouve bien étrange. Et ne sais en quel esprit cela a pu croître. Car comme vous n'avez donné aucun sujet de mal penser, aussi ne me souvient-il, en lieu où je me sois trouvé qu'aucun propos ait été tenu qui ait donné occasion de le vous écrire. Et s'il eût été tenu je l'eusse rabattu et repoussé selon le devoir, non d'amitié seulement, mais de conscience... Je vous prie donc d'être en repos de ce côté. » L. de Du Plessis, 2 août 1597. — En 1598 La Fontaine poursuit en France « le paiement de ce qui lui est deub ». L'ambassadeur Edmonds écrit le 18 août : « He hath been verie kindley received and used by the King. » Le 21 oct. il prend congé et reçoit l'ordre d'assister Boissise « en tout ce qui se présentera pour le service de S. M. »

[2] « M. de la Fontaine a receu ces jours cy un paquet par l'addresse de M. le Commandeur inscript pour les affaires exprès du Roy, et a esté à la Cour et fait response, le tout sans rien dire, combien que je l'aye veu trois fois depuis la réception dud. Pacquet, et scay qu'il luy en vient souvent avec ceste mesme inscription. Je vous supply très humblement M^r que je scache si c'est de vre part et quelle est l'intention du Roy en cest endroit... En voyant que tels Pacquets sont fréquents il est besoing pour le service de S. M. et pour mon honneur que j'en sois esclaircy, ce que j'attends de vous, M^r, sous la faveur duquel j'ay entrepris cette charge... » Juillet 1599, Boissise à Villeroy.

On voit les services rendus par le pasteur à son roi et à son pays. Ils justifient la décision du synode général de Saumur à l'encontre des réclamations et plaintes des Orléanais. « Sur les lettres de l'Église françoise de Londres, requérant que M. de La Fontaine soit laissé à ladite Église, établie en Angleterre... Vu les lettres dudit sieur tendantes à même fin... ayant aussi entendu le député de l'Ile de France... consent que M. de La Fontaine soit laissé à Londres, sauf à retenir le droit que les Églises françaises ont sur lui[1]. »

Trois fois encore il est question de La Fontaine dans les actes des synodes nationaux. A Montpellier, 1598, on l'avertit « des écrits injurieux publiés contre nos Églises par Sutcliffe et Saravia, afin d'obtenir de la Reine que de tels écrits ne soient pas rendus publics en Angleterre[2] ». Le pasteur s'adressant directement aux

— Villeroy dans sa réponse avoue avoir « écrit trois fois à M. de la Fontaine mais non d'aucune affaire » (?) et assure n'avoir pas voulu manquer à de Boissize, « ayant reconnu par toutes celles que ledit Sr de la Fontaine m'a escript, qu'il vous honore grandement ». *Corr. de Boissize, Mss. Bibl. Nat. de Paris.*

[1] *Matières particulières*, Art. VIII. — Le 27 août 1595, de Bèze écrivait : « Nous avons receu lettres de nos frères de Gergeau, se plaignants grandement de n'estre assistés de leurs anciens pasteurs, et nommément de vous, M. de la Fontaine. » — *Ecc. L. Bat. Archiv.*, II, 250, et La Fontaine le 23 mars 1596 : « J'ay eu ces jours passés une semonce de la part de ceux d'Orléans qui se recueillent à Jargeau, c'est un remuement d'importance après vingt et six ans que je suis dehors. Et en cas qu'il me fallust retirer je ne puis plus estre capable d'aucune grande charge venant sur l'aage et avec des infirmités corporelles, quy est une des raisons qui m'induiroit à partir d'icy si le synode général me révoque. » L. à de Bèze. *Bibl. de Genève* — enfin de Bèze encore en novembre ne sait « s'il est retourné à ceux qui l'ont si instamment redemandé. » L. à Castol *Bull. du Prot.* VII, 401.

[2] Saravia, le réfugié artésien de 1567, devenu prébendaire de Gloucester 1591, et de Canterbury 1595, avant de l'être de Westminster 1601, avait publié deux traités anti-presbytériens *De honore qui debetur ecclesiarum Pastoribus*, 1590. *De imperandi Authoritate et Christiana obedientia* 1593, et en avait vivement défendu les idées contre les critiques de Th. de Bèze *Defensio ejusdem tractatu contra Bezam* 1594. Ce dernier écrivait : « Je ne doute point que Saravia et autres ne se vantent de m'avoir fermé la bouche

adversaires réussit au point de dépasser le but et d'entamer avec eux une négociation dont il reste un double témoignage. Il est dit aux actes du synode de Gergeau, 1601 : « On écrira à M. de La Fontaine pour le prier de continuer à faire tout ce qu'il pourra pour l'accord de Sutlivius et Saravia avec nos Églises », et le ministre, alors en France, où il venait de passer trois mois, mandait à Du Plessis, de Paris le 18 juin 1601 : « Je ne me suis point trouvé à Gergeau pour n'y être point appelé, mais surtout afin que si on y traitait de me révoquer » (de le rappeler d'Angleterre), « que ceux de Londres ne l'attribuassent point à ma présence : nul ne m'y a demandé, mais ayant communiqué à M. de Beaulieu les propos où nous étions fort avancés S... et moi pour la réunion de nos Églises anglicane et gauloise, lui parlant au nom de l'Archevêque et de quelques évêques, on m'a prié de travailler en cet œuvre grand en soi, mais grand aussi en sa conséquence s'il plaît à Dieu de la bénir : selon ce qui s'en fera d'ouverture je vous en avertirai pour être aidé de votre conseil et de vos prières. »

On s'étonnerait des illusions de La Fontaine si on ne se rappelait ses rapports souvent quotidiens avec l'entourage laïque et ecclésiastique de la reine. Bien que ces espérances n'aient pas été suivies d'effet, il n'en demeura pas moins l'homme de la

en quoi ils se trompent, non pas que je me soucie en sorte quelconque de mon particulier mais pour ce que (comme dit le sage) il y a un temps de silence tandis que le temps de la puissance des térèbres dure. Et si d'avanture vous estimez que mon silence soit par delà plus dommageable que profitable, m'en advertissant la response (et le tout sans aigreur aucune) se trouvera tantost preste, estant puisée pour la plus part de leurs arguments mesmes. » 1595 *Ecc. L. B. Arch.* II. 251. Castol est très-vif contre Saravia, qui « a entrepris une œuvre odieuse », voir détails dans lettres *Appendice XXIX*.

Sutcliffe, doyen d'Exeter et prébendaire de Wells, un des plus ardents adversaires des presbytériens, les avait violemment attaqués en 1591 par sa « *Disputatio de Presbyterio*, en laquelle cette forme confuse de gouvernement que certains, sous le faux prétexte et titre de Réformation et vraie discipline s'efforcent d'introduire dans l'Église d'Angleterre, est examinée et réfutée. »

conciliation, et, quand les Églises du Dauphiné cherchèrent à établir une entente avec les luthériens d'Allemagne, le synode de Gap décida d'écrire, en même temps qu'aux universités orthodoxes de l'étranger, à MM. de Gourdon et de La Fontaine, en Angleterre « pour les prier de travailler avec nous à l'établissement de cette union ».

Pendant son voyage en France de 1601, d'où il repartit « avec peu d'apparences de plus guères voyager », La Fontaine, gracieusement accueilli par Henri IV, n'avait pas négligé de plaider la cause de ses coreligionnaires et de prononcer devant lui le nom, maintenant en défaveur, de Du Plessis. Ce dernier l'y avait lui-même incité. Retiré à Saumur, ulcéré des procédés du roi à la triste conférence de Fontainebleau, Mornay ne se résignait pourtant qu'avec peine à la rupture de cette vieille intimité, où il avait tout donné et si peu reçu, et il cherchait encore à pallier les torts d'un prince aussi infidèle à son amitié qu'à sa foi [1].

---

[1] « Entre les propos que vous aura tenus S. M. il sera malaisé qu'il ne vous ait parlé de moi : vous êtes sur les lieux pour vous en enquérir ». Du Plessis à La Fontaine, 9 avril 1601. — « Me préparant à mon retour j'ai voulu rechercher l'occasion de parler au roi en propre : il me l'a assez donnée à la table, mais recherchant la solitude, il m'a semblé plutôt la refuir. L'opportunité plus grande que j'en aie eue fut à Fontainebleau en la galerie où, m'ayant appelé, j'étais en beau train, si la reine et les dames ne fussent survenues : il était entré en plainte des propos que quelques-uns se servaient de lui comme s'il était persécuteur; et moi lui suggérant le soin de n'être aliéné de nous par les mauvaises impressions qu'on lui pouvoit suggérer, lui proposai pour exemple l'assemblée faite chez M. de Bouillon, là où je m'étais trouvé... sans qu'il fît autre réponse que nous ferions bien d'admonester un chacun d'être sage et qu'au milieu de beaucoup de difficultés il faisait pour nous ce qu'il pouvait : et sur ce les dames rompirent le propos, lequel depuis il ne m'a donné moyen de renouer. » La Fontaine à Du Plessis. Mornay répond : « Vous m'avez obligé du soing qu'avez pris de faire tomber le Roy en propos de moy; Encor n'est-ce peu d'avoir pour responce un silence. Car telles desfaveurs sont rarement sans accusation. Je me console en Dieu qui redresse tout cela à nostre bien, et comme je m'assure à sa gloire.. Enfin nostre Charlatan se tait » (du Perron), « et ce n'est pas petit argument de la vérité qui est de

Quant au ministre de l'Évangile, cette incursion sur le domaine politique fut pour lui la dernière. Il avait éprouvé, semble-t-il, une suprême velléité de venir terminer ses jours en France : la disgrâce imméritée de Du Plessis lui en ôta tout désir[1]. De retour dans sa petite église de Threadneedle Street, « plus libre d'affaires extraordinaires pour tant mieux arrêter ses affections là où est notre trésor », il se consacra désormais en entier à ses devoirs pastoraux.

A vrai dire il ne les avait jamais abandonnés. Le sermon prêché pour un jour de collecte « après sa délivrance et résurrection[2] » constate l'interruption du sujet ordinaire des discours « l'interprétation du texte de Moyse en l'histoire de la création, les maladies publiques ayant requis des consolations et remèdes à propos contre tels châtiments et épreuves »; et le Recueil qu'il publia en 1600 sur les *Funérailles de Sodome*, suite de vingt sermons pour deux chapitres de la Genèse, est une continuation de cette étude régulière et méthodique de la Bible[3].

Sermons de La Fontaine.

Certes, on a lieu d'être surpris du choix fait par le pasteur

---

nostre part de luy avoir fermé la bouche. A cela S. M. doit connoistre ce qu'on luy a proposé, et aussy croy-je qu'elle s'en apperçoit. Mais les Roys veulent vaincre : Et il est raisonnable pourveu que Dieu n'y soit offensé. Je prendray grand plaisir d'avoir souvent de vos nouvelles, et vous en supplie. D'icy je vous respondray toujours, mais de si loing du monde vous en aurez peu... J'estime vos vertus et prise vostre amitié.. » Saumur, 6 juillet 1601. — *Ecc. L. Bat. Archiv.* II, 267.

[1] « J'ay bien considéré que difficilement pourriez vous abandonner l'Angleterre après ce grand Esclandre. Et d'ailleurs il semble que Dieu vous y face ouverture pour sa gloire en l'accord si important de nos Eglises, que Dieu veuille bénir par sa grâce. » *Ibidem.*

[2] Le 19 mai 1596 revenant en bateau du culte, La Fontaine avait été précipité sous les roues du moulin construit sur le pont de Londres et sauvé comme par miracle, ce dont Bèze le félicite. Lettre à Castol, 1er nov. 1596. *Bull.* VII. *Sermon prononcé en l'Église françoise en Londres sur le Ps. 34e.*

[3] *Les Funérailles de Sodome et de ses filles, descriptes par R. Le Maçon dict de la Fontaine. Livre grandement utile et nécessaire pour apprendre à bien et sainctement vivre.* Londres 1600. — 2e éd. 1610.

pour ce qu'il appelle « un jet de sonde, un échantillon de ce qu'il aurait à craindre ou à oser davantage pour le bien et l'édification de l'Église. » Nos habitudes religieuses modernes s'accommoderaient mal, du sujet d'abord, et bien davantage de l'analyse inexorablement poursuivie pendant plusieurs semaines comme unique nourriture spirituelle du troupeau. Loin de reculer devant les difficultés de son texte, La Fontaine les affronte avec une hardiesse qui nous confond, et nous aurions garde d'arrêter l'attention du lecteur sur ce qu'il offrait gravement à « l'instruction et consolation perpétuelle des familles destituées de pasteurs [1]. » A côté de descriptions et de dissertations plus que risquées, et à travers d'inévitables longueurs (tout un sermon par exemple sur la pluie de soufre et de feu qui détruisit les villes coupables), La Fontaine fait cependant preuve de talent; il possède une grande richesse et une variété dans les mots, il épuise à fond son sujet, — trop peut-être, — et n'est pas sans en faire sortir ou sans y rattacher d'utiles leçons : pasteur du Refuge il n'oublie pas de rapprocher de l'hospitalité de Lot, celle accordée par l'Angleterre à ses coreligionnaires en détresse. En 1602, il rééditait sa première œuvre, le Catéchisme, moins connu que les Sermons et qui mériterait de l'être davantage [2].

Jean Castol. La situation exceptionnelle de Le Maçon a rejeté dans l'ombre le ministère de son collègue. Castol n'en paraît pas moins avoir été un homme de valeur. Correspondant assidu de Th. de Bèze,

---

[1] A l'un des passages les plus scabreux, il prévoit les objections de quelques timides : la doctrine de l'inspiration plénière et littérale des Écritures ne lui permet pas de reculer. « Mais que tout cela soit vray, dira quelqu'un, de quoy sert cela de remuer ceste ordure en l'Église ? A quoy je respond qu'ici vaut aussi ce qui est dit, que toutes choses sont nostres et nous à Christ et Christ à Dieu ; je répète donc que si ces tristes exemples de saincts n'estoyent utiles à l'Église que le St-Esprit n'en tiendroit pas registre et ne les mettroit pas en avant sur ce théâtre. »

[2] Voir à l'*Appendice XXVIII*, fragments des *Sermons* et du *Catéchisme*.

avec l'attachement conservé pour sa patrie et son Église genevoises, et son dévouement à la cause de celles de France, il montre une juste préoccupation de la destinée de son troupeau de Londres. Il entrevoit les dangers qui le menacent dans ces jours d'uniformité à outrance, alors que Whitgift reproche à de Bèze d'encourager les divisions de l'Église d'Angleterre et d'exhorter la reine à « purger le temple et détruire les hauts lieux. » En présence des violentes attaques de Sutcliffe et de Saravia, persuadé « que ces choses ne se font pas du mouvement d'un particulier, ains par l'authorité de ceux qui gouvernent l'Église, » Castol n'a point hésité à en porter ses plaintes « où il falloit… » au primat lui-même et à lui demander de « supprimer l'opprobre et vitupère qu'on attire sur la doctrine » de Bèze et « de Monsieur Calvin. » Enfin il a compassion « des pauvres gens qu'on moleste » à ses côtés, qu'on « presse de soubscrire à certains articles contre leur conscience », et a souffert du peu de sympathie témoigné par le clergé anglican aux ministres presbytériens proscrits par le roi d'Écosse [1].

Chevalier et Cappel. De jeunes ministres furent associés à La Fontaine et Castol. Trois étudiants avaient été entretenus à Genève de 1583 à 1589 aux frais de l'Église, « avec engagement d'employer leur labeur à son édification et de se soumettre à la Compagnie [2]. » Scarron refusa de revenir ; reproches et instances du consistoire ne parvinrent pas à le ramener [3]. Samuel Le Chevalier et Aaron

---

[1] . . « Il n'a pas tenu à nostre archevesque qu'ils n'ayent esté renvoyez hors du païs, mais une femme » (la reine) « a surmonté ung homme en humanité. » Castol à de Bèze. — Ces lettres, *Archives Tronchin* à Bessinge sont pleines de détails sur les affaires écossaises : nous reproduisons ce qui se rapporte à l'Église de Londres à l'*Appendice XXIX*.

[2] Promesse, *Bibl. de Genève*. M. f. 197ᵃᵃ, portef. 2, *Appendice XXX*.

[3] Il était soutenu par la vénérable Compagnie et par les « Seigneurs » de Genève qui demandaient à le garder. Après deux années de correspondance, une consultation du Colloque et son refus de délier Scarron de ses obligations, ce dernier, laissé d'abord à titre de prêt gracieux, acceptait en 1595 de restituer

Cappel[1], les fils, l'un du savant hébraïsant Antoine-Rodolphe, l'autre d'un des premiers anciens de Threadneedle Street, reçurent l'imposition des mains en présence de tous les pasteurs réfugiés à Londres: ils promirent de «s'employer où il seroit besoin» et furent autorisés à assister aux séances du consistoire, mais sans y présider. Ce stage dura deux ans, et le 28 mai 1591,

«après la prédication, MM. Samuel Chevalier et Aaron Cappel furent présentés au peuple, non pour charger d'un nombre superflu ou trop grand de ministres et pasteurs inutiles, mais de procurer autant que possible que, nonobstant les changements et nécessités qui pourraient subvenir d'ailleurs, cette église demeure toujours suffisamment pourvue, avec quelque moyen, selon son pouvoir, d'aider les Églises voisines en leur nécessité».

Fortifier le corps pastoral devenait d'autant plus indispensable qu'il lui fallait réagir contre de dangereuses influences. Castol écrivait à Bèze :

«Nous avons icy un *Auger*, médecin, qui se tient estre un prophète, avoir des révélations de la rénovation de l'Église, laquelle consiste en un gouvernement paisible et absolu de l'Esprit; que tous les ennemis de Christ doivent estre abolis, hormis la mort, qu'en iceluy il n'y aura ni Roy, ni prince, ni pasteur, ni docteur, tout ordre politique et ecclésiastique sera aboli, il n'y aura point de différence de bien et de mal, la doctrine de l'Église sera changée; que cet estat commencera dans neuf ou dix ans et durera mille ans en Jérusalem et s'étendra par tout le monde [2]».

---

les avances du consistoire et renonçait définitivement à l'Angleterre. — Lettres de Bèze «avec douze exemplaires de cantiques» *Eccl. L. Bat. Archiv.* II, 251 ; de l'Egl. françoise de Londres aux past. et anc. de Genève, *Bibl. de Genève*, M. f. 197aa portef. 2 ; de l'Egl. française à Scarron. *Ibid.* portef. 12.

[1] «Le 9 octobre 1560 naquit Aaron, fils d'Antoine Cappel ancien ; ses parrains M. de Saules, ministre et Pierre Chastelin». *Actes.*

[2] «... Comme ainsi soit que j'ay fait ce qui m'a esté possible en particulier et à diverses fois pour le destourner de ses frénésies, qu'il est évident qu'il ne pèche pas tant par ignorance que par malice, qu'il en séduit plusieurs et entre aultres a corrompu ce jeune homme de Nismes lequel vous donnastes au petit-fils du grand trésorier (le nom est *Jean Bonardeau*), qu'il fait des imprécations sur nos Églises et que j'entens qu'il a esté condamné en un Synode

Le troupeau suffisait à peine à ses lourdes charges. La peste de 1593 les accrut à tel point que les coreligionnaires d'Amsterdam, touchés de « l'extrême affliction de l'Église de Londres » lui vinrent en aide par une collecte extraordinaire [1].

En 1594 Le Chevalier avait été prêté, et fut ensuite laissé à l'église de Canterbury. A la démission de Castol, en 1604 [2], l'imposition des mains fut donnée à son successeur Nathanaël Marie [3], fils de l'ancien pasteur de Norwich.

Les rapports avec les évêques de Londres, successeurs de Grindal et de Sandys (Aylmer, 1576—1594, Fletcher, 1594—1596, Bancroft, 1597—1604) n'ont rien présenté de saillant. N'accentuant pas leur autorité ils en firent souhaiter la continuation, de préférence à la nomination redoutée d'un superintendant à juridiction indépendante, tel que Saravia, l'ardent adversaire des presbytériens [4]. Bien que sous l'influence de Whitgift, et moins portés que leurs devanciers à s'intéresser aux réfugiés, ces prélats n'ont pas empêché la reine de continuer

« Le secours soudain de *ses* mains charitables
Aux naufrages piteux des chrestiens oppressés
Par l'orage des temps à *sa* rive poussés [5] ».

de Payerne pour scismatique et hérétique, je vous prie nous faire ce plaisir que par vostre moyen nous puissions avoir un double du jugement prononcé contre luy. J'attens qu'il nous trouble et qu'il se prenne à moy le premier, en récompense des offices que j'ay fait pour le redresser, et à raison que j'ay descouvert toutes ses erreurs et raisons pernicieuses. 12 août 1591. » *Bibl. Tronchin* à Bessinge, ms. 6.

[1] Lettre de Jean Taffin à de Bèze, Amsterdam 15 déc. 1593. *Coll. Dupuy*, 104, *Bibl. nat.* Paris.

[2] Castol demandait à retourner dans son pays natal ; la mort lui en aura-t-elle laissé le temps ? David Papillon épousait à Londres 1611, Marie, fille du ministre décédé Jean Castol. *Mémoires de M. Papillon.*

[3] Né à Beaumont en Leinster. *Listes de* 1618.

[4] Castol à de Bèze 1590. Voir *Appendice.*

[5] « A la Roine d'Angleterre, imité du latin de M. Lect. ». Poupo, *La Muse Chrestienne*, qui renferme une pièce « sur la deffaite de l'armée navale d'Espagne ».

CHAPITRE VII

LES ÉGLISES DE LANGUE FRANÇAISE DANS LA PROVINCE.

Notre cadre restreint cette étude aux Églises *de langue française;* elles sont en minorité parmi celles fondées avec l'autorisation, et pour plus d'une, sur l'incitation de la reine, sagement conseillée par Cecil. De plus, sauf l'Église de Rye, qui est normande, ces congrégations du Refuge au XVIe siècle sont presque entièrement *wallonnes;* elles proviennent, il est vrai, de ces provinces frontières, dont certains territoires avaient déjà relevé de la France et devaient s'y incorporer définitivement plus tard, et dont les deux centres étaient Valenciennes pour le Hainaut et Lille pour la Flandre. A une époque où les délimitations territoriales n'avaient pas la rigueur actuelle, où surtout l'action des premiers émancipateurs de la foi les avaient conduits, selon les nécessités, les appels ou les dangers, tantôt d'un côté, tantôt de l'autre de la frontière, où des Wallons évangélisaient en France et des Français dans les Flandres [1], les protestants wallons et les

---

[1] « On a appelé des prédicateurs huguenots de France pour corrompre les gens », Granvelle à Phil. II — 17 juillet 1566.

protestants français se considéraient à bon droit comme frères, et citoyens au moins de la même patrie spirituelle. Le proscrit de Henri II, de Charles IX ou de Henri III, parvenu sur les rives anglaises, s'empressait de s'unir à ceux des proscrits de Philippe II et du duc d'Albe qui parlaient à peu près la même langue que lui, et les anciens et pasteurs wallons employaient assez indifféremment, pour désigner leur Église, les appellations de wallonne ou de française : les actes des Colloques en fournissent plus d'une preuve. Elles se plaisaient du reste à relever de celle de Londres, où l'élément pastoral était presque exclusivement français.

Dans quelques colonies, les Wallons, trop peu nombreux pour se constituer en communauté, s'étaient joints à l'Église flamande, dite aussi belge et plus tard hollandaise. Il dût en être ainsi dans celles de Maidstone 1567[1], Lynn 1570, Colchester 1570, Stamford 1571, Ipswich[2], Douvres 1576. Les Flamands ont fait de même, en sens inverse, à Canterbury et à Southampton. Les congrégations de Great-Yarmouth 1568, de Thetford 1575 et de Halstead 1577 étaient exclusivement hollandaises et de peu d'importance.

A Colchester, dont la fondation avait été encouragée par Leicester[3], et qui s'accrut rapidement, les Wallons essayèrent d'établir une communauté indépendante. L'évêque de Londres demanda, en 1572, « un témoignage de certain ministre français nommé de Bussy[4], lequel est requis d'aller à Colchester ». Le

---

[1] Demande d'autorisation du maire of Maidstone à la Reine de recevoir certaines familles d'artisans en diverses branches, juin 1567. Octroi d'une licence pour la résidence de certains étrangers à Maidstone, presque pareille à celle accordée à Sandwich, 21 juillet 1567. *Calendars*, XLIII, 19 et 28.

[2] L'Église d'Ipswich est mentionnée *Actes de l'Assemblée générale de Londres*, 1574.

[3] Lettre dans Burn, *Foreign Refugees*.

[4] Le ministre réfugié de Brucamps, cité plus haut.

consistoire de Threadneedle Street répond qu'« à Colchester il n'y a d'autre Église étrangère que la flamande » : quelques semaines plus tard il refuse péremptoirement d'accréditer de Bussy.

A Norwich, les deux Églises, fondées en même temps, ont existé simultanément. De même au début à Sandwich.

Nous nous occuperons d'abord de la fondation et de la vie propre de chacune de ces Églises, ensuite de leur existence collective pendant le règne d'Élisabeth.

CANTERBURY.

La tradition qui attribue à Édouard VI la fondation de cette Église dite « des Étrangers » manque encore de preuves. Il est incontestable, toutefois, d'après les paroles d'Utenhove, que c'est à Canterbury et sous la protection de Cranmer que les réfugiés jouirent pour la première fois en Angleterre de la prédication de l'Évangile[1].

En 1561, 1564, ou plus probablement 1567, la requête suivante fut présentée en latin :

---

[1] Tous les historiens qui se sont occupés de l'origine de l'Église (Burn, Smiles, Martin) ne peuvent s'appuyer pour la faire remonter à Édouard VI qu'à la tradition conservée au sein de la communauté, surtout en ce qui touche à l'octroi de la crypte. Dans les pétitions aux souverains on s'est constamment référé à « la charte de 1550 », quoiqu'elle doive, sur ce point, être prise plutôt dans le sens général de libertés accordées à tous les réfugiés protestants en Angleterre que dans l'attribution particulière à ceux de Canterbury. La requête présentée à la municipalité et reproduite en premier par Sommer (*Antiquities of Canterbury*, Appendix XXXI), d'après le *Liber cameræ Civitatis Cant.*, ne porte point de date dans son ouvrage et ne se trouve plus dans les recueils d'Actes de la Municipalité recueillis maintenant à la Bibliothèque de la Cathédrale ; c'est la tradition qui lui assigne celle de 1561 (Smiles met 1564), et fait remonter jusqu'à la reine l'affectation primitive, ou renouvelée, de la crypte. La Réforme, en supprimant les pèlerinages, avait beaucoup appauvri la ville.

«Aux très dignes Seigneurs, le Seigneur Maire et les frères Conseillers de la ville de Canterbury. Salut. *Pétition des immigrés.*

«Supplient très humblement les étrangers admis par votre autorisation dans cette ville de Canterbury, que vous veuilliez leur concéder les articles suivants :

«Article premier : Puisque par amour de la religion (qu'ils désirent vivement conserver en liberté de conscience) ils ont abandonné leur patrie et leurs propres biens, ils prient que le libre exercice de leur religion leur soit permis dans cette ville, et que, de la manière qui sera la plus commode, on leur assigne un temple et un lieu où ils puissent ensevelir leurs morts.

«Article second : Et, de peur que sous leur couvert et sous prétexte de religion, des hommes profanes et de mauvaises mœurs ne s'introduisent dans cette ville, et que par eux toute la société ne vienne en mauvaise réputation auprès de vos citoyens; ils supplient que libre séjour dans la ville ne soit accordé à aucun avant qu'il ne nous ait donné un témoignage suffisant de sa probité.

« Article troisième : Et, afin que la jeunesse ne reste pas inculte, ils demandent que l'autorisation soit donnée au précepteur qu'ils ont amené avec eux d'instruire les jeunes gens, tant ceux qu'ils ont amené avec eux, que ceux qui voudront apprendre la langue française.

«Article quatrième : Les arts qu'ils sont appelés à exercer, et dans lesquels toute la société désire travailler sous votre faveur et protection sont : Florence, Serges, Bombasine, D. d'Ascot, Serges, etc., d'Orléans, Frotz, Silkwever, Mouquades, Mauntes, Bayes, et Stofe Mouquades (*sic*). »

Les noms des suppliants sont :

Hector Hamon, ministre de la parole de Dieu ; Vincent Primont, instituteur de la jeunesse; Égide Cousin, maître des travaux et conducteur de toute la congrégation dans les travaux ; Michel Cousin, Jacques Querin, Pierre du Bosc, Jean de la Forterye, Noël Lestenc, Nicolas Dubuisson, Antoine du Verdier, Philippe de Miez, Robert Javelin, Jean Le Pelu, Pierre Desportes, Jacques Boudet, trois veuves.

Le registre des ordres de la Cour de Burghmote porte à la date du 15 juillet 1567 : « Convenu qu'on pourra recevoir une Compagnie des Étrangers pour habiter dans les libertés de cette Cité, par ordre du Conseil de la Reine et sur ordres à dresser par cette maison [1]. »

L'archevêque Parker, favorablement disposé pour les réfugiés, permit de leur abandonner toute la partie Est de la vaste crypte de la cathédrale. Ils y installèrent, non seulement le culte qui aujourd'hui encore s'y célèbre en français, mais leur école, ainsi qu'en témoigne l'inscription, quelque peu postérieure, peinte sur le premier pilier : « Vous jeunes gens assujettissez-vous aux anciens, I Pierre v. 5 », et dans les commencements aussi leurs métiers.

Accord. Après des lettres patentes de la reine du 22 octobre 1573, les magistrats entrèrent, le 15 mars 1574, en un nouvel accord avec les étrangers et signèrent un pacte en dix articles principaux à confirmer par le Conseil royal, et sept articles secondaires à être enregistrés dans les Actes et munis du sceau de la ville. Les premiers stipulaient le libre exercice de la religion dans leur langue et dans le lieu déjà concédé ; le droit de résidence et de location de demeures, sans possibilité d'expulsion, sinon par l'autorité de la reine et de son Conseil ; la liberté de fabriquer et de teindre des baies, étamines et draps à la flamande, des dentelles et boutons et autres produits de la navette, avec une Halle pour les déposer (aux Blackfriars) [2], d'acheter de la laine,

---

[1] *Livres de la C. de B.*, I, 215. La date de 1567 de cette autorisation officielle indiquerait la non-existence jusque-là de la communauté et nous ferait volontiers admettre cette année pour celle de la fondation : nous devons pourtant mentionner une tradition locale qui ferait venir de Winchelsea l'immigration de 1567, en adjonction à une antérieure.

[2] En 1590 un ordre de la municipalité commande d'apporter toutes marchandises offertes en vente par des étrangers « à une place ou halle spéciale dans la ville pour y être reçues et scellées avant la vente, et cette place sera le grenier au-dessus de la Halle aux Blés ».

de vendre en gros et d'exporter leurs produits en payant les droits, d'avoir un facteur privé pour les transporter et vendre à Londres et ailleurs sans empêchements en route et à destination, d'ouvrir un lieu d'asile pour les étrangers passants dépourvus de ressources : de leur côté ils s'abstenaient de la fabrication des draps du pays et de la vente au détail. Les articles secondaires leur garantissaient l'égalité d'impôts avec les citoyens, et les autorisaient à entretenir pour leur usage privé des boulangers, tailleurs, cordonniers, faiseurs de métiers, traiteurs, ainsi que de choisir dans leur sein, avec l'approbation du maire, quelques personnes chargées de s'occuper des veuves et orphelins et de porter remède aux désordres ou querelles intestines sans en troubler le magistrat[1].

Cette organisation libérale contribua aux progrès de la colonie, à tel point qu'il fut décidé par la Cour de Burghmote qu'à partir du 15 juillet 1582 on n'admettrait plus d'étrangers à résidence sans brevets spéciaux, signés du maire et de trois aldermen, et qu'en septembre « fut arresté par la Compagnie » du consistoire « qu'on escripveroit à Dover pour sonder s'il y auroit moyen d'y habiter quelques familles, d'autant que le nombre étoit ici trop grand ». Ce projet semble avoir été abandonné. En 1583, le consistoire essayait de remontrer à l'instituteur Paul Le Pipre que « la compagnie étoit grande et pourtant avoit bien besoin d'avoir encore quelque mestre d'Echole »[2]. La

---

[1] Le 15 juillet 1580 « convenu que les étrangers paieront au trésorier 15 Ls. en décharge d'une taxation qui aurait dû leur être imposée pour les réparations de Westgate-Tower et autres » *Livre de la Cour de Burghmote*. D'autre part une inscription aux comptes de la ville en 1577 témoigne d'une allocation annuelle de vingt schel. « aux Wallons », sans doute pour leurs pauvres.

[2] Après son refus basé sur le contrat mutuel, « pour satisfaire aux gens mariez et autres grands desireux d'aprendre à escripre » fut permis à un qui se présentait « d'enseigner mais seulement à escripre et l'arithmétique à ceux qui passeroient l'age de 14 ans ». *Actes du Consistoire de Canterbury*.

même année, une collecte pour Genève, ordonnée « sur l'avertissement de M. le Doyen, M. le Maire, MM. les Conseillers et Mgr. l'Archevesque » produisait aux deux services du dimanche neuf livres et six schellings. Le 13 mars 1584, « Fut arresté que, pour éviter le malcontentement que les Anglois avoient de la presse que nostre peuple faisoit à entrer au temple, qu'on ne permettroit doresnavant personne entrer par la grande porte du Nort, sinon par celle du West » [1].

A la fin du siècle, alors qu'une diminution sensible affaiblissait les autres églises du Refuge, celle-ci enregistrait 119 baptêmes en 1591, 148 en 1592, 141 en 1593, 134 en 1595, 72 en 1598, 100 en 1599, 106 en 1600. En 1593 vingt-neuf mariages, en 1594 trente-neuf, en 1598 vingt-cinq. La peste, qui visitait souvent la ville, fit de grands ravages en 1588 et de plus terribles en 1599, la communauté perdant par le fléau dix-sept de ses membres en juin, 78 en juillet, 39 en août, 44 en septembre.

Il ne reste aucun registre des premiers temps de l'Église. Les actes de baptêmes, mariages et décès ne sont conservés qu'à partir de 1581; ils portent surtout des noms wallons, de réfugiés de Lille, d'Armentières, d'Anvers, tels que les Thévelin, Du Quesne, d'Espagne, de Lespine, La Cœuillerie, auxquels s'étaient ralliés des Flamands, à défaut de culte dans leur langue [2]. On remarque dans les mariages celui d'Aaron Cappel, ministre, avec Esther Monroys, fille d'un ancien (10 oct. 1591), et dans les baptêmes ceux des sept enfants du pasteur Le Chevalier et de Léa Cappel [3].

---

[1] *Actes du Consistoire.*

[2] Les noms purement françois sont rares : « décédé 28 janvier en 1593 M. Le Gras, gentilhomme français et expert jurisconsulte ».

[3] A l'occasion d'un baptême en 1595 « on avertira le peuple de faire baptiser les enfans à la première commodité et *de n'attribuer trop au signe visible.* »

Ces actes ne sont pas signés par les officiants, lacune regrettable qui empêche de savoir la durée du ministère de Nicolas Hamon, le premier pasteur [1]. Son successeur Antoine Lescaillet écrit au Cœtus le 22 août 1576 ; il venait de Sandwich [2].

Quant aux Actes du consistoire, le seul registre retrouvé jusqu'ici ne va que de la Saint-Jean 1581 au 26 juin 1584 [3] : il donne quelque idée de l'ordre qui régnait au sein de la communauté et de la sévérité avec laquelle on y exerçait la Discipline. Cette Discipline s'étend sur tout et sur tous : nul n'a le droit de s'y soustraire. Le réfugié de nouvelle date voudrait en vain se tenir en dehors de son action, il en ressort de par son caractère de protestant étranger qu'on enregistre à son arrivée, avec le lieu de sa provenance, la cause de sa venue, le témoignage de l'Église dont il a fait partie. Il doit avoir des besoins religieux à satisfaire, on ne lui permet pas de s'en désintéresser ; s'il les oublie, on les lui rappelle [4]. Quand on

Actes Consistoriaux.

---

[1] Le Rev. Martin (*Christian Firmness of the Huguenots and a sketch of the History of the Fr. Ref. Church of Canterbury*, 1881, in-12) met à tort 1564-1581, puis Noé 1591-1601 (Burn 1592). Les *Actes* citent comme marraine une veuve de M. Noé, ministre, sans nommer d'Église.

[2] « Suyvant le contenu de vos lettres nous avons commencé à faire nostre devoir, en premier lieu nous avons célébré le Jeusne avec la plus grande humilité qui nous a esté possible. . Vous savez que les principaulx d'entre nous sont de petite qualité et de jugement pareil, tellement que ce qu'on peut attendre de nous est bien petit. » *Ecc. L. B. Arch.*

[3] *Les Résolutions des choses mémorables passées en Consistoire de l'église des estrangers en Cantorbery depuis la St-Jean 1581*, 62 feuillets. Bibliothèque du *French Protestant Hospital* de Londres.

[4] Charles Mascher est admonesté de poursuivre pour avoir son témoignage d'Anvers afin de pouvoir communiquer à la Ste Cène, « de quoi il semble qu'il n'avoit grand soin, vu qu'il y avoit quelques années qu'il n'avoit communiqué de quoi il fut censuré ». — De la Valier est appelé pour « estre remonstré de ce que vivant ici depuis 8 à 9 mois il ne s'etoit approché de la Table du Seigneur », et l'on n'admet pas comme excuse l'embarras d'une confession et réception publique « à raison que plusieurs se mocquoient ».

I

décide de célébrer dorénavant la Cène tous les mois, «tant pour l'utilité de l'Église que pour se conformer aux autres Églises de ce Royaume, oct. 1583 », le même niveau doit passer sur tous les fidèles, et l'on cite à comparaître ceux qui voudraient se contenter des six communions annuelles : disposés ou non, il faut qu'ils fassent comme les autres[1].

A cette communion obligatoire il y a une préparation obligatoire aussi, et intimidante pour les faibles. «Ceux qui doresnavant voudront communiquer à la S. Cène de N. S. J. auront à se présenter au consistoire deux moys devant pour estre tous les mardis examinez après la prédication le temps de demieheure pour tant mieux cognoistre leur suffisance ou ignorance, afin de se régler à l'advenant. » (1581) On consent ensuite que l'examen n'ait lieu que toutes les quinzaines «à raison que c'estoit trop de temps pour ceux qui avoient petit moyen. Et davantage que ceux qui seroient trouvés capables devant le consistoire seroient dénoncés à l'Église (pour entendre s'il y auroit opposition) sans estre examinez en public, tant pour ayder à la honte de plusieurs comme aussi aux mocqueries qui se font quand quelques-uns ne respondent comme il apartient», mais on publie « derechef l'ordonnance pour ceux qui se présentent pour estre reçus de l'Église —

«Assavoir que nul ne s'advance qu'il ne sache les articles de la Foy, les dix Commandements, l'oraison et le petit catéchisme, n'est que pour

---

[1] «Sur le rapport que Philippe Vannier avoit répondu qu'il n'entendoit point communier sinon ou de 2 en 2 mois comme auparavant ou quand il le trouveroit bon, fut arresté de l'appeler... Vannier estant appelé pour ouyr ses raisons pourquoi il ne voulloit communier sinon quand il se trouveroit disposé, considéré le desir des fidèles de tous temps d'y communier souvent, et le mal de s'en abstenir et le mauvais exemple...»; « Roger Hadevier, estant appellé... répondit que ce luy estoit assez de six fois par an et qu'on ne le pourroit contraindre davantage, touttefois après avoir entendu qu'il erroit en cela..., etc. »

On se servait de méreaux.

le regard de la vieillesse ou autre débilité ils ne puissent apprendre et retenir et de quoy ils feront aparoistre.

« Et quant à ceux qui venans de nouveau et sont entièrement ignorans et lesquels ne pourroient faire cognoistre de leur preudhommie ny par lettres ny par autre tesmoignage, attendront demy an afin qu'on puisse cognoistre leur piété et conversation.

« Et quant à ceux qui sont desia de la communion et lesquels ne sauroient ce que dessus ou l'auroient oublié, regarderont de laprendre pour le reciter dicy à quelques moys quand on fera l'examen général selon qu'on l'a desia pratiqué passé quelques années. »

Après les grandes lignes les petits détails. Le consistoire prétend ne laisser aucun écart impuni ; son attention est constamment en éveil. En dehors des fréquentes comparutions pour querelles entre voisins ou luttes domestiques, un membre du troupeau est cité « parcequ'il a mêlé dans une lettre à des amis le nom de Jésus-Christ à des propos profanes » ; un autre pour avoir dit qu'il connaissait « des loups ravissants » (quels sont-ils ? qu'il les nomme, qu'il apporte des preuves) ; un troisième, parcequ'en montant la garde il est allé aux tavernes comme ses camarades[1] ; deux jeunes gens parce qu'on les a ouïs chanter « chansons mondaines ». On prie un aubergiste anglais « de tenir la main aux nôtres à ce qu'ils ne s'enyvrent en sa maison, qu'ils ne jouent ny aux dez ny aux cartes et n'y passent la nuit, car autrement nous serions contraints de faire complainte à M. le Mayor ». On dénonce au magistrat les débauchés incorrigibles. Ceux qui malgré les remontrances « tiendraient des serviteurs scandaleux, seront poursuivis comme rebelles et perturbateurs de la paix publique ».

---

[1] « Pour ce que les débauchez se voulloient ordinairement couvrir de ce que les principaux vont boire aux tavernes, fut arresté qu'on appelleroit les 12 hommes pour adviser si eux et ceux du Consistoire ne se voudroient point obliger à quelque peine en cas que l'un diceux fut trouvé aller à la taverne... item aux villages allans pourmener. »

Parfois, mais rarement, le consistoire admet lecture de la reconnaissance hors de la présence du pénitent, de même qu'on prie «sans les nommer» pour les pécheurs obstinés. Les exclusions temporaires de la Cène abondent, mais l'excommunication publique est réservée aux cas les plus graves et sur la décision d'une assemblée consultative de tous les anciens et diacres ayant été en charge [1].

Ces rigueurs laissaient parfois de longs ressentiments. Gilles la Coulture (dit dans les procès-verbaux Guillaume Cousture), de Lille, avait embrassé le protestantisme vers 1567 et s'était établi à Canterbury en 1579. Retourné en France quatre ans après, pour la mort de son père, il avait été dénoncé comme hérétique, arrêté et condamné au bannissement. A Canterbury l'attendait la citation à comparaître devant un autre tribunal, celui du consistoire, pour avoir assisté à Calais à un baptême «administré à la papauté». On lui infligea la reconnaissance de sa faute devant la congrégation réunie. Il résista quatre mois, finit par se soumettre et, la pénitence accomplie, quitta la ville. On apprit bientôt que, reparti pour les Flandres, il avait abjuré à Hesdin. Poursuivant sa vengeance, il écrivit à ses amis de Canterbury pour les exhorter à imiter son exemple et leur exposer «aucuns points principaux qui l'avaient meu à rentrer dans l'Église romaine». Ce fut le pasteur qui répondit

---

[1] De 1581 à 1584 deux excommunications solennelles, d'une femme accusée d'adultère, contumace et en fuite, et du Dr Gérard Grosse, pour avoir diffamé dans un livre Jean Enghelram; cette affaire fit l'objet de négociations réitérées pendant plusieurs mois et se termina, sur les résistances du D^r, par la lecture en chaire des sentences «afin que chacun puisse cognoistre la chose comme elle est pour le recommander à Dieu par ses prières et oraisons à ce qu'il ayt pitié de luy, et aussi l'admonester de son devoir, et qu'en outre on le déclare suspendu et forclos de la communion de la S. Cène de N. S. J. C. comme indigne d'icelle jusques à ce qu'il ayt réparé toutes lesd. fautes par recognoissance publique selon qu'elles sont commises, qu'il monstre pareillement une vraye pénitence...» *Actes du Consistoire*.

au nom du troupeau. Mais La Coulture, loin d'être touché de ses remontrances, les livra à la publicité en y joignant ses contre-répliques [1].

Bien que les fonctions d'anciens et de diacres ne fussent confiées que pour un an, «l'état de l'Église ne pouvant porter une durée supérieure» selon l'affirmation de ceux qui les y avaient exercées [2], le rôle constamment militant du consistoire finit par en dépasser les forces. Le 8 juin 1582, à l'instar de Norwich, et d'après l'autorisation de leur Charte, «fut arresté par tous les corps des mestiers avec le consistoire qu'on establiroit douse hommes pollitiques pour ayder au consistoire contre plusieurs difficultez et desbauchemens ausquels il ne pouvoit satisfaire. Et afin de cognoistre chacun il y auroit deux anciens et deux diacres pour quelques temps. Item quelques maistres piqueurs et drapiers cousturiers [3]». Les Hommes politiques étaient consultés dans les questions d'ordre civil : « Fut arresté, avec l'avis des 12 hommes de poursuivre les privileges à la court et qu'en attendant l'octroy on poursuivroit la faveur de Millord Chef Baron et Millord de Walsingham pour estre garentis contre les promoteurs et autres qui nous voudroient troubler en nos stiles et manufactures [4] ».

Les Hommes Politiques.

---

[1] *Rescriptions faictes entre M. Gilles de la Coulture, lillois, depuis son retour du calvinisme au giron de l'Eglise romaine et M. Antoine L'Escaillet, encore ministre wallon en la ville de Cantorbéry.* Anvers 1588, in-8°, 123 pp.

[2] Attestation donnée aux délégués de Canterbury en prévision du Colloque où l'on allait proposer pour toutes les Églises sœurs la règle uniforme de trois ans.

[3] 21 Dec. 1583. « Fut arresté que si les Hommes continuoient leur estat qu'il y auroit tousiours deux anciens en leurs assemblées pour y estre l'un après l'autre de 3 mois en 3 mois ». Les Hommes politiques étaient confirmés par le maire. Ils avaient le droit d'infliger des amendes dont un quart était versé à la caisse municipale.

[4] 19 mai 1583. (Voir *Comptes de la cité de* 1609.)

Des dangers d'un autre ordre avaient menacé l'Église. Gardiens de la Discipline au sein du troupeau, les membres du consistoire eurent à la défendre contre les entreprises du dehors. Ainsi déjà, quand les ministres nationaux avaient émis la prétention de « faire une lecture en la sépulture de nos morts » comme en celle de leurs paroissiens, on avait demandé « à en être soulagés pour en éviter la superstition », quitte à payer une taxe s'il s'agissait d'un droit ecclésiastique. Peu de mois avant la mort de Grindal, l'attaque fut plus ouverte. L'official, représentant l'autorité supérieure anglicane, sans s'arrêter devant le caractère et les privilèges de la communauté, lui demanda de se ranger « soubs la police ecclésiastique aussi bien que soubs la civile, en observant les festes establies en ce Royaume, en faisant enregistrer sur le livre des parroisses nos morts, nos marians et nos enfans baptisez et de faire rapport de tous testamens et biens délaissez aux maisons mortuaires ». Le consistoire à deux reprises arrêta de répondre « que quant au premier point nous l'avions observé et voullions aussy continuer. Et quant aux autres que nous prions d'estre excuséz, tant au regard que les autres estrangers demeurans en ce royaume ny sont abstreins, Sa Majesté leur ayant donné privilège au gouvernement ecclésiastique, comme aussi pour l'impossibilité au défaut de la langue, comme pareillement pour ce que la généralité des nostres consiste en pauvres gens.... Cependant escripre aux autres Églises pour savoir comment ils se comportent[1] ». L'official

---

[1] Les Registres de la double paroisse de Holy-Cross et de St. Peter, habitée de préférence par les étrangers, renferment quelques notifications de baptêmes avec mention de l'accomplissement de la cérémonie dans la congrégation française : la première est de Jean Laynell en 1588, en 1606 Gervais d'Espagne et André Le Cros, en 1608 Jean Batteur, en 1621 trois, dont un enfant de Jacques du Bois, ancêtre du Dr Wood, l'éminent archéologue chrétien... etc. L'usage ne fut jamais général. Le Registre des enterrements est plus complet, quoique dans les premières années beaucoup de réfugiés ne

n'insista plus. Mais cette alerte avait été salutaire et le désir de restreindre autant que possible l'intervention anglicane n'aura pas été étranger à la résolution d'« avertir la compaignie (l'Église) que personne n'eust à se faire citer à la court spirituelle pour quoy que ce fut qu'au préalable on ne s'adressast aux anciens, ou autres avis, pour adviser de pacifier la chose, afin de prévenir les autres despens et l'excommunication».

Le ministre L'Escaillet mourut le 5 janvier 1596, fut enterré le lendemain au temple de Saint-Pierre et eut pour successeur Le Chevalier, son auxiliaire depuis 1594.

RYE.[1]

L'histoire de l'Église de Rye, ou comme les huguenots l'appelaient communément « La Rye », se lie d'une façon si étroite à celle de l'Église de Dieppe qu'on peut la considérer comme

Exodes de l'Église de Dieppe.

---

soient inscrits que par leurs noms de baptême ; p. ex. : en 1575 : Antoine, un français, sa femme et Paul, son fils, enterrés tous trois dans les dix jours... de la même maison deux jeunes demoiselles, une nommée Chrétienne, l'autre Jeanne, etc.; aux épreuves de la fuite succèdent la mort et la sépulture ignorées. (*Notice* de M. Cowper sur l'élément étranger dans les paroisses, lue à la Réunion huguenote à Canterbury, 1887.)

[1] M. Durrant-Cooper a le premier publié plusieurs des pièces relatives à l'immigration et au passage à Rye des protestants français, *Protestant Refugees in Sussex.* — *Sussex Archaeological Collections* XIII. 1861. Depuis, M. W. J. Hardy a donné une étude sur les *Foreign Refugees at Rye*, *Huguenot Society Proceedings* 1888, intéressante par les extraits des registres paroissiaux et la révision des listes publiées par Durrant-Cooper ; il a également relevé les documents des *State Papers* sur l'arrivée des religionnaires français de 1562—1572 ; mais son travail a besoin d'être complété par l'*Histoire de la Réformation à Dieppe*, de Guillaume et Jean Daval, dits les Politiciens religionnaires, publication de M. Émile Lesens pour la *Société rouennaise de Bibliophiles*. Rouen, 1878. 2 vol. in-4°.

Ces mémoires détruisent quelques-unes des hypothèses de M. Hardy, celles par exemple de la prolongation de l'Église à travers le XVIIe siècle, et du séjour continu de plusieurs réfugiés qui n'ont fait qu'y passer à diverses reprises.

une annexe de la paroisse normande. Elle en fut le lieu de refuge au XVIe siècle, s'accroissant, diminuant, renaissant ou s'éteignant de nouveau en sens inverse des vicissitudes de l'Église-mère. A l'heure du danger pasteur et troupeau dieppois faisaient voile pour ce port de salut, le plus rapproché d'eux sur la côte opposée, assurés à l'avance d'un bon accueil. Aussi y était-on informé, plus tôt qu'ailleurs en Angleterre, des événements de France; c'est de Rye que Cecil s'en faisait envoyer d'urgence les nouvelles. Lors de l'explosion de la première guerre de religion, Sir Richard Sackville, inspecteur de la défense des côtes, lui écrivait le 27 mai 1562 le conflit à Dieppe entre protestants et papistes, en juin l'expulsion des calvinistes de Calais, en août l'arrivée quotidienne de réfugiés. Après la prise de Rouen, le maire Young mande au secrétaire d'État les succès catholiques rapportés les 31 octobre et 2 novembre par de nombreux fugitifs : « Aujourdhui vers trois heures de l'après-midi sont arrivés, en un seul bateau de passage M. de Vele, lieutenant de M. de la Force de Dieppe, avec divers conseillers et beaucoup d'autre commun peuple de cette place. Il y a journellement un grand concours de Français, on en évalue déjà le nombre à cinquante ; nous sommes en grand manque de blé pour leur nourriture et la nôtre [1]. »

Le 2 novembre Dieppe avait ouvert ses portes aux forces catholiques. Malgré les assurances de Catherine de Médicis, le ministre François de Saint-Paul, redoutant le sort de son collègue de Rouen, Marlorat, accompagnait un nouveau convoi

---

[1] Aux ordres sollicités pour une fixation officielle et raisonnable du prix des denrées, Cecil répond « Que les étrangers trouvent l'argent ». Le maire demande que faire de deux navires chargés de réfugiés de Dieppe ? — « Retenir de la bonne façon les navires. »
State Papers, *Dom. Eliz.* XXV. 29, 35.

d'exilés volontaires[1] ; ils arrivent à Rye, sur un seul bateau, cent cinquante hommes, femmes et enfants ; un grand nombre d'entre eux avaient été à Rye précédemment[2]. Le 4 Cecil envoie des instructions au sujet « des gens de France » ; le 6 « MM. de Fors, Ribaut et de Veles partent pour la Cour[3] ». Le 10 on signale un négociant de Rouen « homme très honnête et qui possédait de grands biens ; il a tout perdu et a été mené à Dieppe avec six soldats écossais » ; le lendemain c'est M. de Sainte-Marie et un des gentilshommes de M. le vidame, le 16 tout un convoi dont plusieurs de Rouen ; « qu'en doit-on faire, puisque le Lord Warden interdit l'admission de gens et de navires de France ? » Le 10 décembre derechef un convoi de pauvres familles éperdues de Rouen et de Dieppe : « on les fait passer dans le pays, et ils se rendent à Londres. » D'autres bateaux entrent dans le port le 10 et le 12.

Il y a lieu de croire que pendant quelques mois, il y eut alors à Rye, sinon une Église dressée, au moins un culte régulier présidé par Saint-Paul[4], jusqu'à son rappel à Dieppe en

---

[1] « Plusieurs, n'osant se fier à telles promesses ou pour avoir l'exercice libre de la religion se retirèrent en Angleterre, entre lesquels estoient les sieurs de Fors, capitaine du château, de Saint-Paul, ministre, le capitaine Ribaut, depuis tué en Floride, et autres ». Daval, *Histoire de la Réf. à Dieppe*.

[2] *State Papers*, *Dom. Eliz.* XXV. 35, 38, 41.

[3] Ribaut passa plusieurs mois à Londres et y fit imprimer le récit de sa découverte de la Floride, où il devait retourner en 1564 et être assassiné par les Espagnols : *The whole and true discovery of Terra Florid*, Londres, 1563, in-12.

[4] François de Saint-Paul, un des plus distingués parmi les fondateurs des premières Églises réformées françaises. Quick, qui l'appelle « un saint homme de Dieu, à réputation sans tâche » et lui a consacré un de ses *Icones*, ignore son lieu de naissance et sa parenté. Peut-être était-il de Soissons d'où une famille de ce nom se réfugiait à Genève en 1549 ; un des jeunes membres, Thomas, revenu en France, y périt en 1561 sur le bûcher de la place Maubert. François avait été pasteur à Vevey, Lausanne 1549, Poitiers 1559, Montélimart 1560 ; réfugié à Genève, il en avait été bientôt envoyé à Dieppe et prenait part au Colloque de Poissy.

décembre[1]. Après la paix d'Amboise la plupart des réfugiés français le suivirent; les registres mortuaires de la ville, très chargés en 1562-1563 de noms étrangers, en indiquent beaucoup moins dans les années 1564-1566. Les réfugiés des Pays-Bas restèrent[2].

1567-1569 A la reprise des hostilités en 1567, Fr. de Saint-Paul, dont le collègue Toussaint Giboult prêchait au moment où le gouverneur Sigogne livrait Dieppe aux troupes du roi[3], dut retourner en Angleterre, mais c'est à la troisième guerre de religion, après l'édit de proscription de septembre 1568, que le flot d'immigrants normands revint à Rye. Le 2 octobre lord Cobham informe Cecil du débarquement de M. Gamages (le sieur de Gamaches) avec femme, enfants et dix serviteurs, du capitaine Sores[4], sa femme et onze serviteurs «qui sont tous venus de France, à ce qu'ils disent, pour la sauvegarde de leurs vies», et de divers marchands et artisans qui ont l'intention de demeurer à Rye. Plusieurs devaient s'y établir définitivement[5], quelques-uns y perpétuer leur descendance presque jusqu'à nos jours.

La liste des soixante-treize Français — 62 de Dieppe, 6 de Rouen[6] — (ce qui représente un nombre très supérieur, les

---

[1] «Rappelant le sieur de Saint-Paul, leur pasteur, se saisissant des temples, et y célébrant la cène le jour de Noël». Daval.

[2] M. Hardy cite Michel de Falloys, de Valenciennes et sa famille; Saint-Paul baptisa le fils en 1568.

[3] «Sur le milieu du sermon une femme entra et cria : Cessez, tout est perdu, nous sommes trahis». Daval.

[4] Jean Sores, sieur de Flocq, corsaire, amiral de la flotte rochelloise, redoutable aux navires de tous pays : il ne fit que passer à Rye, y revint après la Saint-Barthélemy (liste des résidents de 1572), et en repartit sur l'escadre de Montgommery.

[5] Entre autres Franç. Macquary (Macaire?) qui s'y maria 1570 avec Martine Cauchie, et y mourut propriétaire et en possession de la denization 1586, Hardy.

[6] *Cotton Mss. British Museum* et *Hug. Soc. Proceedings* II 567.

chefs de famille étant seuls indiqués), dressée à la municipalité de Rye le 28 mars 1569, comprend les pasteurs Saint-Paul de Dieppe, Hamon de Bacqueville, Tardif de Pont-Audemer, Le Tellier de Rue, Toussaint de Poses [1]. Saint-Paul et Le Tellier, qui avait été son suffragant à Dieppe, organisèrent et dirigèrent l'Église. Le premier sera bientôt décédé à Rye, car on ne trouve plus mention de lui ailleurs et il ne figure pas sur la liste de 1572 [2].

La Saint-Barthélemy eut son contre-coup immédiat. Trois jours après, des fugitifs, même de Paris, arrivaient à Rye, d'où plusieurs gagnaient Londres. Ainsi Du Plessis-Mornay embarqué au Pollet près Dieppe : « La tempeste fust sy grande que les mariniers parlaient de relascher à Calais qui leur eust esté alors plus mal à propos que d'aller au Pérou, mais Dieu l'appaisa et les conduit, le 9e jour du massacre, au port de la Rie, où il fust bien receu des Anglois, et sa consolation, en ce bateau, c'estoit d'ouyr les cris de plusieurs femmes et enfans qui fuyaient le mesme naufrage au travers des ondes [3]. »

1572.

Le courant augmenta les semaines suivantes. Il en venait chaque jour (le 12 septembre cent soixante et un), surtout lorsque du 17 au 20 septembre les scènes de carnage de la capitale se furent reproduites à Rouen. Les meurtriers arrivant

---

[1] Toussaint, ministre d'une Église voisine, avait continué à prêcher secrètement à Dieppe, par les maisons, en 1567, après la fuite des ministres, « jusqu'à ce que l'assemblée estant découverte il fut pris et mené en prison ; il y a apparence qu'ils l'eussent condamné à mort s'il n'eût été délivré par la paix». Daval. — Sa fuite en 1569 est donc naturelle.

[2] « Il servit les fugitifs à Rye — autant que je sache — le reste de sa vie. Car il ne retourna plus à Dieppe, quoiqu'ils eussent recouvré en France la paix et la liberté de conscience. Combien de temps il vécut à Rye et quand il mourut, je l'ignore. Mais ayant combattu le bon combat et gardé la foi il termina sa course dans l'exil.... A sa mort l'Église française de Londres reçut une adjonction considérable de membres venus de celle de Rye». Quick *Icones, Life of François de Saint-Paul.*

[3] *Mémoires de Madame de Mornay.*

à Dieppe furent renvoyés par le gouverneur « pour ce qu'il ne restait plus en la ville de ceux qu'ils comptaient égorger que quelque peu de femmes, les petits enfants et bien peu de vieillards décrépits que leur âge et incommodités avaient empêchés de se retirer avec les autres [1]. »

Le rôle des Français et autres étrangers dans la ville de Rye, dressé le 4 novembre 1572 par ordre du maire et des jurats, s'élève à un total de 641 réfugiés, 242 hommes, 167 femmes, 232 enfants : comme provenances 142 hommes, 115 femmes, 154 enfants sont de Dieppe — parmi eux les ministres Le Tellier [2], Michel, Guillaume Trener, les clercs Dordaine, Grotier, Furiner, et deux Maslinge, et le maître d'école Jean Robonne ; — 75 hommes (presque tous marchands ou marins et Gibou, prédicateur), 37 femmes et 61 enfants sont de Rouen, cinq de Lillebonne ; les autres sont désignés comme Wallons [3]. Des réfugiés arrivés et enregistrés les 4, 7 et 9 novembre, il est marqué que « peu ou point d'entre eux sont restés à Rye [4]. »

---

[1] « .... Encore que par les édits réitérés les absents fussent rappelés en leurs maisons, néanmoins ceux qui s'étaient retirés n'osaient s'y fier, et ne voulurent abjurer la vérité, à quoi ils eussent été obligés s'ils fussent revenus. Ils se tinrent un an en Angleterre où ils grossirent de beaucoup l'Église française de Londres et en dressèrent une à La Rye sous la favorable protection de cette incomparable princesse Elizabeth, reine du dit royaume ». Daval. 119.

[2] « A Rye depuis quatre ans ».

[3] L'origine dieppoise ou rouennaise n'est pas certaine pour tous ; pour quelques-uns Dieppe ou Rouen ont seulement été les points d'embarquement. Durrant-Cooper reproduit les listes *Sussex Arch.-Coll.* XIII, 195, et Hardy *Hug. Soc. Proceedings* II, d'après *Lansdowne Mss. British Museum*, XV, 70.

[4] Parmi ces passants, avec la désignation « venus pour Religion » : les ministres François de Buisson, Jean Leinen, Math. Cartault, Jean Grancell, le Docteur Paul Garrant d'Auvergne, le verrier Jean Le Noir de Paris, Vincent Primont et Guill. de Perry, les serviteurs du vidame de Chartres, les dieppois Caune, le Valles et Tellier, les rouennais Charles Jon, gentilhomme, Jean Absolas, marchand, Louis Huster, raffineur d'or, Jacques Belliart, aubergiste, J. de Monte, Roman de Pescheur, G. Debdaire, P. Bartier, J. Simon, J. Vallier (Durrant-Cooper, et Hardy).

La municipalité, accablée par la charge, après avoir déversé le trop plein sur Winchelsea, avait essayé de restreindre l'immigration. Un premier ordre aux patrons des bateaux « de ne pas introduire de réfugiés indigents et de n'amener aucun Français ou Flamand qui ne fût négociant, gentilhomme, courrier ou messager », n'ayant pas été obéi, « l'encombrement d'hommes, femmes et enfants de France, fort pauvres gens, causait aux habitants de la ville et des alentours de grands dommages et difficultés. » En février 1574 on renouvela la défense, sous peine d'une amende de 40 sch. par réformé n'appartenant point aux catégories d'exception [1].

Sur les immigrants de 1572, environ cinquante chefs de famille se rattachèrent à la congrégation : « Encore que par la paix — 17 juin 1573 — il y eût permission à Dieppe, comme par tout le royaume, de vivre en sa maison sans recherches pour la conscience, néanmoins il n'y eut que bien peu de personnes qui, poussées du désir naturel de revoir leur pays ou par la grande nécessité de leurs affaires, revinssent à Dieppe; la plus grande partie demeurèrent en Angleterre et ils ne revinrent qu'au mois de mai après la paix de l'an 1576, après y avoir été trois ans, neuf mois [2]. » Cartault cependant avait quitté Rye en 1574 pour réorganiser « en cachette et en petites assemblées » l'exercice à Dieppe. Le Tellier a pu alors être aidé à Rye par Michel, les deux familles s'y sont fixées. Il eut pour auxiliaire et peut-être pour successeur transitoire Guillaume de Laune, « professeur de médecine et prédicateur de l'Église françoise [3] »,

---

[1] *Archives de la Municipalité*, reproduit par M. Hardy, *Hug. Soc. Proc. II*.
[2] Daval, 120-125.
[3] M. Durrant-Cooper donne l'orthographe Lasne, mais la double qualification rend le doute impossible; son fils Pierre, baptisé le 4 fév. 1574, est le futur ministre de Norwich. Dans l'inscription de ces baptêmes sur le livre de la paroisse anglicane les noms des parents portent parfois l'indication « banni » ou « en exil » pour l'Évangile ou « pour la parole de Dieu ».

dont on baptisait des enfants en 1574 et 1575 avec ceux des Coignard, Bourdin, De Gapen, de Banquemere et autres, et bientôt aussi Antoine de Licques, sieur des Authieux, d'abord réfugié à Londres et qui devint le ministre en titre de Rye.

1577. Le culte rétabli officiellement à Dieppe le jour de la Pentecôte 1576, interdit de nouveau le 8 février 1577, mais continué en secret[1], y fut définitivement défendu par une lettre de cachet du 12, « tellement que les pasteurs se retirèrent en leur asile, certain et ordinaire, d'Angleterre, et tout exercice cessa jusqu'à la fin de septembre en suivant que la paix fut conclue à Poitiers. L'Église de Dieppe rappela les sieurs Cartault et Paris ses pasteurs. » Celle de Rye continua néanmoins sous le ministère d'Antoine de Licques que la congrégation grandissante de Dieppe requérait à son tour en 1581.

Pour le remplacer la communauté de Rye, presque au moment de disparaître, appelait Louis Morel[2] qu'Amiens demandait

---

[1] « Plusieurs avis qu'on leur donnait de Londres et de La Rye leur conseillaient de céder plutôt qu'en s'opiniâtrant tomber dans des inconvénients semblables à ceux qu'on avait reçus à Caen. » Daval.

[2] Burn fait venir Morel de Southampton et applique à cette congrégation la plainte portée par lui au 1er Colloque contre le mauvais ordre de son Église, ce qui est inadmissible puisque le Colloque charge précisément les frères de Southampton de « passer par ladite Église et de lui remontrer comment on est averti dès longtemps des querelles et beaucoup d'autres scandales qui sont entre eux, et qu'il faut dorénavant pour corriger tels vices qu'ils se rangent à la Discipline comme les autres Églises et selon que lesd. frères de Hampton trouveront bon. » Au 2e Colloque, « avisé qu'on écrira à l'Egl. du frère M. Morel pour l'advertir que s'ils ne donnent ordre à leur comportement scandaleux déjà de longtemps, qu'on sera contraint d'y remédier, même en les privant du ministère de la parole de Dieu, duquel ils abusent avec profanation. » — S'agirait-il d'une prolongation de l'église de Sandwich ou d'un commencement de celle de Winchelsea? Nous ne le pensons pas. Il nous paraît que c'est déjà du ministère de Morel à Rye qu'il est question, la place avait été laissée vacante en 1581 par de Licques. Au 3e Coll. Morel qui représente Rye « remontre les raisons qui l'ont contraint de laisser la Compagnie pour se retirer à Rye, avec congé des anciens de son Église, lequel ayant été lu et ses raisons entendues a été avoué par la Compagnie. » Burn voit dans cet article

en 1583 : le troisième Colloque le lui refusait « n'estimant raisonnable de priver lad. Église de La Rye, naguère redressée, de leur Pasteur. Les Frères sont aussi avisés parce qu'en ce commencement l'Église de La Rye est petite, il sera bon que les Églises aident », et la même exhortation est répétée l'année suivante[1]. Aussi l'assertion de l'historien Jeake qui évalue à 1534 le nombre des réfugiés français à Rye en 1582, se rapporte-t-elle plutôt au nouvel exode de l'Église de Dieppe, quand, durant les troubles de la Ligue tout exercice y cessa en décembre 1585, et selon les chroniqueurs Daval dont la reconnaissance est grande envers l'hospitalière cité du Sussex, « presque toute l'Église passa en Angleterre avec les sieurs Cartault et de Licques, leurs pasteurs, où elle fut rassemblée à La Rye, lieu qui leur fut destiné par la Reine Élisabeth, princesse vraiment protectrice de la foi et des fidèles. Le peu qui restèrent à Dieppe dont il n'y avait que presque un de chaque maison pour la conservation du tiers de leurs biens, furent contraints d'aller à la messe et à hurler avec les loups[2]. » Une lettre adressée à Walsingham par

1585.

la preuve de la séparation de Morel de son Église pour s'établir à Rye : nous l'interprétons, jusqu'à preuve du contraire, comme une simple excuse du pasteur forcé de s'absenter de la « Compagnie » du Colloque et de retourner à son Église de Rye pour affaires.

[1] *3º Coll.* Art 3, 12, 13. *4º Coll.* Art 6. — Le 12 mai 1583 Canterbury assistera le ministre de la Rye cette année d'un angelot par quartier. *Actes de Cant.*

[2] « Leurs ennemis les faisant exiler l'avaient pensé en mal, mais Dieu l'avait pensé en bien, car il les retira en un pays d'abondance et de fidélité où rien ne leur manqua, toutes choses étant à un prix modique et en abondance en Angleterre, jusques à ce qu'ils envoyaient le pain tout cuit à leurs amis restés à Dieppe, pendant que toute l'année 1586 la famine et la cherté étaient si grandes en France qu'on ne rencontrait sur les chemins que pauvres gens allangouris et expirant de faim... Pendant le profond repos dont ils jouissaient en ce pays, ils furent réveillés par cette grande armée navale appelée l'Invincible par les Espagnols, laquelle ils virent périr et toute dissipée. » Daval. Quelques-uns avaient continué leur métier de marins et s'en servaient contre leurs ennemis : voir l'affaire du ministre La Tour « qui s'est associé à un Réfugié de Rye pour faire la guerre sur mer ». *Cons. de Londres*, oct. 1586.

le maire et les jurats, une du 1ᵉʳ mars 1586, signée par de Licques et Cartault, et une du 2 mai de Walsingham à La Fontaine[1], prouvent que la ville trouvait la charge un peu lourde et qu'une partie des immigrés fut dirigée ailleurs, à Winchelsea peut-être où il y en avait déjà un noyau[2]. En 1587 le Colloque se tint à Rye, tous les pasteurs y participèrent. En 1588 Antoine Vatable figure dans leur nombre sur le registre baptistaire[3].

Devenu roi de France, Henri de Navarre faisait prêcher publiquement en son logis à Dieppe le 26 août 1589 — « ce qui fit que le reste de ceux de la religion qui étaient encore à La Rye repassèrent promptement après y avoir été quatre ans. »

Morel demeura seul pasteur d'une congrégation diminuée au point qu'il sollicitait du Colloque de 1590 l'autorisation de quitter une Église ne pouvant plus le soutenir. En 1593 il acceptait le poste normand de Bellème (où il mourut en 1599). C'est à Dieppe, comme à son Église-mère, que le petit troupeau demanda un successeur; il en reçut Abdias Denis, seigneur de

---

[1] « Ceux de la R. commencent à se plaindre du trop grand nombre d'estrangiers.. Le poisson qu'on a accoustumé de porter de ce lieu là pour les provisions de la Royne y est à présent acheté par eux, de sorte que S. M. en vient à estre despourvue. Parquoy ferez bien de depescher quelques uns de vostre congrégation illecq pour faire qu'il s'en retire au plustost un bon nombre afin d'éviter le mescontentement... » *Ecc. L. Bat. Arch.*.

[2] Les ministres demandent à Walsingham que ceux qui se retireront en corps avec un pasteur pour l'exercice de la religion soyent aidés de lettres de faveur pour les Magistrat et habitants du lieu qu'ils trouveront le plus commode pour faire leur demeure jusqu'à ce qu'il plaise à Dieu les rappeler par le moyen d'une bonne paix en France. *State Papers. Eliz. Domestic.* CLXXXVII.

Après entrevue avec Castol, envoyé de Londres, le maire et les jurats constataient qu'il n'en restait à Rye qu'environ 1500, dont l'Église française promettait d'en éloigner 200 au printemps. « Désirant très volontiers leur témoigner toute la courtoisie compatible avec notre propre sécurité, nous croyons qu'un millier est tout ce que nous pouvons bien en supporter, tout renchérissant tellement ici. » *Hug. Soc. Proc.* II, 576.

[3] Baptême de Pierre Wateble, fils d'Anth. W. qui a été banni pour la parole de Dieu et l'un des prédicateurs de leur Église à Rye. Fév. 1588. — Il y a 17 baptêmes 1585-1588.

Montdenis[1] ; mais cette vocation dont n'avait pas été averti le corps des Églises réfugiées fut censurée par le Colloque de 1593, « décrétant qu'à l'avenir les Églises de ce pays ne demanderont ni n'accepteront aucun pasteur de delà la mer, sans en avoir communiqué aux frères de deça ». D'ailleurs la paroisse allait s'éteindre faute d'éléments nouveaux ; il n'en est plus fait mention jusqu'à l'époque de la Révocation de l'Édit de Nantes[2] ; Denis en 1597 est ministre de Fécamp.

Lors du recensement de 1622, les maire et jurats relevant le 3 mai le nombre d'étrangers à Rye n'en trouvent, avec deux Flamands venus depuis longtemps de Sandwich, que le pasteur Abdias de Montdenis, le chirurgien David Carue, Jean Vassaques et Silvestre de la Roque « tous français arrivés de Dieppe à raison des derniers troubles, de plus vingt ou trente femmes et enfants ». Le mois suivant la liste comprend, avec les mêmes Vassaque et la Roque, les familles Miffaut, Chapelle et Baudoin et onze veuves, qui pouvaient être d'immigration récente et retournèrent en France à la paix[3].

1622.

Les descendants des premiers réfugiés restés dans la ville s'étaient confondus avec la population anglaise. Tous n'ont pas disparu de la contrée : ainsi les Pet proviennent du Refuge de 1562, les Hammond (Hamon), Taylor (Le Tellier), Guérin, Jewin (Jouin), Mercers, Silvyers de celui de 1568. Les Michel, Lyon, Neves, Gabon, Marreau, Tournais de 1572 ont persisté jusqu'au XVIIIe siècle[4]. On avait présumé qu'au seizième le culte se célébrait dans l'ancienne église des Moines Augustins ; l'assertion paraît d'autant plus contestable que les baptêmes

---

[1] Quick donne sa biographie dans les *Icones* à la suite de celle de Moïse Cartault dont il devint le collègue à Dieppe en 1618.

[2] Les premiers établissements à nouveau sont de 1682 — voir Chap. XV.

[3] *State Papers*. Jacques Ier Domestic. CXXX.

[4] Durrant-Cooper. « Un Tournay fut maire en 1682. »

d'enfants étrangers se faisaient dans l'église anglaise, par le ministère des pasteurs réfugiés et s'inscrivaient sur les registres paroissiaux [1].

WINCHELSEA.

Cette église, peu importante et de courte durée, est issue du trop plein de celle de Rye, dont un ancien écrivait en septembre 1572 au consistoire de Londres demandant « des deniers pour un ministre choisi pour aller dresser celle de Winchelsea ». La Compagnie avait reçu, à la date du 18 juin, une sollicitation du même genre qui s'appliquait peut-être à cette communauté naissante : « Toussaint du Chasteau, ministre de l'évangile à la Voyrie (?) y a été envoyé par la Compagnie; ne peut y rester n'ayant que quatre sous par semaine. M. Bogarde l'Église dit qu'on ne peut pas donner plus. On demande si on tient consistoire? Non, mais quatre fois l'an on tient les censures; du reste Toussaint les admoneste en chaire. La Compagnie trouve que ce n'est pas assez; qu'il faut les reprendre particulièrement, et tenir consistoire le dimanche après le presche du matin ». Les diacres accordant 2 sols par semaine, Toussaint se décide à rester [2].

En 1574 les frères de « la Voyrie » demandent un ministre au consistoire de Londres qui leur adresse Mignot, l'ancien pasteur de Luneray. Il n'est plus alors question ni de la Voyrie ni de Winchelsea pendant treize ans, ce qui ferait penser que les réfugiés, à l'exemple de ceux de Rye, étaient en majorité retournés en France.

[1] Celui de juin 1569 à nov. 1573 fait défaut. Hardy.
[2] *Actes du Consistoire de Threadneedle Street*. En 1569, le maire de Rye rapportait, d'après son collègue de Winchelsea, que la ville ne renfermait pas un seul étranger. Toussaint, réfugié à Rye à cette date, y aura conduit bientôt un essaim de ses compatriotes.

Vers 1586 le même événement se reproduit ; on déverse sur Winchelsea l'excédent des immigrés de Rye, avec le pasteur Claude Charretier, dit de la Touche, ministre de Honfleur [1]. Il représente l'Église au 6ᵉ Colloque, celui qui décida d'envoyer « consoler à Winchelsea le frère Mignot qui demandait son rétablissement au ministère [2] ».

Le Colloque de 1588 écrivait à ceux de Winchelsea « de soutenir davantage leur pasteur M. de la Touche, ainsi qu'à ceux de Rye dont ils sont un démembrement ». Le ministre les représente une fois encore au Colloque de 1580 ; puis la congrégation disparaît, sans laisser de traces, évidemment par le rapatriement de ses membres à la cessation de la Ligue en Normandie.

SANDWICH.

L'archevêque Parker, dans sa visite pastorale à Sandwich en 1563 avait trouvé « les *Français* et les *Flamands* très pieux le dimanche, très actifs les jours ouvriers », et il avait prononcé à leur sujet ces paroles souvent citées depuis : « aux étrangers profitables et doux on devrait faire bon accueil et non méchant visage [3] ». Néanmoins jusqu'à la découverte par Burn d'un registre de recettes et dépenses de l'Église de « Sandewuyt françoise », qui mentionne de plus un don fait aux *deux*

---

[1] « Quelques François réfugiés en Angleterre furent s'abituer en la ville de Winchester » (pour Winchelsea), « distante de Rye d'environ deux milles et y dressèrent une église françoise de laquelle M. de la Touche estoit pasteur. 1588. » Daval, *Histoire de la Réformation à Dieppe*.

[2] *Actes des Colloques*. Cette résidence de Mignot, l'ancien pasteur de la Voyrie, à Winchelsea, appuie l'hypothèse d'un seul et même lieu ; destitué ou plutôt sans troupeau par le départ du sien, il voyait s'y établir une congrégation nouvelle sous un autre conducteur.

[3] « Profitable and gentle strangers ought to be welcome and not to be grudged at ». — Strype, *Life of Arch. Parker*.

Églises [1], l'existence d'une communauté régulière de notre langue était demeurée ignorée. Les actes municipaux inscrits dans les « *Year Books* » de la ville, ne parlent d'abord que des Flamands ou Hollandais. C'est aux « *fleminge strangers, dutchmen alyens* » que les Lettres patentes d'Élisabeth du 6 juillet 1561 permettent la résidence avec locations de maisons, la fabrication de sayes, bayes et autres draps non encore confectionnés en Angleterre, la pêche maritime, l'emploi de serviteurs en nombre déterminé, etc., « et ce non obstant tout acte, statut, provisions, usage, coutume, prescription, loi ou autre chose quelconque y contraires [2]. » Les vingt-cinq familles d'artisans désignées par l'archevêque Parker, l'évêque Grindal et le Lord Warden Cobham, ainsi que les huit de contre-maîtres — formant un total de quatre cent six personnes — ont fait déjà partie de l'Église « Germanique » de Londres et en constituent une à Sandwich avec Jacob Bucer comme ministre : les noms, sauf peut-être Beaugrand et de Brune n'ont rien de « welche ». Le 10 octobre on enjoint le départ avant la Toussaint à certains « flamands et étrangers qui ne sont pas de la congrégation hollandaise et refusent d'en être » (parmi eux Beaugrand, de Penell, de Querec, Péminet) ; le 29 décembre 1567 on renvoie de même avec d'autres « Bayard estranger ».

En 1568 apparaît tout à coup, et comme tout d'une pièce, la congrégation wallonne. Le registre s'étend de novembre 1568 à janvier 1572 et porte en tête les noms et contributions des trois anciens Des Bonets, Des Champs, Tourseel et des six diacres Honneghele [3],

---

[1] « Item reçu le reste d'un noble doné jadis aux deux églises par ung frère flamen. » *Registre*, maintenant dans la *Bibliothèque du French Protestant Hospital* de Londres.

[2] L'ambassadeur La Quadra en fait part à Feria le 30 avril 1562 — « on a donné aux hérétiques une autre église à Santwich, lieu, comme de frontière, plus commode pour leurs allées et venues ». *Corr. diplomatique*.

[3] Ce nom, selon les variantes d'orthographe du temps, s'écrit aussi Hovenugle, Hoienagle et Heunenagle.

Lermonet, De la Haie, Genemart, Queyne et Van Achre. Mestre Bastien est ministre. L'Église *françoise* de Southampton a contribué pour 1 l. 10 s. et la *françoise* de Norwich pour 5 l. 8 s. Le « plateler », collecte sur un plat, du 1er novembre a produit onze deniers, celui du jour de Cène vingt shellings. Quatre vingt quatre fidèles[1] ont versé en octobre 1570 une livre quatorze sch. en faveur des indigents, pour lesquels l'Église montre un grand soin : presque toutes les dépenses les concernent ; en plus de la quête au temple on en fait une à domicile « au pourchas des maisons », et il est prélevé pour eux un droit sur les ventes des produits manufacturés[2].

D'autre part le 11 février $\frac{1568\ a.\ st.}{1569\ n.\ st.}$ la municipalité enregistrant les engagements des étrangers, inscrit séparément l'Église flamande et la « wallonde ». Dans la première les ministres et consistoire s'engagent pour les vingt cinq maîtres et ceux-ci pour les ministres et consistoire réciproquement à trois livres ; dans la seconde le consistoire pour huit maîtres à cinq livres, les maîtres à cinq pour le consistoire, à deux pour chacune de leurs familles et à deux pour les pauvres, avec condition qu'aucun ne quittera la ville sans licence du maire ou de son député[3].

---

[1] Burn donne la liste complète, p. 56, 57 : il a inscrit à tort Bastia pour Bastien, très clair dans le manuscrit original.

[2] En 1569, achat par les anciens de douze boisseaux de blé pour leur être distribués, frais de voyage du ministre à Douvres pour recommander aux capitaines de guerre les pauvres de cette Église ; dépenses de nourriture, de garde et de sépulture des malades de la peste pour qui l'on a construit la « Hutte des Malades » ; amendes de la draperie données aux pauvres ; deniers remis sur les ventes des bayes : « reçu de Laurent des Bouveryes à cause des bayes par lui vendues ici pour le droit des pauvres... » *Registre*.

[3] *New Red Book* — les citations des documents municipaux sont empruntées à Th. Dorman, *Notes on the Dutch, Walloons and Huguenots at Sandwich*, dans les *Proceedings of the Huguenot Soc. of London*, II, 205.

Le 12 août 1569 on lut et approuva en Conseil les articles « pour être donnés au ministre des Wallons sous le sceau officiel du maire, le chargeant de les publier dans l'Église wallonne :

« Guillaume Southaick, gentilhomme, Maire de cette ville et port de Sandwich et les Jurats désirent et commandent que le ministre dans la langue française signe les articles suivants et qu'ils soient ensuite publiés par lui afin d'être observés :

« Premièrement que le ministre dans la langue française agréé, tienne fermement la doctrine apostolique et observe dans l'administration des sacrements l'ordre que suit le ministre dans la langue flamande, tous étant une Église.

« Item, qu'il suive aussi bien tous les droits et coutumes relativement au ministère ecclésiastique, que l'usage de la « dyssepline » reçue et en usage dans la dite église flamande ; et si par hasard il a varié en quelquechose, qu'aussitôt il s'amende et se réforme. Item concernant ces choses et les semblables il se soumettra au Consistoire flamand, ou il devra en donner connaissance à M. le Maire de la ville alors en fonctions.

« Pour conclure que le ministre prenne diligemment soin dans l'enseignement et dans le gouvernement d'avancer l'honneur de Dieu et la paix publique, afin qu'il apparaisse bien en toutes choses qu'ils sont un corps en Christ ».

Les restrictions sur les genres d'industries exercées par les réfugiés, la défense de ventes au détail ou de vente par les étrangers de produits anglais $\left(24 \text{ février } \frac{1569}{1570}\right)$ devaient s'appliquer aux Wallons comme aux Flamands.

La liste complète des étrangers résidant à Sandwich en 1571 donne, sur un total de 592, quatre-vingt-neuf Wallons ou ressortissants de l'Église wallonne : les noms sont presque tous les mêmes que ceux du Registre ; quelques-uns disent résider depuis huit ou neuf années, ce qui prouverait qu'il en était venu dès la première immigration flamande ; le plus grand nombre indiquent un séjour de six, quatre ou trois ans ; de l'année même on relève Mauverc, Harbe, Lambert, Nic. Bayart. Le ministre, dont le nom manque, y est depuis trois ans[1].

Le 1ᵉʳ juin 1573 le maire et les jurats transmettent au ministre et aux anciens de l'Église wallonne (Walche church) la somme de cinquante schellings collectés par le ministre Cooke et par l'intermédiaire du maire de Douvres « pour être distribuée aux pauvres François récemment venus de France pour raison de conscience ». Le 15, c'est le ministre Lescaillet qui répond « au nom de tous » à l'Église de Douvres les consultant sur un acte d'usure. Lors du passage de la reine cette même année, les registres municipaux décrivent une joûte sur l'eau donnée par les Wallons, tandis que cent enfants flamands et anglais[2] faisaient manœuvrer les métiers à tisser importés par les réfugiés, « chose bien goûtée de S. M., de la noblesse et des dames. » Le 30 septembre, Jean Beaugrand, chargé de rechercher les étrangers ayant obtenu la naturalisation, releva quatre Flamands et le Wallon Mathieu Hovenugle; on leur confia le mandat d'imposer « les Flamands et les Wallons ».

Le 20 août 1574 proclamation fut faite aux « Flamands et Wallons » interdisant l'hébergement et la réception en leurs demeures d'étrangers à la ville, sous peine de bannissement et d'amende de 20 l., et comme suite le 20 décembre on commença une enquête sur les faits, gestes et industries des étrangers excédant les libertés à eux accordées par les Lettres patentes de la reine. Cette mention des Wallons est la dernière; toutes les suivantes ont trait exclusivement aux « *Dutch or Flemish* », La congrégation de langue française s'est dissipée; ceux des membres non fusionnés avec la flamande ont gagné Londres ou

---

[1] *Record office, State Papers. Elisabeth. Domestic.* LXXVIII, 29.

[2] La participation des enfants anglais apprentis tisserands était la meilleure réponse aux préventions nationales. — La lettre signée Lescaillet est dans *Ecc. L. Bat. Arch.*

I

Canterbury; c'est dans la ville archiépiscopale que se transportèrent le ministre Lescaillet et les de Bouveries : Laurent, né à Sainghin près Lille, fut la tige d'une grande et noble famille anglaise qui, dans son élévation croissante, n'a jamais mis en oubli l'origine rappelée par sa devise : *Patria cara, carior Libertas* [1].

Au XVIIe siècle le maire et les jurats firent comparaître une cinquantaine d'étrangers récemment arrivés à cause des troubles, avec l'intention de résider pendant quelque temps; il leur fut signifié que le bon plaisir de S. M. n'était pas de le leur permettre, et enjoint de se retirer dans des villes de l'intérieur plus éloignées de la mer (3 juin 1635). Ces réfugiés, dont on a gardé les noms, étaient tous de Calais et des environs [2]. Aucune Église de langue française, même après la révocation, ne se reconstitua à Sandwich.

NORWICH [3].

Chef-lieu du comté de Norfolk, située sur la côte Est à vingt-cinq kilomètres de la mer avec laquelle on communique par la rivière Yare et le port de Yarmouth, la ville de Norwich était de celles où l'industrie du lainage s'implantait avec les Flamands

---

[1] Le petit-fils de Laurent, Édouard, 1621-1694, s'établit à Londres et fut anobli, son fils, Guillaume, créé baronnet en 1714 et le frère Viscount Folkestone en 1747, le fils de ce dernier Comte de Radnor en 1765. Les quatre Comtes, y compris le Lord actuel, ont été successivement gouverneurs de l'Hôpital pour les pauvres Protestants français de Londres. Les Pusey, dont le célèbre théologien, descendent également des de Bouveries. Agnew.

[2] Dorman.

[3] Le remarquable ouvrage de M. W. J. C. Moens *The Walloons and their Church at Norwich, Their History and Registers* (publication de la *Huguenot Society of London*), Lymington 1887-88, in-4º, épuise le sujet. Fruit d'une étude persévérante et approfondie, il accompagne la reproduction, par ordre alphabétique, de toutes les entrées des Registres (Baptêmes et Mariages), d'une histoire de la congrégation suivie de tous les documents à l'appui. Nous utiliserons surtout ce beau travail, renvoyant au livre lui-même pour les détails et les preuves.

dès le règne d'Édouard Ier, époux d'une comtesse de Hainaut, et amenait une prospérité qu'on n'a jamais revue. On y comptait, assure-t-on, au milieu du XIVe siècle, soixante églises paroissiales et 70000 habitants. En 1378 se produisirent les premières plaintes contre les étrangers, suivies de l'interdiction d'achat et vente au détail. Le XVe siècle vit le déclin de la ville, les lois prohibitives et les pestes ; le commencement du XVIe siècle, les incendies, les exclusions des industriels étrangers et l'abandon graduel des métiers à tisser. Sous Édouard VI la persistance des restrictions dirigeait les premiers réfugiés pour la foi non à Norwich, mais à Sandwich, où un accueil leur était assuré. En 1549 l'insurrection de Kit avait ravagé le pays et accentué la crise ; en 1565, après un hiver désastreux, la misère étant à son comble, l'industrie à l'agonie, on n'entrevit de salut, à l'exemple du passé, que dans une colonisation nouvelle.

Après consultation avec le duc de Norfolk, la municipalité décida d'inviter des étrangers fugitifs des Pays-Bas, récemment établis à Londres et à Sandwich avec privilèges de la reine, à transporter à Norwich quelques-unes de leurs manufactures. Le duc, entré en rapport avec Utenhove comme intermédiaire vis-à-vis de ses compatriotes, obtint des Lettres patentes royales en date du 5 novembre 1565, pour l'établissement, à ses frais, de trente patrons et leurs familles, chaque famille évaluée à dix personnes, le total ne devant pas excéder trois cents Flamands et Wallons employés à la fabrication de « Bayes, Sayes, Arras et Mockades. » A défaut du sceau de la ville que les citoyens se refusèrent à livrer, on scella les lettres d'admission de celui de la mairie, première résistance qui en annonçait beaucoup d'autres ; on leur assigna comme Halle l'ancienne église Sainte-Marie Mineure (*S. Mary the Less or at Tombland*) et l'on convint d'un Règlement en huit articles. Les principaux

Appel aux immigrants.

étaient la nomination de deux conseillers, dont un juge de paix, chargé de toutes leurs contestations intestines, et de l'admission avec le concours du maire des nouveaux venus sur présentation d'un témoignage signé par les anciens de leur compagnie ; le paiement de tous droits paroissiaux (à l'église, au prêtre, au clerc) à raison d'un denier par shelling de leur loyer [1], la restriction de ne pouvoir vendre que des produits manufacturés par eux-mêmes et encore pour le détail à leurs seuls compatriotes ; le paiement aux conseillers et chambellan d'un droit (deux deniers par pièce double, la moitié par pièce simple) sur toute étoffe faite par eux. Des trente premiers patrons admis, six étaient wallons [2].

Mais pour ces hommes que la conscience seule avait déterminés à l'abandon de leur patrie et de leurs biens, les besoins spirituels primaient tous les autres. Il y a trace de la persistance des préventions civiques dans une lettre de l'évêque Parkhurst à l'archevêque de Canterbury, le 28 décembre 1565 [3], exposant que le ministre des étrangers venus récemment dans la ville, pétitionne avec toute sa congrégation pour être admis dans quelque église comprise dans l'enceinte de la cité où ils puissent entendre la parole de Dieu selon la façon dont ils en usaient à Sandwich : il a parlé au maire en leur faveur « et l'a trouvé un peu singulier à cet égard » ; il réclame donc les avis

---

[1] Il est à remarquer qu'ils furent longtemps les seuls de la ville à les payer. En 1620-1621 les ministres anglicans demandèrent au Conseil, et en obtinrent, l'application à leurs autres concitoyens de l'impôt de 1 d. par sch. de loyer, payé pour leur traitement par tous les étrangers flamands et wallons selon l'accord fait à leur arrivée. *Calendars Jacq. Ier*, vol. CXXI. Voir à la même époque l'essai du wallon L'Ermite de se soustraire à l'impôt.

[2] Goddard, le Turc, Barbe, Dumince, Karsy (Carcy), Waolls (Vaule).

[3] Parkhurst avait fait partie du Refuge anglais à Zurich durant le règne de Marie.

et les ordres du primat[1]. Le duc lui adressait le même jour une demande identique, et rappelait qu'un octroi semblable avait eu lieu sous Édouard VI[2]. Parker s'empressa d'en écrire au « Lord de Norwich » et à l'évêque, proposant une église vacante ; il exprime l'espoir que cette congrégation vivra en un parfait repos, mais aussi qu'on pourra leur persuader de s'écarter le moins possible de « l'ordre commun de prières et d'administration de sacrements ordonné dans le royaume. » On attribue aux Flamands l'église des Frères-Prêcheurs, et aux Wallons l'ancienne chapelle de la Vierge, adjoignant le palais épiscopal[3].

La formation de la congrégation wallonne distincte de la flamande remonterait à 1566[4] ; on ne leur connaît cependant pas de ministre avant l'arrivée de Jean Helmichius d'Utrecht en décembre 1567[5]. Comme la flamande, cette église, pure wallonne, ne tarda point à s'augmenter. Déjà en janvier 1566 on écrivait au cardinal de Granvelle : « La reine a assigné à ceux qui viennent journellement une ville maritime, grande et vide, nommée Norwich, pour y faire leurs métiers et là pense se refaire de notre dépouille ; et certes elle ne s'abuse pas, car par tels moyens est encommencée la draperie d'Angleterre à la destruction de la nôtre[6]. » Mais c'est en 1567 que l'inauguration dans les Pays-Bas du sanglant régime du duc d'Albe décupla l'exode. Il en arrivait avec femme et enfants, quelquefois la mère

Les Wallons 1566.

---

[1] *Christ Church College, Cambridge. Mss.* 114 A. imprimée avec la lettre du duc et la réponse de Parker de la même source dans Moens.

[2] Sans doute en vue d'une immigration arrêtée par la mort du jeune roi.

[3] Bâtie en 1300, longueur 140 pieds anglais, largeur 27, élévation 34. — Moens.

[4] L'évêque de Norwich écrit au Conseil Privé en 1621 que l'Église wallonne a cinquante-cinq ans d'existence. *Cal. Jacques Ier Dom.*, CXXII.

[5] Liste de 1568. La réponse de la Ven. Compagnie de Genève aux pasteurs de Norwich, 24 mai 1568, est adressée entre autres à « Johanne Helminchio, ministro Ecclesiæ Gallicanæ ». *Bibl. de Genève.*

[6] Assonleville à Granvelle.

et les fils sans le chef de famille captif ou martyr, par la voie de Calais et de Boulogne, plus régulièrement par Nieuport via Yarmouth, ceux de la Flandre orientale même par Dieppe.

Aussi le maire de Norwich en fonctions en 1567, qui avait d'abord voulu empêcher les étrangers d'exercer leurs industries, exigea-t-il, pour établir l'ordre dans ces colonies grandissantes, l'élection de douze gouverneurs ou *Hommes politiques* choisis dans leur sein, huit par les Flamands, quatre par les Wallons, répondant pour l'ensemble de leurs compatriotes : chaque nouvel arrivé devait être notifié dans les 24 heures. Le maire suivant ajouta l'obligation pour les étrangers d'être rentrés le soir à la cloche de huit heures, et de n'acheter la laine au marché qu'après midi[1]. Le gouvernement étendait d'ailleurs aux émigrés en province l'enquête politique et ecclésiastique ordonnée à Londres. L'évêque recevait une circulaire du primat, datée du 16 mai 1568, accompagnée de questions pareilles à celles posées à Grindal sur le nombre des étrangers-nés résidents sur les paroisses du diocèse, la durée de leur séjour, les causes de leur venue, leur profession et la présence ou non dans leur sein de sectaires, la fréquentation ou l'absence des églises paroissiales ou de la leur, et enfin « la façon de leurs ministres, lecteurs ou autres personnes ecclésiastiques, et leur vie et enseignement en sincérité de doctrine et concorde de charité chrétienne[2]. »

L'évêque répondit par l'envoi des résultats de l'enquête faite avec le concours des anciens. Le résumé de ce « catalogue » donne 64 chefs de famille des deux sexes, 19 veuves, 19 enfants au-dessus de seize ans, 95 au-dessous, 12 « famuli et famule »

---

[1] Pour tous les détails et sources — Moens.

[2] *Catalogus omnium fidelium qui consentur in Ecclesia Christi Gallicana quæ nunc est Norwici quiq' innocenti et modesta vita suam religionem ac pietatem tum publice tum privater in omni Religionem exercitu testantur cujusque rei gratia in predictum oppidum sese receperunt*, etc., reproduit intégralement, mais par ordre alphabétique, dans Moens, vol. I, 153.

Les chefs de famille représentant souvent plusieurs personnes, (certains ont jusqu'à 7 et 8 enfants) le total « des têtes » s'élève à 339. Bien que ce nombre dépasse celui fixé par la licence royale, les Wallons, comme les Flamands, expriment leur confiance dans la clémence de la reine, et au besoin dans l'intercession de l'archevêque, de l'évêque, du duc et des magistrats ; ils déclarent ne comprendre pas de sectaires, ne pas aller aux églises paroissiales n'en entendant pas le langage, fréquenter assidûment la leur et « vivre en paix publique et privée, unanimement d'accord avec l'Église universelle, dans la doctrine catholique du fils de Dieu, des prophètes et des apôtres, selon l'Église réformée dans la vérité de la parole de Dieu. »

Sur la liste des membres de cette congrégation dite « gallicane » n'est enregistré qu'un seul Français de naissance (René Soneau, peigneur de laine). Les autres sont sujets de Philippe II[1]. Un seul possède la naturalisation, Casier, teinturier, venu « depuis sept ou huit ans. » Ce sont à peu près tous travailleurs ou marchands et en grande majorité tisserands ou peigneurs de laine[2].

L'année suivante le maire signalait au Conseil privé l'augmentation croissante des étrangers : ils montaient à 2866, tant d'une congrégation que de l'autre, mais « vivaient en bon repos et ordre, travaillant diligemment à gagner leur vie ». Le Conseil répondit le 24 novembre 1569 par ses félicitations de la tran-

1569.

---

[1] Dans les provenances indiquées (elles ne le sont pas toutes), de Flandre 27, et en plus de Lille 22, d'Armentières 5 ; du Hainaut 5, et en plus de Valenciennes 4, de Mons 1 ; d'Artois 9, de Brabant 2, Namur 2, Liège 2, Anvers 2, Cambrai 1, Lorraine 1.

[2] Comme professions : peigneurs de laine 18, tisserands 11, fab. de sayes 3, drapiers 5, frangiers 8, marchands 5, foulonnier 1, tondeurs de draps 2, cangamiers 3, rappoincteur de draps 1, estimateur 1, fab. de sacs 3, serruriers 2, maîtres d'école 2, tailleurs 2, boulanger 1, menuisier 1, berger 1. Dans ceux sans indication : de Poucelle, de Poultier, de Morimont.

I

quillité et des bons rapports, autorisant à retenir tous ceux fixés dans la ville, mais non à en admettre davantage.

Cette concession parut encore démesurée. Les mécontents, profitant sans doute de l'emprisonnement du duc de Norfolk inculpé d'avoir voulu aider et épouser Marie Stuart, préparèrent pour la Saint-Jean 1570 un soulèvement contre les étrangers; la révélation du complot par l'un des conjurés aboutit à l'exécution pour haute trahison de trois gentilshommes et l'emprisonnement à vie de sept autres. La municipalité, néanmoins, avait chargé huit de ses membres de dresser un nouveau Règlement. Les étrangers résistant aux modifications destinées à restreindre leurs ventes, le Conseil privé dut intervenir : « La Reine, en prince miséricordieux et religieux, prend en très bonne part la faveur qu'on leur témoigne et vous prie de la continuer aussi longtemps qu'ils vivront au milieu de vous en tranquillité et obéissance à la vraie religion de Dieu et aux lois de S. M., car c'est ainsi qu'un chrétien est tenu en charité à en aider un autre, surtout ceux qui endurent afflication pour l'Évangile (19 mars).» Comme réplique la municipalité de Norwich cita les principaux étrangers à comparaître, leur reprocha de s'être plaints et ferma leur Halle (20 mars).

Le livre des Ordres. Elle leur fut restituée, par ordre, au bout d'un mois. Le Conseil avait confié au Maître des Rolls, aux Sirs Mildman et T. Smith l'examen des Règles nouvelles, avait ouï les parties et conclu l'entente avec rédaction définitive des articles dit *Livre des Ordres*[1]. Datés du 20 avril 1571, ces seize articles embrassent ceux de l'accord de 1564, en précisent les dispositions, ajoutent l'élection, faite par toute la congrégation, des Hommes politiques, permettant la vente en gros et en détail des marchan-

---

[1] *Norwiche Booke of Orders for the Straungers.* — State Papers Dom. Eliz. LXXVII, 58, reproduit en entier dans Moens.

dises fabriquées par les étrangers ou importées par eux, tant à eux qu'aux nationaux, mais dans la Halle seulement, ainsi que l'exportation et vente à Londres et autres villes, mais non dans les villages, ni aux foires et marchés : il est interdit aux tailleurs, bouchers, cordonniers de tenir boutique ouverte, de vendre aux nationaux ou de travailler chez eux. Les précautions les plus minutieuses sont prises pour le contrôle des marchandises, leur emballage, timbrage, l'achat de matières premières et le paiement des divers droits, huit articles supplémentaires étant consacrés aux « Halles ».

De plus l'autorité des Hommes politiques venait d'être affermie par l'ordre de la Cour municipale (10 avril) leur attribuant le jugement de tous litiges secondaires entre les étrangers ; interdisant à ceux-ci en pareil cas le recours à d'autres tribunaux, ce qui était en même temps les affranchir de cette juridiction.

Le nouveau recensement de novembre 1571 destiné, selon la teneur des lettres circulaires, à constater s'il y avait excès dans le nombre des étrangers, donna le chiffre de 868 Flamands hommes et 203 Wallons, 1173 femmes et 1681 enfants au-dessous de 16 ans des deux langues; 666 étaient nés en Angleterre. Depuis le 25 mars il était venu 25 Wallons et un « Français de Dieppe sans occupation ». On expulsa quarante-huit réfugiés, et le rapport, signé par le maire, les aldermen et sherifs, rendit hommage à la bonne conduite de la majorité des autres qui par leurs industries peuplaient avantageusement la ville et contribuaient au bien commun, ne maintenant pas seulement leurs propres gens mais en occupant beaucoup d'autres[1].

1571.

---

[1] Moens d'après Blomfield *History of Norwich*, et le *Dutch and Walloon Book.* Voir aussi *The Benefits received by the Strangers in Norwiche for the space of tenne yeres:* cette durée assigne à ce document la date de 1575;

Dans ce rapport il est fait mention des troubles provoqués dans la congrégation flamande par trois de ses ministres. L'évêque en rendait compte à Bullinger et ajoutait: « Dans l'église française d'ici tout est tranquille; ils sont environ 400.» Les dissensions flamandes, après un refus du consistoire de se soumettre à la décision de l'évêque, se terminèrent par l'ordre de la Haute commission ecclésiastique siégeant à Lambeth de renvoyer les trois pasteurs, procéder à de nouvelles élections de pasteurs et d'anciens [1] et les faire confirmer par l'évêque à qui était formellement remise en dernier ressort toute la juridiction spirituelle sur les Églises étrangères de Norwich [2]. Ce décret s'applique donc incidemment à celle de langue française.

On ne trouve pas traces à Norwich de fugitifs de la Saint-Barthélemy. Par suite de la lettre-circulaire du 7 juin 1575, les membres parvenus à l'âge de raison, hommes et femmes,

---

il résume en dix paragraphes les avantages que les étrangers ont procuré à la ville et conclut: « pour la plupart ils craignent Dieu, vaquent diligemment et laborieusement à leurs diverses occupations, obéissent à tous magistrats et à toutes bonnes lois et ordonnances, vivent paisiblement entre eux et envers tous et nous considérons notre cité comme heureuse d'en jouir. » Moens. *Appendix* XIX.

[1] « Les personnes élues continueront de telle sorte qu'il était usité aux jours du roi Édouard par la prescription de M. a Lasco et a été pratiqué au commencement. » Citation de Burn. Cet appel à la Discipline d'a Lasco est unique à cette époque.

[2] L'article premier du Livre des Ordres, après l'attribution aux maire et deux aldermen des conflits entre anglais et étrangers, porte la restriction « pourvu que toutes matières de controverse touchant la religion, qui se produiront entre Flamands ou Wallons, soient réservées à l'ordre et correction de l'évêque et de son ordinaire, et aux ministres et consistoire de leur propre compagnie. Comme aussi les autres petites querelles temporelles qui pourront s'élever entre eux, doivent être vidées par les arbitres de leur propre compagnie. Si la cause est telle qu'elle ne se puisse conclure ou qu'une personne se regarde comme lésée, la plainte sera portée devant les maire et aldermen pour être décidée ». Ainsi le dernier ressort est dans le domaine spirituel l'évêque, dans le temporel la municipalité, mais dans les cas secondaires d'une part le consistoire, de l'autre les Hommes politiques sont juges suffisants.

signèrent unanimement le 27 les huit affirmations destinées à confondre les anabaptistes[1]. En dépit de quelques plaintes des nationaux, réapparaissant de temps à autre[2], Norwich jouissait de la paix civile. Elle ne fut point troublée par le Règlement en 47 articles spécial aux tisserands wallons, dressé par la municipalité le 22 juin 1575.

En 1578 l'arrivée de W. Tipper, dans l'intention d'appliquer aux étrangers de Norwich les clauses de la patente pour l'« hostage » qu'il avait obtenue de la reine, causa une profonde perturbation dans leurs colonies; ils ne parlaient de rien moins que de quitter la ville. On sentit alors à quel point leur présence lui était avantageuse. La municipalité n'hésita pas « pour la tranquillité des citoyens et des pauvres étrangers », à racheter à Tipper cette part de ses droits pour la somme de cent marcs, et à écrire aux ministres des Églises étrangères : « En vue de votre repos, et par l'expérience que nous avons faite de votre pieuse disposition et bonne conduite au milieu de nous, nous avons satisfait ledit W. Tipper, et reçu entre nos mains son autorité (par délégation), à cette fin qu'aucun de vous ne soit molesté ou troublé, mais que vous procédiez à vos occupations légitimes, comme vous l'avez fait auparavant, sans aucune crainte ou chagrin. Ce que nous avons jugé bon de vous notifier, désirant que vous le publiez de même promptement à votre congrégation[3]. » Aussi bien quand, le 16 août de la même année, la reine dans sa tournée à travers les provinces de l'Est

L'hostage.

Visite d'Élisabeth.

---

[1] Voir plus haut, chap. VI.

[2] Des tailleurs, tondeurs de laine, boulangers, serruriers, etc. Voir la défense d'avoir plus de huit cordiers, ou de donner de l'ouvrage à un étranger sans un Bill d'un des « Anciens politiques », et autres interdictions. Moens, chap. V.

[3] Moens. — Les noms des chefs de la municipalité signataires de cet acte pénétré de sagesse et de fraternité chrétienne méritent d'être conservés : « Th. Cullie, maire, Aldriche, Woods, Sucklingue, Packe, 8 mars 1577/8 ».

visita Norwich, les artisans flamands et wallons donnèrent à sa réception un caractère singulièrement pittoresque et nouveau. Ils avaient élevé rue S. Stephen une estrade de quarante pieds de longueur : les décors du fond représentaient les sept variétés du tissage [1], les délégués de chacune se tenaient debout devant leurs métiers respectifs; à chaque extrémité de la scène huit petites filles d'un côté filaient de la laine, de l'autre tricotaient des bas, tandis qu'un bel enfant adressait à la souveraine « leur seule joie et défense après Dieu », des strophes qui ne manquaient ni d'à propos, ni même de charme.

Pour la première fois Élisabeth entrait en contact personnel avec ces réfugiés laborieux et intelligents qui, recouvrant par elle les droits de la conscience, rendaient largement le bienfait en affranchissant à leur tour l'Angleterre de sa dépendance industrielle du continent. Elle les entendait affirmer à juste titre que l'oisif n'avait point de place au milieu d'eux; que la ville, découragée il y a douze ans, s'était relevée grâce au travail de ces petites mains actives et vendait aujourd'hui jusqu'au delà des mers les produits qu'autrefois il lui fallait acheter [2]. La reine, disent les Annales de la Cité, « fut très satisfaite ». Elle reçut le 19 l'adresse présentée par le ministre flamand Modet au nom des deux congrégations, accepta leur gobelet de ver-

---

[1] *Worsted, russels, dornix, mockado, lace, cappa, fringe. The Strangers pageant* dans Moens, chap. VII, d'après Goldingham *Queen Elizabeth's Progress to Norwich* 1578.

[2] « The idle hand hath here no place to feed... So weak we were within this dozen year, As care did quench the courage of the best, But good advice has taught these little hands To rend in twain the force of pining bands.. We bought before the things that now we sell, These slender imps, their works do pass the waves, Gods peace and thine we hold, and prosper well... » C'est ce qu'annonçait déjà Assonleville en 1566. « Toutes les sepmaines il vient en Anvers une navire chargée de sayetterie, sâtinerie, bayes et semblables denrées qui solloient aller d'ici-là ». L. à Granvelle.

meil[1], exprimant en latin sa reconnaissance et son regret de cette offrande de leur pauvreté, et leur laissa un don de trente livres avec recommandation aux magistrats municipaux de ne les opprimer en aucune façon. Plus d'une fois dans le cours de son long règne, quand les princes catholiques lui auront reproché d'héberger leurs rebelles, quand ses sujets l'auront accusée de partialité pour les étrangers, Élisabeth se sera reportée à sa visite à Norwich, affermie par ce souvenir dans sa politique aussi sage que chrétienne. C'est pendant cette visite que la reine donna audience de congé à Du Plessis Mornay, se rendant aux Pays-Bas après un séjour de dix-huit mois en Angleterre [2].

L'encombrement de curieux venus de toutes parts à cette occasion amena la peste; d'août 1578 à février 1579 elle enleva 2482 membres des congrégations étrangères; en 1582 ils étaient cependant encore 4679, tant Flamands que Wallons.

Les registres wallons ne remontent qu'à l'année 1595 [3] : les noms des deux premiers pasteurs n'y figurent donc pas. Jean Helmichius, d'Utrecht, mourut moins d'un an après son arrivée (enterrement 16 sept. 1568); les dates et la provenance de Ludovic Maupin sont inconnues; on ne sait de lui que sa présence à la tête du troupeau wallon lors de la visite de la reine, puisque c'est entre ses mains que furent remises les 11 livres attribuées aux membres de langue française [4] : son nom accuse plutôt une origine wallonne.

Les certitudes sur le troisième pasteur, Jean Marie, ministre

---

[1] L'inscription : *In nocuum pietas ad Regia Sceptra Josephum, Ex manibus fratrum carnificisque rapit: Carcere et insidiis, sic te, Regina tuorum Ereptam, duxit culmina ad ista Deus.*

[2] Mme de Mornay. *Mémoires.*

[3] Baptêmes de 1595 à 1752. — Mariages 1599 à 1611. Le seul livre d'Actes du consistoire qu'on ait retrouvé commence en 1628. Il y a 66 baptêmes en 1595, et en 1600 le chiffre le plus élevé 99.

[4] Moens, I, 44; à la fin de 1568 il est pasteur à Emden.

de Lion-sur-Mer en Normandie, réfugié à Londres de la Saint-Barthélemy, ne remontent qu'à 1583, mais il a pu succéder plus tôt à Maupin. Toujours est-il que son Église normande le réclamant au Synode de Vitré, « il fut décidé qu'il y retournerait sur sommations, néanmoins à cause des grands succès de son ministère dans ces quartiers, son Église sera priée de différer son rappel pour quelque temps »[1]. Il présida cette année le second Colloque de Londres.

On lit dans les Actes de l'Église de Londres, 1585 : « Sur les réquisitions faites par les frères de Norwich d'être pourvus d'un des ministres réfugiés, a été avisé d'ouïr les ministres en chaire pour prêches ou prières et de communiquer puis après qui pourra être trouvé le plus propre », et le 15 août « M. de Basnage a été élu par le Consistoire et par les Ministres Réfugiés pour aller assister de ministre à celui qui est à Norwich pour l'Église françoise et wallonne de ladite ville, ce qu'il a accepté »[2].

Conflit avec Basnage.

Le British Museum possède l'exemplaire de la Discipline ecclésiastique remis à cette Église le 5 avril 1589 après les modifications apportées par le VIIe Colloque. A la première page, les pasteurs, sauf quatre, ont successivement apposé leur signature, à partir de Marie et de Basnage[3]. A la mort de Jean Marie, 1593, Basnage, qui se croyait, comme coadjuteur, des droits sur l'Église, froissé de les voir mettre en doute, se laissa

---

[1] Syn. de Vitré, mai 1583. Aymon ayant interverti les noms et Haag le copiant, ils ont fait réclamer au contraire Marie à la Normandie par Norwich — (si cette version était correcte Maupin eût été un suppléant); mais les *Actes Synodaux* manuscrits de la *Bibl. du Prot. français* permettent de rétablir la vérité. Marie ne quitta pas Norwich et sa famille resta en Angleterre, son fils devenant plus tard pasteur de l'Ég. française de Londres.

[2] Ministre d'Evreux. *Actes de l'Eglise de Londres.*

[3] Manquent les signatures de Chauvin, Vallotton, Bruckner et Gebhart. *British Museum, Mss. Egerton,* 2568. Imprimé dans Moens *Appendix*, n° XXXIII.

aller en chaire à des paroles violentes contre la congrégation [1]. Le consistoire répondit par une suspension de la Cène, et le pasteur en appela au Colloque qui devait se réunir précisément à Norwich. Il blâma le consistoire « d'avoir suspendu un ministre sans avoir consulté quelques autres pasteurs des autres Églises » et effectua la réconciliation des parties [2].

L'année suivante les troubles furent plus sérieux et s'aggravèrent par le refus de Basnage de convoquer le Colloque, selon la charge qui en avait été confiée à son Église. Il était soutenu dans sa résistance par des diacres et par un mouvement du peuple, « émeute populaire » disent les Actes : quatre députés se présentèrent au consistoire, lui demandant de contremander le Colloque et de s'opposer à la remise de leurs différends entre les mains de toute délégation élue par lui à cet effet. Mais, prévenue par la Compagnie, celle de Londres se chargea des convocations et le Colloque se réunit à Norwich en dépit du ministre.

Il commença par approuver la conduite de Londres; s'occupa ensuite de rétablir l'ordre dans un consistoire « divisé le ministre contre les anciens et les anciens contre le ministre (non pour les doctrines, loué soit Dieu) », et d'affirmer les liens de dépendance mutuelle des Églises du Refuge de langue française dont Norwich tendait ouvertement à s'affranchir. L'ensemble de la procédure fait toucher au vif ces révoltes intestines et leur compression par une autorité dont les ménagements et l'élévation de langage ne tempéraient qu'imparfaitement l'inflexibilité disciplinaire, et ne rachetaient guère les sacrifices de dignité person-

---

[1] Nous interprétons ainsi le passage du X⁰ Coll. relatif à un ministre Nicolas Bayard (?) de Norwich. Nicolas est le prénom de Basnage, les sept ans de ministère invoqués à l'appui de ses droits concordent avec son service comme auxiliaire de Marie. De plus, dans les dissensions de 1594 il est fait allusion à celles de l'année précédente et le refus de Basnage de convoquer le XI⁰ Coll. à Norwich semble une preuve de plus que c'est de lui qu'il s'était agi au X⁰.

[2] *Actes du X⁰ Colloque*, Norwich 1593.

nelle imposés parfois aux pasteurs[1]. Après lecture de la déclaration exigée de Basnage, on s'étonne moins de lui voir désirer son congé, et, malgré les sollicitations de ses collègues renouveler sa demande jusqu'à son départ en juin 1597[2].

Le Colloque lui avait cependant donné raison sur un point, le dispensant à partir de la Saint-Jean 1594

« de lire au peuple les ordonnances de ceux qui ont le gouvernement de la police civile selon les occasions qu'ils ont à le requérir, de crainte que les scandales ne multiplient et les crimes demeurent impunis par faute de ne mettre en effet leurs jugements. Ceux qui ont charge de la police civile déchargeront M. Basnage de cet office et y pourvoiront par quelque autre ordre, nonobstant la coutume, afin de le délivrer du juste scrupule qu'il en fait selon sa conscience. Et les frères avouent, ce que tous confessent et reconnaissent en simplicité de conscience, que c'est une chose mal convenable que la chaire de l'Évangile soit convertie en un échafaud pour faire des cris et publications civiles, que le ministre de Christ soit officier des cohues et jugements d'icelles, et que ce qui appartient au gouvernement extérieur de cette vie présente soit confondu avec ce qui est proprement de la conduite des consciences »[3].

Le Colloque séparait sagement les deux domaines, en autorisant le pasteur à ne point notifier les décisions des Hommes politiques, mais il blâmait ces derniers de leur attitude pendant les derniers troubles ecclésiastiques, et leur signalait le danger « auquel peu s'en était fallu que la plupart du peuple eût mis

---

[1] Voir la procédure à l'*Appendice* d'après les listes du XIe Colloque 1594.

[2] Nic. Basnage occupa ensuite le poste de Carentan jusqu'à sa mort, vers 1610. Plusieurs de ses enfants restèrent en Angleterre : Daniel, né à Londres 1575, admis en 1592 à Gonville et Caïus College de Cambridge ; Timothée, marié à Norwich en 1604, tige d'une branche dont les baptêmes s'y continuent dans l'Église wallonne jusqu'en 1635 ; David, né en 1592, admis également à Cambridge en 1610, après la mort de son père. Le 3e fils, Benjamin, né (probablement à Londres) en 1580, accompagna son père en France et occupa le poste de Sainte-Mère-Église, dont Carentan formait l'annexe : il est l'aïeul du célèbre Jacques. — Moens.

[3] *Actes* du XIe Colloque.

l'Église, avec ses menées et assemblées clandestines, afin qu'à l'avenir ils s'opposent à ces factions populaires, quelque couverture qu'on leur donne et emploient leur autorité à réprimer ceux qui seraient les auteurs d'icelles. Ce qu'ils ont promis de faire[1] ».

Au départ de Basnage le consistoire de Londres envoya Aaron Cappel de novembre 1597 à juin 1598; le Synode de Hollande consentit ensuite à prêter Jacques Polyander (présenté à la Compagnie de Threadneedle Street par les anciens de Norwich, Jean Wattelié et Michel l'Escaille). A la mort de son père, il lui succédait à Emden, l'ancienne Église d'a Lasco, en avril 1599, et était remplacé en octobre par Pierre de Laune, né en 1574 à Rye, le fils du réfugié docteur et ministre Guillaume de Laune[2]. Le XVe Colloque confirma cette élection.

SOUTHAMPTON.

Bien qu'un feuillet du Livre des Actes porte «*Registre des Baptesmes, mariages et mortz et jeusnes de l'Eglise wallonne (et des isles de Jersey, Guernesey, Serk et Origny) établie à Southampton par patentes du Roy Edward six et de la Reine Elizabeth*», aucune trace ne s'est conservée d'un premier établissement avant les persécutions de Marie. Chacune des trois parties de ce même registre s'ouvre au contraire par la mention : «*Eglise des Estrangers walons en la ville de Hampton admise par la Majesté de la Royne Elizabeth l'an 1567*[3] ».

---

[1] *Actes* du XIe Colloque.

[2] Polyander était fils de Jean P. à Kerkoven de Gand, réfugié à Metz, Frankenthal et Emden, et frère du célèbre savant Jean P. fils, professeur à Leyde. De Laune donne la date de son élection dans une lettre au Cœtus en 1655. *Ecc. L. Bat. Arch.*

[3] La mention d'Édouard VI n'implique pas forcément la préexistence d'une congrégation : c'est un appel aux libertés plus complètes accordées aux Églises étrangères par la charte de 1550 et auxquelles il est fait allusion dans la

La reine elle-même avait dirigé sur ce port de la côte Sud, dont le commerce dépérissait, un certain nombre de réfugiés des Pays-Bas, ayant besoin pour leurs industries, des laines de Flandres : Southampton en était depuis 1298 un des entrepôts et lieux d'échange.

S'appuyant sur la parole royale, ces « exilés volontaires par raison de conscience », adressaient vers le mois de mai aux maire et aldermen une pétition que ceux-ci, entravés par le texte des « Ordonnances municipales de 1491 », soumirent, avec leurs objections et remarques, à l'appréciation de sir W. Cecil[1]. Les réfugiés demandaient :

1° Une Église où apprendre à honorer Dieu et les magistrats, avec les sermons et les sacrements usités au temps d'Édouard VI et à présent. — Réponse de la municipalité : Non, mais on peut s'en référer à l'ordinaire (c'est-à-dire à l'évêque diocésain). — Cecil ajoute : « En ceci on userait de bonnes considérations d'uniformité agréable soit à l'Église des étrangers à Londres, soit à l'anglaise ».

2° L'autorisation d'exercer toutes sortes d'industries ; mais si cela paraît déraisonnable et contraire à la loi et aux anciens privilèges, au moins celles non encore en usage dans le pays. — Accordé s'ils en viennent à ce dernier point.

3° D'avoir des serviteurs et des servantes de leurs compatriotes. — Refusé comme en dehors du pouvoir du maire. —

---

requête, art. 1er, et dans le refus de la municipalité. — Voir sur cette Église les études du Rev. Whitlock, *The Domus Dei*, et de M. Moens, *The Walloon Settlement and the French Congregation*, *Proceedings of the Huguenot Soc. of London*, III, 42, 53. La Huguenot Society a publié par les soins de M. Marett Godfray le Registre intégral. Lymington 1891.

[1] *Cal. State Papers*, Eliz. Addenda, XIII, 80. Les articles 23, 24 et 25 des Ordonnances s'opposaient à l'établissement permanent de fabricants ou de commerçants étrangers. Voir art. de M. Moens, p. 67.

Accordé par Cecil pour six serviteurs par famille pendant les deux premières années.

4° La fixation du loyer de leurs demeures d'après le taux des deux dernières années. — Réponse : Ils trouveront les propriétaires raisonnables.

5° La faculté d'exporter le surplus de leurs produits, en payant des droits modiques pendant les vingt premières années. — Le maire s'en remet au Conseil. Cecil n'accorde pas à cause du précédent, mais il permet pour un an et sur preuves.

6° Si la fabrication n'est pas suffisante pour l'entretien d'un teinturier, la liberté d'exporter les produits bruts. — Même autorisation pour un an, sur preuves.

7° L'autorisation pour les cordonniers et tailleurs d'obtenir licence du maire. — Refus, « comme il y en a déjà beaucoup de cette science. »

Les postulants promettaient en retour, en sus du grand bénéfice qu'ils étaient certains, avec la volonté de Dieu, de procurer à la ville et à ses habitants, de se conduire en toute obéissance envers la reine, et de payer les impôts et taxes pour l'entretien de la cité qui seraient jugés nécessaires. Ils offraient de témoigner de leur foi devant l'évêque de Winchester.

C'est à ce prélat qu'ils adressèrent une réfutation des objections de la municipalité[1]; établissant la nécessité d'employer leurs compatriotes pour des industries où des novices causeraient du dommage mais où plus tard ils pourraient se servir d'Anglais; sollicitant au moins une licence de dix ans; rappelant que se répandant en divers lieux ils trouveraient des demeures à meilleur compte mais qu'ils étaient forcés de se concentrer en un seul, la prédication de l'Évangile étant l'unique cause de leur

---

[1] *Remontrances des étrangers des Pays-Bas à l'évêque de Winchester sur les objections du maire de Southampton*, 4 pages en français. *State Papers Elizabeth Addenda*, XIII, 81.

exil ; faisant valoir en regard de la diminution d'octrois réclamée, leurs dépenses et risques, l'occupation donnée aux pauvres, les industries importées :

« D'autre part, après avoir fait poids aux raisons et considérations susdites, qu'il plaise au Conseil de S. M. avoir regard à ce que dedans ce royaume seront amenés, introduits et plantés d'aucuns artifices jusques à présent inconnus, qui sont de faire serges, draps d'Armentières et couvertoirs d'Espagne, lesquels ceux du royaume trouveront ici sur le lieu à vil prix et en telle abondance, qu'ils auront moyen d'en faire part aux autres nations desquelles, quant à ce, ils dépendaient auparavant. La jeunesse de ce pays étant avec le temps instruite et apprise s'y pourra exercer et profiter, qui augmentera les commerces et trafics, et par conséquent la richesse, grandeur et réputation de votre royaume. Par semblables moyens les villes d'Embden, Wesel et autres de notre temps sont enrichies et augmentées, et de fait, les royaumes et provinces fleurissent le plus, esquels le plus grand nombre d'artifices se font léalement et avec bonne police....

« Finalement, d'autant que la principale et seule cause de notre retraite est la pure religion de laquelle nous protestons vouloir faire profession moyennant la grâce de Dieu le reste de notre vie, et qu'il plaît à Dieu selon sa miséricorde et plénitude de sa bonté élargir ses grâces indifféremment à ses élus sans distinction de sexe, d'état ni de qualité, et que à ce temps grand nombre de toutes sortes de pauvres artisans, pour la liberté de leurs consciences, se sont retirés, lesquels toutefois ne peuvent vivre sans travailler, nous avions requis que la liberté leur fût donnée de ce faire sans méprendre, en quoi plusieurs particuliers de ce pays se disent intéressés, lesquels néanmoins nous serions marris d'offenser, attendu l'humain recueil que recevons d'eux. Par quoi, pour leur donner matière de contentement et aux nôtres moyen de vivre, nous prions qu'il soit permis (à chacun des) étrangers réfugiés en ce pays de servir de son art et artifice, les étrangers seulement. N'était que par le magistrat du lieu et ceux du métier on voudrait exercer plus ample congé et (que) licence fut octroyée.

« Monseigneur, nous avons ici sommairement remarqué les doutes et quant et quant joint les raisons que estimons se pouvoir considérer pour y satisfaire, pourvu que la grâce de S. M. et de son Conseil s'y arrête.

En quoi nous supplions humblement Votre Seigneurie vouloir à ce coup montrer à bon escient son crédit et autorité, Vous assurant que ce que ferez de cette part, vu que Vous Vous employez à l'assistance des membres de Jésus-Christ affligés et persécutés pour la querelle de son nom, Lui ferez œuvre très agréable, et nous obligerez tous à prier Dieu pour la grandeur et prospérité de S. M. et pour le maintien de son noble Conseil et de Votre Seigneurie ».

Le siège de Winchester était occupé par Horn, un des membres les plus éclairés de l'épiscopat anglican, réfugié à Zurich sous Marie et demeuré le correspondant de Bullinger et de Gualterius. Il prit en main la cause de ces étrangers qui s'étaient « engagés à n'encourager parmi eux aucunes sectes ou opinions religieuses corrompues », et la plaida à deux reprises auprès de Cecil[1]. Enfin, par une réponse officielle, la reine signifie son assentiment à l'établissement de vingt familles d'étrangers, avec dix serviteurs pour chacune, à condition que chacune prenne et instruise deux apprentis anglais pendant sept années et emploie ensuite un Anglais pour deux étrangers. Durant les sept années ils ne paieront que demi-droits d'étrangers[2] pour toutes denrées fabriquées à Southampton et ne devant sortir que par ce port, ainsi que pour tous produits nouveaux non encore imposés ; ils jouiront des mêmes priviléges que ceux accordés à Sandwich[3].

Le Registre de l'Église débute par ces lignes :

« Ensuyt les noms de ceux qui ont fait profession de leur foy et admis à la Cène le 21me décembre 1567 :

« A la première Cène, Guillaume Dupin, sa femme, son fils, Jean le Mesureur, Jean de Beaulieu[4], Augustin de Beaulieu,

---

[1] Let. des 30 juin et 19 sept. 1567, *Cal. Éliz.* XLIII, 16, XLIV, 8. Son sermon de collecte pour les Français réfugiés leur rapporta 45 liv. st. en 1563. Strype.

[2] Voir note de la page 256.

[3] *Calendars, Élizabeth, Addenda* XIII, 82.

[4] Lettre de Jean de Beaulieu à Cecil pour la diminution des droits d'octroi. *Cal. Éliz.* XLIII, 20.

etc. » Les admissions à la cène qui s'étendent jusqu'en 1665 occupent trente-six pages. Les baptêmes s'ouvrent par celui du fils de Jean de Beaulieu, de Valenciennes d'où provenaient la majorité des familles, entre autres les Coppin, Le Vasseur, Le Clerc, ainsi que le premier décédé Jacques de Leau, enterré le 26 décembre, et les premiers conjoints, Gilles Teulin et Cécile Sarriette, 23 décembre[1]. Quoique surtout wallonne, et ayant un Wallon, Walerand Thévelin, de Frélinghien près Lille, pour premier ministre, l'Église comptait dans son sein, dès son origine, des Français purs : parmi eux en 1568 Maillart, libraire de Rouen et les Chambrelin de Paris[2].

Elle avait obtenu pour la célébration du culte (strictement réformé jusqu'en 1712) l'usage de la chapelle de St.-Julien, le patron des voyageurs, attenante à la *Maison de Dieu*, hospice fondé en 1185 par le marchand Gervais « le Riche » et son frère, alloué par Édouard III en 1343 au Queen's College d'Oxford. Ce *Domus Dei* où a lieu encore aujourd'hui un service hebdomadaire en langue française, demeura un centre vénéré de traditions religieuses et patriotiques : au XVIe siècle et au commencement du XVIIe, on y voyait arriver, pour s'unir en assemblée générale à la communauté wallonne, les chefs de familles des îles normandes qui trouvaient là un point d'appui pour leurs résistances au rit anglican. Les soixante-huit jeûnes solennels qui s'y célébrèrent du 3 septembre 1568 au 10 juin 1667,

---

[1] En marge : « L'Église n'a pas mis en promesse de mariage les jeunes gens qui avaient père ou mère sans avoir eu connaissance qu'ils le consentaient ».

[2] Guillaume Chambrelin ou Chambellan, réfugié avec sa femme Geneviève Vignon, fut la tige de la dynastie des célèbres chirurgiens de ce nom. Son fils Pierre épousa la fille de Guill. de Laune et leur fils, aussi baptisé Pierre, médecin des rois Charles Ier et Charles II est l'inventeur du forceps et le grand-père du célèbre Hugues. Voir détails généalogiques dans Agnew. Leur descendance présumée d'un cadet de la maison de Tancarville ne repose, jusqu'ici, sur aucune preuve sérieuse.

« contre les temps d'affliction selon la coutume des Églises de Dieu », et qui sont régulièrement inscrits sur des pages spéciales du Registre, se rapportent presque tous soit aux événements de France auxquels ils ne sont point devenus étrangers, soit aux épreuves des Pays-Bas wallons ou du Palatinat[1].

C'est dans l'humble et vieil édifice, situé à quelques pas du port, que des centaines de fugitifs des côtes opposées vinrent successivement bénir Dieu de leur délivrance :

« Admis à la cène de janvier 1573 Nicolas de la Mare et sa femme, Jacques de Caumont (décédé en 1580), Michel Doucet, Guillaume Bernard »; en avril « M. de la Porte, ministre et sa femme. » A la cène du 5 juillet on en reçoit cinquante-quatre dont M. le lieutenant criminel de Rouen; M. Jean de Martinis a pour témoins le ministre de la Porte et M. du Cenet, les magistrats de la ville ayant fait commandement aux postulants de produire des témoins « pour faire paroir qu'ils estoient de la religion auparavant estre sortis de France, de peur de

---

[1] Ainsi : « l'an 1572, le 25 jour de Septembre fut célébré ung jeusne publicq. La raison en estoit pour ce que M. le prince d'Orange estoit venu aux Païs-Bas, avec nouvelle armée d'Allemaigne pour essaier à délivrer le païs et les poures Églises hors de la main du duc d'Albe, ce cruel tiran, et aussi principallement pour ce que les Églises de la France estoient en une merveilleuse et horrible calamité extrême, pour ce que ung horrible massacre avoit esté fait à Paris ce 24e jour d'Aoust passé, où grand nombre de nobles et de fidelles furent tués en jour et nuit environ de douze ou treize mille, la presche deffendue par tout le Roiaume et tous les biens des fidelles pillés, et pour la consolation d'eux et des Païs-Bas, et pour prier le S' à leur délivrance fut célébré le jeusne solennel ». Le 23 juillet 1579 « fut célébré le Jeusne après la prinse de Maestricht par les Espagnols, priant Dieu avoir pitié de son Eglise des Païs-Bas où les affaires sont à présent en horrible confusion, et aussi priant Dieu que ses Églises en ce païs ne soient troublées par la venue du duc d'Alençon de laquelle on parle beaucoup ». 28 avril 1580 « pour préserver les pauvres Églises de Flandres et de France des efforts de leurs ennemis », de même le 6 avril 1581; le 17 août 1585 le jeusne fut publié et célébré, auquel jour toutes les Églises étrangères le célébrèrent à cause des nouveaux troubles de France et du siège entremis à Anvers. » *Actes de l'Église.*

I

quelque faux frère qui viendroit pour espier sous ombre de religion [1] ».

On dispensa de ces formalités toute la suite d'une femme noble et malheureuse, Ysabeau de la Touche, la veuve de Montgommery :

« Le 3 avril 1575 Madame veuve de M. Montgommery, Beaufort sa fille [2], Fumée, Launay, Lafosse, ses damoiselles, Montgommery, son fils, Bouconnier, Tabourin, serviteurs. Nota : Tous ceux furent receus à la cène du 3, comme passans, sans avoir rendu raison de la foy, mes sur le tesmoignage de Mons. Forest, ministre de Madame [3], qui certifia qu'il ne cognoissoit rien en tous ceux là pourquoi il ne leur deust administrer la cène s'il estoit en lieu pour le faire [4] ».

Beaucoup des « passants » s'établissaient à demeure et augmentaient le troupeau, mais il perdit 71 de ses membres par la peste de 1583—1584 [5].

La cène du 2 août 1584 réunissait cependant encore 186 communiants; elle est désignée comme « la dernière célébrée par M. Thévelin », mort le 13 septembre et remplacé par Mathieu Sohier qui, la même année, accompagné par les diacres Guillaume Hersen et Pierre le Jay alla saluer, au nom de l'Église, le nouvel évêque de Winchester. Au décès de Sohier en 1586 on

---

[1] « Thiébaut du Beffroi, son fils et sa fille, après avoir faict leur reconnaissance publique d'avoir été à la messe, furent aussi reçus à la cène et rentés en cette Église, Janvier 1574. »

[2] Charlotte, veuve de Christophe de Chateaubriand, sieur de Beaufort, tué à Jarnac en 1568.

[3] Michel de La Forest, né à Lille, réfugié en Angleterre après la St-Barthélemy, épousa à Southampton le 8 mai 1576 Claude Auber, de Rouen. Voir *Contrat de mariage* et détails biographiques, *Appendice LXIX*.

[4] *Actes de l'Église*.

[5] « Se commença lors à faire la cène de mois en mois, selon l'advis du dernier Synode. Et aussi en tant que la Peste nous pressoit fort, fut advisé de la faire ainsi pour nous fortifier en foi, en priant Dieu d'avoir pitié de nous. »

fut heureux de retenir un jeune tournaisien, Philippe de la Motte, qui, après avoir fait ses études à Genève, avait évangélisé d'abord sa ville natale, mais décrété d'arrestation, s'était sauvé en France et par St-Malo à Guernesey, d'où il avait gagné Southampton : appelé le dimanche suivant à occuper la chaire vacante, il fut aussitôt élu, et resserra ses liens avec l'Église en épousant une des membres, Judith des Maistres.

« Le 4 septembre 1591 la Sérénissime Élisabeth, reine d'Angleterre, vint à Hampton avec toute sa cour qui était bien grande, et en partit le 7, et comme elle partait et était hors de la ville, n'ayant pu avoir accès vers S. M en la ville, la remerciâmes de ce que passés 24 ans (avions) été maintenus en cette ville en sa protection et par sa clémence bénigne, après Dieu, en toute tranquillité et repos. Elle répondit fort humainement, louant Dieu de ce qu'il lui donnait puissance de recueillir et faire bien aux pauvres étrangers, et disant qu'elle savait bien que les prières des dits servaient beaucoup de sa conservation ».

La communauté continuait à prospérer; on avait enregistré 26 baptêmes en 1589 et 16 en 1590[1].

LES COLLOQUES.

Le premier acte collectif des « Églises étrangères réfugiées », Assemblée à Londres en 1571 des délégués des Églises wallonnes françaises et des flamandes pour refuser de participer au Synode général décrété par celui d'Emden, resta longtemps unique. Sous Élisabeth il ne se tint point en Angleterre de Synode des Églises françaises et flamandes; leurs relations mutuelles se poursuivirent surtout par le Cœtus des congréga-

---

[1] Aux Baptêmes « Joël, fils de Richard de Molere, autrement dit M. des Molins, ministre de la parole de Dieu en l'Église de Carentan en Cotentin ».

I

tions étrangères de Londres (admettant l'italienne et transitoirement l'espagnole)[1]. Ce Cœtus même ne conserva pas longtemps sa régularité mensuelle, que déjà en 1564 l'évêque Grindal exhortait à reprendre. La moitié des anciens de chaque consistoire devaient se trouver, par chaque mois alternativement, en l'assemblée des trois Églises, tantôt au Jésus d'Austin Friars, tantôt à Threadneedle Street. Les questions étaient d'ailleurs plus particulières que générales, sauf des fixations de jeûnes : deux en 1575 pour les affaires de France et des Pays-Bas sur l'invitation de l'Église de Middelbourg, de même en 1576 sur une lettre de l'Église de Dieppe à celle de Rye, deux en 1577, deux en 1578, le second à l'occasion de la peste de Londres, enfin ceux lors de la lutte de Henri IV contre la Ligue.

En 1575 le Cœtus, informé que l'évêque Sandys menaçait du bûcher les Anabaptistes flamands (surpris le jour de Pâques au nombre de vingt-sept), résolut « de procurer modération de cet arrêt » et d'insister auprès du prélat sur les inconvénients d'une telle rigueur, et sur « la simplicité de ces gens-là[2].

La propriété du temple de Jésus continuait à être un sujet de contestation entre les Églises flamande et française, la dernière se refusant à renoncer à ses droits[3]. La congrégation italienne, ayant eu une longue interruption du ministère, on décida en 1598 que ses membres se rangeraient à l'une ou l'autre Église selon qu'ils en comprendraient mieux la langue[4].

[1] Dans les cas difficiles un consistoire de Londres s'adjoignait les pasteurs de l'autre : arbitrage français dans l'affaire matrimoniale flamande Marquinas, 6 sept. 1569. — Adjonction des Flamands lors des thèses du français Pouchy, pour son interrogatoire et son excommunication, 15 mars 1575. *Ecc. L. Bat. Arch.*

[2] Deux de ces infortunés furent condamnés au feu par le Conseil privé et, sur leur refus de se rétracter, livrés au bûcher le 22 juillet 1575 malgré les instances du Cœtus et celles adressées à la reine par l'historien Fox.

[3] *Actes de Threadneedle Street*, 1573, p. 173. *Actes du Cœtus* 1578.

[4] *Livre du Cœtus* de 1575 à 1598 : Archives de l'Église Française.

Les communautés flamandes du Refuge s'étaient confédérées en 1575 et traitaient entre elles dans des Colloques leurs affaires intérieures. A la première de ces assemblées flamandes, Londres 15 mars, aussitôt après la vérification des pouvoirs, on décida que les Églises wallonnes dressées dans le royaume pourraient envoyer leurs députés participer aux délibérations[1] ; ils ne semble pas qu'elles en aient profité. Ce ne fut que six ans plus tard que l'invitation à se faire représenter au Synode provincial de Middelbourg, adressée collectivement aux congrégations de langue française en Angleterre, provoqua une réunion des délégués de celles-ci : il en sortit, grâce à l'apaisement momentané des préventions anglaises, une organisation plus étroite et plus régulière.

A ce premier Colloque de langue française en Angleterre, — le 19 mai 1581 —, les ministres et anciens assemblés à Londres, et dont ni les noms ni la provenance respective ne figurent dans les Actes, décidèrent d'abord l'envoi à Middelbourg d'un ministre (Lescaillet de Canterbury) et d'un ancien « pour témoignage de l'union que les Églises de la langue française réfugiées en Angleterre veulent avoir avec les Frères qui seront assemblés au dit Synode, *et non pas pour s'assujettir à ce qui sera arrêté entre eux*, et ce pour diverses raisons. » Puis après avoir résolu quelques difficultés locales, et reconnu la nécessité d'une entente au sujet des admonestés ou excommuniés d'une Église qui se retiraient dans une autre, « sur l'avis demandé si dorénavant il ne serait pas bon d'assembler les Frères des Églises recueillies en ce pays, a été avisé qu'on s'assemblera d'an en an... par toutes les Églises réfugiées l'une après

Premier Colloque.

---

[1] On ajoutait que les affaires concernant des Wallons à l'étranger ne devaient être traitées que sur présentation de pièces signées. Au siècle suivant le droit d'assistance aux Colloques flamands réclamé par les Wallons leur fut au contraire refusé. *Colloques flamands* cités par Moens.

l'autre, sauf les incommodités qui pourraient survenir... la première fois à Londres l'année prochaine... les ministres amenant chacun un ancien... ceux de l'Église pouvant tous assister, mais un seul ayant voix délibérative.»

Décisions des Colloques II à XV.

Le IIe Colloque — Londres 15 juin 1582 — « pour unir les Églises autant que possible en une même forme de gouvernement, prie celle de Londres d'envoyer à chacune des autres une copie de sa Discipline afin qu'elles s'avisent jusqu'où elles s'y peuvent conformer » : il trouve bon de déférer aux magistrats ceux qui se sont réfugiés sous faveur de la religion et ceux qui ont méprisé les censures ecclésiastiques[1]; institue une collecte volontaire pour l'envoi et l'entretien d'étudiants au-delà la mer[2], l'Église de Londres « pour l'importance d'icelle à quoi toutes les autres ont intérêt » devant toujours être pourvue au préalable de personnages propres[3], et avise de dresser par articles les raisons et conditions de la députation à Middelbourg, rédaction lue et approuvée par le IIIe Colloque, Norwich 1583. Elle établit nettement la position fraternelle mais indépendante que les Églises entendent garder vis-à-vis de leurs sœurs du continent :

« Les Frères des Églises étrangères en ce Royaume ont trouvé bon d'envoyer leurs Députés audit Synode comme ils en ont été requis, tant pour, témoigner de l'amitié et union qu'ils ont et désirent entretenir avec lesdites Églises, selon que les saints doivent avoir communion ensemble, que pour s'informer mutuellement de l'état des Églises et s'entr'aider du conseil et conformer les uns aux autres autant que faire se pourra. Mais de nous tenir astreints avec eux, pour nous trouver nécessairement

---

[1] Dans ce même esprit d'appel au bras séculier, au VIIIe Colloque on recommandera à Canterbury de dénoncer au magistrat afin qu'il y pourvoie « un dogmatisant doctrines hérétiques » qu'ils n'ont pu convaincre de son erreur.

[2] Entretenus à Genève (Ve Colloque).

[3] .. « Bien que l'égalité sans prééminence demeure entre les Églises », ajoute le VIe Colloque.

en toutes leurs assemblées synodales et suivre les statuts et ordonnances qu'ils y auraient faites, nous ne pouvons ni ne voulons aucunement nous y assujettir.

« Premièrement, pource qu'étans en pays étranger, différent de Prince et de gouvernement, nous ne pouvons entreprendre cela sans l'autorité publique, autrement nous nous mettrions en danger de beaucoup de calomnies et pratiques de ceux qui ne seraient pas de trop bonne volonté envers nos Églises, du moins en faudrait-il prendre l'avis des Superintendants de nos Églises qui jamais n'y donneraient leur consentement ;

« Pour être mêlés avec les Églises des naturels du Royaume il ne se peut faire qu'en beaucoup de choses nous ne soyons assujettis à la Police qui y est établie, comme du Superintendant, jours de fête, jeûnes, etc. ;

« Nous avons déjà notre Police ecclésiastique de longtemps reçue et approuvée, même par le Parlement, qui ne permettrait qu'en toutes choses nous nous pussions conformer aux Églises de delà la mer.

« Et vu que nos Églises sont composées tant de Français que de Walons, on pourrait par pareil droit requérir que nous fussions rangés aux Synodes de France et assujettis aux ordonnances qui s'y pourraient faire. Ce que pour les raisons susdites ne pourrions accomplir.

« Partant, demeurant en amitié et union avec toutes les susdites Églises en la doctrine et, autant que la diversité des pays et circonstances le pourront permettre, en l'ordre, les Frères ont été priés de trouver bon ce devoir fait envers eux et les exceptions qui leur sont proposées [1]. »

Au IVe Colloque — Canterbury 8 mai 1584 — après quelques faits particuliers et la décision de n'user que d'admonitions fraternelles envers ceux qui ne veulent adopter la cène mensuelle établie naguère en quelques Églises[2], « ont été lus et accordés les articles de la Discipline commune des *Églises étrangères de la langue françoise* recueillies en ce royaume, selon laquelle les dites Églises sont gouvernées, pour cheminer d'un même pied et en union les unes avec les autres. »

---

[1] *Actes des Colloques*. On se rappelait les défenses de 1572.
[2] Les Églises avaient peine à s'y conformer : excuses de Rye en 1586, exhortations à toutes en 1588.

Au Ve Colloque — Southampton 13 mai 1586 — La Fontaine est chargé de dresser la forme des articles convenus et de les envoyer aux Églises.

« Sur la question proposée de la censure qui doit être exercée à l'encontre de ceux qui depuis les derniers troubles sont tombés en l'Idolâtrie et depuis, touchés de repentance, sont passés en ce royaume pour se ranger derechef à l'Église de Dieu... a été répondu :

« A cause de l'état présent de quelques Églises et la grande multitude qui pour les persécutions s'y est naguère retirée, qui peut rendre les fautes notoires et publiques, que les consistoires doivent prudemment aviser à la qualité des fautes commises et scandales et pareillement considérer si elles sont connues ou non. Où les fautes seraient énormes, comme d'avoir été notoirement à la messe, fait abjuration de la vraie Religion devant l'Évêque et Juges royaux, en ce cas devant qu'iceux soient reçus à la paix de l'Église leur repentance sera dûment examinée et iceux induits de reconnaître publiquement leurs fautes devant la face de l'Église... Pour fautes moins lourdes et peu connues, on se contentera de les leur faire reconnaître au consistoire. »

Le VIe Colloque — Rye 15-16 septembre 1587 — se préoccupe des membres du troupeau qui, ayant fait un voyage en France, ont pu commettre quelque acte dérogeant à la vraie piété, en fait ou en paroles, promesse ou abjuration. L'ancien du quartier fera une enquête et l'on ne citera devant le consistoire que ceux sur lesquels il y aura présomption probable.

Les ministres reçus en charge durant les derniers troubles de France ne pourront départir de leurs Églises sans communication préalable au consistoire et si possible au Colloque, sauf en cas de non-entretien. Le soin de la veuve et des orphelins d'un pasteur est remis au troupeau qu'il a desservi.

On avait décidé que les Colloques seraient tenus dorénavant à Londres environ le temps de la Saint-Barthélemy, chaque Église avertissant à son tour, mais on n'observa jamais la date et le lieu varia.

Les consistoires ayant étudié les articles de la Discipline qui leur avaient été envoyés après la révision par La Fontaine, le VIIᵉ Colloque — Londres 6 et 7 septembre 1588 — discuta les additions proposées et arrêta une rédaction définitive dont on trouvera plus loin les dispositions.

Le VIIIᵉ Colloque — Londres 17-25 janvier 1589 — fut presque entièrement consacré à vider l'appel interjeté contre une sentence du consistoire de Threadneedle Street par Michel de Montescot dit de la Tour : le Colloque donna sa pleine approbation au consistoire, posant contre les prétentions du pasteur de Rouen le principe général que « les ministres réfugiés en une Église ne doivent avoir juridiction à part, ni pour eux ni pour les autres, mais se doivent ranger à l'obéissance du consistoire de l'Église en laquelle ils sont incorporés », et sur le fait particulier origine du dissentiment, que « les frères qui ont charge dans l'Église, et notamment du Ministère, doivent s'abstenir de contribuer à entretenir des navires de guerre et de prendre part au butin qui en serait provenu [1] ».

La principale décision du IXᵉ Colloque — Cantorbéry 27 juin 1590 — avec celle de célébrer la cène après chacune de ces assemblées, fut de déférer aux magistrats et aux pasteurs des Églises anglaises ceux qui se seraient rangés à ces Églises, s'étant soustraits de celles de langue française : « nous estimans délivrés et excusés du soin et charge tant de leurs âmes que de leurs nécessités corporelles ».

Les Xᵉ et XIᵉ Colloques — 25 avril 1593 et 15 avril 1594 — furent surtout remplis par les graves débats intérieurs de l'Église de Norwich, où ils se tinrent. On y prit de plus la résolution

---

[1] Les lecteurs curieux de détails sur la discipline intérieure de l'Église de Londres trouveront à l'*Appendice* l'analyse de cette affaire relevée sur les Actes du Colloque et du consistoire.

d'interdire les mariages d'âges trop inégaux, de ne pas établir ou d'abolir les prédications aux sépultures.

Le XII⁰ Colloque — Canterbury 21-25 mai 1595 — examina de nombreuses suspensions de la cène « justement, mais un peu sévèrement prononcées par le consistoire de cette Église [1] ».

Le XIII⁰ — Londres 19-23 août 1596 — fit écrire au Synode de France et à celui de Hollande et Zélande « pour rafraîchir la mémoire de l'union en doctrine et gouvernement de l'Église. »

Au XIV⁰ — Southampton 18-20 mai 1598 — prirent part le pasteur Mignot et l'ancien Paumier de l'Eglise, encore incertaine, des *Verreries*. On recommanda l'usage général des marreaux, mais on refusa de rétablir les propositions publiques devant le peuple. Déjà à l'issue du IV⁰ Colloque on avait écrit aux Synodes d'au-delà de la mer (Lescaillet aux Pays-Bas, La Fontaine en France) requérant les Églises de ne recevoir, ni à la cène ni pour leur mariage, aucun de ceux venant d'Angleterre sans attestation de l'Église dont ils étaient départis. Le X⁰ Colloque insista sur la nécessité de publier les annonces de mariage dans l'ancienne Église des futurs conjoints; Lescaillet en écrivit en Hollande, La Mothe à Jersey et Guernesey, Basnage en France. L'Église de Caen n'en ayant tenu compte, laissant communier un ancien et sa femme de Southampton tous deux suspendus, l'assemblée lui fit adresser des plaintes formelles de ce procédé préjudiciable « à l'union, conformité et aide mutuel en l'exercice de la Discipline [2] ».

---

[1] « On exhorte les frères de C. de dispenser la médecine des corrections et répréhensions en l'Église avec prudence et modération, que l'usage trop fréquent ne les rende ennuyeuses et l'apprêt mal assaisonné »...

[2] Le fait se reproduisant, le VI⁰ Colloque en fit écrire par La Fontaine et de La Mothe aux Synodes national de France et provincial des Pays-Bas.

Au XVe Colloque — Londres 23-27 avril 1601 —

« Sur la question proposée par les frères de Canterbury si les pasteurs ne pouvant goûter ce qui d'un commun accord aurait été trouvé bon par les anciens, n'en pourraient empêcher l'exécution jusques à ce qu'ils en seraient autrement satisfaits par communication avec les Églises voisines ou par l'assemblée du Colloque ? — A été avisé que toutes difficultés en matière de gouvernement de l'Église et administration de la Discipline seront, comme de coutume, vidées, par la pluralité des voix, sans que les pasteurs ou anciens prétendent en ce cas plus d'autorité les uns que les autres. Mais néantmoins que où les pasteurs désireraient le conseil des Églises voisines ou du Colloque, s'il était sur le point d'être assemblé, les anciens sont requis de peser bien mûrement les raisons que leurs pasteurs auraient au contraire et ne précipiter l'exécution de ce qui, par pluralité de voix, aurait été résolu entre eux. »

Cet article fait ressortir l'influence prépondérante des anciens, accrue par le grand rôle ecclésiastique attribué à leur fonction dans la Discipline d'a Lasco. Chaque ancien a charge d'un certain nombre d'âmes ; c'est lui qui fait les enquêtes sur la vie et les mœurs, lui qui donne ou qui retient le marreau de la communion ; de là les appels portés maintes fois jusqu'aux Colloques, et le froissement de plusieurs pasteurs réfugiés transitoirement, soumis à la surveillance de l'ancien de leur quartier, et traités par lui comme les autres membres du troupeau, sans égard pour leur caractère sacerdotal [1].

Enfin il fut arrêté que les mariages d'Anglais avec filles ou veuves de l'Église réfugiée seraient renvoyés aux ministres anglais, et après annonces des deux parts, célébrés dans l'Église anglicane, la conjointe et ses futurs enfants ne devant tomber en aucun cas à la charge de son ancienne congrégation.

---

[1] Voir les plaintes de Beaulieu en 1572, de Montescot et de Dordes d'Espoir en 1586.

La troisième Discipline.

Nous comprenons sous ce nom de troisième Discipline deux Formes à peu près semblables : celle rédigée par La Fontaine en 1578 pour Threadneedle street, avec le concours des ministres réfugiés transitoirement à Londres, et son adaptation à l'usage de toutes les églises françaises-wallonnes en Angleterre, acceptée par elles au VIIe Colloque en 1588 : elle eut force de loi jusqu'en 1641.

L'original de la « *Police et Discipline Ecclésiastique observée en Léglise de la Langue Françoise à Londres,* » conservé dans les Archives du French protestant Hospital[1], est revêtu d'une double attestation consistoriale : celle du 15 septembre 1578[2] est confirmée en ces termes :

> « Les ministres, anciens et diacres de l'église françoise de Londres estans assemblés au nom de Dieu, après lecture faicte de rechef entre eux des articles ci-dessus escris de la Discipline. Ils les ont de rechef entièrement approuvés, et pour tesmoignage de ceste leur approbation et union en l'observation et entretenement d'icelle ils ont trouvé bon d'y soubzscrire et soubzsigner admonestans et prians leurs successeurs de voulloir faire le semblable pour le bien et utilité de Léglise. Faict à Londres le Ve d'aoust 1579. »

Suivent les signatures sur deux colonnes[3]. La dernière porte la date de 1606, bien que les Églises eussent toutes adopté depuis 1588 une rédaction légèrement modifiée.

---

[1] Parchemin de 0,25 sur 0,16 : le texte de la Discipline occupe 29 pages, les signatures apposées de 1578 à 1606 trois, plus deux pages blanches.

[2] Voir ci-dessus p. 230.

[3] La droite n'en contient que quatre, celles des pasteurs R. Le Maçon, J. Castol, Aaron Cappel, Samuel Chevalier : la colonne de gauche est occupée par les anciens, dont les signatures, avec celles des diacres, se continuent sur les deux pages suivantes. Voir reproduction *fac-simile* à l'*Appendice*.

De la seconde Forme, destinée à l'ensemble du Refuge de langue française, on ne connaît jusqu'ici qu'un exemplaire, celui de l'Église de Norwich : il porte sur sa dernière page la mention que les articles « y ont esté leus le 29 d'apvril a° 1589 en la présence des ministres, anciens et diacres, lesquels estant approuvez ont esté semblablement par eux signez pour plus grande approbation d'iceux, » signatures qui se sont continuées jusqu'à la fin du XVIIe siècle. Aucune hésitation n'est possible sur le caractère général, et non spécial à Norwich, de ce document qui s'accorde textuellement avec le précédent, sauf pour les parties amendées par le VIIe Colloque et dont la rédaction s'y retrouve. Du reste le titre est concluant : « *Police et Discipline ecclésiastique observée ès Églises de la langue françoise recueillies en ce royaume d'Angleterre soubz la protection de la sérénissime Royne Élizabeth que Dieu conserve en toute heureuse prospérité* [1] ».

En elle-même la troisième Discipline ne diffère que peu dans la forme, et aucunement dans l'esprit, de celle de des Gallars, en usage dans l'Église de Londres depuis 1561. On a modifié la division des chapitres [2], mais dès les premières lignes du préambule ce sont presque les mêmes mots. Ce caractère ne changea point lorsque La Fontaine fut chargé par les Colloques [3] de revoir à nouveau cette révision préparée pour Threadneedle street seulement, et que le réseau du Colloque désirait s'approprier. Quelques articles furent disjoints, d'autres réunis;

---

[1] Le manuscrit fait partie maintenant des collections du British Museum. Son précédent propriétaire Miss Lucy Toulmin Smith en a donné une reproduction correcte, avec préface, dans le *Norfolk Antiquarian Miscellany* 1879, sous le titre : *The Walloon Church at Norwich*. La Discipline a été également réimprimée en 1889 dans l'Appendice du Livre de M. Moens, n° XXXIII.

[2] Exemples : celui des Anciens comprend les Censures et l'exercice de la Discipline intérieure, l'ordre des Sermons ne vient qu'après les Diacres.

[3] Actes des IIe, IIIe, IVe, V[e] et VIIe Colloques.

on substitua le pluriel au singulier[1] : la rédaction fondamentale demeura la même, malgré les six années qu'avait duré l'examen approfondi des Églises.

Ces deux Formes de 1578 et de 1588, presque identiques, se distinguent cependant nettement l'une de l'autre en ce que la seconde supprime judicieusement tout ce qui était particulier à l'Église de Londres et qu'elle ajoute l'élément nouveau du Colloque. Des principales suppressions de 1588 l'une concerne les diacres, l'autre, qu'il est utile de rétablir ici selon la forme de 1578, donne quelques indications sur l'organisation du culte à Threadneedle street.

« Le dimanche, à neuf heures du matin, l'Église s'assemblera pour prier Dieu en commun et ouïr la prédication de la parolle.

« Le mesme jour, à deux heures après-midi, s'exposera le catéchisme aux enfans et à toute l'Église qui sera exortée de s'y trouver.

« Le mardi et jeudi le sermon se commencera à huict heures du matin depuis le commencement d'apvril jusques au commencement d'octobre et à neuf heures le reste de l'année.

« Pendant le temps que l'Église s'assemblera, principalement le dimanche et jeudi quelqu'un député à ce faire lira à haulte voix quelque

---

[1] Exemples: chap. des Pasteurs. « Il est donc besoing que celuy qui prend telle charge soit premièrement trouvé pur et suffisant en doctrine, propre et idoyne pour la communiquer au peuple en édification. ...Secondement qu'il soit de bonnes mœurs et qu'il ayt vescu sans reproche » (*Seconde Discipline*).

« Il est requis, selon le Conseil de l'Apostre, que celuy qui sera appelé en telle charge soit pur en doctrine et suffisamment instruict, propre à enseigner son troupeau en édification et fermer la bouche aux contredisans... Qu'il soit irrépréhensible, bien conduisant sa famille, qu'il ayt bon tesmoignage mesme de ceux de dehors » (*3ᵉ Disc.*). Les mots *qui sera appelé* au lieu de *qui prend* reflètent la différence des époques: Des Gallars n'était pas loin de ces jours de la Réforme où l'initiative personnelle a plus d'une fois créé le pasteur. Les Censures : « Et néanmoins que tout cela soit tellement modéré qu'il n'y ait nulle rigueur dont personne soit grevé et mesme que les corrections ne soient sinon médecines pour réduire les pécheurs à notre Seigneur (*2ᵉ Discipl.*).

« En toutes les censures et advertissements il fault qu'il y ait une réelle modération, que les corrections mesme soient médecines de peur que le pauvre pécheur ne soit englouty de tristesse » (*3ᵉ Disc.*).

livre du vieil ou nouveau testament durant laquelle lecture les frères demeureront attentifs à l'audition d'icelle, parmy laquelle lecture se pourra quelquefois entremesler le chant de quelque psaume[1].

« Le jeudi, après la presche, se feront prières solennelles générales pour tous hommes et notamment pour les nécessitez des Églises »[2].

L'esprit de la seconde Discipline, celle de des Gallars à l'instar de Genève, a subsisté, disions-nous, dans la troisième. En se référant à l'analyse de cette seconde[3], et en ne tenant pas compte de simples substitutions ou développements d'expressions, on observe pour la troisième les particularités suivantes :

Les quatre ordres d'offices subsistent. Le pasteur est « examiné et aprouvé premièrement par les ministres, anciens et diacres, puis nommé au peuple et finalement receu avec le consentement de toute l'église *qui le vouldra employer*, ou la plus grande—et saine—partie d'icelle »[4] ; il subit les mêmes interrogatoires privés, donne les prédications d'épreuve privée et publique, est soumis aux mêmes oppositions du troupeau dans un délai porté à quinze jours, présente les mêmes témoignages ; mais au lieu de sa simple protestation « de recevoir et tenir la doctrine approuvée en l'église en tous les points d'icelle », avant son sermon public « il protestera d'aprouver et signera les points de doctrine exposez en la confession de foy receüe ès églises, promettant, de ne s'en esloigner aucunement, ne mesme de la forme d'enseigner pure et simple, et pareillement qu'il maintiendra l'ordre estably pour le gouvernement et conduite

---

[1] Article conservé mais simplifié en 1588.

[2] Chapitre « Du temps de l'administration de la parole de Dieu », art. 1 à 5. Les jours et heures sont les mêmes qu'en 1561.

[3] Voir ci-dessus p. 103.

[4] Dans cette analyse nous imprimons en *italiques* les passages qui n'appartiennent qu'à la forme de 1588. Les mots « et saine » sont une addition au passage de des Gallars.

d'icelles ci églises, lequel aussi pour cest effect il signera. *Et la confession de foy laquelle on soubz signera sera celle qui à présent est receüe par le synode des églises de France, jusques à ce qu'il en soit autrement advisé, et sans préjudicier à la liberté des églises icy réfugiées, ni les vouloir astraindre à la forme d'icelle que selon les occurences et nécessités d'icelles églises elles n'en puissent dresser une autre forme*[1] ».

« S'il n'y a point d'opposition sera adverty le superintendant de l'église qui sera à pourvoir, *là où par authorité de Sa Maiesté il y en aura d'ordonnez*[2], duquel sera demandé l'aprobation et consentement. » Il n'est plus fait mention de l'évêque pour l'introduction dans l'Église. Pour les oppositions, à défaut de l'avis du superintendant on prendra, à partir de 1588, celui « *de la classe ou des églises voisines.* »

« *Quant aux églises qui auront besoin d'estre pourveües d'ailleurs, veu l'estat présent et sans préjudice pour l'advenir elles s'adresseront aux frères de Londres, pour faire le choix et examen de celuy qui seroit propre pour l'église qui en aura besoin, lequel estant envoyé, ouy et approuvé par l'église qui le requit, sera admis et estably en sa charge.* »

On emprunta à la Discipline des Églises de France, où il porte le même numéro 16, l'article « les ministres ne pourront prétendre primauté ou domination les uns sur les autres » en y ajoutant « laquelle règle sera aussi observée aux aultres ordres et charges ecclésiastiques. » Un adoucissement fit passer « les danses et telles dissolutions » de la catégorie des vices qu'il ne

---

[1] Article inspiré sans doute par les ministres réfugiés: c'est le Synode de la Rochelle 1571, qui avait ajouté la signature obligatoire de la Discipline à celle de la Confession de Foi.

[2] Partout où la Forme de 1578 mentionne le superintendant, celle de 1588 a soin d'ajouter la restriction ou une similaire « *là où il y en aura d'estably* », espoir ou essai de retour vers la complète indépendance des jours d'Édouard VI.

faut supporter en un ministre dans celle des autres plus supportables pourvu qu'ils ne soient incorrigibles [1].

« Si devant que procéder à l'élection ou approbation le personnage étoit convaincu de crimes punissables par le magistrat, comme larcin manifeste, meurtre, crime de lèze-majesté, ou aultre grandement scandaleux à l'église, il ne sera poinct passé oultre en l'élection. Que s'il est desia receu et admis en sa charge, néantmoins le faict communiqué au superintendant, *s'il y en a*, et avec le consentement de l'église, il doit estre déposé, encores que tels faictz eussent esté commis non seullement devant son élection mais du temps de son ignorance, et ce au cas que demeurant au ministère il aporte plus de scandalle à l'église que d'édification ; de quoy le consistoire et aultres par eulx appellez cognoistront. Quant est des moindres faultes on suivra l'ordre accoustumé et déclaré par N. S. J. C. en St Math, 18 [2]».

Des Gallars, vu la petitesse de l'Église, avait traité laconiquement l'office des docteurs ; on insista maintenant sur ce second ordre et le Colloque rédigea lui-même la fin du nouvel article premier :

« L'office de docteurs est aussi de maintenir entre les fidelles la vraie et saine doctrine, et pourvoir par tous moiens qu'elle ne soit corrompue par erreur, ignorance, ou par faulces opinions, *sans touteffois s'estandre ès consolations, admonitions et repréhensions, ne s'employer à l'exercice de la discipline.* Pourtant leur devoir est de sonder diligemment les escritures et en exposer brièvement le vray sens, s'opposer aux hereticques et refuter leurs erreurs, *tant par leçons que par escrit, et façonner les proposans qui se disposeront au service de dieu par leçons, propositions, et disputes pour la conservation du ministère de l'église* » [3].

[1] Le Colloque ne se décida qu'après discussion à conserver ces listes des Vices « trouvez aux Ministres ».
[2] Article 19 dans les deux Formes de la 3e Discipline.
[3] Les additions de 1588 (en italiques) ont pour but de circonscrire l'activité des docteurs, et tout en profitant de la présence au sein du Refuge de théologiens distingués, d'empêcher leur ingérence dans la direction ou dans la vie intérieure du troupeau, de prévenir le retour des querelles d'un Montescot ou d'un Dordes d'Espoir.

Les docteurs devaient présenter les témoignages des Églises où ils auraient exercé ou se soumettre à un examen, et signer la Confession de foi et la Discipline. Supprimant pour les maîtres d'école la présentation à l'évêque, on conserve aux ministres la surveillance des livres et de l'enseignement; « et à ceste fin les ministres, accompagnez de quelques anciens et diacres, les visiteront du moins quatre fois par an, *notamment ceux qui enseignent les langues, et prendra on garde que nul ne soit souffert d'enseigner qui ne soit de la communion et qui ne soit approuvé de l'église* »[1].

Des Gallars, acceptant transitoirement le suffrage universel pour l'élection des membres laïques du consistoire, en laissait entrevoir la suppression qui fut effectuée sous Jean Cousin. La 3e Discipline ne fait donc que consacrer le mode accepté à Threadneedle street depuis près de vingt années.

« Pour l'élection d'iceux on suivra le mesme ordre que dict a esté pour les ministres, ne sera touteffois nécessaire qu'ilz soient autant avancez en scavoir, ny propres à traicter l'escriture, ny pareillement en advertir le superintendant, *ny de célébrer le jeusne;* mais principalement on aura esgard qu'ilz soient sains en la foy, gens graves, prudens, de vie honneste, sans reproche, et zélateurs de l'avancement de la gloire de Dieu. »

On conserve l'attribution des quartiers, mais les enquêtes minutieuses à l'arrivée de chaque nouvel étranger de langue française ont disparu, sans doute vu l'impossibilité reconnue de la mettre en pratique. La Fontaine n'avait rien précisé pour la durée des fonctions d'ancien et de diacre. Le Colloque la fixa à trois ans, avec renouvellement annuel d'un tiers, *« sauf que ceux qui vouldront continuer plus longtemps en leurs charges en*

---

[1] La Fontaine s'était contenté de mettre « pour voir leur ordre et façon d'enseigner. » Par contre il avait gardé de la Discipline précédente l'obligation pour les instituteurs de conduire eux-mêmes leurs élèves au catéchisme; en 1588 on leur ordonnait seulement de les préparer à y répondre.

estans requis par le consistoire le pourront faire, veu que s'il estoit possible il seroit besoin que ceste charge fut perpétuelle en l'église. Le nombre des anciens demeurera en la liberté de l'église d'en élire tel nombre qu'elle jugera estre nécessaire. »

La discipline intérieure s'exerce de même, réunion hebdomadaire du consistoire, action des anciens soumise à son contrôle[1], mais accentuation des peines : au scandale public répond la suspension de la cène, puis la réconciliation publique avec notification au troupeau de la faute et de la repentance du pécheur, l'Église étant « avertie de veiller sur luy et prier Dieu qu'il luy plaise faire la grâce que ce qu'il a protesté de bouche il le sente aussi de cœur, et le testifie par vrais effectz et fruits dignes de repentance »[2]. Cette reconnaissance publique est imposée en 1588 à ceux qui ayant « *esté rangez en la communion des églises réfugiées en ce Royaulme sont retournez ou ont assisté aux idolâtries et superstitions papisticques* » : s'ils n'ont pas fait partie de l'Église, « *sera assez qu'ils recognoissent leurs fautes au consistoire, promettans d'en satisfaire aux églises en la communion desquelles ilz estoient, ou qui autrement en pourroient estre offencéez, selon l'ordre estably par les églises où ils se trouveront*[3] ».

L'excommunication, seulement mentionnée par des Gallars, est exposée avec de longs détails. On n'y procédera, il est vrai, « qu'avec grande maturité de jugement et pour causes d'importance, et quant il n'y aura aultre moyen de guérir la playe tant

---

[1] La Discipline de Londres 1578 comme celle de des Gallars disait : « Les anciens ne pourront appeler aucun au consistoire par leur autorité privée, ains seulement par l'avis de la compagnie » ; le Colloque ajouta « *sinon que le délay apportast quelque préjudice à l'église de Dieu, dont touteffois l'ancien communiquera avec le pasteur et deux ou trois anciens.* »

[2] La Forme de 1588 admet certaines atténuations et différences : « Pour lever le scandale il sera exclu et suspendu de la communion de la cène.. *et mesme selon la qualité de la faulte, l'utilité de l'église et la disposition de la personne, le consistoire advisera d'avertir qu'un tel, etc.* »

[3] Cet article manque en entier à la Forme de 1578.

de l'église que du frère», elle sera précédée de dénonciations par trois Dimanches, de quinze en quinze jours, la première sans nommer le coupable.

« Si toutes ces dilligences ne proffitent de rien, à jour certain, dont il sera advisé par le consistoire, sera excommunié et retranché du corps de l'église, avec prières et invocation du nom de Dieu ; les frères estans advertis d'y prendre exemple et s'abstenir de la communication familière de telles personnes, affin qu'ilz ne soient tentez de Satan». La Forme de 1588 contient une prière pour la réconciliation des excommuniés, écho très affaibli, comme toute cette procédure, de celle d'a Lasco.

On regrette de ne plus retrouver la déclaration si nette de la 2e Discipline interdisant aux ministres et anciens toute juridiction civile et l'emploi de toute autre arme que la Parole de Dieu, mais les Églises s'avertiront mutuellement « *de ceux qui, pour leur mauvaise vie, auront été chassés par l'autorité du magistrat ou se seraient retirés d'eux-mêmes afin que telles personnes n'entrent ès autres troupeaux, pour les infecter et y apporter nouveaux scandalles* » (1588).

Les quatre censures annuelles persistent avec adjonction des diacres. « Dans l'assemblée de Noël il sera traicté par les anciens et les diacres de l'entretènement des ministres...[1] et se lira de point en point, au moins une fois l'an, la Discipline ecclésiastique. »

Dans le chapitre des diacres les réflexions de des Gallars sur les deux sortes de diacres de l'Église ancienne, et la difficulté de les distinguer vu la petitesse du troupeau, ont disparu des deux Formes ; mais celle de 1578 contenait des dispositions spéciales à la congrégation de Londres qui ne pouvaient qu'être

---

[1] En 1588 on ajoute l'injonction pratique « *avec lesquels quelques uns d'entre eux auront au préalable communiqué en particulier pour le rapporter à ceste compagnie là.* »

retranchées en 1588 [1], où l'on en revient à confier aux diacres, comme dans le passé, deux bourses « *l'une pour les pauvres, l'autre pour l'entretènement du ministère et aultres affaires de l'église, lesquelles bources se règleront l'une avec l'aultre selon que l'utilité et bien des églises le requerra* ». Les réunions continuent à être hebdomadaires, mais, tandis que des Gallars en laissait la présidence indécise, et que La Fontaine l'attribuait à l'un des diacres à tour de rôle, le Colloque l'assigna à l'un des pasteurs, ou, à son défaut seulement, à l'un des diacres. On retrouve les redditions de comptes et autres sages dispositions antérieures [2]. Dans des cas urgents ils seront libres d'allouer d'eux-mêmes jusqu'à un sol sterling de secours ; de plus ils devront porter chaque semaine les aumônes « ès maisons des pauvres et s'enquérir soigneusement de leurs nécessitez. »

« Chacun des diacres visitera tous les mois les familles de son cartier avec l'ancien qui en a la charge [3]. Davantage, de trois mois en trois mois

---

[1] 1578 : « Veu l'estat et condition présente de ceste église cest ordre a semblé estre le plus expédient pour ceste heure, à scavoir que les diacres recevront tant les aumosnes qui se font à l'issue des assemblées et les contributions volontaires que les frères font tous les mois, qu'autres donations faictes à l'église, comme de lais testamentaires, et aultres dons faicts ou envoyez pour la subvention générale de l'église et par ce moyen la bource des nécessités de l'église se trouvant en arière sera secourue par la bource des pauvres, auquel cas la raison susdite sera spécifiée en la reddition des comptes ; semblablement si la bource des nécessitez a abondance elle subviendra à la nécessité des pauvres et sera cet ordre entretenu cependant que les frères jugeront qu'il ne sera point préjudiciable aux pauvres. — Pour les aumosnes qui se pourroient faire en l'absence des diacres, il y aura un tronc fermant à deux serrures, dont une clef sera par devers l'un des ministres, l'autre entre la main des diacres, et par certains temps sera faicte ouverture dudit tronc pour mettre tout en compte. »

[2] L'adjonction, par le Colloque, de la clause que la reddition des Comptes est remise au temps de la célébration de la cène « *pourvu qu'il n'excède point trois mois* » prouve que plusieurs Églises hésitaient encore à se plier à la cène mensuelle.

[3] « Environ le temps de la cène et peu auparavant ils visiteront avec l'ancien.. » 1578.

la moictié d'entr'eux visiteront toutes les maisons pauvres et affligées de l'église, pour cognoistre ceux qui auront besoin d'augmentation ou diminution d'assistance, estans accompagnez de l'un des ministres aultant que faire ce pourra. Leur charge ne sera perpétuelle non plus que des anciens. Ains pour causes raisonnables par eux proposées, desquelles la compagnie des ministres, anciens et diacres, jugera, pourront estre deschargez, après que l'église y aura donné son consentement. Quant à l'élection, descharge ou déposition, si elle y eschet, sera suivi le mesme ordre qui a esté déclaré pour le regard des anciens. Il sera pourveu au nombre selon la nécessité [1]. »

Ne prétendant pas imposer aux diverses Églises l'ordre rigoureux des services de la capitale, la Forme de 1588 laisse à la volonté des consistoires les nombre, jours et heures des prédications, l'usage de prières extraordinaires au temps de l'affliction et les jeûnes [2]. Il en est de même pour la forme du catéchisme auquel répondent les enfants de dix ans et au-dessus; le Colloque ajoute: «*ou autre âge convenable selon le jugement des églises*», divisés par quartiers, les anciens «ayant l'œil» pour les faire enregistrer.

« *Sera retenu et diligemment practiqué l'usage du catéchisme, pour l'instruction des enfans et des rudes qui se préparent à la*

---

[1] Suppression en 1588 des mots « Touttefois à présent ils seront réduits au nombre des Anciens, estant à chacun quartier assigné un Ancien et un Diacre. »

[2] « *Le Jeusne ne sera souvent publié, mais quand il en sera besoing sera avec toute solennité dénoncé le jour du dimanche précédent; puis le jour prochain devant la célébration du jeusne le peuple y sera préparé et disposé, avec exhortation et prières, et sera chacun adverty soigneusement de laisser son œuvre et assister aux exercices de piété qui seront establis par les Consistoires.* »

La Fontaine avait rédigé: « Au temps d'affliction extraordinaire comme de peste, guerre, famine ou aultre calamité, le jeusne public sera publié et célébré à jour certain advisé par le consistoire, l'advis duquel sera communiqué au Cœtus des trois églises, afin de cheminer, autant que faire se pourra d'un mesme pied. — Outre cela les prières extraordinaires se feront au temps d'affliction le mercredy et vendredi avec la lecture et briève interprétation de quelque psaume ou autre texte convenable. »

communion de la sainte Cène, et mesme de toute l'église qui sera exhortée de s'y trouver, dont touteffois la forme est laissée en la prudence et discrétion des consistoires »[1].

L'examen a lieu quatre fois par an, les Dimanches précédent les cènes de Janvier, Avril, Juillet et Octobre; il y a, comme sous a Lasco, réception publique avec prières[2]. Enfin,

« Oultre tous les exercices il sera bon, autant que faire ce pourra, qu'il se face une visite de tous les ans de toutes les familles de l'église, et ce par le ministre et anciens des quartiers, afin d'exhorter un chacun de profiter en la doctrine et piété, et examiner comment on s'acquite en cela de son devoir, demandant à un chacun raison de sa foy. »

En transcrivant les derniers mots de ce paragraphe, il est difficile de ne pas se sentir frappé, peut-être même quelque peu froissé, de la rigueur ultra-calviniste qui s'y reflète. Être toujours prêt à rendre « raison de sa foi » est dans le véritable esprit protestant; mais cette investigation officielle et minutieuse, ces réponses obligatoires, cet examen de conscience imposé et qui devient une sorte de confession, ne sont-ils pas en opposition flagrante avec une religion de libre examen, un empiétement sur un terrain réservé, celui des rapports intimes et personnels entre le fidèle et son Dieu? Plusieurs, même au XVIe siècle, en jugèrent ainsi. Le VIIe Colloque, par sa stipulation formelle que « *toutes les églises se conformeront à cet article* », indique qu'il ne fut pas sans soulever des résistances.

L'exercice de Prophétie est conservé, à l'état de possibilité, avec ses mêmes règles et une durée de trois quarts d'heure[3].

---

[1] L'article rappelle le 3ᵉ de des Gallars au chapitre « Du nombre et du temps des sermons. »

[2] Ces dispositions remplacent le chapitre de la 2ᵉ Disc. sur l'ordre à tenir envers les petits enfants.

[3] « Toutes les fois qu'il plaira à Dieu faire ouverture à l'usage de la prophétie par la conférance et communication de ceux à qui Dieu a donné le don d'interprétation des escritures, sera bon de mectre sur cest ordre comme on la veu par cy devant practiqué en quelques églises. » (En ceste Église, 1578).

La préoccupation du recrutement pastoral a fait ajouter un chapitre nouveau et utile :

« De la Proposition. — 1. Et pour ce qu'il est nécessaire de pourveoir à ce que le ministère soit entretenu par continuelle succession en l'église, il sera bon de jeter l'œil sur ceux qui pourroient estre propres, et advertir, tant ceux en la puissance desquelz ilz pourroient estre, qu'eux-mesmes, à ce qu'ilz soient dédiez à un œuvre si sainct. — 2. Ceux qui se rangeront pour cest effect à la proposition s'assembleront une fois du moins la sepmaine en la présence *du professeur et docteur en théologie, s'il y en a en ladite église sinon* des ministres, anciens et diacres, qui s'y pourront trouver, expliquans à leur tour quelque livre de l'escriture qui leur sera assigné par le consistoire. — 3. Ils tascheront en traictant l'escriture de se conformer, au plus près qu'ils pourront, à la forme de prescher et exhorter convenable à enseigner et édifier le peuple. — 4. La proposition finie, celuy qui aura parlé sera adverty de ce à quoy il a besoing de prendre garde et accouragé de poursuivre de bien en mieux. — 5. Là où il y auroict un docteur seront les proposans exhortez de se trouver aux leçons de théologie et aux disputes, lesquelles s'il est possible seront dressées pour les rendre propres à convaincre les contredisans et se garder des tromperies des sophistes et héréticques. »

La Forme de 1578 n'avait rien changé au chapitre du Baptême : la révision de 1588 permit de prendre comme parrains, en plus de ceux « qui sont reçus à la communion de l'église », ceux qui « *promettront de se ranger à icelle pour l'effectuer au plus tost que faire se pourra* », et elle ajoute un sixième article :

« *Ceux qui auront esté excommuniez ou suspendus publiquement de la cène ne pourront estre admis pour parains et tesmoings au Baptesme. Mais dautant qu'il y en a aucuns qui auront esté suspendus pour quelque temps seullement au consistoire, et appert de leur repentance, ilz pourront estre receus par ladvis dudit consistoire*[1] ».

Le chapitre de la Cène contient des prescriptions nouvelles : elle devient obligatoire tous les mois, et elle est précédée en

---

[1] La Discipline de Londres se contentait d'inscrire les noms des parents, le Colloque rétablit en précisant « et des parrains et marraines ».

semaine de prières publiques « auxquelles sera conjoinct un advertissement aux fidelles des choses qui concernent le devoir d'un chacun, tant pour le regard des assemblées ecclésiastiques et exercices de piété, que pour le règlement des familles et personnes particulières, avec exhortation à chacun de se préparer comme il appartient à la communion de la sainte Cène. » Les étrangers et nouveaux venus s'adresseront par les anciens de leurs quartiers au consistoire, produiront témoignages ou feront profession de leur foi[1]. On ajoute en 1588 que le consistoire connaîtra des causes d'abstention « *distinguant ceulx qui le font pour quelques difficultez survenuez en leurs esprits d'avec ceulx qui le font par mespris ou pour quelque mauvais regard et avec continuation.* »

Pour les mariages, on a supprimé la consultation de l'ancien ou du diacre avec référence au ministre, et en continuant à exiger le consentement des parents, on introduit le tempérament de la Discipline des Églises de France : « touteffois quant ilz auront pères ou mères tant desraisonnables qu'ilz ne vouldroient consentir au bien et proffit manifeste de leurs enfans, le consistoire leur donnera advis tel qu'il jugera estre convenable ». La communication aux parents leur est due, comme honneur, par les enfants majeurs et même les veufs. Les trois publications, les promesses devant le consistoire en présence des témoins, le mariage dans les six semaines sont identiques, dans l'esprit

---

[1] La Discipline de Londres s'était bornée à dire : « Quant aux estrangers et nouveaux venus ils s'adresseront aux anciens de leurs quartiers pour estre proposez au consistoire » ; le Colloque ajoute : « *où ilz feront paroistre tesmoignage de leur église, si desja ilz ont esté receuz à la communion ; et où ilz n'auroient point esté auparavant receuz à la communion de quelque église, ilz nommeront des tesmoins qui puissent certifier de leur bonne vie et conversation, — et feront les uns et les autres confession de leur foy —* (termes changés par la suite en ceux-ci : *Puis estant instruitz s'ilz en ont besoing, feront profession de foy*) — *avant que d'estre admis,* affin que nul n'aproche de la cène à sa condempnation ».

sinon dans les termes[1] : on stipule que les veuves ne seront reçues à faire promesse qu'après quatre mois et demi (en France sept et demi) de veuvage ; « les hommes seront exhortez d'attendre du moings quelques mois » ; suit un formulaire des promesses qui correspond jusque dans les mots, à peu d'exceptions près, à celles prêtées aujourd'hui encore par les époux, dans les mariages réformés[2].

Dans la visitation des malades la communication peut être faite soit à l'ancien, soit au diacre. Pour la sépulture, même principe d'absolue simplicité[3], même délai pour l'ensevelissement « *avec grande considération de la diversité des maladies* », et enregistrement mensuel des décédés par quartiers.

Les Promesses pour les ministres, anciens et diacres sont celles de la Discipline de des Gallars[4], avec une double suppression à chacune d'elles, celle de la clause qui obligeait à révéler à l'évêque ou à qui il appartiendra ce qu'on apprend de préju-

---

[1] « Tous fidelles en général, mesme ceulx qui sont en aage et jouissent de leurs droitz seront advertis de ne faire promesse de mariáge, sinon en la présence de leurs parens, voisins et aultres gens de bien. » — La Forme de 1578 complétait : « y appellans mesme ceux qui ont charge en l'église pour recevoir les promesses avec l'invocation du nom de Dieu, et ceux qui en usent autrement seront censurés de leur légèreté et mépris. » Ce passage a été remplacé en 1588 par un article spécial : « *Pour éviter plusieurs abus doresnavant, les promesses de mariage se recepvront aux consistoires et feront les parties paroir de contrat passé par devant notaire autant que faire ce pourra, quoy qu'il en soit en présence de tesmoings.* »

[2] Comme il s'agit ici de fiancés, elles se terminent par celle-ci : « Vous promettez aussi l'un et l'autre qu'après que vos promesses auront esté publiées en l'église, selon la coustume, vous ratifierez les promesses faictes présentement, devant la face de toute l'église. »

[3] Des Gallars : « Quant à la suite et compagnie pour les porter en terre ce sera à la discrétion des parents et amis du défunt, sans toutefois y permettre aucune superstition et vaine pompe ». — 3e Disc. : « Il n'y aura aucune superstition ou pompe, toutefois il demeure en la liberté des parents et amis d'appeler tels qu'ils aviseront pour le convoi du défunt. »

[4] Comme elles devaient être lues au récipiendaire, la modification dans la forme est logique ; au lieu de « Je promets, etc. », la rédaction est : « Vous promettez. ».

diciable au pays, et du dernier paragraphe sur l'exemple à donner de reconnaissance et de soumission aux lois et magistrats « sans préjudicier à la liberté octroyée. » Il est vrai que ces engagements sont implicitement contenus dans ce qui précède. Il y a des formules spéciales de décharge, de nomination et de confirmation des anciens et des diacres, espacés à huit jours de distance pour laisser aux oppositions le temps de se produire.

La Discipline de 1588-89 se termine par un chapitre entièrement nouveau, qui en forme le trait saillant, ne se trouvant ni dans celle de des Gallars ni dans la rédaction de Londres de 1578, et qui lui donne son véritable caractère :

Les Colloques.

« Des Colloques et assemblées générales :

« 1. A fin d'entretenir la pureté de vie et doctrine, et ensemble l'ordre et union des églises, il se fera d'an en an ou autre temps convenable une assemblée des députtez de toutes les églises de la langue françoyse qui seront en ce royaume, où chaque église envoyera un ministre et un ancien garny de mémoires et instructions aprouvées et signez par le consistoire, sans néantmoings oster la liberte aux ministres et anciens d'y proposer comme d'eux-mesmes ce qu'ilz trouveront estre expédient. — 2. Le ministre qui aura présidé en l'assemblée précédente fera la prière, et au deffault d'iceluy le ministre du lieu ; après laquelle se fera nouvelle élection d'un président et d'un escrivain. — 3. Quant à diverses questions et faictz particuliers proposez par les frères, ilz seront escris et enregistrez quand ils porteront conséquence, et seront jugez utiles pour la généralité des églises. Mais quant aux autres de moindre conséquence, chacun se souviendra de l'avis et conseil donné en la presente assemblée pour en faire raport à son église, et s'en servir comme on cognoistra estre très bon. — 4. Les anciens du lieu auquel le colloque sera assemblé y pourront aussi assister, touteffois il n'y aura qu'un d'entre eux avec les ministres qui ait voix délibérative, pour éviter confusion. — 5. Finalement il y aura une censure aimable et fraternelle de tous les députtez, tant ministres qu'anciens, esquelle les églises pourront mettre en avant ce qu'elles auront à dire touchant leurs pasteurs et les pasteurs au contraire[1] ».

---

[1] Article adopté ensuite par le Synode français de Gergeau 1601.

Le fonctionnement régulier des Colloques devait consolider l'union et assurer l'harmonie entre les communautés du Refuge ; l'œuvre avant de leur être envoyée à chacune reçut l'approbation unanime de leurs mandataires :

« CONCLUSION.

« Ces articles de discipline ont esté dressez et aprouvez par les ministres, anciens et diacres des églises françoyses recueillies en Angleterre [1], ausquelz il ne sera permis à aucun de rien changer ou innover de son authorité particulière ; toutefois il y a plusieurs articles qui ont esté dressez pour raison des circonstances des lieux, des temps et des personnes, qui *pourroient ès églises estre changez* [2], moyennant que ce soit par bon ordre et délibération commune [3]. Nous exhortons néantmoings tous les frères du troupeau de se ranger volontairement à cest ordre, lequel nous a semblé le meilleur et plus propre pour l'édification des églises qu'il nous a donnez en charge. Supliant bien humblement nostre bon Dieu et père par nostre sauveur ainsi que nostre seigneur Jésus Christ, qu'il luy plaise estendre sa saincte bénédiction pour nous faire tous vivre en union de doctrine, estans liez de charité mutuelle, et ainsi que de mesme cœur et volonté nous parachevions nostre course à son honneur et gloire à l'édification de l'église et nostre salut. A luy soit honneur et gloire et bénédiction à jamais, par Jésus Christ nostre sauveur, en la communion du sainct esprit. »

En janvier 1603 Théodore de Bèze, Antoine de la Faye et Charles Perrot envoyaient aux Églises étrangères de Londres le récit de l'Escalade, et sollicitaient d'elles, ainsi que de la reine, des archevêques de Canterbury et de York et de l'évêque de Londres,

[1] « De ceste église françoise de Londres » (1578).
[2] « Voir mesme en ceste église » (1578).
[3] Les Églises se permirent d'elles-mêmes de légères modifications ; ainsi l'exemplaire de Norwich porte en marge de la forme de décharge : « 1611, cette forme sera leue avec les termes propres à la coustume de n^{re} égl. de Norwich. » La Discipline ne mentionne pas l'office des « hommes politiques », adopté dans quelques Églises seulement mais importante alors pour les relations avec l'autorité civile.

les moyens matériels d'assurer la délivrance que Dieu venait de leur accorder[1]. La Fontaine, avec ses félicitations, leur adressait le premier mars ses promesses et ses conseils pour la collecte désirée[2].

Le 26 il leur écrivait de nouveau : « Le jour est arrivé auquel dedans et dehors le Roiaume tous les gens de bien ne pouvoient penser qu'avec crainte et appréhension grande et que les meschans ont attendu et désiré comme un jour de lumière, c'est que Jeudy dernier XXIVe de mars, style ancien, sur les trois à quatre heures du matin, Dieu a changé la vie et la couronne de nostre bonne dame et Roine Elisabeth en ung estat plus heureux et permanent, selon sa grande miséricorde. Sa maladie a esté lente et en quelque sorte léthargique sans grand désir de vivre plus longtemps et pourtant avec peu de soing des remèdes, sans beaucoup de paroles ni soing des choses du monde, mais ayant donné jusques à l'extrémité des signes et tesmoignages manifestes de sa foy et de son espérance et ainsy paisiblement s'en est allée en son repos[3] ».

Mort d'Élisabeth.

[1] *Ecc. L. Bat. Archiv.* II, 271, trad. hollandaise.
[2] Voir lettre à l'*Appendice* d'après l'original de la *Bibl. de Genève*. La collecte fut terminée dans les Églises étrangères en mars, « non selon l'importance du faict mais selon que l'a peu permettre la pauvreté de nostre peuple ». La maladie de la reine la retardait dans les paroisses anglicanes, rien ne s'y pouvant faire « sans l'assistance de l'authorité souveraine ». Le Maçon à Th. de Bèze.
[3] *Bibl. de Genève.* M. f. 197ᵃᵃ portef. 5. — Il ajoute : « Encores que les conférences et propos touchant la succession n'eussent pas été auparavant permis, tant y a que, comme si cest estat n'eust esté qu'ung homme, il s'est trouvé une conspiration si universelle entre toutes sortes de personnes et consentement de volontés qu'un Roy quelconque ne pourrait estre advoué et recogneu avec plus de joie et contentement et acclamation populaire que Jacques sixme desjà Roy d'Écosse fut le même jour solennellement en cour et par la ville de Londres proclamé aussi Roy d'Angleterre, France et Irlande... Nous pouvons donc bien dire : *Haec dies a Domino factum est.* »

ADDENDA.

Le Registre des Écrous de Paris portait à la date du 15 juillet 1570 :

« *Jehan de Seran*, libraire, natif de ceste ville de Paris, demeurant à présent en Angleterre, amené par le capitaine Bouvier pour ce qu'il se trouve demeurant sur ung huguenot et le prent pour espion et comme estant de nouvelle oppinion et pour autres causes... » En regard « jouira du bénéfice de l'édit ; arrêt du 23 août.[1] »

A Londres même nous n'en trouvons pas de traces.

Un professeur de français, *Claude de Sainliens*, écrit parfois *Dessailliens* (alias par traduction *Holyband* et *De Sacro Vinculo*) « gentilhomme bourbonnois enseignant au cimetière de St Paul », a publié pendant le règne d'Élisabeth de nombreux livres d'éducation : nous ignorons la date de son arrivée à Londres[2].

---

[1] Extraits ms. par M. Bordier du Registre des Écrous à la préfecture de police. — *Bibl. du prot. français.*

[2] Œuvre principale : *The french Littleton. A most easie, perfect and absolute way to learn the french tongue* . . Vautrouillier 1566, 1578 ; 1581, Field 1597, Thrale 1625. Le curieux premier dialogue se passe dans son école « au signe de la Lucrèce » où il perçoit par élève « un sou la semaine, un escu le mois, un réal le quartier, cinquante sous l'an ». Un *Traicté des Danses, auquel est montré qu'elles sont comme accessoires et dépendances de paillardise*, intercalé dans l'ouvrage (28 p. petit in-8°) rappelle pour le fond, mais non pour la forme, celui de L. Daneau. — On relève encore de lui : *The french Schoolmaister, wherein is most plainly shewed the true and most perfect way of pronouncing the french tongue, unto which is annexed a Vocabulaire*. Londres (1565 ou 1566), 1573, 1612. *The treasurie of the french tongue, teaching the way to varie all sortes of verbes*. 1580. — *A treatise for declining the verbes*. 1580. — *A Dictionarie french and english*. 1593. — *Grammar for the french verbes*. 1599. — Plusieurs ouvrages du même genre pour l'étude de l'italien, et sous son nom latin : *De Resurrectione Domini; ad consulem, et consulares urbanos, ceterosque concives Londinenses, oratio*. Londres 1580. Un Claude de St Lien figure le 11 mai 1587 au Registre matricule universitaire de Heidelberg.

CHAPITRES VIII et IX

JACQUES Ier

1603—1625.

CHAPITRE VIII

LES RÉFUGIÉS.

Le trône d'Angleterre était échu à un presbytérien. Y ferait-il monter avec lui, de par l'Acte de Suprématie dont il recueillait à son tour le bénéfice, le pur calvinisme que les réformateurs avaient espéré voir s'établir à la majorité effective d'Édouard VI, tandis qu'Élisabeth en avait repoussé les formes et puni les adhérents anglais?

Dans le conflit de craintes et de désirs, anglicans et puritains se rappelaient les fluctuations du roi d'Écosse, son éducation première toute réformée, malgré le sang des Guise qui coulait dans ses veines, et, dès sa majorité prématurée, les tendances presque catholiques de ses favoris. Comment oublier d'une part le rétablissement de la prélature, ainsi que l'autorité spirituelle attribuée à la couronne par les « Actes Noirs » de 1584, et la fuite en Angleterre des ministres persécutés[1]? Et

Jacques VI d'Écosse.

---

[1] Les réformés de Genève et de Londres s'étaient communiqué les plus sinistres rumeurs : tout allait changer en Écosse. Le jeune roi « taschoit à faire une grande playe à l'Église... » Il avait écrit à sa mère « luy promettant d'estre fidèle instrument pour exécuter ses desseins. » Rép. de Castol, 5 mai, à la lettre de la vénérable Comp. à l'Égl. française de Londres du 1ᵉʳ avril, et Requête, datée de Londres cal. de Juillet 1584, adressée aux pasteurs genevois par les ministres fugitifs Lawson, Melville ou Melvin, Carmichael, Balcanquel et Galloway, d'après les encouragements de Castol, *Bibl. de Genève*. Mss. fs. 197ᵃᵃ, portef. 3; lettres de Castol, *Bibl. de Bessinge*, ms. 6.

d'autre part, après la mort de Marie Stuart et le mariage danois, la déclaration solennelle de Jacques en faveur du presbytérianisme, alors que dans l'assemblée générale d'Édimbourg 1590 il levait les mains au ciel bénissant Dieu de l'avoir fait naître en ces temps de lumière évangélique, de l'avoir fait roi de l'Église la plus pure du monde, « non comme celle d'Angleterre dont le service est une messe mal dite en anglais, qui a tout de la messe sauf l'exaltation. » Il faisait un devoir aux pasteurs, docteurs, anciens, nobles, seigneurs et barons de s'attacher fermement à cette pureté, d'y exhorter le peuple et il promettait de la maintenir lui-même « tant qu'il serait en vie. »

Et depuis n'avait-il pas changé de front une fois de plus, donnant d'avance des gages à l'anglicanisme par le renvoi des assemblées ecclésiastiques, l'expulsion de ministres tels que Melville et Bruce, la nomination d'évêques malgré l'opposition ultra-calviniste de ses sujets [1] ?

A travers tout le moyen âge l'influence intellectuelle française a été prépondérante en Écosse. La Réformation ne pouvait manquer d'y être calviniste et non anglicane. La confession de foi est une émanation directe, mais encore accentuée, de celle des Églises réformées de France : c'est à l'École de Calvin que Jean Knox avait puisé les éléments de la Discipline instituée par la première assemblée générale de 1561 ; fidèle correspondant de Th. de Bèze [2], il avait lui-même, pendant son exil, contribué à fonder l'Église de Dieppe et y avait exercé le ministère évangélique.

---

[1] Ce qui ne l'empêchait pas de signer le *Covenant* — cette charte des libertés ecclésiastiques de son peuple — et de déclarer à l'Assemblée générale de 1601 sa résolution « de vivre et mourir dans la religion professée en Écosse... et de remplir mieux que par le passé ses devoirs de chrétien et de roi. »

[2] La librairie de la *Tolbooth Church*, Édimbourg, possède une « Knox and Beza Correspondence » : renseignement de Miss Layard.

Les presbytériens d'Écosse se sentaient frères des réformés de France et l'avaient prouvé aux heures néfastes du XVIe siècle. Le fils de Jérome Groslot, le bailli égorgé à la Saint-Barthélemy avec ses coreligionnaires d'Orléans auxquels sa propriété de l'Isle servait de lieu de culte, fut recueilli par Georges Buchanan, le précepteur du jeune roi dont il devint, pendant neuf années, un des compagnons d'études au château de Stirling [1]. Près d'un an après le massacre, l'ambassadeur anglais Killigrew écrivait d'Édimbourg : « Les ministres sont encore aussi ardents dans leurs sermons contre le roi de France que si les nouvelles de la mort de l'amiral n'étaient arrivées que d'hier. » Les actes du Conseil de la ville font défaut pour cette période, mais lors des troubles de la Ligue, sur l'autorisation officielle du roi Jacques, l'assemblée générale de l'Église d'Écosse chargea le successeur de Knox, André Melville, d'entrer en correspondance avec les Huguenots et de leur offrir un asile. Dans sa séance du 11 Mai 1586, le Conseil de ville étudia les demandes « adressées par les ministres de l'Église française qui doit venir faire résidence ici sur le désir de Sa Majesté » : à la suite d'une mûre délibération, « après avoir considéré le devoir chrétien envers des frères affligés pour la vérité et la pureté de l'Évangile que nous professons comme eux, et espérant que les dits frères, par leur conversation pieuse et honnête, seront un exemple de bonne vie et mœurs à tous les habitants de cette ville, et que par leur honnête industrie et leur expérience dans leurs métiers, ils seront, avec le temps, plus avantageux pour le bien public que nuisibles aux particuliers », il accorde à l'unanimité un temple, un logement pour les pasteurs, un certificat officiel de bienvenue et d'autorisation à exercer leurs indus-

Le Refuge en Écosse.

---

[1] Voir lettre de recommandation de Buchanan à Th. de Bèze, Édimbourg, 15 juillet 1581. — Agnew, 3e Éd. I. 104. La traduction anglaise du *de Furoribus Gallicis* porte Stirling comme lieu d'origine.

tries sans plus d'empêchements que les autres citoyens. Il stipule que « lorsqu'il aura plu à Dieu d'amener l'État de la France à un calme raisonnable en matières de religion, si quelques-uns des dits frères demeurent dans la liberté de cette Burgh, ils soient obligés de se faire admettre dans les franchises, eux et leurs industries. »

En 1575, 1587 et 1588 il y eut collecte générale dans les Églises paroissiales en faveur des pauvres français réfugiés et de l'Église française en Angleterre : en 1589 le Synode en recommande une pour « M. Mowling, banni de France. » Il s'agirait, semble-t-il, de Joachim du Moulin, banni à perpétuité de Paris et pour neuf ans de France par arrêt du 14 avril 1584, pour culte privé et célébration de la cène le Vendredi-Saint, à Paris, en face du collège de Montaigu[1]. La demande, favorablement accueillie en 1586, visée ci-dessus, a pu s'appliquer à des membres de son petit troupeau parisien. L'acte du Parlement d'Écosse de 1587, bien qu'il accorde aux bénéficiaires « une église et le maintien à leurs frais d'un ministre, pourvu qu'eux et leur congrégation soient soumis à la Discipline et à la profession de l'Église d'Écosse, et à ses lois ecclésiastiques et civiles »[2], ne concerne que les ouvriers flamands venus, avec Gardin, Fermant et Banks, établir une manufacture de lainages[3]. La parité confes-

---

[1] *Journal de l'Estoile*; il était ministre à St.-Pierre Aigle, près Soissons, et fut nommé en 1595 à Orléans où il mourut 1618; c'est le père du célèbre Pierre.

[2] *Acta parliamentorum Jacobi* VI c. 119, reproduit dans les *Proceedings* de la *Huguenot Society* à la suite de la notice du Rev. Corn. Hallan, *Huguenots in Scotland*.

[3] De même il n'est question que de tisserands flamands arrivés par mer avec femmes et enfants, en 1588, auxquels on alloue pour leurs frais de route 68 L. et qu'on met à l'œuvre en novembre, les enregistrant nominativement. *Edimb. Burgh Records*. Cependant en 1587 le Conseil de la ville exempte de taxe Henri Haupe, de Dieppe, « parce qu'il est banni pour cause de religion », et donne des outils à deux français constructeurs de chaussées.

sionnelle rendait des Églises particulières moins indispensables, dès que les premières difficultés de la langue étaient surmontées. De là sans doute le manque de renseignements sur ces communautés de peu de durée. Quoi qu'il en soit on n'a retrouvé d'autres vestiges d'une congrégation de langue française à Édimbourg au XVIe siècle que la mention de subsides accordés « selon la prescription de S. M. » au Maître de l'École Française Nicholas Langlois, dit Inglishe [1]. Ouverte au plus tard en 1578, cette école, à laquelle le Conseil accordait une subvention annuelle de 50 livres d'Écosse, dut cesser à la mort de Langlois en 1611.

Thomas Vautrollier, réfugié en 1564 de Paris ou de Rouen à Londres où il dirigea bientôt une imprimerie florissante, proposait en 1580 à l'Assemblée générale de l'Église d'Écosse d'en établir également une à Édimbourg [2]. Il y passait une partie de l'année 1581, recommandé à Buchanan par le savant Dr Rodgers et y revenait en 1583, sous le coup d'une action intentée

---

[1] Nicolas Inglishe, « françois, maistre d'école », figure parmi les réfugiés à Londres dans le commencement de 1571, avec sa femme et ses enfants, comme venus en 1569 « pour la religion ». En 1574 ils étaient installés à Édimbourg (ou Lislebourg selon la désignation de son testament) où sa fille Esther, épouse du ministre Kello, secrétaire des passeports et lettres de recommandation du Roi aux princes étrangers, acquit un certain renom comme calligraphe. On conserve plusieurs manuscrits dus à « cette unique et souveraine dame de la plume » comme l'appelle un de ses contemporains cité par le Rev. Agnew à qui ces détails sont empruntés.

[2] « Considérant que dans ce pays il y a grande nécessité d'un imprimeur, et qu'un étranger, banni pour cause de religion, nommé Vautrollier, offre d'employer ses labeurs dans la dite vocation pour le bien du pays, plaise à Votre Grâce et au Conseil d'ordonner, selon ce qu'il conviendra à V. G., et de lui accorder licence et privilége à cet effet. » Articles soumis à la considération du roi et du Conseil par la 40e ass. gén. Dundee, 12 juillet. — « Selon Bagford et Bohen la nation écossaise doit une grande reconnaissance à Vautrollier, qui le premier nous apprit la manière de bien imprimer. » *Annals of scottish Printing*. Cambridge 1890. Il imprima parfois son nom Vautroullier.

contre lui devant la Chambre Étoilée [1]. La prudence l'y retint pendant trois ans; il y imprima six ouvrages en 1584 et deux en 1585.

L'Université d'Édimbourg, fondée en 1580 dans un esprit strictement calviniste, ne tarda pas à attirer de jeunes protestants français des meilleures familles. On relève parmi les gradués : Daniel Plataeus (?) et Gabriel Bonnerin 1592, Thomas Mazier [2] 1593, Jean Olivarius et Jean Baudouin [3] 1597, Jean et Honoré Argerius, Pierre et Étienne Baudouin 1598, Joachim et Théodore du Bouchet et Jean Bardin [4] de Saintonge, 1600. Pierre de Marsilliers professait dans l'École grecque de Montrose en 1586. On se souvient qu'Hotman de Viliers résida quelque temps à la cour d'Écosse, entre 1588 et 1590, comme agent confidentiel de Henri IV, et que Jacques le chargea plus tard de traduire en français son *Don Royal*.

Il avait accueilli avec une faveur marquée un autre négociateur habilement choisi par le Béarnais, le sieur Saluste du Bartas. Entre le poète déjà célèbre, et le monarque « jouvenceau » aspirant à le devenir, il y eut assaut de confraternité et de courtoisie littéraires. Jacques, parant « des esclairs d'une robe royale la muse » de son hôte, interprétait en latin un des chants de la *Première semaine* : du Bartas lui dédiait le troisième jour de la seconde, traduisait à son tour en vers français le poème sur la

---

[1] Son passeport pour l'Écosse est daté du 9 avril 1583. Sa femme continuait à surveiller les presses de Londres, d'où sortaient en 1584 la réplique de Jean de Serres « *Academiæ Nemausensis brevis et modesta responsio ad professorum Turnoniorum societatem* », voir *Bull. du Prot.* XXXVI 142. Retourné en Angleterre Vautrollier y mourut en février ou mars 1588.

[2] Pasteur de Lusignan.

[3] J. P. et Et. Baudouin, d'une famille noble de La Rochelle, fils de Nicolas sieur de Belœil, juge prévost, frères de M⁰ d'Olbreuse, dont une descendante devint duchesse de Brunswick et mère de Georges Ier d'Angleterre.

[4] Les du Bouchet, fils du sieur de Villiers-Charlemagne, commandant aux armées du roi de Navarre.

Bataille de Lépante[1], et louant « tous les dons du ciel en un chef respandus », l'exhortait à surmonter encore son passé dans l'avenir :

> « Triomphe de toi mesme, et dévôt, brave et sage
> Confirme de mes vers l'Éternel tesmoignage. »

Le moment semblait venu pour Jacques Stuart, premier souverain des deux royaumes unis, de convertir en réalité ces hautes espérances. Les communautés étrangères ne demandaient qu'à les partager. Obligées à une extrême réserve sous Élisabeth, accusées de favoriser les tendances subversives chez les nationaux, elles se réjouissaient de l'avènement d'un prince qui, au départ de son pays natal, renouvelait dans l'Église-Haute d'Édimbourg les assurances de son attachement au culte établi, et les promesses de n'y rien changer.

A peine la frontière franchie, le presbytérien disparut pour faire place à un anglican aussi convaincu qu'Élisabeth de son pouvoir spirituel, mais encore plus épiscopal que la reine. Quelques mois ne s'étaient pas écoulés que, dans le discours d'ouverture du Parlement, il reconnaissait l'Église de Rome pour son Église mère, « bien que souillée de quelques infirmités et corruptions », et manifestait le désir d'unir les deux religions et de faire la moitié du chemin au devant des catholiques, « ayant une grande vénération pour l'antiquité en ce qui est de la police ecclésiastique. » Condamnant expressément les puritains ou novateurs d'Angleterre, et renversant les rôles, Jacques méditait déjà, au mépris de sa parole, d'imposer définitivement à ses sujets d'Écosse les formes religieuses et la hiérarchie qu'il avait jadis si hautement condamnées.

---

[1] *The Furies, translated from du Bartas; La Lepanthe de Jacques VI faicte françoise* dans *His Majesty's poeticall Exercises at vacant houres.* Édimbourg 1591-4°.

Audience royale.

Le 17 mai 1603, Jacques VI d'Écosse faisait son entrée à Londres, comme Jacques Ier d'Angleterre; le 23 (v. st.), il recevait les délégués des Églises du Refuge.

« Sire », lui disait le Maçon de La Fontaine au nom des flamandes et françaises et du XVIe Colloque de ces dernières, « parmi vos autres sujets qui sont fort divers, Votre Majesté voit ici à ses pieds un petit nombre d'étrangers réfugiés sous sa protection. A leur place pourrait, s'il lui plaisait, se présenter une vaste multitude de familles réunies dans vos villes de Londres, Canterbury, Norwich, Southampton, Colchester, Sandwich, Maidstone et plusieurs autres... » Après avoir exprimé leur tristesse de la mort d'une grande reine qui pour eux avait été une mère et « dont la charité et l'amour chrétien étaient comme la clef ouvrant la porte de son royaume au fils de Dieu poursuivi dans la personne de ses fidèles », le pasteur le prie, à l'exemple d'Édouard VI et d'Élisabeth, de n'être pas seulement le protecteur des communautés nationales, mais de l'être aussi de celle des étrangers et des réfugiés, de leur conserver la liberté de culte et de discipline et les privilèges de leur commerce et de leurs industries. Se défendant de juger si leur séjour a été profitable au pays, il préfère exalter les bienfaits qu'ils y ont reçus et s'en réfère au témoignage de la noblesse, des évêques, des marchands et des autres sujets du roi, sur la conduite qu'ils ont observée au milieu de beaucoup d'accidents, de troubles et d'attentats. « Nous espérons que, par la grâce de Dieu, V. M. sera informée qu'aucun des membres de nos communautés n'a manqué de l'amour, du respect ou de l'obéissance qu'on doit au Prince et à l'État par qui on a été reçu. » Loin d'être ingrats, ils paieront au moins l'intérêt des bienfaits avec leurs vœux et leurs prières, et sans revenir longuement sur les exemples des siècles passés, pour lui souhaiter « la foi d'Abraham, la chasteté et la prévoyance de Joseph, la bonté et la fidélité de Moïse, les victoires de Josué et de David, les richesses et la sagesse de Salomon, la sainteté d'Ézéchias et de Josias», il se contente de désirer que l'esprit divin, qui a déjà dirigé la plume du roi dans l'expression de si grandes et si belles pensées, lui donne de les exprimer aussi bien dans le gouvernement de l'État et de l'Église que Dieu lui a miraculeusement confié. «Si vous accomplissez, ô roi, par vos actions aux yeux du monde ce que vous promettez dans votre livre, toutes les Églises du Christ tourneront vers vous leurs regards et leurs cœurs; vous repousserez dans l'abîme la pomme de discorde qui les a tourmentées si longtemps, vous resserrerez entre elles les liens de l'amitié et de l'union[1]. »

Le roi, qui avait écouté d'un air affable, répondit:

«Messieurs, encores que vous ne m'ayez vu jusqu'à présent, si est-ce que je ne vous suis pas étranger ni inconnu. Vous savez quant à ma religion qui je suis, non seulement par le bruit que vous avez pu entendre de moi, mais aussi par mes écrits esquels j'ai véritablement exprimé quelle est l'affection de mon âme. C'est pourquoi je n'ai besoin d'user de beaucoup de paroles pour vous représenter ma bonne volonté envers vous qui êtes ici réfugiés pour la Religion. Je reconnais que deux choses ont rendu la reine, ma sœur défunte, renommée par tout le monde; l'une est le désir qu'elle a toujours eu d'entretenir et fomenter le service de Dieu en ce royaume. Et l'autre est son hospitalité envers les étrangers, de la louange de laquelle je veux hériter. Je sais bien par le témoignage des Seigneurs de ce royaume (comme vous m'avez dit) que vous avez toujours prié Dieu pour elle, et que vous n'avez outrepassé votre devoir. Je sais aussi que vous avez enrichi ce royaume de plusieurs artifices, manufactures et sciences politiques. Si l'occasion se fut présentée, lorsque j'étais

---

[1] Ruytinck donne ce long discours intégralement, mais en hollandais.

encore éloigné comme en un coin du monde, je vous eusse fait paraître ma bonne affection. Mais comme je n'ai jamais tâché ni voulu empiéter sur le bien d'aucun prince, aussi puisque maintenant il a plû à Dieu me faire roi de ce pays, je vous jure que si quelqu'un vous moleste en vos Églises, vous adressant à moi, je vous vengerai. Et encores que vous ne soyez pas de mes propres sujets, si est-ce que je vous maintiendrai autant que prince qui soit au monde [1]. »

Le 30 juillet, il signait avec la France le traité contre l'Espagne, dont le huguenot Sully avait été l'habile négociateur [2].

[1] Cette version, la plus complète, est celle recueillie par Ruytinck. Strype, *Annals, Appendix*, en donne une plus courte et en forme de lettre écrite le 21 mai; répondant aux arguments de l'adresse et contenant les principaux passages du discours, ce doit en être un résumé destiné à être gardé dans les Églises; les mots de la fin sont autres : « Que si quelqu'un était assez osé que de vous molester dans vos Églises, vous adressant à moi je vous ferai telle justice qu'ils n'auront pas envie par après d'y retourner. » Un autre auditeur aura retracé de mémoire les paroles royales dans la pièce conservée aux Archives de l'Église hollandaise; les idées sont les mêmes, bien que dans un ordre et parfois avec des mots différents; la rédaction est peut-être meilleure dans certains passages : « Je vous jure, et scay aussi que vous n'en doubtez pas, que j'ay tousjours porté bonne affection aux estrangers réfugiez pour la Religion. J'ay par cy devant tâché de les attirer vers nous, mais estant esloigné en ung coing, et comme au bout du monde, cela ne s'est encore peu faire. Maintenant qu'il a pleu à Dieu me faire aussi Roy de ce païs (sans avoir oncques prétendu de m'ingérer au royaume d'autruy) je vous fomenteray comme le debvoir est d'un bon Prince envers ceux qui ont quitté leur païs pour la vérité et la Religion... Je scay que vous n'avez jamais passé votre debvoir et ne vous estes point ingérez pour vous mesler d'aucune chose en ce Royaume. » Ici également le Roi dit expressément : « *encore que vous ne soyez mes propres sujets.* » *Ecc. L. Bat. Archiv.* II, 272. « Réception fort bénigne, promesses gracieuses de maintenir et conserver les dits étrangers en toute liberté, » disent les *Actes du VIIIe Colloque*.

[2] Th. de Bèze lui ayant fait recommander les intérêts genevois, au nom de « l'espérance que son éducation et profession de la vérité donnaient pour le bonheur et advancement de l'Église de Dieu partout, » le roi s'était montré « fort constant dans son affection, écoutant au long en grande patience et se réjouissant de leurs prières... Je m'asseure que Genève trouvera tousjours autant d'amis en nostre cour que Rome trouvera en Espagne... De la cour

Jacques Ier tint parole aux Réfugiés, mais il leur fit payer sa protection. Quand, après la promotion de Bancroft à Canterbury, les délégués des Églises viennent saluer son successeur Vaughan, à l'adresse de La Fontaine rappelant la protection accordée par les souverains et par les évêques, le nouvel élu répond déjà en termes significatifs. Il rend hommage à la mémoire d'a Lasco et défendra, comme les prélats ses prédécesseurs, les Églises étrangères qu'il connaît depuis vingt-cinq ans. Il sait les bienfaits que le royaume en a reçus ; il sait surtout « qu'elles sont pacifiques et tranquilles et peuvent être utiles aux nôtres, dans lesquelles le diable, auteur de discordes, commence à allumer le feu de la discussion ; je vous prie de n'y pas apporter d'huile, mais plutôt de vous efforcer de les éteindre par vos conseils et vos prières »[1]. C'était les mettre en garde contre toute sympathie témoignée aux puritains, mais c'était demander peut-être encore davantage.

L'évêque Vaughan.

à Hamptoncourt, 3 août 1603. » Craige à de Bèze. *Bibl. de Genève.* m. f. 197[aa], port. 5. Cependant l'envoyé Anjorrant, un descendant de réfugiés français, eut peine à combattre auprès de lui la légitimité des revendications savoisiennes : Jacques Ier tenait à respecter les droits des autres princes. Cecil, à défaut de subside royal, fit inviter les archevêques à organiser une collecte et Anjorrant rapporta d'Angleterre et d'Écosse 3500 l. st. *France prot.* et lettre à l'amb. d'Angleterre en France, datée Winchester, 18 oct. 1603 et signée Soully-Anjorrant, *Bulletin du prot. franç.* XIII. 204.

[1] Ruytinck reproduit les adresses latines de La Fontaine au primat et à l'évêque comme formulaires à utiliser dans toutes les occasions semblables : celle à l'évêque est un aperçu de la fondation des congrégations étrangères sous Édouard VI et a Lasco et de leur reconstitution par Utenhove sous Élisabeth et Grindal, aperçu plus développé dans un troisième formulaire composé par Ruytinck lui-même, donné à la suite, et utile pour mettre au courant un prélat qui serait étranger aux questions du Refuge. Il insère de même l'adresse en anglais présentée chaque année au nouveau Lord-maire ; après les congratulations : « Besides we beseech your honour (according to the example of your predecessors) to be favourable unto us Strangers, members of the said congregations, fled hither for the truth of Gospel and charitably entertained in this honourable city. » L'adresse était accompagnée du don d'un gobelet d'argent au nom de chaque Église, usage qui se continua jusqu'en 1721, dit Burn.

La Fontaine ne s'y trompa point et répliqua immédiatement : « Quant à ce qui touche à la division qui trouble déjà les Églises anglicanes, il ne se peut que nous l'ignorions et que notre âme n'en soit pénétrée d'une immense douleur ; mais nous nous souvenons que nous sommes étrangers et que nous ne devons aucunement nous immiscer dans les choses d'autrui (*Sed memores sumus nos esse peregrinos qui rebus alienis nequaquam nos immiscere debeamus*) : si cependant par nos conseils ou nos efforts nous pouvons amener la paix de l'Église et éteindre ce feu, non seulement nous essaierons volontiers de le faire, mais nous donnerons même notre vie pour recouvrer cette paix ».

Services réciproques.

Deux ans plus tard, le roi les mettait en demeure d'agir et réclamait leur appui contre leurs propres frères spirituels, les ministres d'Écosse. Le 26 février $160\frac{6}{7}$, La Fontaine, Cappel et Marie eurent la faiblesse de signer, avec les Flamands, une lettre à l'Église d'Édimbourg, en prenant le parti du gouvernement contre les ecclésiastiques emprisonnés avec Welsh [1].

Il est vrai que Jacques a dû leur avoir mis à peu près le marché à la main. Aux nationaux reprenant leurs vieilles plaintes contre l'envahissement des étrangers, le lord trésorier qui trouvait inutile d'encourager ces derniers, puisque, disait-il, la persécution avait cessé en France, le comte de Dorset avait accordé en

---

[1] Les ministres captifs à Blackness, pour avoir maintenu quand même le régime presbytérien synodal, adressèrent leur justification au presbytère d'Édimbourg, afin qu'elle fût transmise aux ministres des Églises française et flamande de Londres « pour leur information meilleure. » Ruytinck cherche à prouver que la bonne foi des pasteurs étrangers avait été surprise. Exilés à leur sortie de prison, les ministres écossais furent fraternellement accueillis par les Églises réformées de France. Les Rochellois intercédèrent auprès de Jacques, par l'intermédiaire du pasteur de Bordeaux Primerose, en faveur d'André Melville, enfermé à la Tour et auquel ils destinaient une chaire dans leur Académie. Le roi refusa et Sully infligea un blâme aux pétitionnaires.

1605 le rétablissement des doubles droits sur les exportations. Le 15 avril 1606, la municipalité de Londres, invoquant une déclaration d'Édouard III, confirmée par Henri VIII (1526), interdisait aux étrangers non possesseurs des franchises de la cité tout trafic au détail et tout travail dans son enceinte à partir du jour de la Saint-Michel, sous peine de cinq L. st.[1] Une « humble pétition » au Lord-maire, « des pauvres étrangers de divers métiers, des communautés flamande et française » n'ayant obtenu qu'un ajournement de l'échéance fatale, les consistoires s'adressèrent au Conseil privé et au fils aîné de Burghley. Devenu comte de Salisbury et lord trésorier, Robert Cecil n'oubliait pas la ligne de conduite de son père : « il nous dit que la volonté du roi était que nous jouissions de la liberté accordée par la reine, déclarant que notre peuple, par ses arts variés, avait orné et enrichi le pays[2] ».

L'ambassadeur des États, Noël de Caron, s'était également entremis en leur faveur. Le 6 octobre, le comte de Dorset écrivait au nom du roi au procureur général (rappelant l'avoir fait en pareil cas sous Élisabeth), et lui enjoignait d'arrêter toutes procédures pendantes ès cours de Westminster contre des membres des congrégations étrangères sous prétexte de ce qu'ils ne possédaient pas la dénization, et de n'en pas souffrir de semblables à l'avenir, afin « qu'ils puissent exercer leurs industries paisiblement, sans aucune vexation ou poursuite, ainsi qu'on le leur a

---

[1] Les Archives de l'Église hollandaise possèdent cependant la copie d'une déclaration royale, Windsor, 7 juillet 1605, invitant une centaine de familles étrangères, de teinturiers, foulons et tisserands, à s'établir en Angleterre sous la conduite de Jean Suderland, leur promettant dès leur arrivée la dénization, les libertés et priviléges municipaux des cités où ils résideraient et dix années d'exemption d'impôts. On ne trouve ailleurs ni trace de la patente, ni témoignage aucun de sa mise à exécution. *Ecc. L. Bat. Archiv.* II, 275.

[2] Ruytinck. — L'acte prohibitif du conseil municipal *Ecc. L. Bat. Archiv.* Par contre en 1609 il accorde la bourgeoisie à Robert Thierry des Planques pour avoir le premier fabriqué des soieries provenant de vers élevés en Angleterre.

I

permis au temps de la feue reine »[1]. Cette intervention royale ne précédait que de peu de mois la lettre de blâme des pasteurs étrangers aux ministres d'Écosse.

Le « Triplex cunéus. » Les intérêts matériels des réfugiés n'étaient pas seuls en cause. Le souverain avait débuté par une attitude ecclésiastique, et même théologique, très accentuée. Au complot catholique de 1605, dit la Conspiration des Poudres, avait répondu en 1606 l'ordre de prêter le *Serment d'Allégeance*, qui non seulement impliquait l'obéissance sans réserve à la Couronne, mais refusait expressément aux papes le droit de déposer les rois et de « libérer les sujets de leur féauté ». Paul V, par deux brefs successifs, 1606-1607, défendit à tous catholiques de le prêter. Échangeant alors le sceptre pour la plume, Jacques Ier se plût à réfuter les arguments pontificaux, et à justifier sa propre mesure dans un traité publié d'abord sous le voile de l'anonyme, 1608[2]. Bientôt il en revendiqua la paternité, l'accompagnant d'une préface encore plus étendue, dédiée comme « un ample advertissement à tous les monarques, Rois, Princes, Estats et Republiques libres de la Chrestienté ».

La flatteuse mission de traduire en français le *Triplex Cunéus* fut confiée à La Fontaine : au mois de mars 1608 il envoyait sa version à Du Plessis-Mornay ; elle était imprimée à Saumur

---

[1] Un des immigrés de vieille date, de Lobel, reçut la charge de botaniste du roi et continua ses recherches jusqu'à sa mort en 1616. Sa *Botanographie*, dédiée à Jacques Ier, parut à Londres 1605, in-fol. avec nombreuses planches. — Agnew donne son acte de sépulture, celui de sa femme compagne de ses excursions, décédée en 1605, et d'un autre Mathieu, peut-être son fils, 1609 ; sa fille Marie épousa Henri le Myre; Paul de Lobel fut médecin de Jacques II. *French. Ref.*, 3e éd. 56.

[2] *Triplici nodo, triplex cunéus, ou Apologie pour le serment de fidélité que le Ser^me Roy de la Grand'Bretagne, etc. requiert de tous ses sujets tant Ecclésiastiques que séculiers, tel que tout autre Prince souverain peut et doit legitimement requérir des siens.*

en juin[1]. La publication officielle avec préface ne parut que l'année suivante[2]; nous ignorons si l'édition française, également de Londres 1609, est aussi l'œuvre de Le Maçon. En approuvant cette campagne contre « l'Antéchrist et les Jésuites »[3], Mornay n'était pas sans inquiétudes sur les desseins du roi. Son attitude envers les puritains d'Angleterre, et surtout envers les presbytériens d'Écosse, le préoccupe pour les destinées des communautés du Refuge, et il semblerait que son correspondant ait éveillé sa sollicitude : « Je suis en peine de vos Églises de delà, nommément de la vostre; si vous vous expliquez plus particulièrement sur les circonstances, je seroi plus hardi à vous donner avis. » Il lui conseille « autant qu'il se pourra, *citra aras*, de se maintenir par delà; soit pour le bien que vous y pouvez faire, soit pour le mal qui adviendroit par le scandale d'un tel desbris, qui redonderoit jusques à nous; veu le reproche que desja nous en sentons. Dieu doint à ce Prince mettre différence entre les povres différens et indifférends; non seulement par la théorie, mais par la pratique. Combien d'Églises y avait-il en premières sectes plus différentes en police et en cérémonies, qui pour cela ne laissoient de communiquer ensemble, et recevoir mesme traictement des Empereurs Chrestiens, sans que ceste distraction plustost que division altérast la Paix ny de l'Église ny de l'Empire[4] ! »

[1] Lettres de Mornay à de La Fontaine. *Ecc. L. Bat. Archiv.* II, 276, 277.

[2] « Nous attendons à toute heure le Livre de voz quartiers avec la Preface tant désirée; je pense qu'on n'oubliera pas de le faire présenter aux Princes avec la bienséance requise, pour les obliger à le voir et en faire responce, » 6 juillet 1609; Mornay à de La Fontaine, lui recommandant « le fils de M. Villiers Charlemagne de ce païs d'Anjou (lequel de son vivant avoit bien travaillé et souffert pour noz Églises) et qui s'en va revoir l'Angleterre; il n'a faute de plusieurs bonnes parties. » *Ibidem* 278.

[3] « Cet Escrit perce ce que les adversaires ont de plus sensible. » *Ibid.* 276.

[4] *Ibidem*. Dans cette dernière lettre de Du Plessis à de La Fontaine, égarée comme les précédentes parmi les documents de l'Église hollandaise, il l'en-

Mais les congrégations du Refuge trouvaient grâce aux yeux du roi Jacques, parce que, fragments des grandes Églises protestantes de l'étranger, elles l'aidaient à en étudier l'esprit, à rester en communication avec ces Églises, à s'immiscer, parfois un peu trop directement, dans leurs débats intérieurs, politiques ou dogmatiques, à entretenir des relations personnelles avec quelques-uns de leurs principaux représentants. Les réfugiés, il ne les considérait point comme des sujets, il les traitait individuellement en visiteurs de passage. D'ailleurs, dans tout le règne on ne relève que six naturalisations de Français et de Wallons [1], et pendant les premières années son hospitalité n'eut à s'exercer qu'envers quelques hommes distingués auxquels il offrit spontanément un asile et des honneurs mérités [2]. A la mort de Henri IV il sut se rattacher deux savants, non persécutés encore, mais en proie aux obsessions catholiques de Marie de Médicis et de Du Perron, Turquet de Mayerne et Casaubon.

Turquet de Mayerne. Turquet de Mayerne, que sa religion seule avait empêché d'être nommé premier médecin du roi de France, devint en 1611 celui du roi d'Angleterre avec le titre de conseiller, et une pen-

gage à déployer sa prudence, zèle et créance à faire prolonger à Venise l'ambassadeur Wotton, ou à lui faire choisir un « successeur de même maille, et muni de mesmes instructions, ou plutost plus fortes, selon que de jour en jour plusieurs personnes notables s'y rendent capables de viande plus solide. » Il lui croyait donc encore une certaine influence à la Cour, et au nom de leur ancienne amitié « requérait plus souvent de ses nouvelles. »

[1] 4 nov. 1611, Pierre Anthoine Bourdin, sieur de St Anthoine, et Julien Bourdin, sieur de Fontenay; 18 mars 1617, Fr. Merlin d'Ypres en Flandres; 7 juillet 1617, Jean Buque, sculpteur sur bois de Rouen; 10 nov. 1618, Antoine Barlatier, né en Languedoc, avec licence de planter et vendre mûriers et autres arbres et herbes. Agnew. 23 juillet 1619. Jean Loiseau, alias de Tourval, né en France. *Cal. St. Papers.*

[2] Nous ignorons s'il faut voir dans *Les trophées du roi Jacques Ier*, par G. Marcelline, A Eleuthéris 1609, in-12, l'œuvre d'un réfugié français.

sion de 600 Livres St., plus 60 pour son loyer, reversibles à sa veuve pendant vingt et un ans [1].

En octobre 1610, Isaac Casaubon accompagnait en Angleterre l'ambassadeur Wotton [2]. Invité par l'archevêque Bancroft, il était accueilli avec une faveur exceptionnelle par un souverain préoccupé de théologie au moins autant que de politique, voulant établir l'Église et l'État sur l'union de deux principes, la succession des évêques et le droit héréditaire des rois, désireux surtout de s'assurer un auxiliaire pour ses travaux de controverse et un interlocuteur instruit, toujours prêt à répondre à son appel [3]. Jacques ne pouvait mieux choisir. Érudit de premier

Isaac Casaubon.

---

[1] Né le 28 sept. 1573 aux environs de la ville de Genève (dont il plaida souvent la cause auprès de Jacques Ier) d'un père réfugié de la Saint-Barthélemy; mort en 1655 à Chelsea où était décédée deux ans auparavant sa fille Élizabeth épouse du marquis de Cugnac, cadet de la maison de Caumont-La-Force; la seconde fille avait épousé le marquis de Mompouillan, beau-frère de l'aînée. Agnew. *French Protestant Exiles.* — Lettres de Turquet de Mayerne au Petit-Conseil de Genève, *Mémoires de la Société d'Histoire et d'Archéologie de Genève,* XV, 182. — Le 17 fév. 1615 Turquet de Mayerne rapportait au roi l'entretien qu'il venait d'avoir avec de Thou au sujet de Marie Stuart : « De Thou écrira sur la Reine Marie aussi favorablement que les temps le permettent. » *Reports on hist. manuscripts,* Coll. Malet. Rap. V. — Charles Ier renouvela l'octroi de la pension le 17 janvier 1626. *Rymer, Fœdera,* Elle fut continuée sous la République. *Calendars State papers.* Un seul de ses ouvrages fut imprimé à Londres de son vivant : *Medicamentorum formulæ,* 1640. Voir aussi la notice par le lieut. gén. Layard, *Proceedings of the Hug. Society,* II. 332, avec description de sa tombe dans St Martin in the Fields.

[2] « Scripsi in celeberrimo Anglorum portu Douvres, postridie adventum meum in hanc beatam Insulam, qui est dies XIX oct. CIƆIƆCX. *Epistolæ* DCXCI.

[3] « Amiseram Mæcenatem mei studiosum, cujus mors mortem mihi reddidit optabilem. Jacebam igitur, quid agerem nescius, nisi illis vellem per omnia consentire qui me ad castra alia dudum vocabant. In hac ἀπορίᾳ quasi Θεὸς ἀπὸ μηχανῆς intervenit serenissimus rex angliæ qui per τοῦ νῦν μακαρίτου Archiepiscopum Cantuariensem me blandissime invitat et spem facit honestæ conditionis. Veni igitur ut tantum Regem inviserem et tot proceres Ecclesiæ Dei. Ut veni, tantam, et omnium quidem, sed maxime Regis maximi benevolentiæ sum expertus, ut subito divinæ providentiæ memet permiserim et, si per Reginam liceret, saltem ad tempus hic manere optaverim. » *Ephémérides.*

ordre, Casaubon éprouvait une sympathie voisine de l'enthousiasme pour un roi «aimant les lettres par-dessus tout, jugeant les écrits des anciens et des modernes, non en puissant monarque, mais comme le plus savant des hommes»[1]. Et, second point, essentiel dans le familier d'un Jacques Ier, Casaubon était prédisposé à l'anglicanisme par ses études et par ses propres penchants. Pour répondre aux catholiques, il s'était plongé dans les Pères; plus il y avait trouvé d'armes contre le siège de Rome, plus aussi il s'était affectionné à l'Église du IIIe au Ve siècle et avait regretté que la Réformation en eût retenu si peu de vestiges[2].

Les Huguenots l'accusaient d'hésiter entre Rome et Genève : ils avaient tort ; le défection de son fils aîné lui fit une blessure qui ne guérit point, mais la tournure de son esprit n'était pas faite pour les doctrines calvinistes; il y voyait des nouveautés et y déplorait des suppressions. L'Église anglicane lui parut offrir ce qu'il avait longtemps cherché. Après avoir assisté pour la première fois au culte à Saint-Paul, il écrit sur ses tablettes : « la célébration de la Cène est fort différente de chez nous en France. *Itaque te magis amplector Ecclesia Anglicana ut quæ a veteri Ecclesia propius absis* ». Le 15 des «calendes de Décembre», son parti est pris de rester en Angleterre, et il

---

[1] *Epistolæ*. L. 864. — Il écrit aussi à de Thou : «Crede mihi, nihil hodie sol videt hoc principe humanius, nihil benignius, nihil literarum et omnis virtutis amantius. Adde eruditionem quæ velut privato homine ad veræ laudis adeptionem poterat sufficere... Quid nunc commemorem ingens illud studium veri in omni re, et amorem omnium qui eodem studio ducuntur. » L. 692. Pendant ses repas Jacques se faisait lire les nouveaux ouvrages de controverse et les discutait avec les prélats et savants rangés debout autour de sa table. *Epist.* 864.

[2] « Optarem quidem plura veteris disciplinæ vestigia in nostris Ecclesiis exstare, sed ego privatus sum et obstinatio Pontificiorum me terret. » *Ephémérides*. 1612.

demande à Marie de Médicis un congé transitoirement accordé, et renouvelé à regret[1].

Les faveurs du roi ne se bornèrent pas à des audiences intimes et répétées[2]. Le 3 janvier 1611 il lui accordait les lettres de grande naturalisation ; le 19, évoquant le souvenir de l'accueil fait par Édouard VI à Fagius, Bucer et Pierre Martyr, il lui assignait une pension de 300 livres sterling[3], à laquelle

[1] La reine retint ses livres et manuscrits comme gage de son retour... « Alea jacta est... sed rursus patriæ et amicis longum dicere vale, durum est et asperum. » *Eph.*

[2] Jacques s'entretenait avec lui presque tous les dimanches, soit à Londres, soit à ses châteaux de chasse, et souvent plusieurs fois dans la semaine : ces audiences dont plusieurs duraient de longues heures et au sortir desquelles Casaubon admirait « regis pietatem, doctrinam et facultatem utriusque sermoni gallici et latini », étaient au détriment des travaux qu'il ne cessait de lui prescrire et qui roulaient exclusivement sur la théologie ou les rapports de l'Église et de l'État. Il avouait devoir renoncer de plus en plus à ses sérieuses études littéraires, vu la passion exclusive du roi « ut aliis curis literariis non multum opera impendat ». Voir à l'*Appendice* lettre à de Thou, Londres oct. 1611, inédite.

Les ouvrages de Casaubon publiés à Londres sont les suivants : *Ad Frontonem Ducæum S. J. theologum epistola*, 1611, réfutation de la doctrine des Jésuites sur l'autorité des rois. — *Epistola ad G. M. Lingelshelmium de quodam libelli Scioppii*. 1612. — *Is. C. ad epistolam illust. et reverendiss. cardinalis Perronii responsio*. 1612. — *De rebus sacris et ecclesiasticis exercitationes XVI ad Cardinalis Baronii Prolegomena*. 1614. Quant à la lettre de Jacques Ier à Du Perron, sur ses raisons pour persister à se croire catholique, Casaubon en écrit au cardinal : « Enfin je Vous envoye la Réponse qu'il a plu au Roy de la G. B. de faire à Votre Épître. Le Roy s'est servy de moy pour secrétaire mais la pièce est de S. M. Et ceux qui pensent qu'il emprunte l'industrie d'autruy pour traiter les choses de théologie, ne connaissent pas combien S. M. est versée ès écrits des théologiens. En quoy je puis dire sans flatterie que ce Roy est admirable. Il a exactement médité cette sienne Réponse ; et j'ay fait maints voyages en Cour pour cette cause, ayant eu cet honneur d'y aller toujours en la compagnie de M. l'Évêque d'Ely (Lancelot Andrews) personnage très docte, très modéré et d'une singulière humanité. » Londres, ides. de nov. 1612. — Aux *Ms. Dupuy*, vol. 268, *Bibl. Nationale*, Paris, six lettres latines et intimes à Casaubon de l'évêque de Bath et deux de l'évêque de Lichfield 1610-1612.

[3] Jacques écrivait à son chancelier en 1612 : « *Chanceler of my Exchequer, I will have Mr. Casaubon paid before my wife and my barnes.* »

s'ajoutait une prébende à Canterbury avec les dispenses nécessaires à un laïque pour en posséder les droits et les bénéfices[1].

Les sympathies ecclésiastiques de Casaubon n'avaient pas tardé à s'accentuer ; ses *Éphémérides,* vrai monument de sa vie morale et religieuse, ne permettent pas de douter de leur sincérité[2]. Se préparant, bientôt après son arrivée, à participer à la communion au sein de la communauté française «sous une forme suffisamment agréable à Dieu» il ajoute, «mais l'anglicane me plaît beaucoup mieux», et au sortir de la cène il ne peut s'empêcher d'insister sur les différences d'avec la forme des anciens. Un mois plus tard il remercie Dieu d'avoir été admis à la cène et d'avoir participé au corps et au sang de Christ dans l'Église anglicane, dont il a médité attentivement la formule, qu'il a approuvée extrêmement et dont il a loué le rit de préférence au français et au genevois[3]. On pourrait croire à une rupture

[1] « Aujourd'hui je suis reçu dans l'ordre des Prébendaires de l'Église de Canterbury : pour cette circonstance on a renoncé à toutes les formalités d'usage. Car en ma qualité de laïque j'ai refusé de me prêter à rien qui ne convînt à un laïque français, et pour agir ainsi je me suis muni d'une autorisation en règle du roi. » *Eph.* 821.
Casaubon était cependant courtisan de la science beaucoup plus que des richesses ; il aimait à se sentir apprécié, mais se croyait en droit d'écrire : «Contempsi opes semper itaque nullas habeo : dives liberorum sum, aliæ divitiæ nullæ mihi sunt. Cum Lutetiae fui Fortunam auream per vim irrumpere in domum meam sæpe cupientem fortitas semper repuli. Scivit hoc Rex a parricidis Jesuitis occisus : scivit hoc, inquam, Rex maximus et nunc sciunt illustria illa nomina Cancellarius Galliæ, Card. Perronius, Episcopus Parisiensis. » Londres. *Epist.* 875.

[2] Ses hésitations, ses angoisses même sont consignées dans ses Éphémérides à la date du 1er janvier 1611 : «Istudes quod jam aliquot annos me angit, et dies noctesque habet sollicitum. Cupio tibi, Domine Jesu, fideliter inservire, cupio in navicula tua inveneri... sed me variarum momenta rationum mire interdum divellunt et in contraria rapiunt. Video alios obtentu vetustatis crassisimos errores propugnare ; *alios dum fugiunt novos errores omnia facere vere nova ;* ut tollant abusus, multarum sanctissimarum, ut quidem puto, institutionum usum damnare et propria auctoritate tollere. »

[3] «Postea pro more hujus Ecclesiæ celebrata est S. Eucharistia quam ego sumpsi mirabili cum animi suavitate. » *Eph.*

avec la communauté de Threadneedle street : il n'en fut rien. Pendant les quatre dernières années de sa vie, Casaubon appartient simultanément aux deux Églises[1], position ecclésiastique qui, difficile sous Élisabeth, serait devenue presque impossible à partir de Charles Ier et tout-à-fait sous Charles II. Dans ses communions, ordinairement mensuelles, tantôt il s'unit avec sa femme à la congrégation française, tantôt, surtout aux grandes fêtes, à celle de la chapelle du palais. Ses préférences sont pour la forme anglicane, mais ne parvenant point à comprendre la langue, il continue à se rendre aux services français, et craindrait de scandaliser les faibles en s'y abstenant toujours de la cène[2]. Il hésite pour le choix du ministre auquel il confiera l'instruction religieuse de son fils Méric, et se décide pour la forme « qui se rapproche le plus, selon son sentiment, de celle des anciens »; mais après avoir « conservé en lui le rit anglican par la confirmation de l'évêque », il le ramène à Threadneedle street afin que, Français, il ne croie pas devoir dédaigner le rit français, qu'il donne son nom à l'Église française et que sa foi profite des instructions de « nos pasteurs »[3]. Enfin sur son lit de mort, le

---

[1] « Anglicæ et Gallicæ Ecclesiæ hodie interfui et Deum utrobique laudavi. » *Eph.*

[2] « Tu sais ô Christ Jésus, quelles sont mes hésitations à l'endroit de ce très saint acte et que la forme anglicane me plaît mieux. Mais je suis conduit par une raison de piété à ne pas tout à fait m'abstenir de communier avec cette Église. Je me suis aperçu en effet qu'il y a là un scandale pour les faibles. » « S. C. Domini hodie participavi et quidem in Ecclesia Gallica, nam in Anglica lingua parum adhuc profeci. »

En 1613 il communie en avril et mai à l'Église française, en juin à Oxford à l'Église anglicane, en juillet de nouveau à Threadneedle street.

[3] La corde patriotique vibrait encore en lui ; il écrit en 1613 : « Gallus enim sum et intimis fibris cordis mei reverentia Liliorum alte est impressa. » *Epist.* 864. Il continuait à se sentir étranger : « Scito me peregrinum esse in Anglia ubi peregrinis non aliter bene est » ; si les bienfaits du roi tendaient à le lui faire oublier, la populace le lui rappelait chaque jour : « Mes fenêtres, comme souvent, ont été assaillies de pierres » *Ephém.*, et dans une lettre au primat: « Liberi sæpe pulsati, probra sæpe in nos conjecta; lapidibus quotidie fere incessimur. »

12 juillet 1614, il est visité et encouragé par les ministres français Cappel et Aurelius, mais reçoit la communion des mains de l'évêque d'Ély, et c'est à l'abbaye de Westminster qu'il est solennellement enseveli et que son oraison funèbre est prononcée par l'évêque de Lichfield [1]. Le roi venait d'assurer à Méric (né à Genève 1599) une place au Collège de Christ Church à Oxford [2].

P. du Moulin. Privé du concours de Casaubon le monarque-théologien jeta les yeux sur le célèbre pasteur de Charenton Pierre Du Moulin qui, dix ans auparavant, avait pris sa défense contre Coëffeteau et auquel il voulait confier le soin de répondre aux nouvelles attaques de Du Perron. Cédons la parole à Du Moulin :

« L'an 1615, au mois de février, M. de Mayerne, premier médecin de Jacques, roy de la Grande Bretaigne, arriva à Paris, et me fit entendre le désir que S. M. avoit de me voir. Desja il m'avoit envoyé deux mille livres, pour un livre que j'avois fait, en deffense de la confession de foy que ledit roy avait publiée. Je me résolus de faire ce voyage ; mais nostre consistoire s'y opposa ; car on luy avoit persuadé que si j'y allois, je ne reviendrois plus. Mais je leur ostay cette persuasion, par la promesse

---

[1] Son médecin Raphaël Thorius qui a écrit *De causa morbi et mortis Is. Casauboni*, naquit en France, mais passa la majeure partie de sa vie en Angleterre où il mourut 1625, laissant un fils Jean, étudiant à Oxford, médecin à Dublin.

[2] Il y resta treize ans et suivit une carrière ecclésiastique anglicane, pourvu de bénéfices considérables, prébendaire de Canterbury et recteur d'Ickham. De ses vingt-neuf ouvrages, dont vingt-six publiés à Londres et un à Canterbury (voir liste *France protestante*, 2ᵉ éd.), nous ne citerons que les deux premiers : *Merici Casauboni, Isaaci filii, Pietas contra maledicos patrii nominis et religionis hostes*. L. 1621. — *Vindicatio patris adversus impostorem qui librum ineptum et impium de origine idolatriæ nuper sub Is. Cas. nomine publicavit*. L. 1624. A la chute de la monarchie, ayant repoussé les avances de Cromwell, il fut dépouillé de ses bénéfices qu'il recouvra à la Restauration. La famille s'éteignit en son fils le chirurgien Jean Casaubon de Canterbury dont le fils Méric était mort enfant.

et serment que je fis en public à Charenton de retourner en bref » [1].

Avant de partir il prévint Duplessis-Mornay de son voyage : « Estant requis du Roy de la Grande Bretagne, de faire un tour en Angleterre.... je penserois avoir manqué à mon devoir si je ne vous en eusse adverti, afin de recevoir vos sages conseils en ceste affaire et estre aidé par vostre prudence, car je désire surtout que mon voyage ne soit point inutile pour le bien de l'Église, et sçay que ce bon Roy s'enquerra de moy de plusieurs choses, notamment des maladies de nos Églises, et des intentions des principaux des nostres, et notamment des vostres, et de nos craintes, et de la paix que nous pouvons espérer en ce royaume, et des remèdes aux maux qui nous menacent. Je pourroy aussi lui parler de l'Union en la Religion dont je vous ay fait voir le projet, et l'exhorter à s'y employer. Sur lesquelles choses je vous supplie m'escrire confidemment » [2].

« Je partis de Paris avec M. de Mayerne au commencement de mars 1615 ; j'avais avec moy mon jeune frère Jean du Moulin.... Ce roy me fit beaucoup d'accueil, ordinairement je me tenois derrière sa chaise en ses repas. Deux mois auparavant, les Estats s'estoient tenus à Paris, où M. le cardinal du Perron avoit fait une harangue, laquelle il avoit fait imprimer, en laquelle il prouvoit que le pape peut déposer les roys, et où le roy Jacques estoit mal traité. S. M. me commanda d'y faire responce ; ce que je fis : je lui présentai ma responce, laquelle est imprimée

---

[1] *Autobiographie de P. du Moulin Bull. du Prot. fr. VII.* Il aurait pu ajouter que le roi s'était déjà occupé de lui, en intervenant officieusement auprès du Synode de Tonneins, recommandant que « les esprits des pasteurs et professeurs ne s'aigrissent pas les uns contre les autres touchant des questions plus subtiles que profitables, plus curieuses que nécessaires » et les priant « particulièrement d'ajuster ces différences qui sont survenues entre les sieurs du Moulin et Tilenus ». Lettre du 15 mars 1614. — Plusieurs de ses ouvrages furent traduits en anglais.

[2] *Bull. du prot. fr. XXXIII*, 402.

sous son nom[1]. Il me fit prescher devant luy en françois à Greenwich, en la chapelle royale[2]. Il voulut aussi que je prisse le degré de docteur à Cambrige.

« Là se fist une dispute publique, en laquelle le roy mesme proposa des argumens. Je fus trois mois en ce voyage, et pris congé du roy à la Saint-Jean ; car il s'en alloit en son progrès. Il donna à mon frère une chaîne d'or de deux cens escus, et à moy une prébende à Cantorbérie, avec une belle maison. Depuis il me donna encore une commanderie, qu'ils appellent rectorat, au pays de Galles.

« Les chanoines du chapitre de Cantorbérie, en ma réception, me voulurent obliger par serment à m'assujettir aux loix et coustumes d'Angleterre ; ce que je ne voulus faire qu'à condition de ne rien faire qui préjudiciast à l'obéissance que je dois à mon roy et à l'ordre ecclésiastique receu en nos Églises de France : ce qui me fut accordé »[3].

De ce rapide séjour sortit aussi un plan de réunion entre les communions protestantes[4], qui, suggéré par Jacques Ier dans son désir de se rendre l'arbitre des Églises et de faire prévaloir l'épiscopat, ne pouvait et ne devait avoir aucun résultat pratique, mais les relations du roi et du pasteur se continuèrent. Cinq ans plus tard, au moment d'aller présider le Synode d'Alais, Du Moulin se laissa entraîner par l'ambassadeur Herbert à exhorter le monarque à prendre la défense de son gendre le roi de Bohème, ajoutant que les Églises protestantes avaient les yeux tournés vers lui. Buckingham livra la lettre à Louis XIII

---

[1] « *Déclaration du Sérénissime Roy Jaques I... pour le Droit des Rois et indépendance de leurs couronnes contre la Harangue de l'Illustrissime Card. du Perron.* Londres 1615. » Elle débute : « Mon inclination n'est pas d'estre envieux en la République d'autruy, ni de m'entremettre des affaires de mes voisins sans en estre requis. Il est plus convenable à la dignité Royale dont Dieu m'a honoré de donner des Loix à mes sujets que des conseils aux estrangers. Ce néantmoins l'amitié que j'ay portée au Roy Henri IV d'heureuse mémoire... etc. »

[2] *A Sermon preached before the Kings Majesty at Greenwich* 13 *June* 1615 (Rom. I, 16) in-4°. Oxford 1620 : une édition française même date, Charenton.

[3] *Autobiographie*.

[4] Inséré dans les *Actes Authentiques* de Blondel.

et le pasteur dut quitter son Église de Paris pour celle de Sedan et une chaire de théologie. De nouvelles instances du roi d'Angleterre vinrent l'y relancer en 1623. Une première démarche auprès du duc de Bouillon (décédé le 25 mars 1623), fut suivie d'une demande officielle à Louis XIII «d'autoriser M. Du Moulin à venir à Londres s'occuper des doyennés qui lui ont été confiés et d'y rester ou non à son gré (13 octobre 1623) »[1]. Il y séjourna jusqu'à la mort du roi qui lui avait accordé un don de 200 livres sterling, le rectorat de Llanarmon et la promesse de la réversion des bénéfices sur ses fils[2]. L'aîné et le troisième continuèrent en Angleterre le nom des Du Moulin, Pierre comme fidèle soutien de l'épiscopat et de la monarchie, Louis au contraire, ardent presbytérien et partisan de Cromwell. S'ils sortent du cadre des Églises du Refuge, on ne saurait oublier pourtant que, déjà septuagénaire, le chanoine de Canterbury se sentit encore huguenot et se fit le champion de ses coreligionnaires de France le jour où Hay de Chastelet, dans son traité de la Politique, osa les accuser d'être ennemis du roi et de l'État[3].

[1] *Cal. of State papers* « M. de Mayerne est arrivé de France et a ramené le Ministre du Moulin ... M. du Moulin a prêché devant le roi et l'arch. de Canterbury. » Voir extraits de Geeves, *Status Ecclesiæ Gallicanæ*, Agnew III, 257.

[2] Lettre du roi Jacques pendant la maladie de Du Moulin, sept. 1624. Remerciments du pasteur, nov. 1624. Présentation au rectorat, 11 janvier 1625. — *State Papers*.

[3] *Réflexions sur le IIe et le IIIe chapitres de la Politique de France, par le sieur de L'Ormegrigny*. Cologne 1671. De Chastelet voulait par quinze moyens obliger les protestants français à se faire catholiques. « Je ne perdrai pas de temps à faire des réflexions sur les voies qu'il propose pour nous tourmenter et nous rendre las de notre religion, de notre patrie et de nos vies. On en a trouvé davantage. » Pour réfuter les accusations de rébellion contre le souverain, Du Moulin évoque les souvenirs de la Ligue, et demande où étaient les bons Français, dans les rangs où l'on enseignait qu'un roi excommunié par le pape peut être justement tué par ses sujets, ou chez ceux « dont les armes étaient nécessaires pour la préservation du grand prince que Dieu réservait pour la bénédiction de la France? lesquels on doit estimer les

De la Ravoire. L'obtention d'un autre bénéfice au pays de Galles, celui de Llandinam, par un Français, Paul de la Ravoire, fut remarquée

ennemis de l'État, ceux qui assujettissent absolument la couronne du roi à la mitre papale et qui reconnaissent un autre souverain que le roi, ou ceux qui le reconnaissent comme leur unique souverain et qui maintiennent que la couronne ne dépend que de Dieu seul?» Il conclut: « Quand le roi aura délivré et soi et son peuple de ce joug étranger, il trouvera l'inimitié entre ses sujets pour le fait de la religion grandement diminuée et la voie frayée à la réunion. Que si les difficultés sur la doctrine peuvent être surmontées, les protestants n'en formeront pas beaucoup sur la discipline » Ici on retrouve le chanoine de Canterbury. Voir L. Feer: *Un chapitre de la polémique au XVIIe siècle. Bull. du Prot. fr. XXX.*

Le contraste entre les deux frères mériterait d'être étudié. Pierre, né à Paris 1601, après ses études à Sedan et à Leyde, ordiné dans l'église anglicane, prédicateur à Oxford, docteur des deux universités, allant dans son zèle royaliste jusqu'à refuser aux covenantaires d'Écosse le bénéfice de leur conformité disciplinaire avec les réformés français, adversaire violent de Milton dans *Clamor sanguinis regii ad cœlum adv. parricidas anglicanos*, devint chapelain de la cour 1660 et prébendaire à Canterbury où il mourut 1684: écrivain distingué dans les langues de ses deux patries, il publia en français la *Défense de la religion réformée et de la monarchie et de l'Église anglicane*, deux *décades de sermons*, et sous son nom nobiliaire la réponse à Hay citée ci-dessus : son célèbre *Traité de la paix de l'âme et du contentement de l'esprit* parut à Londres en anglais, 1657, avant d'être traduit et publié en dix éditions à Sedan, Charenton, Paris, Quevilly, Amsterdam, La Haye et Genève. — Louis, né 1605, docteur en médecine à Leyde, occupa depuis la visitation parlementaire de 1648 jusqu'à la Restauration la chaire d'Histoire à Oxford, et consacra ensuite ses loisirs forcés à la défense des principes non-conformistes et à des attaques contre les tendances catholiques de l'Église d'Angleterre, d'où une polémique dont les violences ne sont pas toutes de son côté. Stilingfleet, Durel, Patrick, Sam. de l'Angle et son propre frère invoquèrent même contre lui le témoignage de Daillé : « *A lively portrait of M. Du Moulin* », et bien que ses dernières paroles aient rétracté ses réflexions personnelles contre des ecclésiastiques anglicans, il resta fidèle jusqu'à sa fin, 1680, aux convictions exposées dans ses principaux écrits et à sa maxime « Il peut y avoir des lois pour garder les gens hors de l'Église, il n'y en a pas pour les forcer à y entrer » : *Concerning the power of the Christian magistrate in church matters. — Of the right of the churches. — Patronus bonæ fidei in causa Puritanorum. — An account of the several advances the church of England hath made to the church of Rome. — The conformity of the discipline and government of the Independents to that of the ancient primitive Christians.* Ses écrits français avec des *Pensées sur le nombre des élus*, 1680, ne sont que

et citée depuis dans les controverses pour n'avoir été précédée d'aucune ordination anglicane. Venu en Angleterre comme majordome de l'archevêque Ant. de Dominis, prosélyte comme lui, il était retourné en France et y avait reçu (ou aux Pays-Bas) l'imposition des mains réformée; « mais ses affaires y allant fort mal », comme il l'écrit en janvier 1618, il s'était bientôt vu obligé de rejoindre son patron. « L'archevêque ayant demandé pour lui à Th. Morton (évêque de Lichfield et Coventry) une nouvelle ordination, fut refusé, l'évêque déclarant qu'il ne voulait pas donner scandale aux Églises étrangères, et le ministre fut sans autre façon admis dans l'Église anglicane »[1].

L'archevêque de Spalato appartient au Refuge de langue italienne, et pour peu de temps. La chapelle de Mercers Hall avait été rouverte et le culte rétabli en 1609, après une longue interruption, par un ancien moine venu de Bruxelles, Ascanio Spinola, avec le concours du Conseil privé, de l'archevêque Bancroft et de Ravis qui fut évêque de Londres de 1607 à 1609. Mais, ainsi qu'il s'en plaignait au consistoire flamand, Spinola avait vainement essayé de renouer les liens avec les deux autres Églises étrangères : il avait demandé à plusieurs

Ascanio Spinola.

---

des traductions des anglais. Peu après sa mort on publiait encore son suprême *Appeal of all the non-conformists in England to God and all the Protestants of Europe in order to manifest their sincerity 'n point of obedience to God and the King*. Lond. 1681, omis dans la *France prot.* — La famille est éteinte en Angleterre, la descendance de Pierre ayant passé en Prusse.

[1] Groteste de la Mothe, *Correspondance fraternelle de l'Église anglicane avec les autres Églises réformées*. La Haye 1705.

La nomination dans *Cal. State papers Dom. Jacques Ier*, CX. La *France prot.* ne sait de lui que son ouvrage : *Remontrance à MM. les États de Hollande*, Leyde 1617. A sa mort 1622 David Louhet, qui lui avait succédé auprès de l'archevêque de Spalato (Ruytinck), sollicite le bénéfice. *Calendars State papers*.

Peut-être cependant y a-t-il eu, sur cette question de ré-ordination une erreur de personnes; dans une lettre de l'évêque Morton à de Dominis elle est refusée à César Calandrini ; à la formule de sa consécration il ne manque « si

reprises à M. Burlamachi de parler aux frères français en vue de la rentrée de son troupeau dans l'ancienne union ; il offrait de participer avec eux à la cène, s'engageait à n'y admettre de son côté aucun étranger sans leur consentement, sollicitait leurs conseils sur la discipline, priait ceux qui comprenaient la langue d'assister quelquefois à son culte « pour nuire à l'Antéchrist qui cherche à empêcher l'existence d'une communauté italienne à Londres »[1]. Les consistoires flamand et français persistèrent dans leur abstention, justifiée bientôt par le retour de Spinola au catholicisme (1616).

Antoine de Dominis. Il était remplacé dans la chaire de Mercers Hall, le premier dimanche de l'Avent 1617[2], par Marc Antoine de Dominis, arrivé depuis quelques mois à Londres et ne se proposant, à ce qu'il assura dans son premier discours, d'autre tâche que de mettre ses joies en commun avec celles de ses auditeurs italiens, moins d'instruire que d'être instruit[3]. Le ministre flamand Ruy-

j'entends quelque chose en théologie » rien de ce qui est essentiel à une ordination sainte, à moins de refuser ce pouvoir aux pasteurs qui l'ont consacré, ce qui serait pour toutes les Églises de l'étranger un intolérable scandale « dont je ne veux pas être l'auteur. » *Ecc. L. Bat. Archiv.* I, 363.

[1] La lettre dans Ruytinck.

[2] *A sermon preached in Italian by the most Reverend father Marc Anthony de Dominis, archb. of Spalato, in the Mercers chappel in London* ... Rom. XIII, 12. L. 1617, in-4°, une éd. en italien et celle-ci. L'orateur demande à Dieu dans son exorde de joindre en une seule toutes les Églises ; il introduit une prière pour le roi, la famille royale, l'état et les sénateurs de Venise : dans sa péroraison, accusant les prélats « et surtout celui qui s'est fait prélat des prélats » de méchant aveuglement, il rappelle que lui aussi « a été un des aveugles de leur compagnie. »

[3] Marc Antoine de Dominis avait été jésuite, puis évêque de Segni ; archevêque de Spalato, sous la domination de Venise, les différends de la république avec Rome l'avaient tourné contre la papauté et lié avec le chapelain de l'envoyé d'Angleterre ; il l'accompagnait à son retour, se déclarait protestant et publiait à Londres les deux premiers tomes de l'attaque « *De Respublica Ecclesiastica* » contre le pouvoir pontifical et plusieurs des dogmes catholiques, tout en plaidant la cause de la réunion des Églises. Jacques Ier, qui s'aventurait volontiers sur ce terrain, l'accueillit avec faveur, lui confia le gouverne-

tinck et le français Marie lui offrirent en février suivant comme suffragant César Calandrini, d'une famille italienne réfugiée à Genève au XVIe siècle. Il avait étudié à Genève et à Saumur et s'était exercé quelque temps en propositions sous les ministres de Threadneedle Street. Après deux prédications d'épreuve, un examen par le Cœtus le 6 mars, suivi de l'imposition des mains, une présentation par les délégués de ce corps, Cappel et Reguis, et par l'archevêque de Spalato à l'évêque King, ce dernier le nomma prédicateur ordinaire de l'Église italienne, avec licence de prêcher à Londres. Le 18 avril, de Dominis l'introduisit auprès de la congrégation et, avec l'aide «des frères des Églises étrangères» on lui forma un consistoire d'anciens et de diacres. Le Cœtus, recevant en son sein le ministre et les anciens de la communauté italienne, se retrouva constitué ainsi qu'il l'avait été sous Édouard VI et Élisabeth[1].

On ne peut que signaler le séjour à Londres, 1619-1621,

ment des Hospices et Asiles de la Savoie, le diaconat de Windsor et la direction de la congrégation italienne réformée. Mais l'avènement de Grégoire XV, son ancien ami, réveilla ses ambitions. Le 16 juin 1622 il annonça au roi son dessein de retourner poursuivre à Rome même ses projets de réconciliation entre les communions chrétiennes. La tournure prise par ses prédications que Calandrini se voyait obligé de réfuter aggrava les ressentiments du monarque : le prélat fut cité à comparaître devant la Haute cour de Lambeth, convaincu de connivence avec Rome et banni. Il partait le 27 avril. Condamné à Londres, de Dominis ne rentra officiellement dans le giron de l'Église que pour être accusé à Rome d'hérésie, être enfermé et mourir mystérieusement dans le fort St Ange; son cadavre et ses écrits furent brûlés. Longs et curieux détails dans la suite aux Mémoires de Ruytinck par Calandrini.

[1] Ruytinck et Calandrini : *Geschiedenissen ende Handelingen*. En 1626 le pasteur italien Alexandre et l'espagnol Pierre de Luna demandèrent à fusionner leurs églises; l'archevêque de Canterbury s'en référa au Cœtus.

Calandrini avait accepté une charge dans la flamande. Il prit à cœur la détresse des Églises grisonnes de la Ligue « des X Droittures » représentées à Londres par trois pasteurs et trois gentilshommes (Salis, Planta et Bentela); chacune des communautés étrangères de Londres fit une collecte pour elles, et le roi en autorisa une dans les paroisses anglaises 1624-1625. On collecta aussi pour Frankenthal dévasté par les troupes espagnoles.

du poëte Théophile; banni comme athée à la sollicitation des jésuites, il sollicita d'autant plus ardemment son rappel que le roi Jacques s'était refusé à lui donner audience [1].

Sal. de Caus. Il ne s'est agi jusqu'ici, dans l'histoire du Refuge sous Jacques Ier, que de personnalités isolées : il en reste une à citer. On lit sur les registres de Threadneedle street : « Salomon de Caut, serviteur du prince de Galles, fut censuré d'avoir été à la messe à Bruxelles et en Italie : dit qu'en son cœur il n'y était pas ; sa repentance fut acceptée en consistoire et contraint de faire repentance du scandale à l'Église de Dieppe, et produira témoignage d'icelle : il fit confession de foi et fut reçu Sept. 1611 [2] ». Salomon de Caus professait la perspective, était attaché au prince Henri comme maître de dessin, avait appliqué ses inventions mécaniques à l'embellissement du parc de Richmond et publiait à Londres son premier ouvrage [3]. A la mort du prince de Galles, il suivit à Heidelberg la princesse Élisabeth et devint ingénieur-architecte du Palatin [4].

Le Refuge de 1621. Vers la fin du règne, la Grande-Bretagne redevint terre de Refuge. Les vieilles luttes civiles troublaient la France. La Déclaration de Niort (1621) ordonnant « à tous ceux de la religion de comparoir aux greffes des bailliages », pour se dégager par serment et signature de toute participation à l'assemblée de la

---

[1] « Si Jacques le roi du savoir, N'a pas trouvé bon de me voir... etc. »
    Œuvres de Théophile.

[2] La *France protestante* qui mentionne le séjour à Londres de S. de Caus ne contient rien de positif sur son origine, que cet acte prouve être dieppoise.

[3] *La Perspective avec la raison des ombres et miroirs par Salomon de Caus, ingénieur du sérénissime prince de Galles*, 1612, in-fol. avec dédicace datée de Richmond.

[4] A l'arrivée du comte palatin, fiancé à la princesse royale, il fut complimenté par les Églises étrangères : pendant son séjour à Londres il assistait aux prédications françaises de semaine, et aux flamandes du dimanche. En 1613, le Palatin et la princesse vont à l'Église flamande entendre prêcher un des ministres français. — Ruytinck.

Rochelle, en fit émigrer un grand nombre, surtout de la Normandie, qu'effrayait l'ambiguité des expressions royales et le désarmement général de leurs coreligionnaires [1]. Un des réfugiés, Paul de Bellegent, docteur en droit de Poitiers, employait son exil à la traduction des Annales de Camden : il la présentait à Jacques Ier et la publiait à Londres sous son patronage [2].

La misère des expatriés était grande. Le 19 sept. 1621, le Conseil d'État, par ordre exprès du roi, et sur la requête des ministres de l'Église française de Londres, mandait au primat d'enjoindre aux évêques de faire collecter dans chaque paroisse pour les réfugiés français; l'argent devait être distribué sous la direction des ministres et anciens de l'Église française de Londres. La lettre de l'archevêque Abbot aux évêques et clergé recommandant « à leur tendre affection la cause des malheureux réfugiés protestants français » est du 28 [3].

---

[1] ... « Ce qui alarma extrêmement tous ceux de deça la Loire qui en trouvaient les termes ambigus et captieux, craignant que par là on ne prétendit aussi qu'ils ne renonçassent à l'union de la religion — outre que plusieurs en appréhendaient les suites, comme étant un moyen facile et une occasion toujours prête pour leur faire de la peine, sous ombre qu'il les soupçonnerait ou qu'on leur imputerait d'avoir intelligence avec eux... Plusieurs se résolurent plutôt de se retirer, et notamment presque tous les ministres... L'Église de Dieppe demeura quelque temps sans pasteurs, par l'absence des sieurs Cartault et de Montdenis, qui s'étaient retirés en Angleterre. » Daval, *Histoire de la Ref. à Dieppe*.

[2] « En ces malheureux temps de naguère passez qui rendoient la France ma patrie le triste objet de la pitié et le pitoyable sujet de la tristesse des gens de bien, l'horreur et l'épouvantement d'un chacun, j'estois un jour assis sur les rivages du fleuve de Babilon, regardant avec des yeux mouillés le déplorable estat de l'Église françoise. Mes yeux découvrent le soleil de justice en un autre pays où paissent des troupeaux tranquilles. » *Dédicace*, Londres 1624. — Mentionnons aussi Mailliet, *Ode à la louange du Roy de la Grande-Bretagne*, 1617 et Jean Brossier, *Panégyric à l'Angleterre*, Londres 1623.

[3] *Cal. State Papers. James Domestic* CXXI, CXXII. — Un exemplaire de la lettre du roi au Conseil, *Scotch State Papers*. Vol. IX, 43. *Advocate's Library*. Édimbourg.

Culte à Douvres.

La ville de Douvres demanda à être dispensée d'une large contribution, étant surchargée déjà d'immigrants et de passants; 147 de ces derniers avaient reçu, à la date du 26 octobre, 258 schellings d'aumônes. Il est vrai que dès le 4 juin le maire avait signalé des arrivées journalières et il prévoyait que la défense d'expatriation sous peine de mort ne ferait qu'en augmenter le nombre[1] : comme des pasteurs en faisaient partie, il sollicitait de l'archevêque de Canterbury l'autorisation de leur accorder à de certains jours l'usage d'un temple, requête renouvelée le 13. En juillet ils étaient cent, se soutenant eux-mêmes, avec culte, deux fois le dimanche et une le jeudi, dans l'église de Sainte-Marie. La communauté, régulièrement constituée sous le ministre de Dieppe, Moïse Cartault, comptait en octobre 165 communiants et 105 non-communiants, dont 85 indigents assistés. Le 15 mai 1622 elle adressait des remerciements à lord Zouch « pour la courtoisie avec laquelle on les a reçus à Douvres, sollicitant, selon son humanité envers les membres de Jésus-Christ, la continuation de sa bienveillance.. » signé : « Les Pasteurs, anciens et diacres de l'Église françoise recueillie à Dover, M. Cartault, A. Blondel[2], Chauvin ancien, David Desville ancien, de Trembronne diacre[3] ». Cette petite Église du Refuge aura cessé après la paix de Montpellier, par le retour de Cartault à Dieppe ; peut-être quelques-uns de ses membres sont-ils restés à Douvres et ont-ils jeté les semences de la communauté française qui s'y développa sous Charles Ier.

---

[1] Lettre de John Reading à Lord Zouch et lettre du Conseil au même. Le maire de Plymouth annonce aussi au Conseil, 6 juillet 1621, le débarquement de 48 protestants réfugiés de St Martin près La Rochelle. *Cal.* CXXX.

[2] Cartault, successeur à Dieppe de son père Mathieu, Aaron Blondel, ministre d'Étuples et d'Imécourt.

[3] Lettre reproduite d'après *State Papers James Dom.* CXXIII-CXXX, ainsi que celles du maire et la liste de 78 réfugiés français (dont 25 veuves) par Overend, *Strangers at Dover, Hug. Soc. Proc.*, vol. III.

Bientôt, comme aux jours d'Élisabeth, les chefs huguenots *Sollicitations* cherchèrent à s'appuyer sur la monarchie protestante. Après sa *des Réformés.* retraite de l'île de Ré, Soubise vint puiser à Londres de nouvelles forces morales et matérielles [1]. Rohan députa vers Jacques Ier le sieur de la Tousche, pour lui faire entendre « l'extrême affliction des Églises, la nécessité de leur défense », et pour repousser l'imputation de rébellion contre Louis XIII [2]. La Rochelle envoya trois députés exposer sa détresse, mais ils n'obtinrent ni l'autorisation de la représenter à demeure auprès du gouvernement britannique, ni celle, pour ses marins, de vendre les prises amenées par leurs vaisseaux dans les ports anglais, surtout à Rye et à Portsmouth [3]. En répandant des pièces

[1] Soubise priait Buckingham « d'obtenir de S. M., comme au nom de Dieu et pour nostre principale salvation, cinq ou six canons de fonte.. ce que dernièrement, diverty par diverses considérations, je n'osay pas réclamer d'elle, quoy que ce soit le seul point qui nous est le plus considérable dans tous nos desseings.. » Londres 19 Aout 1622. — *Harleian Mss.* n° 1583.

[2] « ..Je supplye très humblement V. M. de croyre deux choses de moy; la première que portant les fidelles marques que je porte dans l'âme et au cœur, il est impossible de me départir de l'obéissance de mon Roy, la seconde est que je ne m'exposerais pas comme je fais, d'abandonner ma vie à toutes sortes de périls, et quittant dignitez, charges, maisons et famille, n'estoyt que je ne veux quitter le service de celuy auquel tout est deub.. Qu'il vous continue ses saintes bénédictions et qu'il ajoute maintenant à vos glorieux titres celuy de Restaurateur des Eglises affligées. » Montauban 28 juillet 1622. — *Ibidem*.

[3] ..« Ayant tout subjet de nous louer du capitaine qu'il vous a plu ordonner pour nostre conduite, nous n'attendons avecques luy que le vent favorable pour faire voile: en quoy la seule volonté de S. M. de la Grande Bretagne nous sert de loy contre les créances que nous donne l'état déplorable de nos affaires, de la nécessité de nostre demeure près d'elle, mais nous ne sçaurions faillir, suivant les commandemens d'un si sage prince.. » cette lettre à Buckingham est signée Couvrelles, David et D. de Fos, et datée de Portsmouth, 1er mai 1622. — *Ibidem*.
Pour ménager à la fois Louis XIII et les protestants, le Conseil royal ne permettait pas la vente des prises, malgré les offres de blé à un taux séduisant pour des temps de disette, mais défendait de les livrer à la France. Voir aussi la commission donnée pour cinq semaines, par l'Assemblée de la Rochelle à Jehan de Millon, cap. de la barque Le Lièvre, et l'interrogatoire de Jacq. Fer-

politiques traduites du français, on s'efforçait de provoquer, au moins dans les sphères gouvernementales, un courant favorable à la cause huguenote[1]. Au mois d'octobre 1622 le traité de Montpellier rétablit une paix qui ne pouvait durer longtemps.

Mécontentement du peuple anglais.

Cette reprise de l'immigration avait été généralement mal vue en Angleterre. L'intervention de Jacques Ier en 1606 en faveur des étrangers n'avait pas empêché les récriminations de se renouveler presque périodiquement depuis.

En 1615 les tisserands s'étaient plaints au Gouvernement que les étrangers employaient trop d'ouvriers, qu'ils vivaient moins cher et vendaient à meilleur marché qu'eux[2]. Mais l'ambassadeur des États, reprenant en main la cause de ses compatriotes et de leurs alliés français, avait été d'autant mieux écouté que le roi souhaitait leur participation à un emprunt. Un acte, daté de Greenwich 30 juin 1616, réprouve les molestations faites aux étrangers et commande aux cours de justice de permettre « aux dits étrangers, membres des Églises flamandes et françaises et à leurs enfants de ne pas être inquiétés dans leurs industries. » Le 6 septembre 1618 le Conseil ordonnait le recensement de tous

---

rant de St-Martin, cap. du navire La Religion qui a débarqué à Guernesey deux membres de l'Ass. devant passer de là en Normandie 1621. *Calendars, James Dom.* CXXIX. CXXX. CXXXII., et *Hug. Soc. Proc.*, III, 140-143.

[1] 1621 : *The Declaration of the Ref. Churches of France and Sov. of Bearn . . of their unjust persecution.* — *A Decl. set forth by the Prot. in France, shewing the lamentable distress that thy are fallen into.* La Rochelle. — *A Letter written by those of the Ass. in Rochel to M. le duc la Diguière.* La Rochelle. — 1622 : *A Remonstrance of the french subjects.* Londres. Voir aussi la curieuse plaquette : *Manifeste anglois adressé aux Reformez de France sur les troubles et divisions de ce temps*, signé Les Réformez d'Angleterre, 1621. (*Brit. Museum*). Par contre on publiait à Paris : *La Decl. du roi d'Angleterre contre les rebelles du Royaume de France*, 24 déc. 1621.

[2] Le mécontentement s'accentua au point d'obliger les Flamands à publier une justification, rappelant les services rendus par eux à leur pays d'adoption.

les étrangers résidant à Londres, ce qu'on refit en 1621-1622, en l'étendant aux autres colonies. Le premier relevé, en ne tenant compte que des hommes (ou des veuves comme chefs de famille), ne donne que cent dix-huit noms de Français; le second est incomplet, mais le nombre devait s'être accru [1], vu les troubles de France.

L'immigration des deux dernières années avait réveillé les plaintes, et bien que le recensement en eût prouvé l'exagération, le roi Jacques, oubliant quelque peu les promesses de son avènement et l'exemple d'Élisabeth, les entendait cette fois assez volontiers. Elles l'appuyaient dans sa propre ligne de conduite, car, loin de rembourser l'emprunt, l'État intentait un procès aux négociants étrangers les plus considérés sous le prétexte d'exportation de l'or. Quelques membres de l'Église française étaient impliqués dans les poursuites, où l'on sacrifiait les gens les plus considérés, un Burlamachi et un de la Barre, aux singuliers procédés financiers du roi; elles ne cessèrent que sur l'inter-

---

[1] Durrant Cooper. *Lists of Foreign Protestants and aliens.* — *Camden Society* 1862. — Subdivisions comme provenances de la liste de 1618 : Anjou 1; Bretagne 7 (Morlaix 1, Nantes 1, Pont 1, Rennes 1, St-Malo 1, Vitry 1); Picardie 15 (Amiens 3, Boulogne 2, Calais 5, St-Valery 2); Normandie 19 (Cherbourg 1, Dieppe 1, Evreux 1, Rouen 10, St-Denis le Gast 1); Paris 10; Mantes 1, Blois 1, Sancerre 1, Tours 1, La Rochelle 1, Tournon 1, Pau 1, Lyon 2, Dijon 1, Brienne 1, Metz 1, Sedan 3, sous le duc de Guise 1; France sans désignation 35 et 13 noms fantaisistes (Deale, St-Osay, Porrenty, Bothren, Illin, Burgoine près Paris, Deue, Carmade, Welington, etc.). Trois Genevois dont Théodore Diodati, médecin, à Londres depuis vingt ans, époux d'une anglaise. A signaler : deux professeurs de français, Abraham Bushell de Paris, enseignant à Londres et membre de l'Église française depuis 22 ans, et Jean Fabre de Tournon depuis cinq; le chirurgien Dardelle, et parmi les parisiens un Papillon et un Chaunterell (Chantrel).

Dans les Wallons: Artois en général 10, Hainaut 3, Cambrai 4, Douai 1, Dunkerque 2, Lille 11, Mons 3, St-Denis 2, Tournai 39, Valenciennes 12, Ypres 2, chiffres très inférieurs à la réalité, la désignation de Flandre, la plus souvent employée, embrassant beaucoup de Wallons; ainsi plusieurs réfugiés d'Anvers sont marqués comme de l'Église française.

vention de Noël de Caron et l'avance de soixante-mille livres sterling consentie par lui à ses coreligionnaires accablés par les pressantes revendications du fisc[1].

Le 27 juillet les ministres, anciens et diacres priaient le Conseil privé de les décharger de la levée des grandes sommes exigées[2]. S'ils paraissent avoir réussi à souffrir moins que leurs frères flamands, ils furent toutefois impuissants à réagir contre un mouvement d'opinion publique d'autant plus violent que le roi avait moins de motifs d'en entraver le cours[3]. Les documents conservés dans les *State Papers* (juin 1621 à juin 1622)[4] forment un dossier de griefs et de propositions

---

[1] Voir dans Moens, *The Registers of the Dutch Reformed Church, Austin-Friars London*, Lymington 1884 in-4°, les moyens employés par Jacques Ier pour rembourser par des amendes sur les prêteurs l'emprunt de 20.000 L. S. et en prélever 40.000 de plus. Dans Ruytinck les pièces du procès, correspondances de l'ambassadeur, etc. Parmi les fondés de pouvoir de l'ambassadeur pour le recouvrement des 60,000 L. S. prêtés aux commerçants, figurent le pasteur Aurelius, les anciens Forterie et Burlamachi : les rentrées ne s'effectuaient pas sans peine et les contestations portées devant le Conseil privé par les deux parties furent tranchées en faveur de l'ambassadeur. Les pasteurs et anciens continuaient à protester de l'impuissance du troupeau et de Caron adressait le 11 avril 1623 aux deux consistoires une mise en demeure d'avoir à rembourser un arriéré de 26.000 L. « Je suis assuré que si je me voulois plaindre à S. M. les prisons seroient bientost remplies des gens de vostre corps. » Une nouvelle lettre de rappel du Conseil amena de la part des ministres et anciens (pour l'Égl. française Primerose et Marie, Forterie et Bulteel) la demande d'être déchargés de toute responsabilité dans le recouvrement des sommes, cette intervention de leur part rendant leurs personnes très odieuses et leur ministère improductif. » 8 juillet 1624. Noël de Caron mourut à la fin de l'année et il n'est plus fait mention de ces recouvrements.

[2] « Ceux impliqués dans l'exportation de l'or n'appartiennent qu'en petit nombre à la congrégation, et ceux-là sont de pauvres gens. Les ministres dépendent des libéralités volontaires du peuple ; l'adoption des plans proposés pour la levée des deniers causerait l'abandon de l'Église et leur propre ruine. » *Calendars James Dom.* CXXII, 44.

[3] Les étrangers, disait-on, sont dans Londres au nombre de dix-mille ; ils exercent cent-vingt-et-un métiers différents.

[4] *Calendars James Dom.* CXXI, nos 144 à 168, voir la liste à l'*Appendice*.

contre les étrangers qui, lorsque la Cité de Londres leur eut donné corps dans une pétition, réclamant une commission d'enquête, aboutirent à l'institution de cette commission par décret royal, Westminster 30 juillet 1621, enregistré le 4 août. Composée de quatorze hauts fonctionnaires [1], nommée « pour traiter les étrangers avec modération de manière que les sujets naturels n'en souffrent aucun préjudice », elle était chargée d'étudier les statuts relatifs aux étrangers, et au besoin de les modifier, tant à Londres que dans tout le royaume [2]. Les corporations et corps de métiers s'empressèrent d'apporter aux commissaires leurs réclamations motivées ; le 4 juin 1622 ces derniers avaient rendu compte de leur tâche et remis leurs pouvoirs, et en recevaient de plus amples et de plus formels dans la «Commission particulière adressée au lord garde des sceaux et à d'autres touchant les étrangers qui sont en Angleterre. »

Par le préambule de cet acte important, Jacques, d'accord avec l'opinion publique anglaise, déclarait avoir trouvé qu'en effet les étrangers jouissaient de beaucoup plus de liberté qu'il ne leur en était accordé par les lois du royaume, ce qui était de nature à décourager ses sujets. Rappelant son penchant gracieux à l'égard des réfugiés, il se défendait de vouloir les troubler « dans leur manière de vivre industrieuse et appliquée *sur laquelle nous souhaiterions que nos propres sujets voulussent prendre exemple*», mais n'en apportait pas moins de sérieuses restrictions à leur commerce. Ordre est donné de lever une fois par an, par écrit, les noms, qualités, professions et lieux d'habitation de tous tels étrangers de naissance, régnicoles ou non régnicoles, comme

La Commission royale.

---

[1] Le garde des sceaux, le grand trésorier, le président du Conseil, le procureur général, le solliciteur général et neuf autres. *Rymer, Fœdera.* XVII, 373 à 376.

[2] « Avons trouvé juste de régler les choses, non-seulement à Londres, mais dans toutes les autres villes et lieux de l'Angleterre. »

aussi de ceux nés en Angleterre de parents étrangers et qui font trafic, ou autrement vendent en détail, ou exercent quelque métier ou art mécanique. Ceux qui ne vendent pas en détail continueront à jouir de leurs privilèges et immunités, mais paieront par quartiers une redevance, « afin de bien établir que la liberté est non de droit, mais de pure grâce et faveur. » A ceux qui n'ont pas été apprentis sept ans, toute vente en détail, et même toute vente en gros aux foires ou marchés en dehors de la ville, sont interdites pour ne pas appauvrir les boutiquiers anglais. Ceux déjà établis avec leurs familles exerçant des professions mécaniques, s'ils veulent continuer, devront se placer chacun sous la protection royale[1] et paieront un pourcentage sur leurs gains pour le soulagement des Anglais et au gré du roi, mais cette faveur accordée à ceux fixés antérieurement, ne doit pas en attirer d'autres et « accroître à la continue » le nombre de gens de métier sans maîtres : qu'ils retournent promptement dans leur pays. Quiconque importera un métier nouveau et profitable, et l'enseignera à « ceux qui sont de naissance nos sujets naturels, qui ne sont pas de parents étrangers, mais qui sont de vrais anglais », pourra l'exercer librement et sans contrainte pendant dix années à partir de sa première arrivée dans le royaume. Il ne pourront garder plus de deux compagnons étrangers et n'exigeront pas moins de sept années d'apprentissage, sans lequel stage aucun de ceux nés dans le royaume n'aura droit d'exercer un métier.

Satisfaction étant ainsi donnée en majeure partie à l'industrie nationale, sans sacrifier entièrement les droits que les étrangers pouvaient croire acquis par un long séjour antérieur, le roi, prenant en considération les circonstances extérieures, ajoutait : « Nonobstant quoi il est de notre volonté et bon plaisir que l'on

---

[1] Moyen de les soustraire aux corporations anglaises, et en même temps d'exercer un contrôle sur eux.

fasse à ceux de la nation française qui, à cause des derniers troubles ont eu ici leur refuge, telle faveur au delà de la mesure de faveur accordée à d'autres étrangers que nos Commissaires trouveront à propos, pourvu que, dans un temps convenable, après que ces troubles soient dissipés, ils s'en retournent derechef dans leur propre pays ». Cette réglementation industrielle et commerciale a sa place de droit dans l'histoire des Églises du Refuge, parce que, suivant le système politique de l'Angleterre sous Édouard VI, c'est de leur Église respective que ressortissaient les protestants étrangers, c'est aux corps officiels de ces Églises qu'en incombait la responsabilité. Les « congrégations » avaient été directement visées dans quelques-unes des pétitions anglaises [1], et le décret constitutif de la Commission accentuait cette position par un article spécial :

« Et il est de plus de notre volonté et bon plaisir que si aucun Étranger de naissance, régnicole ou non régnicole, ou qui est né dans le Royaume de parents étrangers qui n'ont pas fait leur apprentissage selon la loi et qui est à présent, ou sera dans la suite, membre de l'Église hollandaise ou française de notre ville de Londres ou de quelque autre ville de notre Royaume où on leur a accordé une Église pour s'assembler, s'égare ou se gouverne si mal que le Ministre et les Anciens de cette Église dont lui ou elle est membre, ou le plus grand nombre d'entre eux, portent plainte par écrit à nos dits Commissaires, qu'alors en tout pareil cas toute semblable personne réfractaire dont on s'est plaint sera d'abord laissée exposée aux dangers des Lois et aux informations qui seront faites, pour avoir exercé tels métiers ou Professions dans ce Royaume comme si notre faveur n'avait jamais été déployée envers eux, jusqu'à ce qu'une telle personne dont on aura ainsi porté plainte se conforme de rechef, et

---

[1] « Requête pour que le roi révoque son autorisation aux congrégations hollandaise et française d'exercer aucun métier dans les villes. » — « Proposition d'accorder l'incorporation aux congrégations hollandaise et française de Londres à condition de ne pas vendre en détail, de ne pas garder d'apprentis, de payer une taxe, et de soumettre leurs règlements à l'approbation de l'arch. de Canterbury et du Lord-chancelier. »

le Ministre et les Anciens de cette Église ou le plus grand nombre d'entre eux en donneront avis à nos Commissaires[1]. »

Selon nos idées modernes, cette clause confère aux consistoires un pouvoir exorbitant : elle permet à un corps purement ecclésiastique, et dans des questions d'ordre moral, de soustraire ses ressortissants à la protection des lois; mais cet empiétement du spirituel sur le civil était en accord avec les théories de Jacques Ier sur le gouvernement et sur l'étroite alliance des deux pouvoirs.

Les consistoires hollandais et français comprirent leur devoir. Moins sensibles aux armes mises à leur disposition contre quelques membres égarés ou rebelles à leur discipline, qu'au sérieux dommage apporté par le décret du 4 juin à l'industrie et à la situation de tous, ils s'unirent dès le lendemain dans une pétition au roi, sollicitant l'exemption de cette juridiction exceptionnelle et nouvelle des Commissaires, comme « ils soutiennent leur propre Église, paient déjà doubles droits à la paroisse, fournissent du travail à beaucoup d'Anglais et ont d'ailleurs obtenu de S. M. en juin 1616 d'être délivrés des molestations qui leur étaient faites ». Cet appel au passé demeura sans effet. Le souverain répond qu'il a considéré leur pétition, qu'il est désireux de continuer à favoriser les étrangers, mais ne peut, en justice, négliger les plaintes de ses propres sujets. Il les requiert de se conformer aux directions de ses Commissaires qui leur permettront, sous certaines conditions, de jouir de leurs libertés premières, quoique quelques-unes soient en dehors des limites de la loi et il désire ne plus être importuné davantage au sujet de ce qu'il a résolu[2].

---

[1] Rymer, *Fœdera* XVII.

[2] Pétition et réponse ainsi que les deux suivantes (en anglais) dans les *Geschiedenissen en Handelingen*.

L'ordre était formel. Pourtant la quotité du pourcentage à percevoir sur le commerce des étrangers était restée indécise. Un des Hauts-Commissaires, Robert Tichborne, lui-même marchand de toiles, s'empressa de l'établir sur un pied si élevé que les deux congrégations française et flamande de Londres se crurent fondées à en adresser leurs plaintes au Conseil privé [1] : « un si lourd fardeau entraînerait en peu de temps leur dissolution forcée ». Le Conseil privé (séance du 7 mars $162\frac{2}{3}$) décida de soumettre la pétition à l'examen des procureur- et avocat-généraux, et de suspendre toute exécution et procédures s'y référant ès cours de justices, jusqu'à son nouvel ordre. Par là, ajoute le chroniqueur, la tempête fut apaisée pour quelque temps.

Le 21 juillet 1621, cinquante-six chefs de famille français et wallons, expatriés à Leyde pour cause de religion, sollicitèrent du roi, par l'intermédiaire de l'ambassadeur d'Angleterre, Sir Dudley Carleton, l'autorisation de s'établir en Virginie. Il n'y avait plus de Cecil parmi les ministres de Jacques Ier. Méconnaissant les avantages du projet, le Conseil privé les renvoya à la Compagnie de Virginie, qui ne les encouragea pas davantage. Ils s'adressèrent alors à la nouvelle Compagnie hollandaise des Indes orientales, et cette première émigration de réfugiés dans l'Amérique du Nord fonda, mais sous pavillon des États-Généraux, New-Amsterdam, la New-York des temps modernes [2].

---

[1] Chaque artisan, chef de famille, devait payer par an 40 sch., pour chaque serviteur étranger 20 sch., pour chaque serviteur anglais 10 ; un commerçant en importation et exportation 26 sch. 8 den., avec mêmes taux pour les serviteurs ; ceux trafiquant dans le royaume, même naturalisés mais nés de parents étrangers, étaient taxés pour la valeur de la moitié du droit de toute marchandise achetée ou vendue. Ce pourcentage fut abaissé à douze deniers par livre sterling de bénéfice.

[2] Baird, *The Huguenot emigration to America*. La pétition, avec signatures, y est reproduite en fac-simile.

CHAPITRE IX

LES ÉGLISES.

Les pasteurs. L'importance de la congrégation de Threadneedle street se mesure au nombre de ses ministres qui a varié, pendant ce règne, de trois à quatre. Abraham Aurelius, né à Londres, fils du pasteur italien, avait été adjoint en mars 1605 à La Fontaine, Cappel et Marie, après un stage à l'université de Leyde et un séjour d'une année à Genève, au frais du troupeau, pour se perfectionner dans les langues française et italienne [1]. En décembre

---

[1] Contrat du 25 dec. 1603, *Actes du Consistoire.* — « Nous avons trouvé bon, sur les tesmoignages qu'il a rapportés de Leyden et quelque espreuve faicte de sa dextérité à traicter l'escriture, de le retenir et arrester au service de ceste Église. Mais pourceque nostre désir est tousjours de profiter aussy à l'Église Italienne selon que les occasions que Dieu nous en présentera — où le Ministère fut interrompu par le décès d'heureuse mémoire feu M. Jan Baptiste Aurelio — devant que de l'attacher à la besongne nous luy avons donné moyen d'aller séjourner une année en vostre Église et Eschole en voiant par le chemin les Églises, pour se rendre plus familier l'usage des deux langues et ainsi les employer selon que le requerra l'édification des Églises. Nous vous prions donc de le recevoir avec vostre faveur et humanité ordinaires.. 8 janvier 1604. » — Le Maçon à la Ven. Comp. *Bibl. de Genève.* La congrégation italienne avait d'abord entretenu à Genève l'étudiant David Guienne ou Guinée, qui y était né de parents italiens, mais trompa son espérance. Lettre de l'Égl. française à la Ven. Comp. 6 mai 1597 et réponse du 10 Août, signée Grenet. *Ibidem.* Abraham Aurelius donna en effet à Londres quelques prédications italiennes jusqu'au rétablissement régulier de la communauté.

1611 disparaissait, à l'âge de 76 ans après un ministère de trente-sept, un des grands pasteurs de cette Église, et des derniers représentants de l'âge militant de la Réforme française : le secrétaire du 3ᵉ Synode national, le fugitif de la Saint-Barthélemy, le confident du roi de Navarre, le correspondant et ami de Mornay et de Théodore de Bèze, Robert Le Maçon sieur de La Fontaine[1].

Il ne fut point remplacé. On augmenta le traitement des trois survivants, Cappel reçut huit livres sterling par mois, Marie sept, « Aureille » six et demie. Le soin des malades était confié avec le titre de consolateur, un traitement de trente livres par an et l'autorisation d'être ouï en propositions de trois en trois semaines, le dimanche après le Catéchisme, à Jean Baquesne [2] ; après lui il fut occupé par Jean Beaton [3].

Il n'est resté d'autres traces des sermons de Marie, Cappel et Aurelius que quelques mots de louange de Casaubon pour les deux derniers et un blâme non déguisé de la dogmatique et de la prédication du premier. Il a entendu Aurelius et loué Dieu ; il a entendu, non sans grande volupté, un sermon du pieux homme Cappel ; il assiste au sermon de Marie qui, expliquant le texte de saint Jacques sur la foi et les œuvres, « s'est beaucoup écarté de l'interprétation et de la doctrine des anciens, et non moins de la signification des mots coopération et accomplissement ; j'ai donc plus ouï de choses que je n'en ai approuvées » ; et encore :

---

[1] « Hodie adfuimus sepulturæ viri pii et reverendi D. Fontani XVI, Kal. Dec. 1611. » *Éphémérides de Casaubon.*

[2] Le confirmant avec admission et publication solennelle en 1615 on résumait ainsi les devoirs de sa charge : « Il ira aux pestiférés, visitera les vieilles gens, ira aux malades l'oyant ; que s'il est refusé il le dira à son ancien » (c'est à dire à l'ancien dont ressort le malade récalcitrant, chaque ancien ayant la direction morale d'un quartier) — « qui le signifiera à la Cⁱᵉ ». *Actes.*

[3] Né en Normandie, disent les Listes de 1618 — peut-être est-ce encore Baquesne, mal compris par les scribes.

« Aujourd'hui j'ai entendu Marie sur cette langue enflammée du feu de l'Enfer dans Jacques. Il a pris pour texte de son discours deux mots, ce que Bèze, s'il m'en souvient bien, avait l'habitude de réprouver violemment[1]. »

Parmi les auditeurs de passage dans la vieille Église française-wallonne figurent en 1603 Sully, en 1612 le duc de Bouillon, accompagné des savants Justel et Tilenus[2]. En 1624 le comte

---

[1] Il est souvent question de ses relations amicales avec Aurelius et Cappel, jamais avec Marie; l'analyse suivante semble aussi s'appliquer au dernier : « J'ai assisté au sermon français parceque je ne comprends pas l'anglais. Le sujet était la parole du Christ se préparant à la mort, dans Matthieu. Il dit à trois de ses disciples : Mon âme est triste. Le pasteur recherchait la cause d'une telle douleur; à ce propos il cita sur ce point l'opinion des anciens Pères, Origène, Jérôme, Basile : suivant eux, dit-il, le Christ souffrait surtout parce qu'il songeait aux malheurs qui attendaient les Juifs, à cause du crime qu'ils allaient bientôt commettre sur sa personne. Quant à lui il réfuta énergiquement cette interprétation et déclara que si le Christ était triste, c'est parcequ'il craignait des souffrances plus dures que celles qu'il allait endurer en réalité, c'est à dire des souffrances pires après sa mort, oui, pires et différentes: c'est ce qu'il a prouvé par le passage de Paul aux Hébreux: il fut exaucé à cause de sa piété. Car voici, dit-il, que le Christ a souffert la mort : or il est dit ici qu'il craignait des maux qui lui ont été épargnés. Il a donc redouté quelque chose de pire et de plus cruel que la mort. Puis, sur ce passage ainsi interprété par ces Pères, il a montré le peu de confiance qu'il faut accorder aux Pères qui ne se sont pas laissé conduire par l'esprit de Dieu. Mais que le ministre cherche qui il convaincra : *Car tu ne me persuaderas pas, même si tu me persuades.* » Eph. 4 cal. Dec. 1610.

[2] Bouillon essayait, au nom de Marie de Médicis, mais sans succès, d'obtenir une déclaration de Jacques Ier contre l'Assemblée de Saumur ; il posait les jalons d'une alliance de famille entre les maisons de Bourbon et de Stuart, qui, projetée pour le prince de Galles Henri, devait se réaliser, treize ans plus tard, pour Charles Ier et Henriette de France. Le duc profitait de l'occasion pour marier son neveu le Palatin à Elizabeth d'Angleterre, et le roi, selon Casaubon, saisissait celle d'approfondir les différends d'opinion entre les ministres de Sedan et ceux de Paris. M. le duc de la Trémoïlle possède dans ses riches archives le Journal autographe de cette Ambassade ; en voici un passage : « Le dimanche j'alay au presche avec le roy pour voir leurs cérémonies ; durant le presche le roy et moy discourusmes tousjours sur les afaires de la religion passées à l'assemblée de Saumur ; je luy commançai dès la mort du roy la raison pour laquelle on avoit demandé l'assemblée pour nous voir

de Mansfeld, cherchant à Londres des subsides pour le Palatinat, se rendait à l'Église française pour démentir les bruits qu'il était « un papiste et un infidèle ».

L'évêque de Londres King (1611-1618) adressait en 1615 au consistoire flamand, — et assurément aussi au français, — la défense d'administrer la cène à d'autres qu'aux membres de l'Église, et d'admettre des Anglais comme ministres [1].

La liste des étrangers, dressée en 1618, enregistre un Charles Lebon, prédicateur; les Actes consistoriaux ne le mentionnent pas. La Compagnie qui avait refusé en 1615 de prendre Jean Bulteel comme quatrième pasteur, ne songea à remplacer Cappel, décédé en 1619, que lors de l'arrivée à Londres de Maximilien de l'Angle, chassé de Rouen par les luttes civiles de 1621. Désireuse de s'attacher, ne fût-ce qu'à titre provisoire, un pasteur

ansamble, là raccomoder les divisions semées durant le temps du feu roy parmy nous et prandre mesmes résolutions pour nostre conduite, l'octroy de l'assamblée, le contenu au brevet, l'entrée de l assamblée par division en trois opinions, enfin par division sur la nominassion des desputés, la sesparassion, les desliberassions de quelques provinses, l'eslection des conseils, la tenue des Assamblées, l'anvoy des desputés contre le commandement de la roine, celluy des commissaires mi-parties par les provinses, les broulleries de St-Jehan, an suite, sy bien qu'il desmoura satisfet et bien anformé de tout ce qui c'estoit passé.

« Maierne vint me voir, me dit avoir charge de la roine de m'assurer de sa bonne grace, qu'elle ne pouvoit andurer que son fis se mariast à Fleurence, qu'elle désiroit scavoir si j'avois quelque charge sy on me parlait du mariage de Ma^me Chrestienne d'an parler : je remersié la roine, me resjouissant du tesmongnage qu'elle me donnoit d'aimer la Franse ; que je scavois fort bien que la roine régente avoit esté marrie que les propos du mariage de Madame nussent esté mieux pris, que j'estimois qu'on estimeroit plus la recherche de M. le prince de Vualles que de nul autre ; quant à moy qu'il n'y avoit rien que je désirasse plus, disant à Maierne je parle à vous comme bon frances, sy chascun vouloit qu'on afectionnast par dessa l'ocasion quy s'ofre j'ay de quoy parler bon franses. Il prit ceste parolle comme celle que la roine cerchoit... » Avant de quitter l'Angleterre, Novembre 1610, Bouillon essaya de nouveau de faire libérer André Melville qu'il désirait attirer à Sedan. Ce ne fut qu'en février 1611, que le roi permit au pieux et savant professeur d'aller, après quatre années de captivité, terminer ses jours dans l'exil.

[1] Ruytinck.

mis en relief par ses savantes controverses avec le jésuite Véron, elle le nomma « durant le temps de sa liberté et des troubles de France qui empêchent son retour dans son Église », lui promettant de le dégager si les Églises étaient rétablies en paix. Trois anciens et deux diacres de Rouen, réfugiés comme lui, protestèrent sans effet contre sa nomination[1]. Le 3 octobre « M. de l'Angle est prié, de la part de la Compagnie, de s'enquérir familièrement des ministres étrangers, pour savoir si aucun d'eux a quelque nécessité ». Ils remercient, « et ont dit, quand ils seront pressés ils le feront connaître ». Le 13 décembre, avec l'aide d'une contribution de 123 livres sterling des Flamands, on accorde des secours aux pasteurs Montdenis[2], Blanchart[3], Welsch[4], de la Mothe[5], La Balle[6], Pontier[7], Guillodi[8] et Le Sage[9]. Les cinq derniers, « ne voulant pas accepter d'argent sans être employés », on leur donne le prêche de sept heures le dimanche matin et celui de quatre heures le vendredi[10]. Benjamin Basnage, ministre de Sainte-Mère-Église et vice-président de l'assemblée politique de la Rochelle, passait cette année en Angleterre avec

[1] « Faisant opposition sinon que jusqu'à ce que l'Église de Rouen à laquelle il est obligé ait occasion de le rappeler à sa charge parmi eux. Et de ce devoir au nom de leur Église ont requis acte, même copie de la publication, ce qui fut fait par la Compagnie, accordé même la copie de sa réception et confirmation publique. 16 sept. 1621. » Les anciens De Breuil et Mazauric, le diacre Le Court. *Actes du Consistoire.*

[2] Abdias de M. ministre de Dieppe depuis 1617.

[3] Min. de Condé sur Noireau.

[4] Min. d'Ayr en Écosse, banni, pasteur en France de Jonzac 1606-1613, de Saint-Jean-d'Angely pendant le siège par le roi; expulsé ensuite de France, mort à Londres 1622.

[5] Min. de Lintot.

[6] Min. de Luneray.

[7] Probablement celui qui fut min. à St Gilles de Poitou, 1622-1626.

[8] Min. de Fécamp.

[9] Min. de St Vaast.

[10] « Quelques-uns prêchant trop longuement on envoie deux anciens les prier de finir avec l'heure. »

Docok, sieur de Courcelles pour « avertir », selon les termes de son mandat officiel, « les païs estrangers de la persécution », et recueillir des dons en faveur des huguenots. L'Édit de Montpellier ramena la paix.

« Le 27 novembre 1622 nous rendîmes grâces à Dieu publiquement et solennellement pour la paix qu'il a donnée à notre Église de France. M. Montdenis [1] fit le premier sermon et M. Basnage le second. Le même jour M. de l'Angle, notre troisième ministre, nous signifia qu'il avait reçu lettres de son Église de Rouen qu'il exhiba par lesquelles elle le mandait. Sur quoi avis étant pris toute la Compagnie fut d'avis de le prier, voire bien fort, de demeurer avec nous encores quelque temps et passer ici l'hiver [2] ». Sur son insistance de l'Angle obtint sa décharge. Le troupeau étant de beaucoup diminué par le départ des réfugiés, on supprima le sermon du dimanche à 7 heures et l'on sollicita l'aide de l'archevêque de Canterbury pour le paiement des dettes contractées à leur endroit.

La Compagnie n'hésita pas cependant à remplir de nouveau la troisième place de pasteur quand Gilbert Primerose, écossais d'origine, admis le 8 août 1596 au ministère dans la province de Saintonge pour le poste de Mirambeau et transféré à Bordeaux en 1602, fut banni de cette ville en 1622 et, malgré les instances du Synode national de Charenton, forcé de quitter la France l'année suivante; son élection à Londres est du 4 octobre 1623 [3]. Il débutait par une série de *Six Sermons de la*

Gilbert Primerose.

---

[1] « Il était grand orateur » dit Daval.

[2] *Actes du Consistoire.*

[3] Pour se consacrer à la France, Primerose avait résisté à tous les appels de ses compatriotes. — « Pétition au roi des Prévôt, Baillis et Conseil d'Édimbourg, pour persuader à Gilbert Primerose de revenir être notre Pasteur », 4 sept. 1607. *State papers Scotch*, 33, 11. vol. II. — Dans un mémoire présenté à Charles Ier, Primerose attribue sa disgrâce au dépit des jésuites Cotton et Arnoux de n'avoir pu convertir aucun Anglais ou Écossais de Bor-

Réconciliation de l'homme avec Dieu, d'une irréprochable orthodoxie : la Trinité dans sa forme la plus athanasienne, l'expiation, la prédestination dans sa rigueur la plus calviniste y sont méthodiquement exposées, et les difficultés des mystères résolues par une seule réponse : le bon plaisir de Dieu [1].

deaux pendant les vingt-et-un ans qu'il y exerça le ministère : ils prétextèrent le danger que ferait courir à la Guienne le mariage espagnol projeté par le prince de Galles et la nécessité d'en éloigner le principal pasteur qui avait prouvé, par sa dédicace de la Trompette de Sion, qu'il était resté sujet dévoué du roi d'Angleterre. De là, l'insertion dans l'Édit de Pacification de nov. 1622 de la clause interdisant aux étrangers la prédication en France, et le départ de Primerose pour Duras où il attendit le résultat de la pétition des Églises. En juin, le gouverneur duc d'Épernon lui ordonna de quitter la province; il se rendit à la cour où le chancelier l'engagea à patienter jusqu'à l'issue du voyage d'Espagne, mais la mort à St Germain, par la peste, du conseiller de Bellebat fit ajourner la tenue des Conseils et le pasteur dût s'embarquer pour l'Angleterre. Accueilli à Windsor par Jacques Ier il en reçut l'invitation de rester à Londres et des promesses dont la mort du roi empêcha l'accomplissement. *State papers. Dom. Charles Ier*, 14 oct. 1626, imprimé par M. Ovenden dans les *Huguenot Society Proceedings*, 1868.

Aymon attribue la clause d'interdiction à la rancune d'Arnoux, dont Primerose, auditeur d'un sermon prêché par lui devant Louis XIII pour désavouer l'existence de la doctrine jésuitique du régicide autorisé, aurait réfuté les assertions, évoquant à sa confusion les souvenirs de Jacques Clément, Jean Chastel et autres. *Notes au chap. XV du Synode de Charenton*. Les députés du Synode, reçus par le chancelier et ensuite par le roi lui-même, avaient plaidé la cause des ministres étrangers et reçu de Louis XIII l'assurance qu'il ne s'agissait que de l'avenir et qu'on n'éloignerait pas ceux en fonctions. Mais au sein de l'assemblée le commissaire général lut une déclaration du roi « répétant pour sa seconde fois sa volonté et résolution que lesdits Primerose et Cameron ne soient employés en aucune manière dans les Églises ... non pas tant à cause qu'ils sont étrangers, mais particulièrement pour des raisons qui regardent notre service. » Sur de nouvelles instances le roi répondit qu'il leur permettrait le séjour dans le royaume à la condition qu'ils n'exerceraient pas l'office pastoral. Que néanmoins les choses pourraient changer avec le temps. C'est ce qui eut lieu pour Cameron, redevenu professeur de théologie à Montauban. Primerose ne revint plus en France.

[1] .. « Dieu a ordonné devant les siècles de retirer les uns de damnation par une délivrance signalée, et de laisser en icelle tous les autres par un jugement juste. Tous estans égaux comment sont-ils inégalement traittez? Quand vous aurez tourmenté vos esprits pour en cercher la vraie cause, vous n'en trou-

Le 8 août 1624 on proposait de même en consistoire « d'embrasser l'occasion que Dieu nous présente de jouir du ministère de notre très honoré frère Maître Pierre du Moulin, pasteur et docteur en théologie ». Quoiqu'il ait accepté la vocation, son autobiographie n'en fait aucune mention : sa maladie et son retour à Sedan après la mort du roi ne lui permirent de rendre que peu de services à l'Église française de Londres [1].

La vie intérieure de cette Église s'était longtemps poursuivie sans autres incidents que les menaces d'expulsion adressées à deux reprises en 1615 à un membre du troupeau le *browniste* Jean de Grave qui se rétracta [2], et la députation auprès de « l'évêque de Londres, notre superintendant, pour savoir comment on doit se gouverner envers les Arminiens », 1617. En 1620 éclata un conflit qui troubla le repos de la communauté jusqu'en 1623 et compromit ses relations avec l'autorité supérieure anglicane.

Suspension de Du Val.

Usant rigoureusement de son droit, la Compagnie avait suspendu de la cène en 1621, pour conduite légère et pour procès, le médecin Simon Du Val, membre du troupeau depuis onze ans. Se faisant recevoir de l'Église anglicane, Du Val fit croire au Conseil royal que son changement était le motif de sa condam-

---

verez point d'autre que le bon plaisir de Dieu » — toute la péroraison du Sermon 1er est le développement de cette pensée. Ces sermons sur Colossiens 1, 19, 20, sont dédiés à Buckingham : le meilleur est le cinquième, sur la Paix, « externe, interne et éternelle ». L'orateur saisit l'occasion de rendre hommage à l'état pacifique de la grande Bretagne et de ses Églises et de le comparer avec celui des autres églises réformées. Voir à l'*Appendice*.

[1] « Je demeuray à Londres malade ; je me logeai chez M. Burlamachi, dont étant sorti, M. de Mayerne, 1er médecin du roi, me logea et fit tout ce qu'il put pour ma guérison, mais il ne put en venir à bout... j'étais travaillé d'une humeur mélancolique et atrabiliaire » *Autobiographie Bull.* VII.

[2] On désignait par *Brownistes*, du nom du sectaire Robert Brown, les premiers Indépendants, qui repoussaient également la juridiction épiscopale anglicane et celle des ministres réformés.

nation, « d'où défense du Conseil au consistoire de le molester »[1], réplique de la Compagnie appuyée par l'archevêque de Canterbury, et enfin autorisation officielle du Conseil le 26 octobre 1622 à agir selon la discipline, suivie d'une suspension publique. Après cette constatation des droits du consistoire, le chancelier de l'évêque de Londres engagea la Compagnie à lever l'exclusion, sans obliger Du Val à reconnaître verbalement sa faute; à deux reprises elle s'y refusa, malgré la menace « qu'on leur apprendra à mépriser une si aisée requête du chancelier de Londres ». En effet, après un délai de six mois, le consistoire était cité à comparaître devant l'évêque ; les deux pasteurs et quelques anciens s'y rencontraient avec Du Val et un de ses amis.

Les extraits des Actes consistoriaux, rédigés par Jean de Lannoie, ancien du quartier de Southwark, révèlent la gravité inattendue prise par cette affaire : elle faillit remettre en question tout ce que l'Église française de Londres avait encore conservé d'indépendance ecclésiastique. L'évêque Mountaine, se refusant à admettre les raisons des députés, ne trouva aucune faute de Du Val digne de repréhension ; « nous avions usurpé sur la charge de l'évêque de Londres. Le dit chancelier nous traitant continuellement de propos fort aigres et mal plaisants l'espace de quelques trois heures et demie, maintenant toujours Du Val pour honnête homme et nous pour fautifs et délinquants, nous demeurant toujours tête nue et au froid, ce qui soit une fois dit pour toutes les fois suivantes ». Leur refusant copie de la requête diffamatoire, on les cite à nouveau huit semaines plus

---

[1] Voir aussi : Lettres de l'Eglise de Londres au Conseil Royal exposant les faits, 5 juin et 24 oct. 1621, *Calendars* CXXI et CXXX. « Ils ne l'ont pas censuré pour avoir conformé à l'Eglise anglicane dont la plupart d'entre eux sont *membres* », assertion un peu exagérée, mais qui prouve que l'exemple de Casaubon n'a pas été isolé, et qu'on était loin alors des interdictions par lesquelles les réfugiés réformés répondirent plus tard aux accentuations anglicanes.

tard, pour les renvoyer après trois heures d'audience, « avec commandement de l'évêque d'apporter à la prochaine fois notre patente du roi Édouard VI sur laquelle nous nous fondions pour la liberté de pratiquer notre discipline ».

Remandés à huitaine, « la patente est lue et considérée et jugée par l'évêque et son chancelier ne faire rien pour nous, d'autant, disent-ils, que le roi Édouard VI n'oblige ici que soi-même et non aussi ses successeurs à nous laisser cette liberté d'exercer notre discipline. Nous leur montrons aussi la bonne parole et promesse du Roi à présent régnant aux Églises étrangères, à son avènement à la couronne, qui se trouve imprimée. Mais tout cela est par eux jugé être de peu de valeur. Ainsi se passent deux ou trois heures à débattre ensemble sans encore rien conclure ». Nouvelle citation à comparaître devant l'évêque quinze jours après : on leur demande d'accepter un écrit de Du Val sur lequel il est dit « qu'il s'est justifié, que ses accusateurs ont été condamnés à lui faire réparation publique en face de l'Église, ce qu'il leur a volontairement remis et que, pour les raisons ci-dessus, nous révoquons la dite suspension ». Les délégués du consistoire répondent fort justement qu'ils ne le peuvent pour sept raisons : « que ce serait publier choses fausses en la chaire de vérité, car il n'a pas été justifié ; il a été suspendu pour sa désobéissance et sa rébellion à l'Église, aggravée par plusieurs scandales de sa mauvaise vie ; il aurait dû en appeler au Cœtus ; cela saperait les fondements de notre Église et causerait une telle brèche qu'à grand'peine ne pourrions-nous user d'aucune censure envers notre peuple, et finalement parceque nous ferions contre nos consciences, justifiant un homme que nous jugeons coupable. A toutes ces raisons nos juges n'ont point eu d'oreilles ».

Reçus en audience privée par l'évêque, ils le trouvent plus modéré et plus traitable que son chancelier ; « en particulier il nous fit tout bon et amiable accueil » ; néanmoins, dans les trois nouvelles comparutions, les mêmes exigences sont maintenues. Le danger devient sérieux : désespérant d'en triompher, les pasteurs et conducteurs de l'Église cherchent des appuis auprès du roi. Cameron, Turquet de Mayerne promettent leur intervention. L'archevêque de Canterbury, Abbot, fidèle aux traditions de bienveillance de ses prédécesseurs, dicte lui-même la substance d'une pétition. Le 17 juin 1623, ils sont remandés chez l'évêque et s'y rendent en corps, les deux pasteurs et tous les anciens, mais ils trouvent les esprits changés et prêts à une transaction : « Du Val confessera devant l'évêque et eux qu'il est marri d'avoir commis aucune chose par laquelle l'Église française a été offensée ». Sur cette confession, ils feront lire du haut de la chaire un simple avis : « Messieurs et frères, vous serez avertis que M. Simon Duval, médecin, ayant été ci-devant suspendu et retranché, et depuis ayant obtenu une référence de S. M. à Mgr. l'évêque de Londres et à M. Martin son chancelier, ainsi est-il que pour causes et considérations d'importance connues au consistoire, nous tenons ledit Simon Duval pour membre de l'Église de Dieu. » Les exigences de la conscience étant satisfaites par l'aveu du coupable, le consistoire s'inclinait devant la volonté épiscopale et renonçait, après une lutte de trois ans, à la constatation publique de ses droits. Il ne le fit pas sans une peine profonde. Aussi, afin de ne pas lire lui-même cette déclaration, à ses yeux insuffisante, le pasteur Aurelius céda-t-il pour un jour sa chaire à Cameron, l'ancien professeur de Saumur[1].

---

[1] Cameron, né à Glascow était depuis 1600 en France, pasteur à Bordeaux, professeur à Sedan et à Saumur; ses conférences publiques venant d'être suspendues en France par Louis XIII, il avait été accueilli par Jacques Ier et nommé principal du Collège de Glascow. Retourné à Montauban comme professeur de théologie en 1624, il y mourut en 1625 : comme théologien il fut le précurseur d'Amyraut sur les doctrines de la grâce et du libre arbitre.

L'année qui suivit l'avènement de Jacques Ier eut lieu à Londres, le $\frac{16}{26}$ mars 1604, sous la présidence de La Fontaine, une assemblée de représentants de toutes les Églises françaises et flamandes du royaume, désignée dans les Actes des Colloques comme le premier Synode, bien que les délégués ne se soient pas considérés comme en formant un. Les délibérations de cette réunion purement consultative, provoquée par le besoin de s'entendre sur ce qu'il y avait à redouter ou à obtenir au début d'un nouveau règne, furent résumées en six articles :

Le premier Synode.

«Pource que les Freres des Églises étrangères des deus langues ayans avisé de presenter requête à sa Majesté pour confirmation de la liberté de laquelle ils ont joui jusques à present, en ont été déconseillez et détournez par ceux sans lesquels ils n'eussent rien sceu obtenir. Atendu que les dites Églises sont en possession de leurs libertez sans molestes ni empêchement quelconque, Pourtant ont les dits Freres resolu par commun avis de requérir ce qu'on conoîtra d'amis Bourgeois et ayans vois en Parlement de veiller pour le bien de nos Églises, et nous donner avis de ce qui se metrait en avant à leur prejudice, pour chercher remède au contraire.

«2. De traiter avec les Évêques de quelque soulagement pour nos pauvres étans à l'aumône, au fait des Batêmes, Mariages, Sepulture, Cène etc... Et en general requérir qu'en ces choses Ecclesiastiques rien ne soit exigé des nôtres que comme on le fait des Anglois.

«3. De ces choses et semblables sont requis les Frères de Londres de communiquer au plûtôt que faire se pourra avec Monsr l'Évêque de Londres, pour reconoître de bonne heure s'ils auroyent à requérir entre eus ou à remuer quelque chose contre la liberté de nos Eglises afin d'y pourvoir d'heure par requête à sa Majesté ou autrement.

«4. Quant au Magistrat, sera bon de requérir qu'autre Regître ne se fasse des enfans de nos Églises que celuy qui se fait par les Paroisses outre celuy de nos Églises : Là aussi, ou par devers Messrs du Conseil, les Frères de Londres sont conseillez de se pourvoir de quelque ordre contre les coureurs, banis, et excommuniez, qui se retirans dailleurs ne se rangent de nulle Église, et causent beaucoup de scandales.

«5. Quant à poursuivre que les enfans des étrangers nais en ce païs puissent comme Anglois obtenir la franchise de Londres et autres lieus, L'avis est d'en laisser la poursuite aus Marchans et autres Frères, selon la commodité qu'ils conoîtront en pouvoir recevoir, n'étant ce fait Eclesiastique.

« 6. Sur la proposition qui a été faite, s'il ne seroit expédient d'avoir un Synode composé de toutes les Eglises étrangères recueillies en ce Royaume, a été trouvé bon d'en communiquer premièrem^t aus Consistoires, pour puis aprez s'entr'avertir[1]. »

Le Synode ne se réunit que sous Charles Ier. A son défaut, les Églises françaises voulurent, à deux reprises, participer aux délibérations des flamandes. Le 25 juillet 1615, au XIIIe Colloque flamand, « les frères de l'Église française exposent qu'ils ne sont pas représentés, et demandent l'admission de leurs députés d'après le vœu de leur Colloque en 1610, afin de cimenter l'union et donner plus d'autorité auprès des consistoires aux décisions des Colloques ». Le Colloque flamand refuse en invoquant l'exemple des Pays-Bas, où les réunions des deux langues sont distinctes. Au XIVe Colloque flamand, 3 juin 1618, même requête des Églises françaises ; réponse : « cela ne se peut », mais il est suggéré qu'elles devraient tenir leurs réunions à peu près en même temps, pour que les deux Colloques puissent avoir consultation mutuelle[2].

L'évêque Abbot.

Si les appréhensions des Églises à l'endroit des évêques ne se réalisèrent pas sous Jacques Ier et même pendant les premières années de son successeur, la reconnaissance en est due au prélat G. Abbot, qui remplaça en 1609 Vaughan au siège de Londres et, en 1611, à celui de Canterbury, le violent Bancroft[3].

[1] *Actes des Colloques.* Archives de l'Église française.
[2] *Actes des Coll. flamands.* Archives de l'Église hollandaise.
[3] Clarendon loue Bancroft : « Son zèle pour l'Église anglicane lui avoit fait entreprendre de ruiner le Calvinisme et le parti des Non-Conformistes dans le Royaume. Et s'il avoit vécu plus longtemps, *ou s'il avoit eu pour successeur un évêque autant affectionné pour l'Église*, l'entreprise auroit sans doute réussi. »

Il était de l'école des modérés : opposé aux persécutions contre les puritains d'Angleterre, il fit sentir aux communautés du Refuge les effets de sa bienveillante et nécessaire protection.

Les Colloques purement wallons-français se succédèrent donc régulièrement sans aucune entrave.

Le XVIe, mai 1603, avait réuni à Londres, pour saluer le nouveau roi, les représentants des quatre Églises wallonnes-françaises subsistantes dans le royaume, Londres, Norwich, Canterbury et Southampton. En même temps que l'assemblée générale de 1604, avait lieu à Londres le XVIIe Colloque, qui prêta Blier à Southampton pendant la maladie de La Mothe. Au XVIIIe, Norwich 1606, on décida que les sessions ne seraient plus aussi fréquentes. Le XIXe, Londres, n'eut lieu qu'en 1610, le XXe, Londres, qu'en 1615; le XXIe, Norwich, en 1619, arrêta que les Colloques se tiendraient désormais tous dans la capitale [1], et régulièrement de deux en deux ans, ce qui fut exécuté pour les XXIIe, XXIIIe et XXIVe (1621, 1623, 1625).

Colloques.

En dehors des faits particuliers et appels ordinaires ces Colloques s'occupèrent de quelques questions générales. Le XIXe enjoignit aux frères de Canterbury de porter plainte à l'archevêque de ce que des suspendus de la cène avaient été reçus dans l'Église anglicane — («en pareil cas l'évêque de Norwich leur avait donné satisfaction»[2]). — Le même Colloque remit en usage «la

---

[1] Ceci donnait une réelle prépondérance à Londres, puisque d'après le Colloque tous les ministres de l'Église où se fait le Colloque ont voix délibérative définitive.

[2] Allusion au cas de Pierre Trie et Nicolas de Corte suspendus de la cène en 1601 et qui s'étaient alors ralliés à l'Église anglicane. De Laune et les anciens Fremault, Burgar, Farvacques et des Prez avaient réclamé avec succès en 1608 auprès de l'évêque et obtenu de lui la réintégration d'office des transfuges dans la congrégation wallonne, vu les charges des membres de cette Église, obligés tout en soutenant les ministres et leurs veuves, les étudiants et les pauvres wallons, de contribuer en outre proportionnellement au ministère paroissial anglican. — En 1613 cette attribution fut restreinte à leurs

coutume ordonnée et pratiquée en plusieurs Églises de visiter les pasteurs sur la fin de l'année et de les soulager selon le moyen des Églises »; il spécifia que l'article 1er du chapitre de la Discipline sur les anciens, leur attribuant la conduite de l'Église en commun avec les ministres, « se doit entendre de ce qui concerne les mœurs et le bon ordre extérieur et non pas du jugement de la doctrine », ce qui diminue notablement la portée des principes d'a Lasco ; et, « pour observer quelque forme de prophétie entre les frères et par ce moyen faire preuve de leur dextérité et diligence à traiter l'Écriture sainte, et donner lieu entre eux aux admonitions fraternelles touchant leur façon d'enseigner, l'avis est que les Colloques étant assemblés, les frères tant députés par ladite assemblée que ceux qui seront ès Églises où elle se fera seront ouïs en forme de prophétie : et que pour cet effet celui qui aura la charge de la convocation de chaque Colloque sera tenu quant et quant de donner texte convenable aux frères susdits, lesquels s'assujettiront aux saintes remontrances les uns des autres ». Cet essai de faire revivre une des traditions du seizième siècle ne réussit point ; le Colloque suivant l'abandonna comme trop difficile à mettre en pratique[1]. Au XXe, « ayant appris par l'Église de Londres que le bon plaisir de S. M. est qu'on prêche en nos Églises la passion du Seigneur le jour de vendredi avant Pâques, et qu'on célèbre la Sainte-Cène le dit jour de Pâques, nous avons trouvé bon de nous conformer en toutes nos Églises à l'observation de l'un et de l'autre ». Par

biens immeubles, le produit des impôts sur leurs meubles et marchandises leur étant abandonné; « les dites congrégations devant être gouvernées en matières spirituelles par l'évêque, dans les temporelles par la cité, et dans leur église même par leurs anciens et diacres. » Blomefield *History of Norfolk*, Agnew, Moens.

[1] Et en 1621 : « La Prophétie ne se peut exercer vu le petit nombre de ministres à présent »; c'eût été rendre aux laïques en matières doctrinales une influence que les ministres ne voulaient en rien leur laisser.

contre on sentait le besoin de résister à toute modification de rite qui pût frayer les voies à l'assimilation avec l'anglicanisme. Les Actes du XXIe Colloque sont instructifs sur ce point.

Nulle part jusqu'ici autant qu'à Norwich, l'épiscopat n'avait cherché à faire prévaloir son autorité ; les divisions intestines du troupeau menaçaient de lui en fournir une occasion de plus. La substitution de ce lieu de réunion à Southampton choisi d'abord, n'a pas eu pour but unique d'apaiser les discordes et de réchauffer le zèle de cette Église à laquelle en 1615 on avait reproché son absence du Colloque, son peu de soin des pauvres et son oubli des quatre censures annuelles ; les communautés sœurs ont voulu, lui apportant leur appui, empêcher des concessions qui eussent constitué des précédents dangereux pour toutes. Les décisions de l'assemblée ont une véritable importance, en ce qu'elles trahissent pour la première fois les préoccupations des Églises de langue française, et leur besoin de resserrer leur lien de défense mutuelle en face d'un réel danger. L'article 8 porte :

Conflits à Norwich.

« Sur la proposition faite par les frères de Londres s'il est licite à aucune de nos quatre Églises de céder quelque chose de la liberté commune d'icelles sans le consentement des autres Églises ? A été arrêté qu'il ne sera pas licite à aucune des dites Églises de céder quelque chose de sa liberté ès choses essentielles ou même accidentelles, communes et préjudiciables aux autres Églises, sans le consentement et approbation d'icelles. »

L'article 11 :

« Sur la proposition des frères de Norwich jusques où on se peut servir de l'autorité des évêques et de leurs officiers, sans préjudicier à notre Discipline ; pour observer un bon ordre en nos Églises il ne sera pas licite à un particulier membre de l'Église contre un particulier, ni au consistoire contre son pasteur, ou pasteur contre son consistoire ou Église d'appeler et avoir recours à l'évêque ou à son chancelier, ou commissaire, ni même en leur demandant avis particulier leur communiquer nos règlements. Mais d'avoir recours aux consistoires et aux Églises étrangères de notre langue en ce royaume [1] ».

Cette réponse anticipée à toute ingérence épiscopale n'allait-elle pas jusqu'à méconnaître les conditions où les congrégations étaient placées sous la surintendance des chefs de l'Église anglicane de leurs diocèses respectifs? Engagées dans cette voie les Églises voulurent parer à un autre danger du même genre : « Est-il licite », se demandèrent-elles,

« à aucun des pasteurs de nos Églises étrangères d'avoir cure ou charge d'âmes en l'Église anglaise, soit par soi, soit par autrui, et cependant retenir sa charge dans l'Église où il est pasteur » ? — « Le fait étant de grande conséquence il est besoin de le communiquer aux consistoires pour être à plein débattu ; en attendant nul pasteur ne pourra accepter tel bénéfice sans l'avis et résolution d'un Colloque ».

La question, portée aux Colloques suivants, n'était pas encore résolue au XXIV⁰, et ne le fut définitivement, dans un sens négatif, qu'après le renouvellement de l'Acte d'Uniformité sous Charles II et la naissance des Églises françaises conformistes ; mais la conviction était faite déjà dans la plupart des esprits. A Norwich même, le pasteur de Laune avait promesse d'un bénéfice anglais par réversion [2], et les fidèles, très désaffectionnés de leur ministre, désiraient savoir « s'ils continuaient à être obligés envers lui »? Décidant que « tant que les affaires dureront en l'état, pasteur et Église demeuraient mutuellement engagés », le Colloque apaisait par une entente fraternelle les

---

[1] Sur la demande des mêmes « jusques où on peut se servir de l'autorité du Magistrat en choses civiles? », l'avis est « qu'on doit suivre les moyens ordinaires, comme des *Hommes Politiques* là où cette coutume est pratiquée, ou des arbitres autant que faire se peut avant que d'avoir recours au Magistrat. »

[2] « Comme récompense de sa traduction en français de la liturgie anglicane ; » il ne l'obtint que sous Charles Iᵉʳ. — Pétition de P. de Laune pour entrer en jouissance du rectorat de Stanford Rivers 1628. *State papers*, *Charles Iᵉʳ*, *Dom.* CVIII, 79.

différends qui troublaient la communauté[1], et il s'occupait enfin du grave conflit qu'avait suscité l'évêque.

« Art. 26 : Sur la difficulté déjà longtemps consultée en cette Église, sur ce que M. l'évêque leur a déclaré son désir être qu'ils célébrassent la cène debout et non assis[2] ; et que maintenant M. le chancelier nous est venu déclarer en notre Colloque de la part de mondit sieur évêque que son intention est que cette dite Église célèbre la cène à genoux : la Compagnie n'ayant encore, ni en leurs personnes ni en leurs consistoires, ouï aucune ouverture de cette dernière forme d'être à genoux, a estimé ne pouvoir, vu la conséquence du fait, en donner maintenant sa résolution : et partant a donné charge à chacun des pasteurs présents d'en traiter en leurs consistoires, et le plus tôt qu'il sera possible en faire tenir l'avis à cette Église. Laquelle cependant continuera en la forme

---

[1] « Sur les différends que les anciens de l'Église de Norwich ont eu avec leur pasteur, contenans plusieurs griefs proposés des deux parts : les Frères députés des autres Églises leur ont demandé s'ils voulaient se soumettre à leur jugement et acquiescer à la sentence qu'ils donneraient en la crainte de Dieu, pour ôter les causes du mal et établir un bon ordre en leur gouvernement. Le pasteur et anciens se sont soumis universellement à toutes les résolutions du Colloque présent (lesquelles les Députés de leur part ont promis de conclure en la crainte de Dieu). Lesdits Pasteur et Anciens, chacun en son endroit, ont promis d'apporter sans feintise tout leur effort à les faire observer à tout le corps de l'Église. La même demande ayant été faite aux deux autres corps de ladite Église, assavoir des Diacres et des Hommes Politiques, touchant les affaires de l'Église, ils s'y sont de même soumis, avec la même condition et promesse. La Compagnie, ayant ouï les griefs des Anciens en corps contre leur Pasteur, et du Pasteur contre lesdits Anciens, tout considéré les a exhortés à mettre tout sous le pied réciproquement, et se donner mutuelle parole de s'employer d'un même courage à l'heureuse conduite de cette Église, à quoi ils ont acquiescé et l'ont promis, se baillant les mains les uns aux autres. Et quant aux difficultés qui étaient entre quelques particuliers desdits Anciens et Diacres contre leur Pasteur, touchant quelques paroles, la même exhortation leur a été faite, à laquelle aussi ils ont acquiescé et promis de vivre ci-après en paix vraiment chrétienne. » *Actes du XXIᵉ Colloque.*

Plus loin on exhorte de Laune à se contenter de 90 Livres par an au lieu des cent stipulés pour son entretien.

[2] Bulteel avait commencé par répondre à l'évêque au nom des deux congrégations étrangères de Norwich qu'elles étaient *dans* son diocèse, mais non *de* son diocèse et s'en était référé à la décision générale des consistoires. Bulteel, *History of the troubles of the three foreign Churches of Kent.*

de célébrer la cène usitée en toutes les Églises françaises du royaume, selon que déjà il est porté par le règlement général contenu au 8ᶜ article du présent Colloque.»

A la sommation épiscopale se produisant au sein même de l'assemblée, elle répondait donc, au moins pour le présent, par un refus catégorique. La mort de l'évêque Overald arrêta le conflit, son successeur s'en étant référé à l'archevêque Abbot qui laissa l'Église vivre en paix[1]. Toutefois le Colloque suivant (Londres 1621) décida que chaque Église copierait et garderait les raisons qui lui avaient été présentées pour la continuation de la coutume d'être assis en la célébration de la Sainte-Cène. Cette assemblée poussa l'Église de Norwich à tâcher de se dégager de sa promesse à l'évêque de ne pas célébrer de jeûnes sans lui en donner avis, et celle de 1623 la blâma d'avoir porté une affaire intérieure devant l'évêque et ses officiers[2].

Malgré les rivalités nationales la colonie de Norwich avait continué de prospérer et de garder son caractère presque auto-

[1] Bulteel. *History*.

[2] Ce prélat avait cependant pris en main les intérêts de la congrégation : le 25 sept. 1621 il s'unissait au maire pour signaler au Conseil royal la conduite de Denis l'Ermite, membre du troupeau wallon qui, malgré les injonctions de son consistoire, fréquentait le culte anglican : «l'innovation essayée par lui et suivie par d'autres de quitter leur propre Église et de refuser de contribuer à l'entretien de ses ministres, ruinerait la congrégation wallonne établie depuis cinquante-cinq ans : sur leur ordre il a promis de se conformer à l'Église française mais ne l'a point fait; ils prient que lui et ses adhérents soient cités devant le Conseil. » Le consistoire dénonçait avec l'Hermite, Désormeaux et Canty, d'où un ordre du Conseil royal, 10 oct. 1621, « que Denis l'Ermite et tous autres de la congrégation wallonne de Norwich, quoique nés en Angleterre, continueront à appartenir à cette Église et à se soumettre à sa Discipline, sous peine en cas de désobéissance, d'être cités devant le Conseil. » *Calendars James Domestic* XXII.

Au même Colloque «Jean Desmarets a proposé ses plaintes contre le consistoire de l'Église de Norwich d'avoir été suspendu de la cène pour n'avoir voulu accepter la charge d'Ancien. Le Colloque n'a pas approuvé telle procédure, vu que ces charges ecclésiastiques se doivent administrer d'une franchise d'affection. » *Actes*.

nome[1]. Le 6 juin 1606 le maire Sotherton et la corporation municipale rendaient officiellement hommage à la conduite pacifique des Wallons ressortissants de l'Église française, à leur obéissance aux lois, et à tous les avantages que leurs industries procuraient à la ville depuis quarante années : ils insistaient sur le nombre d'indigents soustraits ainsi par eux à la paresse et à la mendicité, rappelaient que dès leur arrivée ils s'étaient volontairement soumis aux constitutions et règles établies par les gouverneurs de la cité, et n'avaient jamais manqué d'avoir leurs propres officiers assermentés, pour maintenir l'ordre, punir les délinquants, vérifier les mesures et la qualité des tissus ; ils constataient enfin que cette organisation « est profitable au bien public et à la subsistance d'eux, de leurs femmes et de leurs enfants au point qu'ils n'ont pas au milieu d'eux une seule personne qui mendie, ce qui est à leur grand éloge [2]. »

Le maire Anguish et la municipalité renouvelaient ce témoignage, en termes presque identiques, six ans plus tard, alors que les manufacturiers anglais émettaient la prétention d'imposer aux Wallons les sept années d'apprentissage des corporations locales. Leur pétition, appuyée par ce second certificat, obtint pleinement gain de cause. *L'ordre arrêté par Messeigneurs du Conseil suivant le bon plaisir du Roi, octroyé à l'Église wallonne de Norwich* [3], portait :

« D'autant que S. M. a été informée que ladite Compagnie de Wallons sont une société particulière sous le gouvernement et la surveillance du

---

[1] Le nombre des baptêmes varie de 34 à 61. De 1605 à 1609 les mariages sont célébrés à l'Église paroissiale anglicane avec bans publiés à la wallonne, ce qui devient formel à partir de 1612.

[2] Sur parchemin avec sceaux officiels, reproduit intégralement ainsi que les deux pièces suivantes par Moens : *The walloon church of Norwich*.

[3] « Dont le magistrat de la ville a la copie obtenue par P. Delaune, ministre de la dite Église. » Moens. *The walloon church of Norwich*.

maire, etc. de la ville de Norwich.... et que par ancienne coutume, privilège et tolérance ils ont toujours été exempts du joug du statut précité, et qu'ainsi les procédés dont on a usé contre eux sont sinistres, non fondés, ayant plutôt une saveur de corruption qu'une intention de réforme ; aussi bien pour ces justes considérations que par égard pour l'extraordinaire valeur de ces gens, qui par leur recommandable talent et industrie ont si singulièrement mérité de cette cité et de l'État en général, et, ce qui ne doit pas être oublié, par les libres et volontaires contributions dont ils se sont récemment chargés ont manifesté leur humble devoir, zèle et affection à S. M. (à ce que rapporte à S. M. le comte de Northumberland, lord-lieut. du comté). Il est en conséquence ordonné et résolu que les pétitionnaires et en général toute la congrégation wallonne en la cité de Norwich jouiront librement de tel bienfait de tolérance dans l'exercice de leur religion et la poursuite de leur commerce qu'ils l'ont fait jusqu'ici ; et qu'aucune information ne sera acceptée contre cette dite compagnie des Wallons pour n'avoir pas servi leur apprentissage selon le statut sus-mentionné ; et que toutes les informations déjà produites contre eux seront retirées, et que les noms de tels dénonciateurs ou d'autres personnes qui se permettront dorénavant de les molester, seront présentés à ce Conseil... Whitehall, 29 mars 1612[1]. »

Le 13 novembre 1613 le Conseil royal, sur requête du corps municipal, annulait la charte commerciale indépendante accordée en février 1606 aux seuls Flamands, « à l'insu de la cité ou des Wallons[2]. » En 1621 le Conseil royal réitéra l'ordre que « les Wallons de Norwich, *quoique nés dans le royaume,* continueront à être d'une même Église et société, et sujets à la discipline exercée parmi eux depuis cinquante-cinq années[3]. » Ici encore on remarquera le lien indissoluble établi par l'État entre l'obtention des libertés ecclésiastiques et celle des commerciales : c'est non aux réfugiés wallons en général, mais aux Wallons qui sont de la congrégation française, autrement dit c'est à cette congrégation même que ces éloges et que ces exemptions sont accordés.

---

[1] Moens.
[2] Agnew, 3e éd.
[3] Pareil ordre en faveur des Flamands sous Charles Ier en 1630.

De 1616 à 1619 Pierre de Laune eut pour auxiliaire Philippe Delmé. A Southampton La Motte étant tombé malade en 1604, on lui adjoignit (d'abord à titre de prêt) Tim. Blier qui lui succéda en 1617 [1], et qui avait été entretenu dans ses études aux frais communs des trois Églises de province. Le ministre délégué au Colloque de 1619 est Élie d'Arande qui a dû le remplacer cette année même [2], mais la communauté était réduite à une telle « impuissance de subsister », que le Colloque de 1623 exhorta les autres à la soutenir. Dans celle de Canterbury qui perdit Le Chevalier en 1619, Bulteel et Philippe Delmé s'en partagèrent les fonctions [3].

Southampton et Canterbury.

Comme les indications manquent sur les tendances doctrinales de la plupart des pasteurs de cette époque, nous reproduisons, d'après les Actes du consistoire de Londres, les questions faites au proposant de La Motte dans son examen par de Laune de Norwich en 1614 :

« S'il croyait que le Saint-Esprit est vrai Dieu ? (Réponse qu'il le croyoit).

« Comment nous sommes justifiés devant Dieu, vu que les papistes croient que les hommes sont justifiés par les œuvres et qu'Élisée est dit avoir été justifié par son acte ?

« Si nous sommes sauvés par l'entière obéissance de Christ, active et passive, vu notamment que quelques frères ont tenu que nous ne sommes sauvés que par la mort et passion d'iceluy ?

« Comment nous sommes justifiés, comme il assure, vu que nous sommes encore souillés ? (Réponse que nous sommes justifiés en un moment).

« Si M. de la Motte croyoit l'immortalité de l'âme ? (Dit que oui).

« S'il ne croyait qu'en Dieu, vu que les rois sont nommés dieux ?

---

[1] « Philippe de la Motte, ministre de la Parole de Dieu de fameuse mémoire, mourut le 6 de may 1617. » *Registres de Southampton.*

[2] D'Arande venait de quitter l'église de Claye en Picardie.

[3] Le relevé des maîtres et ouvriers à Canterbury en 1621 donne les noms de cent quatre-vingt-quatorze, plus quatre-vingt-seize nés en Angleterre, femmes et enfants non compris.

« Que puisque Christ dit que nul ne connoît Dieu le père que le fils, si le Saint-Esprit le connoît ou non ?

« Que vu que Christ a été oint et envoyé du père, s'il est moindre qu'iceluy pour cela ?

« Si la puissance divine s'étend sur toutes choses, voire des moindres, vu qu'Épicure a tenu que cela n'étoit propre à Dieu ?

« Si l'image de Dieu en l'homme est toute effacée ?

« Du franc arbitre.

« Si la loi morale appartient aux anges [1]. »

Les Églises du Refuge ne furent pas représentées à Dordrecht comme les anglicanes, autorisées par la tolérance d'Abbot à donner aux presbytériens de l'étranger ce témoignage de confraternité réformée ; mais en novembre 1618 elles firent des prières solennelles pour le succès du Synode.

Étudiants français. Les relations universitaires se continuèrent par des stages plus ou moins longs de quelques protestants français dans les savantes écoles de l'Angleterre. On relève dans les registres d'Oxford, durant le règne de Jacques Ier, les incorporations de Philibert Vernat, de Lyon 1613, et de Nicolas Vignier [2] (de l'Ac. de Saumur) 1623. Jean Verneuil, de Bordeaux, admis à Magdalen College en 1608, devint sous-bibliothécaire de la Bodléienne en 1625 et mourut à Oxford en 1647. Louis Cappel, « le père de la critique sacrée », et selon l'évêque Hall « le plus grand oracle des hébraïsants » y étudia pendant deux ans les langues sémitiques, 1610-1612, aux frais de l'Église de Bordeaux et sur la recommandation de Cameron ; Samuel Bochart accompagnait ce dernier en Grande-Bretagne, lors de la fermeture momentanée de l'Académie de Saumur, à la prise de la ville par Louis XIII, et passait quelques mois à Oxford en 1621. Cette même année, on y conférait les honneurs du doctorat à André Rivet, venu au mois d'août à Londres épouser la sœur

---

[1] *Actes du Consistoire de Threadneedle street.*

[2] Le fils du pasteur de Blois.

de Pierre Du Moulin qui s'y était retirée après un premier veuvage. En 1620 l'érudit François du Jon, fils du célèbre Junius, acceptait la place de bibliothécaire du duc d'Arundel ; il l'occupa trente ans. Revenu en Hollande en 1655, il devait retourner en Angleterre en 1674, et y mourir trois ans plus tard, léguant tous ses manuscrits à l'Université. En 1612 on avait publié à Londres une traduction anglaise d'un livre supprimé en France, *Du droit des rois contre Bellarmin et autres jésuites*, par l'avocat Bedé, et en 1619 à Oxford celle de sa « *Messe en françois* [1]. » L'hospitalité s'étendait ainsi sur les produits de la pensée.

C'est ici la place de mentionner un ouvrage assez rare et aussi peu connu que son auteur, le réfugié Adrian de Rocquigny. Sa *Muse chrestienne* a dû être composée vers 1624, car après avoir énuméré tous les ministres qu'a eus l'Église de Londres, il s'adresse aux survivants et y comprend Primerose et Du Moulin. Né à Caen en 1572, amené en Angleterre dans son enfance au moment « de la fuite et persécution des fidèles sous le règne déplorable de Henri III, » bien que trop jeune « pour comprendre l'état de ces afflictions », il s'en était éloigné de nouveau « en l'avril de son âge » pendant plus de sept années, et y revenant, sans doute lors des troubles civils de la minorité de Louis XIII, y fut appelé successivement par le consistoire de Threadneedle-Street « à deux charges d'eslite », celles de diacre et d'ancien. Il mourut à Londres en 1645. Si sa principale œuvre laisse à désirer sous le point de vue littéraire, elle n'en offre pas moins un curieux reflet de la vie intérieure de l'Église et fournit quelques traits qu'on chercherait vainement ailleurs. Non seulement il relate l'accueil fait aux fugitifs par Élisabeth, la protection continuée par Jacques Ier, et ne ménage pas les accents de la reconnaissance aux souverains de la

« Fidelle nation, Salem la bienheureuse ! »

« La Muse chrestienne. »

---

[1] Publiée aussi en anglais : *Mass displayed*. Oxford 1619 in 4.

mais il reproduit en vers, parfois d'assez bonne facture, les principaux articles de la Discipline et les points fondamentaux du catéchisme, résume les devoirs des anciens et des diacres[1], le fonctionnement du Colloque, des Censures, du jeûne, et introduit dans ses chants les analyses de sermons de Marie, d'Aurélius, de Max. de l'Angle, de Primerose et d'une exhortation de Du Moulin. Il nous apprend que les diacres recueillaient « sur des plats » l'aumosne à la porte du temple et étaient tenus « de demander l'offrande », il constate l'existence d'une bibliothèque de l'Église, et surtout celle d'un asile pour « les orphelins qu'on eslève aux champs ».

La communauté française de Londres avait donc souci des pauvres et des petits, et pourtant de Rocquigny termine son poème en plaçant sur les lèvres de « sa guide la Charité » des remontrances et des avertissements, « tant à ceux qui sont réfractaires en l'Église qu'à d'autres qui négligent tout devoir ». Dans ses paroles de blâme pour « l'un des plus noirs », qui, « pour éviter ma voix quitte mon assemblée », et pour ceux qui prennent

« une habitude
« D'aller de place en place et d'autel en autel, »

on sent l'allusion aux troubles causés par du Val et à son recours à l'autorité anglicane[2]. Et à travers les reproches sur leur manque de zèle et de libéralité, on sent aussi des craintes pour l'avenir, craintes de double nature : d'une part il redoute l'affaiblissement progressif du troupeau, de l'autre il entrevoit la possi-

---

[1] *Chant pastoral, dédié à Messieurs et très chers Frères les Diacres de l'Église françoise recueillie en la ville de Londres.*

[2] « Si chacun me quittoit, que deviendroit ce sein
Qui nourrit en tout temps la troupe abandonnée ? »

bilité d'un refroidissement des sympathies de la couronne : en Espagne les Morisques avaient bien « cent ans tenu cartier avec ceux du pays, lorsqu'au son d'un Édit haïs ou non haïs, chacun d'eux fut contraint de partir ». Certes en Angleterre « sous la faveur d'un prince si dévôt » ils vivent « relevez de la peur »... Mais encore, si leurs froideurs méritent le châtiment de Dieu ? Quand Dieu veut punir,

« la faveur
« Se change quelquefois en ire épouvantable. »

Dans les appréhensions du poète il y avait un certain fonds de vérité [1].

Le 19 août 1624, quelques mois avant la mort de Jacques Ier, les députés des deux congrégations de Norwich se présentaient devant le Colloque flamand réuni au Temple d'Austin Friars à Londres. L'évêque avait lancé, *proprio motu*, des lettres d'excommunication contre des membres de leurs troupeaux et, pour en assurer l'exécution, les avait fait remettre aux ministres par ses appariteurs. Quelle attitude prendre en face d'une ingérence qui semblait constituer le plus dangereux des précédents ? A l'avis demandé le Colloque ne sut répondre qu'en recommandant la prompte et individuelle soumission des excommuniés. Leur résistance à la peine prononcée par l'évêque pouvait entraîner un décret de *significavit* devant le Banc du Roi, avec perte de leurs droits de tester et privation à leur mort des funérailles chrétiennes [2]. Et si les consistoires en les appuyant

Excommunications épiscopales.

---

[1] *La Muse chrestienne du sieur Adrian de Rocquigny*, Reveuë, embellie et augmentée d'une Seconde Partie par l'Autheur (La Rochelle) 1634. Nous n'avons pu trouver d'exemplaire de la première édition. Voir des extraits à l'*Appendice* XXXV.

[2] *Livre des Colloques flamands*, II, 47, cité par Moens, *The Walloon Ch. of Norwich*.

continuaient à les recevoir à la cène, ne s'exposeraient-ils pas à mettre en péril, avec leurs propres privilèges, ceux de toutes les Églises étrangères du Royaume? On cédait devant une éventualité menaçante, mais de douloureux pressentiments s'emparaient des esprits.

Ainsi se termina le règne.

FIN DU TOME PREMIER.

TABLE DU TOME PREMIER.

	Pages.
INTRODUCTION	I
SOURCES	XIII

ÉDOUARD VI. 1547—1553.

CHAPITRE PREMIER. — LES PREMIERS RÉFUGIÉS. 3
    Henri VIII. — Bauhin et Bourbon. — Naturalisations.
    Édouard VI. — Le groupe de Lambeth. — Premier séjour
    d'a Lasco. — William Cecil. — Bucer. — Derniers conseils de
    Bucer. — Cranmer. — « Le Temporiseur. »

CHAPITRE II. — L'ÉGLISE D'A LASCO. 24
    Premier culte du Refuge à Londres. — Retour d'a Lasco. — Lettres
    patentes d'Édouard VI. — Opposition. — Threadneedle street. —
    L'organisation de l'Église. — Le Ministère. — Les Élections. —
    Les membres de l'Église. — Le Culte. — La Cène. — La Pro-
    phétie. — Les funérailles. — Le Cœtus. — Les Censures. — La
    Discipline ecclésiastique. — Difficultés extérieures et intérieures.
    — Jean Bellemain. — Le Chevalier. — Pierre du Val. — Vale-
    rand Poullain. — Église de Glastonbury. — Liturgie de Glaston-
    bury. — Mort d'Édouard VI.

    Marie 1553-1558. — Dissolution et exode des Églises du
    Refuge. — « Le Consolateur ». — Mesures parlementaires
    contre les Français.

ÉLISABETH 1558—1603.

Pages.

CHAPITRE III. — L'ÉGLISE DE NICOLAS DES GALLARS 79
Retards dans le retour au Protestantisme. — Actes d'Uniformité et de Suprématie.
Reprise du Refuge. — Retour et pétition d'Utenhove. — Superintendance de l'évêque de Londres Grindal. — Réorganisation des Églises. — L'Église française. — Ebrard et Janvier. — N. des Gallars. — Résistances. — Pétition contre les interdictions des Halles anglaises. — Nouveau recours au suffrage universel. — Réclamations de P. Alexandre.
Discipline ecclésiastique de Des Gallars. — Élection et office des Anciens. — Diacres. — Culte. — La Prophétie.
Repentance des faillis et première cène. — Hambstede. — Aconce. — Cassiodore de Reina. — Actes consistoriaux. — Nouvelles dissensions. — Des Gallars au Colloque de Poissy. — Derniers démêlés avec P. Alexandre. — Requête en faveur des Réfugiés non naturalisés. — Départ de Des Gallars.

CHAPITRE IV. — L'ÉGLISE SOUS JEAN COUSIN. 137
Interruption dans les Actes. — Jean Cousin. — Représailles contre les Français et proclamations royales. — Colonisations hors de Londres. — Grindal. — Accroissement considérable du Refuge par les persécutions. — Relevés officiels des étrangers. — Ministres français réfugiés. — Le cardinal de Châtillon. — Paix de la Charité.
Enquêtes. — Les Puritains. Intervention de Th. de Bèze. — Schisme dans l'Église flamande. — Demandes de Guillaume d'Orange. — Mode des élections changé. — Corranus et ses démêlés avec le Consistoire. — L'évêque Sandys. — Organisation synodale d'outre-mer. — Défenses de la Commission ecclésiastique.

CHAPITRE V. — LE REFUGE DE LA SAINT-BARTHÉLEMY 185
Nouvelles du massacre. — Les fugitifs. — Rappel des réfugiés. — Maisonfleur. — Édit de pacification de 1573. — Liste des pasteurs réfugiés. — Plaintes des pasteurs. — « Le *Devoir de Persévérance* ». — Les Puritains. — Avertissement du Conseil royal. — Loiseleur et Le Maçon. — Action politique des ministres. — Les trois prélats protecteurs.

CHAPITRE VI. — L'ÉGLISE SOUS LE MAÇON DE LA FONTAINE . . . 223
Édit de Beaulieu. — Séjour de Du Plessis Mornay. — L'Hostage. — Discipline de 1578. — Disgrâce de Grindal. — Procès de Cassiodore de Reina. — Pierre Baron. — Guillaume de Laune. — Col-

lecte pour Genève. — L'évêque Whitgift. — Hotman de Villiers.
— La Ligue et les Édits de proscription. — Conseils et demandes
de Walsingham. — Débats parlementaires.
Henri IV et la Ligue. — Mission de Du Plessis. — Le pasteur
diplomate. — Sermons de La Fontaine. — Jean Castol. —
Chevalier et Cappel.

CHAPITRE VII. — LES ÉGLISES DE LANGUE FRANÇAISE DANS LA
PROVINCE 279
Canterbury. — Pétition des immigrés. — Accord. — Actes
consistoriaux. — Les Hommes politiques.
Rye. — Exodes de l'Église de Dieppe. — 1562 — 1567-1569 —
1572 — 1577 — 1585 — 1622.
Winchelsea.
Sandwich.
Norwich. — Appel aux immigrants. — Les Wallons 1566-1569.
— Le Livre des Ordres. — 1571. — L'Hostage. — Visite d'Élisabeth. — Conflit avec Basnage.
Southampton.
Les Colloques. — Premier Colloque. — Décisions des Colloques
II à XV.
La troisième Discipline. — Les Colloques.
Mort d'Élisabeth.

Addenda 358

JACQUES Ier 1603—1625.

CHAPITRE VIII. — LES RÉFUGIÉS 361
Jacques VI d'Écosse. — Le Refuge en Écosse.
Audience royale. — L'évêque Vaughan. — Services réciproques.
— Le « *Triplex cuneus* ». — Turquet de Mayerne. — Isaac Casaubon. — P. du Moulin. — De La Ravoire. — Ascanio Spinola. —
Antoine de Dominis. — Salomon de Caus. — Le Refuge de 1621.
— Culte à Douvres. — Sollicitations des Réformés. — Mécontentement du peuple anglais. — La Commission royale.

CHAPITRE IX. — LES ÉGLISES 402
Les pasteurs. — Gilbert Primerose. — Suspension de Du Val.
Le premier Synode. — L'évêque Abbot. — Colloques. — Conflits
à Norwich. — Southampton et Canterbury. — Étudiants français.
— « *La Muse chrestienne* ». — Excommunications épiscopales.

ERRATA DU TOME PREMIER.

Page 124, avant dernière ligne, au lieu d'Evrard, lire *Ebrard*.
» 143, l. 6, ajouter : *ou Mermier*.
» 200, l. 20 et l. 28, au lieu de Vitry, lire *Vitré*.
» 285, l. 2, ajouter *ou Hector, les deux formes se rencontrent*.
» 289, dernière ligne, au lieu de 1553, lire *1583*.
» 303, ligne 3, c'est non de Charretier mais de *Charrier* qu'il est question, celui désigné sur la liste générale comme ministre de Harfleur.
» 395, l. 21, au lieu de Vitry, lire *Vitré*.

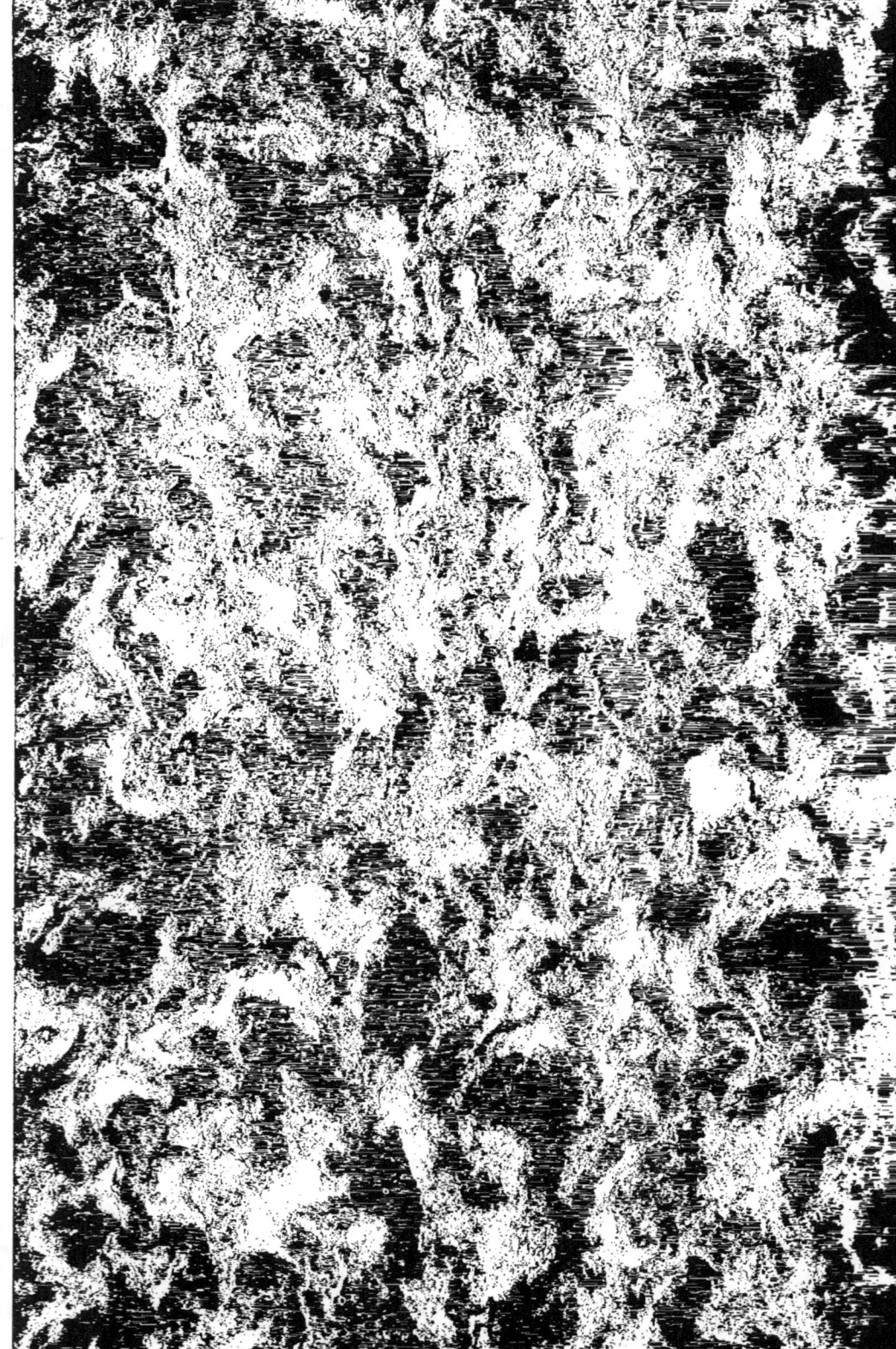

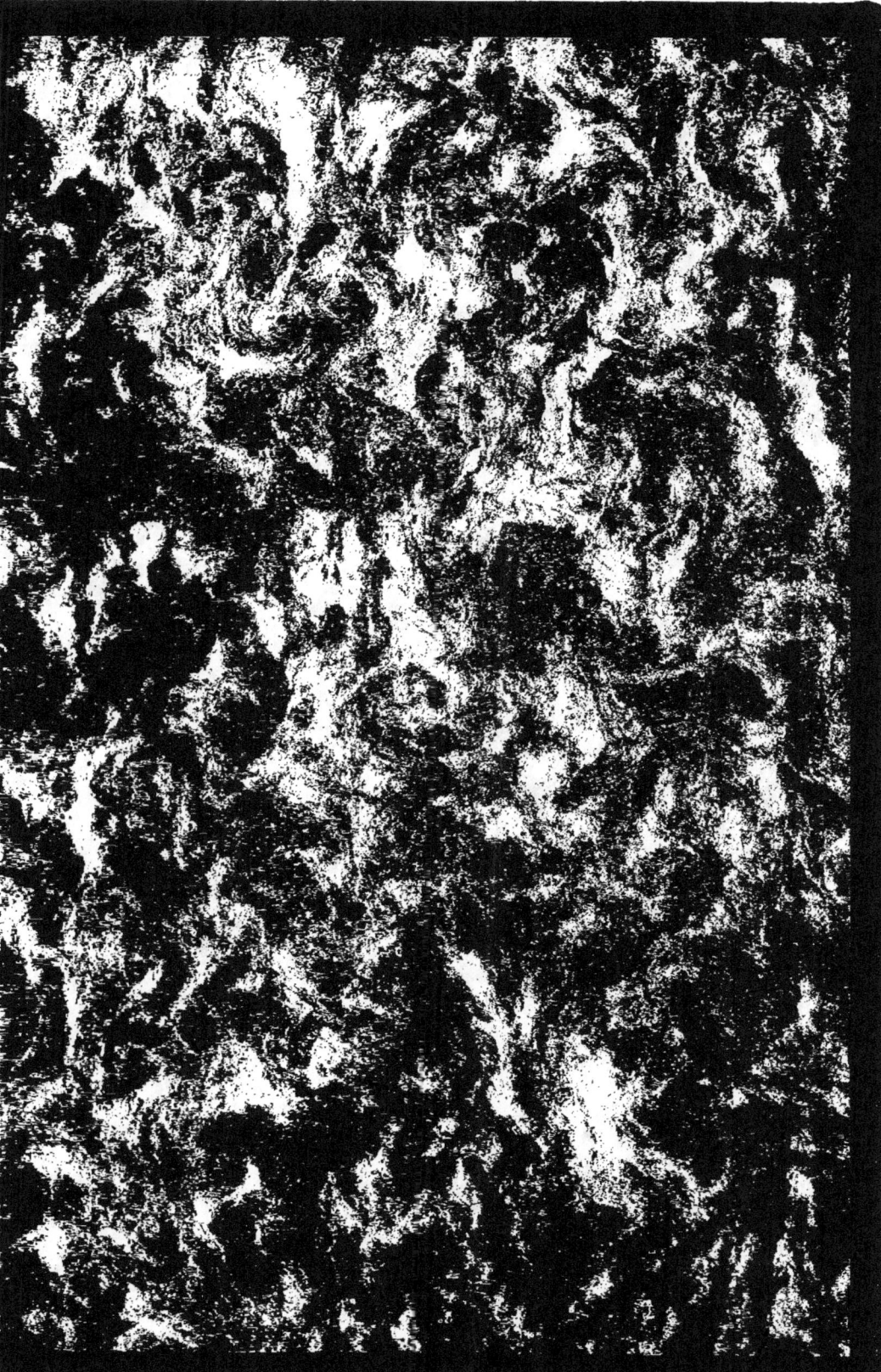

www.ingramcontent.com/pod-product-compliance
Lightning Source LLC
Chambersburg PA
CBHW050239230426
43664CB00012B/1759